Karl-May-Studien Bd. 6
Hg. v. D. Sudhoff u. H. Vollmer

Für Hansotto Hatzig

* 1919 † 2001

IGEL Verlag Oldenburg
Literatur- und Medienwissenschaft 81

Dieter Sudhoff / Hartmut Vollmer (Hg.)

Karl Mays „Und Friede auf Erden!“

Igel Verlag *Wissenschaft*

Deutsche Bibliothek - CIP-Einheitsaufnahme

Ein Datensatz zu dieser Publikation ist bei
Der Deutschen Bibliothek erhältlich

Erste Auflage 2001

Igel Verlag Wissenschaft
Rauhehorst 77 - 26127 Oldenburg
☎ 0441-6640262
📠 0441-6640263
Titelfoto: Rainer Griese

ISBN 3-89621-135-8

INHALT

Dieter Sudhoff / Hartmut Vollmer

Einleitung

I

Die 1904 erschienene ‚Reiseerzählung' *Und Friede auf Erden!* gilt als das politisch ambitionierteste Werk Karl Mays. Die Geschichte der Entstehung und Publikation der Erstfassung, *Et in terra pax*, abgedruckt 1901 in Joseph Kürschners chauvinistischem Sammelwerk *China*, setzt May in einen zeithistorischen Kontext deutscher Kolonial- und Imperialismuspolitik und dokumentiert die Auseinandersetzung des Schriftstellers mit einem agitatorischen und propagandistischen Schreibauftrag, der letztlich durch einen Akt der Verweigerung dazu beitrug, eine literarische Neuorientierung zu fundamentieren. Inwieweit das politische Geschehen in China um 1900, insbesondere der ‚Boxer-Aufstand' und seine Niederschlagung durch die ‚zivilisierten' Mächte, tatsächlich schreibkatalytische Bedeutung hatte oder ob ein präexistenter, von Mays Orientreise 1899/1900 motivierter literarischer Stoff durch Kürschners Einladung zur Mitarbeit lediglich einen geeigneten – jedoch höchst brisanten – Veröffentlichungsrahmen fand, läßt sich nicht eindeutig klären. May hat in *Und Friede auf Erden!* rückblickend über die Publikationsanfrage Kürschners Auskunft gegeben:

> Damals frug ein rühmlichst bekannter, inzwischen verstorbener Bibliograph bei mir an, ob ich ihm ebenso wie zu früheren Unternehmungen nun auch zu einem großen Sammelwerk über China einen erzählenden Beitrag liefern könne. Diese Anfrage geschah telegraphisch, weil ihm die Sache eilte. Ich zögerte nicht, ihm ebenso telegraphisch eine bejahende Antwort zu senden, denn ich hatte vor kurzem „Und Friede auf Erden" zu schreiben begonnen, hoffte, es schnell zu beenden, und kannte diesen Herrn als einen Mann, dem ich diese eine, gelegentliche Ausgabe meiner Erzählung ganz gut und gern überlassen könne. Freilich, hätte er mir mitgeteilt, daß er mit diesem Sammelwerke eine ganz besondere, ausgesprochen „abendländische" Tendenz verfolge, so wäre ihm anstatt des Ja ganz unbedingt ein kurzes Nein geworden.
>
> Da mir nichts Gegenteiliges gesagt wurde, nahm ich als ganz selbstverständlich an, daß es sich um ein gewiß unbefangenes, rein geographisches Unternehmen handle, welches nicht von mir verlange, anstatt bisher nur für die Liebe und den Frieden, nun plötzlich für den Haß, den Krieg zu schreiben. So erzählte ich denn ganz unbesorgt, was ich zu erzählen hatte, bis mit einem Male ein Schrei des Entsetzens zu mir drang, der über mich, das literarische enfant terrible, ausgestoßen wurde. Ich hatte etwas gerade-

zu Haarsträubendes geleistet, allerdings ganz ahnungslos: Das Werk war nämlich der „patriotischen“ Verherrlichung des „Sieges“ über China gewidmet, und während ganz Europa unter dem Donner der begeisterten Hipp, Hipp, Hurra und Vivat erzitterte, hatte ich mein armes, kleines, dünnes Stimmchen erhoben und voller Angst gebettelt: „Gebt Liebe nur, gebt Liebe nur allein!“ Das war lächerlich; ja, das war mehr als lächerlich, das war albern. Ich hatte mich und das ganze Buch blamiert und wurde bedeutet, einzulenken. Ich tat dies aber nicht, sondern ich schloß ab, und zwar sofort, mit vollstem Rechte. Mit dieser Art von Gong habe ich nichts zu tun! (XXX 490f.)

Als authentischer Bericht ist diese Erinnerung freilich nicht zu lesen; sie ist – als Teil eines Romans – ebenso fiktionalisiert wie das bereits im Juli 1901 entstandene *Gleichnis für Zieger*, das unter dem (nicht autorisierten) Titel *Der Zauberteppich* bekanntgeworden ist und den nämlichen Sachverhalt in einer noch bildhafteren Verschlüsselung schildert.[1] Dieses kleine Gleichnis zeigt zudem paradigmatisch, wie May ein problematisches, krisenbehaftetes reales Erlebnis literarisch chiffrieren und zu einer ‚Märchen-Wahrheit‘ gestalten konnte, wobei hier, vorausweisend auf die ‚Arabische Fantasia‘ *Babel und Bibel*, auch die poetische Selbstspiegelung als ‚Hakawati‘ bereits eine Figurierung fand.[2]

Fraglich erscheinen in Mays Kürschner-Erinnerung vor allem drei Punkte: zum einen die Bemerkung, daß er bei dem Publikationsangebot des ‚rühmlichst bekannten Bibliographen‘ den *Friede-* bzw. *Pax*-Roman bereits zu schreiben begonnen hatte; zum anderen die Behauptung seiner anfänglichen Unkenntnis über die chauvinistische, kriegsaffirmative Tendenz des *China*-Bandes; schließlich sein angeblich sofortiger Abschluß des Romans nach der Aufforderung von Herausgeber und Verleger, „einzulenken“. Man kann wohl davon ausgehen, daß May bei der Anfrage Kürschners im April 1901 schon einen größeren, an seiner realen Orientreise orientierten Schreibplan mit einer neuen ästhetischen und ethischen Prätention in sich trug, der von dem Auftrag des Herausgebers zur Entfaltung gebracht und durch den vorgegebenen Themenkontext zu einer erzählerischen Konkretisierung geführt wurde.[3] Spätestens nach einem persönlichen Besuch des Verlegers Hermann Zieger in Radebeul am 12. Mai 1901[4] dürfte May auch über den Inhalt und Charakter des *China*-Bandes informiert gewesen sein, so daß er also ganz bewußt gegen die gewünschte ideologische Tendenz anschrieb, um sein neues Credo des ‚eigentlichen Werks‘, das allmächtige Ideal der Liebe und des Friedens, geradezu ‚missionarisch‘ zu verkünden und damit einen ‚göttlichen Schreibauftrag‘ zu erfüllen, den bereits sein erstes literarisches Resultat der Orientreise, der 1900 erschienene Gedichtband *Himmelsgedanken*, „welcher das Thor zu meinem Tempel bildet“[5], dokumentierte. Vor diesem Hintergrund, wie ihn der Briefwechsel zwischen Zieger und Kürschner belegt[6], kann auch von einem vorzeitigen Abschluß des Romans nicht die Rede sein. Im Gegenteil hat May weder Kürschners Forderungen nach Textkürzung befolgt noch seine Mitarbeit abrupt beendet, sondern seinen Roman tatsächlich zu einem für ihn seinerzeit befriedigenden Schluß geführt, was wiederum Kürschner im *Vorwort* zum *China*-Band dazu veranlaßte, einzugestehen:

> Karl Mays Reiseerzählung, die erst während des Erscheinens der einzelnen Lieferungen des Buches vollendet wurde, hat einen etwas anderen Inhalt und Hintergrund erhalten, als ich geplant und erwartet hatte. Die warmherzige Vertretung des Friedensgedankens, die sich der vielgelesene Verfasser angelegen sein ließ, wird aber gewiß bei Vielen Anklang finden.[7]

Wie problematisch sich freilich Mays Schreibprozeß angesichts der bedenklichen, ihn zum Widerspruch provozierenden ideologischen Tendenz des *China*-Bandes entwickelte, beweist die überaus stockend verlaufene Manuskriptlieferung des Schriftstellers, die bei Kürschner und Zieger – das Sammelwerk erschien bereits ab dem 15. August 1901 zuerst in Lieferungen – große Sorge, erheblichen Zweifel und Ärger auslöste und schließlich zur Erkenntnis des Verlegers führte: „Jedenfalls müssen wir bei diesem sonderbaren Heiligen auf Alles gefasst sein.“[8]

Zweifellos sollte Mays Roman im *China*-Werk eine zentrale, publikumsgewinnende und damit verkaufsgarantierende Rolle spielen. Kürschner kannte May schon seit den achtziger Jahren, als er für den Stuttgarter Verlag von Wilhelm Spemann tätig war und May zur Mitarbeit an der dort erscheinenden Zeitschrift *Vom Fels zum Meer* gewinnen konnte. Mit seinem ‚Abenteuer in China‘ *Der Kiang-lu* (1880) und dem Jugendroman *Kong-Kheou, das Ehrenwort* (1888/89, veröffentlicht in der Spemann-Zeitschrift *Der Gute Kamerad*; die Buchausgabe erschien 1892 unter dem Titel *Der blau-rote Methusalem*) hatte sich der Schriftsteller für Kürschner wohl auch als ein fabulierreicher ‚China-Kenner‘ und mit seinen bei Fehsenfeld publizierten ‚Gesammelten Reiseerzählungen‘ als ein etablierter und vielgelesener Autor ausgewiesen, von dem man nun eine bunte und fesselnde Abenteuergeschichte erwarten konnte. Ganz anders offenbarte sich jedoch die jetzt vorgelegte China-Erzählung des ‚beliebten Reiseschriftstellers‘, die bereits im biblischen Titel die eigentliche, pazifistische Intention des Autors signalisiert.

Nach Mays vermutlich am 11. April erteilter Zusage, am *China*-Band mitzuwirken, schickte er erst am 31. Mai den Anfang des Manuskripts. Nach einigen Unterbrechungen und beständigen Mahnungen von Herausgeber und Verleger beendete May den Roman während einer Reise in die Schweiz, auf der Rigi am Vierwaldstättersee, am 26. oder 27. September 1901.

Wie sehr Karl May in dieser Phase nach neuen Gestaltungsformen für seine literarische Wandlung suchte, bezeugt die Überarbeitung des *Pax*-Romans für die Fehsenfeld-Buchausgabe, seine Intention, die „Gipsfigur" der Erstfassung nun „in Marmor" zu präsentieren. Das vielzitierte Briefbekenntnis Mays während der Orientreise, den „früheren Karl" ins „rothe Meer versenkt" zu haben[9], um einem neuen Menschen und Schriftsteller Auftritt zu verschaffen – ein seelischer Umbruch, der sich in der psychischen Krise und Krankheit des Missionars Waller im *Pax*- bzw. *Friede*-Roman spiegelt[10] –, hatte sich literarisch schon in den späten Reiseerzählungen, besonders in seinem letzten Werk vor der vieles verändernden Orientreise, *Am Jenseits* (1899), angekündigt. Mit *Et in terra pax* orientierte sich May bei der Suche nach neuen literarischen Wegen zunächst, und naheliegend, an seiner realen Reise. So folgt die erzählte Reiseroute den realen Reisestationen von Kairo über Ceylon bis Sumatra, stößt dann aber an (Realitäts-)Grenzen, die fiktional überwunden werden. Während Mays reale, eher touristische Reise China nicht erreichte, gelangt die literarische Fahrt auch nur bis nach Hongkong und Shanghai, um dann an einem imaginären, utopischen Ziel anzukommen: Ki-tsching und Ocama. Daß *Et in terra pax* bzw. *Und Friede auf Erden!* in der Forschung häufig als ‚China-Roman' bezeichnet wird, legitimiert sich also weniger durch den Handlungsschauplatz als vielmehr durch die Bedeutung der auftretenden chinesischen Figuren (Vater und Sohn Fu und Tsi, der Arzt Fang, die Seelengestalt Yin) und durch das zentrale Thema der Reflexionen und Diskussionen (die ‚chinesische Frage' und ‚Identität'). Die geographische Entgrenzung im Roman korrespondiert mit einer verstärkten literarischen Idealisierung, einer zunehmenden philosophisch-religiösen Elevation der Erzählhandlung.

Über seine neuen, hohen literarischen Pläne nach der Orientreise informierte May seinen Verleger Fehsenfeld während der Arbeit am *Pax*-Roman, in einem Brief vom 1. Juli 1901:

> Wenn ich nur erst wieder angefangen habe; dann reihen sich an „silb. Löwen" sofort „Am Jenseits" und „Marah Durimeh". Ich habe von meiner Reise eine solche Fülle des Stoffes mitgebracht, daß ich bis jetzt noch nicht damit zu Ende bin, ihn litterarisch zu sichten, obgleich schon einiges

Hochinteressantes, wie „Et in terra pax!“ geschrieben wurde, welches später in die „Gesammelten“ aufgenommen wird.[11]

Nach Beendigung des *Pax*-Romans setzte May den begonnenen Aufbruch zur Verwirklichung eines neuen, künstlerischen Anspruchs konsequent fort. Mit dem dritten Band der Tetralogie *Im Reiche des silbernen Löwen*, dessen Niederschrift er im Februar 1902 begann, gelang May in einer ästhetisch hochambitionierten und vollkommeneren Weise als im eher eindimensionalen *Pax*-Roman der beschworene ‚Sprung über die Vergangenheit‘, gelangte er tatsächlich ‚über die Grenze‘, hin zu einem neuen, polyphonen Schreiben, das sich immer stärker von den alten Abenteuerelementen abkehrte und sich psychologischen und philosophisch-religiösen Fragen zuwandte.[12]

Bereits kurz nach dem Abschluß des vierten *Silberlöwen*-Bandes am 10. September 1903 sandte May am 14. September das erste Kapitel von *Und Friede auf Erden!* an Fehsenfelds Drucker Felix Krais nach Stuttgart. Nach der vertraglich mit Kürschner bzw. Zieger vereinbarten Sperrfrist konnte May nun wieder über seinen Text verfügen. Bei dem Bearbeitungsvorgang schnitt er alle verwendbaren Textteile aus einem Sonderabzug von *Et in terra pax* heraus, klebte sie auf neue Manuskriptblätter und nahm dann handschriftliche Ergänzungen vor. Da er die ersten Kapitel der *Pax*-Fassung nur geringfügig bearbeitete, konnte er schon am 17. Oktober das dritte Kapitel an Krais schicken. Am gleichen Tag teilte er Fehsenfeld seinen (allerdings nicht verwirklichten) Plan zu einem neuen Schluß der Buchausgabe mit, der sich am biblischen, der Weihnachtsbotschaft des *Lukas*-Evangeliums entnommenen Romantitel orientieren sollte:

> Es wird ein wahrer Weihnachtsband, der auf der Flur von Bethlehem, wo die Engel sangen, endet. Das will ich Ihnen im Voraus verrathen. Ein lichtes, klares, schönes, hochbefriedigendes Pendant zu meinem „Weihnacht“ im Urwalde.[13]

Die Absicht, den *Friede*-Roman passend zum Weihnachtsfest zu veröffentlichen – lediglich die ersten Hefte der Lieferungsausgabe konnten erscheinen –, scheiterte jedoch im November an einer schweren Krankheit des Schriftstellers, die maßgeblich durch die Verschärfung des Münchmeyer-Prozesses ausgelöst worden sein dürfte; hohes Fieber mit Herzschwäche brachte ihn dem Tode nahe.

Da die Fehsenfeld-Druckvorlage und die Autor-Korrekturabzüge erhalten geblieben sind[14], läßt sich Mays Bearbeitungsprozeß sehr genau nachverfolgen. Demnach lag am 16. November 1903 Text bis Seite 397 der Buchfassung vor, also auch bereits etwa ein Drittel des völlig veränderten vierten Kapitels. Erst im Februar 1904 konnte May dann die Arbeit an der Buchausgabe nach seiner Genesung weiter fortsetzen; Korrekturabzüge existieren wieder ab dem 25. März. Mit den korrigierten Abzügen vom 5. Mai war das vierte Kapitel beendet. Danach trat eine mehrwöchige Unterbrechung ein, bevor May das neu zu schreibende, mit der zitierten Kürschner-Erinnerung eingeleitete fünfte Kapitel begann, um den für die Buchausgabe notwendigen Seitenumfang zu erreichen[15] und sein philosophisch-religiöses Anliegen noch stärker zu akzentuieren. Fehsenfeld teilte er in einem Brief vom 14. Juli mit: „Ich habe mit dem letzten Kapitel begonnen und werde es schnell beenden."[16] Am 25. Juli berichtete er seinem Verleger: „Letztes Kapitel ‚Frieden' ist bereits über halb in Stuttgart. Wird diese Woche *ganz fertig, unbedingt!*"[17] Aber erst Mitte August lag der Schluß des Manuskripts zum Druck vor; einen Monat später erschien der Roman dann als Band XXX der ‚Gesammelten Reiseerzählungen' im Freiburger Fehsenfeld-Verlag, als erstes Buch der Reihe in einem neuen, grauen Einband mit einem allegorischen Deckelbild von Sascha Schneider. So sollte schon in der äußeren Buchgestaltung die Wandlung des Abenteuerschriftstellers und Reiseerzählers zum ‚Hakawati' des ‚eigentlichen Werks' augenfällig werden. „Es soll Alles eine höhere Bewegung und ein höheres Aussehen bekommen", begründete May in einem Brief an Fehsenfeld vom 11. März 1904 die Zusammenarbeit mit Sascha Schneider: „Einbanddecken von der Hand eines solchen Meisters hat noch nie ein Verleger gehabt und wird auch nie wieder einer [be]kommen. [...] Besonders freut es mich um ‚Friede' willen, für den es also doch noch etwas wahrhaft Edles geben wird".[18]

May war Schneider im Juni 1903 zum ersten Mal persönlich begegnet und hatte in ihm einen seelen- und geistesverwandten Künstler gefunden, der in kongenialer Weise seine veränderte ästhetische Ambition, sein neues Ideal eines symbolisch-allegorischen Schreibens tiefsinnig zu illustrieren vermochte. Im Bild eines Friedensengels, welcher der Welt das Licht der Liebe und der Erkenntnis bringt, hat Schneider dem utopischen Thema von *Und Friede auf Erden!* sichtbare Gestalt gegeben.[19]

Im Vergleich zur *Pax*-Fassung arbeitete May in der Buchausgabe den Gedanken der Liebe und des Friedens, das Ideal der Humanität und der Völkerverständigung vor dem Hintergrund einer kriegstreibenden, imperialistischen Zeit, die sich ihm nun im *China*-Band sehr konkret darbot, noch stärker heraus. Insbesondere mit dem humanitären Geheimbund der „Shen", der im Bündnis des „Pu" in der *Pax*-Fassung einen noch eher blassen Vorläufer besaß, formte May eine utopische Gegenmacht zu den imperialistischen ‚Civilisatoren'. Daß nun auch eine Figur wie der Malaien-Priester – ein auserwählter Gottesmensch, zugleich Dichter und Philosoph, der sich der Menschheitsverbrüderung verpflichtet hat, und gewissermaßen eine Parallelgestalt zu Marah Durimeh und Tatellah Satah – eine gewichtige Bedeutung bekommt, ist ebenfalls in diesem Kontext zu sehen und entspricht einem neuen literarischen Selbstverständnis, das dem Schriftsteller eine besondere, hohe (göttliche) ‚Aufgabe' zuweist. Schon die Änderung der Kapiteltitel indiziert überdies Mays Intention, seinen Roman weiter fort von realen Ortsgebundenheiten hin zu seelischen Ländern mit paradiesischen Zielpunkten zu leiten, wo Menschheitsschauspiele aufgeführt werden konnten: Die poetisch-geographischen Überschriften der *Pax*-Fassung *Am Thore des Orients*, *Im Herzen des Islams*, *Am Thore Chinas* und *Im Herzen von China* lauten nun *Ein Eiferer*, *Civilisatoren*, *Die „Shen"*, *Wahnsinn* und *Der Shen-Ta-Shi.*

Während man den Schluß des *Pax*-Romans mit den zwei völkerverbindenden Liebespaaren Raffley/Yin und Tsi/Mary durchaus als ein triviales Happy-End bezeichnen kann, hat May in *Und Friede auf Erden!* den Endschauplatz von Ocama und Ki-tsching, die paradiesische Heimat der „Shen", in breiterer Form bebildert. Dabei hat er durchaus die Begrenztheit dieser Utopie erkannt, denn der Roman schließt prophetisch mit einer Kriegsankündigung. Wenn man für die Datierung der Erzählhandlung Mays reale Orientreise zugrunde legt, dürfte sich diese Schreckensbotschaft historisch-konkret auf die gewaltsame Niederschlagung des ‚Boxer-Aufstands' in China beziehen[20]; allgemeiner und abstrakter artikuliert sich hier das vorausgesehene Resultat der imperialistischen Politik der Jahrhundertwende.

Die Tatsache, daß May für die Buchfassung auch die psychische Krankheitsgeschichte des Missionars Waller ausweitete, die den bedrohlichen ‚Wahnsinn' des eigenen, vergangenen Lebens reflektiert, verweist neben der philosophisch-religiösen Gestaltungsintention auf die Bedeutung der autobiographischen Darstellungsebene. Und so ist *Und Friede auf Erden!* vor allem auch als das Buch einer schriftstellerischen Bestandsaufnahme zu lesen. Vielfältig und erstaunlich offen und direkt nimmt May in diesem Roman Bezug auf seine literarische Arbeit und seine künstlerischen Ziele. Am Beispiel des leitmotivischen Gedichts *Tragt Euer Evangelium hinaus*, um dessen Autorschaft er ein rätselhaft-camouflierendes Spiel treibt, fixiert er die therapeutische und kathartische Wirkung von Literatur, d. h. er überprüft fiktional den eigenen, neuen literarischen Anspruch, dichtend eine künstlerische, in Mays Verständnis:

‚göttliche‘ Aufgabe zu erfüllen und den Menschen (den Lesern) – hier sei noch einmal an das Deckelbild Sascha Schneiders erinnert – durch die Schrift das ‚Licht der Liebe und der Erkenntnis‘ zu bringen. In diesem Sinne werden „wahre, wirkliche Gedichte“, wie der Ich-Erzähler des Romans erklärt, auch „nicht gemacht“,

> „sie entstehen in jenen Sphären, aus denen die Inspiration auf Engelsflügeln niederschwebt, um dem nach oben lauschenden Poeten die Stirn zu küssen und ihm das Auge und das Ohr für eine Welt zu öffnen, die Anderen verborgen bleibt. Der Dichter ist darum zugleich auch Seher. Das ist das untrüglichste Erkennungszeichen. Wer nicht Seher ist, kann auch nicht Dichter sein! [...] Dem wahren Dichter kommt aus einer Welt, die mit der unsrigen zusammenhängt, auf leisen Schwingen schöngebor'ne Kunde; er nimmt sie auf; er gibt sie weiter fort, und wer sie hört, der wird von ihr berührt, als sei sie ein Gedicht aus Engelsmunde. Das ist die Poesie, die aus dem Himmel stammt; kein Geist, kein Mensch kann sie uns niederbringen; dort oben, wo das Meer des Lichtes flammt, muß jeder Strahl in goldnen Reimen schwingen. Und steigt er nieder, nimmt er Formen an, um sich dem Menschensinn zu offenbaren, und diese Formen, sie bestehen dann für unsre Nachwelt noch nach tausend Jahren!“ (XXX 396f.)

Die ‚wahre‘ Dichtung ist für May also himmlische Botschaft (die denn auch gerne im metrischen Reimgewand, ‚in edler Hülle‘, daherkommt); mit dem Titel seines Lyrikbandes *Himmelsgedanken* ist dieses hehre Kunstverständnis programmatisch formuliert.[21] Ein Binnentext des *Friede*-Romans wie das Gleichnis der Taucherinsel „Ti“ (424f.) dokumentiert dabei die zunehmende Tendenz zu einem bildhaften, verschlüsselten Schreiben, das in die seelischen Tiefen führt und das die Form des Gleichnisses und des Märchens wählt, „in denen tief verborgen die Wahrheit liegt, die man auf andere Weise noch nicht zu erschauen vermag“, wie es später in der Autobiographie *Mein Leben und Streben* heißt.[22]

Die literarische ‚Selbstprüfung‘ in *Und Friede auf Erden!* geschieht indes keineswegs so naiv, wie es auf den ersten Blick scheinen mag, sie wird vielmehr in einer durchaus selbstkritischen Weise vollzogen. Das zeigt sich insbesondere im Spiel mit Fiktion und Authentizität, in den erzählerischen Versuchen einer Beantwortung der eigenen Identitätsfrage. Daß der Schriftstellername ‚Karl May‘ im Roman überraschend explizit fällt und eine besondere Bedeutung erhält, die sich durch die permanenten Bemühungen der Camouflage im Gegenteil nur noch verstärkt, gehört ebenso zu diesem selbstreferentiellen Spiel wie die Polyfiguration des ‚Dichters‘ (vgl. neben der Ich-Gestalt ‚Karl May‘ den Malaien-Priester und die verstorbene Mrs. Waller) oder der ständige Rekurs auf das eigene Werk, etwa durch Zitate aus der Erzählung *Der Girl-Robber* und dem Roman *Am Jenseits*, durch Hinweise auf die *Himmelsgedanken* oder durch einen motivischen Rückgriff auf den Roman *„Weihnacht!"*. Die charakterliche Wandlung der Figur John Raffleys, die zum ersten Mal in dem 1879 erschienenen ‚singhalesischen Abenteuer' *Der Girl-Robber* auftrat, demonstriert zugleich die literarische Wandlung Karl Mays, der dieser frühen Abenteuergeschichte das Buch eines neuen, verinnerlichten Schreibens, *Am Jenseits*, entgegenstellt, mit dem er sein symbolisch-allegorisches Spätwerk antizipierte und dessen Lektüre zusammen mit dem Schlüsselgedicht *Tragt Euer Evangelium hinaus* maßgeblich zur Heilung der psychischen Krankheit Wallers beiträgt. Und so wird das lyrische „Völkerevangelium" (138) für den seelisch Kranken zur „Fahrt", zur „Leiter, mit deren Hilfe er sich aus dem Irrtum an die Wahrheit rettete" (632). Diese literarische ‚Rettung' meint neben der heilsamen und erkenntnisbringenden Lektüre, die den zukunftsweisenden künstlerischen Auftrag konstituiert, auch das Schreiben, das den Autor an die eigene Befreiung aus dunkler Vergangenheit erinnert.

Was in den zahlreichen Reden, Dialogen und Diskussionen des Romans immer wieder thematisiert wird, Unverständnis und Mißverständnis der verschiedenen Völker, Rassen und Religionen, Wege und Möglichkeiten einer zukünftigen Verständigung, ist in einem kleineren Rahmen, auf einer anderen, ästhetischen Ebene auch das Thema zwischen Autor und Leser. Denn um Verständnis, *richtiges* Verstehen, und um die Sorge des Mißverstehens ging es Karl May verstärkt auch bei seiner literarischen Arbeit nach der Orientreise. So ist es kein Zufall, wenn der Schriftsteller sich im *Friede*-Roman wiederholt – erzählunterbrechend – genötigt sieht, seine Fabel zu erklären, die Handlung und die dargelegten Gedanken verständlich zu machen, wodurch die Darstellungsweise des Buches allerdings oft allzu plakativ wirkt.

Nicht nur die Thematik und das Anliegen des Romans an sich dürften vielen Lesern befremdlich erschienen sein und sie wohl auch brüskiert haben – die Reaktionen Kürschners und Ziegers als erste Leser des *Pax*-Romans sind hier beredte Zeugnisse –, auch die Erzählform mußte die Erwartung fesselnd-bunter Abenteuergeschichten, die May zuvor mit größtem Erfolg erfüllt hatte, arg enttäuschen. Abenteuerliche Elemente spielen in *Und Friede auf Erden!* nur noch eine marginale Rolle, weder finden sich die gewohnten und beliebten imposanten Präsentationen der Heldeneigenschaften des Ich-Erzählers noch läßt sich von einer spannenden Handlungsdynamik sprechen – die Gefangennahme Wallers durch die Mekka-Pilger, die Auseinandersetzung mit den europäischen ‚Civilisatoren', Wallers nur referierter Tempelbrand sowie die Geschichte um seinen diabolischen Neffen Dilke (abgesehen von dessen dramatischem Ende in der Turbine eines Elektrizitätswerks) erscheinen lediglich wie Relikte früherer Abenteuererzählungen. An die Stelle aufregender äußerer Aktionen sind längere rhetorische, dialogische und reflexive Textpassagen getreten, in denen vor allem innere Konflikte erörtert werden.

May war sich im klaren darüber, daß seine Leser der literarischen Wandlung nicht ohne weiteres verständnisvoll folgen würden. Will man die genannten Abenteuerrelikte als Zugeständnisse an das Leserpublikum interpretieren, so blieb der Autor in bestimmten ästhetischen und ethischen Fragen doch kompromißlos und riskierte dafür – man denke etwa an die mutige Veröffentlichung der *Himmelsgedanken* – eine unausweichliche Konfrontation. Provokant-dezidiert verkündet May seinen Lesern im *Friede*-Roman: „alle meine bisherigen Reiseerzählungen sind nur Vorstudien, Uebungen und Skizzen, bei denen ich lang oder kurz, breit oder schmal sein kann, ganz wie es mir beliebt" (597). An anderer Stelle bekennt er ostentativ den „Mangel" äußeren Abenteuergeschehens, der aber reich ersetzt werde durch das innere Seelen-Drama der Waller-Figur:

> Die Fahrt verlief äußerlich ereignislos, wenn ich die Begegnungen mit anderen Schiffen nicht als Ereignisse bezeichnen will. Dieser Mangel wurde aber mehr als vollständig durch das ausgeglichen, was sich zu inneren, seelischen Begebenheiten entwickelte. [...] Ich kann also über unsere Fahrt keine sogenannten „Reiseabenteuer" berichten, an welchen sich doch nur die Oberflächlichkeit ergötzt; wer aber einen Sinn für die unendlich gestalten- und ereignisreiche Seelenwelt des Menschen hat und ein Verständnis für die Tiefe besitzt, in welcher die äußeren Vorgänge des Menschen- und des Völkerlebens geboren werden, der wird nicht mißvergnügt, sondern ganz im Gegenteile mit mir einverstanden darüber sein, daß ich ihn in diese Tiefe führe, anstatt ihn für einen Leser zu halten, der nur nach der Kost der Unverständigen verlangt. (451)

Mays Zuversicht blieb ein Wunsch, der vom Gros seiner Leserschaft nicht erfüllt wurde. Wenngleich *Und Friede auf Erden!* dem Schriftsteller Kontakte zu pazifistischen Kreisen verschaffte – etwa zur Friedensnobelpreisträgerin Bertha von Suttner[23], zur ‚Deutschen Friedensgesellschaft', für die er 1908 einen Vortrag mit dem Thema *Und Friede auf Erden, eine menschheitspsychologische Betrachtung* plante, oder zur französischen pazifistischen Zeitschrift *La paix par le droit*[24] –, begegnete er allgemein einem breiten Unverständnis, mit dem sein Roman aufgenommen wurde. Selbst eine verständnisvolle und treue Verehrerin wie Marie Hannes mußte in einer (damals unveröffentlicht gebliebenen) Rezension gestehen, das Buch mit all seinen Tiefen nicht vollkommen verstehen zu können:

Wer deutet erschöpfend die Taucherallegorie aus, zu welcher der Krankheitsverlauf Wallers die wirkungsvollsten Illustrationen liefert? – Wer spürt all den feinen Fäden nach, die zwischen zwei Welten herüber und hinüber gewoben werden, und wer kennt den eigentlichen Verfasser des Gedichtes, dessen Strophen für Waller die Sprossen zur Himmelsleiter werden – ich gewiß nicht.[25]

Nur „schwer und mangelhaft" könne sie die „Sprache" Ki-tschings und Ocamas verstehen: „Es ist wahr, die letzten Kapitel des May-schen Werkes, wie überhaupt seine Bücher mehr oder weniger alle sind nicht leicht verständlich, nicht leicht ergreifbar".[26]

Es ist zweifelhaft, ob die Romanbesprechung von Marie Hannes, wäre sie denn publiziert worden, May gedient hätte. Zurück ging dieser ‚Versuch' einer Beurteilung auf einen Wunsch von Mays Frau Klara, nachdem am 30. Oktober 1904 im *Dresdner Anzeiger* eine vernichtende Rezension von Marie Silling erschienen war. In überaus polemischer Weise stellte Silling vor allem den Realitätsgehalt des *Friede*-Romans, Mays Sprachkenntnisse, die geographischen und historischen Bezugspunkte des Buches in Frage. Die Rezensentin schloß ihre Kritik mit der ‚Erkenntnis', May „und allen den Krieg erklären" zu müssen, „deren Charaktere und Phantasien geeignet erscheinen, den Geschmack unserer Leser für eine gesunde, ernste literarische Kost zu verderben": „Nur aus solcher erhoffen wir eine Wiedergeburt unseres deutschen Volkstums."[27]

Marie Sillings reaktionär gefärbte Rezension löste eine heftige Pressefehde aus. May antwortete am 5. November 1904 mit einem ganzseitigen Offenen Brief *An den Dresdner Anzeiger*, der noch am selben Tag in den *Dresdner Nachrichten* und dann in weiteren Blättern erschien.[28] Ein erneuter übler Angriff gegen May, der am 9. November 1904 im *Dresdner Anzeiger* veröffentlicht wurde, *Karl May. (Was unsere Quartaner lesen) Von einem Gymnasiallehrer*, provozierte den Schriftsteller am 12. November zu einem weiteren Offenen Brief: *Noch einmal: an den Anzeiger*, publiziert u. a. in den *Dresdner Nachrichten* vom 13. November 1904.[29] Darauf meldete sich nun der Kunst- und Wissenschaftsredakteur des *Dresdner Anzeigers*, Dr. Paul Schumann, zu Wort und trug in zwei großen polemischen Artikeln (*Dresdner Anzeiger* vom 13. und 27. November 1904) sämtliche Vorwürfe der gegnerischen Presse gegen May – bezüglich der Kolportageromane und des Münchmeyer-Prozesses, des Doktortitels, der Sprachkenntnisse, des Konfessionenstreites und der erzieherischen Wirkung – zusammen.[30] May antwortete lediglich auf den ersten Artikel mit einem Offenen Brief an *Herrn Professor Dr. Paul Schumann* vom 18. November, der u. a. am 19. November im *Radebeuler Tageblatt* und am 20. November in den *Dresdner Nachrichten* erschien.[31]

Die genannte thematische Problematik des *Friede*-Romans, ‚Verständnis und Unverständnis', wurde nun also auf eine publizistische Bühne getragen. Wie das Vokabular Marie Sillings bezeugt, verwandelte sich diese Bühne zu einem ‚Kriegsschauplatz' und hintertrieb damit in geradezu grotesker Weise das eigentliche, pazifistische Anliegen des Buches.

May fühlte sich durch die Angriffe tief getroffen, bewiesen sie ihm doch, daß seine hohen Ziele in den ‚geistigen Niederungen' nur schwer zu verwirklichen waren. Wiederum mußte er sich als ein „literarisches enfant terrible" fühlen, das gegen die Erwartungen und Wünsche des Publikums schrieb. Und während er in *Und Friede auf Erden!* noch zuversichtlich an ein Einverständnis seiner Leserschaft mit dem neuen tiefgründigen Schreiben geglaubt hatte, bekannte er am Ende seines ersten Offenen Briefes *An den Dresdner Anzeiger*:

> Ich gehe meinen eigenen Weg, einen Weg, den noch niemand vor mir beschritten hat. Er ist einsam, und ich mute keinem Menschen zu, mir zu folgen. So verlange man auch nicht von mir, hinter anderen herzulaufen. Ich störe und beleidige keinen; man lasse auch mich in Ruhe! – – –[32]

II

Karl Mays Erwartung, endlich „in Ruhe" seinen „eigenen Weg" gehen zu können, blieb ein frommer Wunsch, den schon im Dezember 1904 die Enthüllungen des Revolverjournalisten Rudolf Lebius über seine kriminelle Vergangenheit aufs schrecklichste konterkarierten. Die sensationelle Aura des ‚Verbrechers' und ‚Zuchthäuslers', die den ohnehin bereits als Verfasser ‚abgrundtief unsittlicher' Kolportageromane diskreditierten Autor nun in der öffentlichen Meinung umgab, verschattete fortan den Blick auf sein neues, ‚eigentliches' Werk und beraubte es beinahe jeder intendierten Wirkung. Von den nächsten Freunden und Anhängern, wie Max Dittrich, Adolf Droop, Lu Fritsch oder Marie Hannes, einmal abgesehen, die es auch nur zu eher hilflosen Apologien brachten, wurden Mays späte Romane am ehesten noch in kirchlichen Kreisen wahrgenommen, wo sein überkonfessionelles, undogmatisches

Christentum und seine Forderung nach einer Versöhnung der Völkerreligionen auf Ablehnung stoßen mußten und ihm den Ruch des ‚Indifferentismus' und des ‚Modernismus' einbrachten. Mehr noch als alle anderen Altersromane, als der *Silberlöwe* oder *Ardistan und Dschinnistan*, wurde dabei gerade das ‚Völkerevangelium' *Und Friede auf Erden!*, das bei der Erstveröffentlichung (*Et in terra pax*) schon für politische Irritationen gesorgt hatte, nun auch unter theologischen Gesichtspunkten als Provokation empfunden. So befand bereits einer der ersten Rezensenten, ein anonymer Religionslehrer, im November 1904 in der *Augsburger Postzeitung*, ‚Karl May als Religionsphilosoph' sei „*von Uebel*", er erweise sich „in diesem neuesten Werke" nicht als Christ, sondern als „ein Humanitätsapostel, der *vielleicht unbewußt der Freimaurerei das Wort redet*"; die „Shen" sei „nichts anderes, als ein auf asiatische Verhältnisse angewandtes Logensystem".[33] Mays Haltung gegenüber solchen Angriffen war eindeutig:

> *Ich bin Christ, weiter nichts.* Confession giebt es für mich nicht. Und alle anderen Religionen sind Stufen, *auf denen die Menschheit zum Christenthum emporsteigen* wird, wenn wir ihr das nicht verbittern. Es ist mir unmöglich, eine dieser Stufen zu verwerfen.[34]

Einige Jahre darauf, mit rezeptionstypischer Verspätung, soll im Dezember 1908 der Dogmatiker Dr. theol. Paul Rentschka, Kaplan an der Hofkirche in Dresden, „sogar von der Kanzel herab" gegen May und seinen Roman gewettert haben[35]; was er dort gepredigt haben mochte, führte er in einer polemischen Artikelreihe *Karl Mays Selbstenthüllung* aus, die am 5., 6. und 8. Dezember 1908 in der *Germania*, dem Berliner Blatt des Zentrums, erschien.[36] An der Kompetenz des geistlichen Herrn, der sich noch Ende 1908 die 1901 im *China*-Band veröffentlichte Vorfassung *Et in terra pax* zur Zielscheibe wählte und erst von einem Leser darauf aufmerksam gemacht werden mußte, „daß derselbe Roman nun [!] erweitert und in der von May eigentlich gewollten Gestalt [...] erschienen" sei[37], wäre schon damals zu zweifeln gewesen, die Tendenz indes war unmißverständlich und die Gefahr, nun auch im katholischen Lager geächtet zu werden, nicht geringzuschätzen: „Das ganze Buch steckt voll der Irrtümer, ganz besonders auch voll der Irrtümer des Modernismus."[38] Gerade das, was May heute zur Ehre gereicht und ihn tatsächlich als ‚modern' erweist, der Versöhnungswille über alle religiösen, rassischen und weltanschaulichen Grenzen hinweg, machte ihn für Dogmatiker vom Schlage des Dresdner Hofkaplans suspekt und brachte ihm den Vorwurf des Synkretismus ein:

Nach May ist das Christentum keine geoffenbarte Religion, keine übernatürliche Lehre. Das Christentum ist im Laufe der Menschheitsgeschichte von selbst entstanden dadurch, daß die Menschen über sich und die Welt nachdachten und so allmählich sozusagen sich selbst, das rein Menschliche, die Humanität entdeckten. Das Christentum ist weiter nichts als Humanität, die nicht einmal rein bei den Christen vorhanden ist, sondern die noch der Ergänzung bedarf aus dem Schatze der menschlichen Errungenschaften des Heidentums, des Buddhismus, des Muhamedanismus.[39]

Die Anschuldigung heidnischen Ketzertums ist solchen Anwürfen immanent, erst recht, wenn Rentschka weiter folgert, das im *Friede*-Roman angeblich propagierte „Bestreben der Neuchristen oder besser Modernisten und Neuheiden, dem Christentum den Charakter als geoffenbarte christliche Religion zu nehmen", sei „nichts anderes, als ein Aufhalten der Erlösung".[40] Zu Zeiten der Inquisition hätte May daraufhin den Scheiterhaufen oder mindestens den Pranger fürchten müssen, und wenngleich sich die Situation in der aufgeklärten Neuzeit wenigstens in dieser Hinsicht geändert haben mochte, so mußte er doch allemal mit anderen Repressalien – von der Warnung vor seinen Schriften bis hin zu ihrem Verbot – rechnen. Um so erstaunlicher ist es, daß May sich nun nicht mehr, wie noch bei der Silling-Schumann-Affäre, öffentlich zur Wehr setzte, sondern es bei brieflichen Rechtfertigungen beließ und bei einem persönlichen Besuch; altersmüde und zermürbt von den Prozessen wie den Presseangriffen, hatte er offenbar allein noch die Kraft zu hilfloser Beschwichtigung: „Meine einzige Philosophie ist, ‚lieb' und ‚versöhnlich' zu sein; dann bin ich wohl auch religiös!" Seine Überzeugung freilich verriet er auch jetzt nicht, trotz mancher diplomatischer Winkelzüge; als wuchtiges, nicht zufällig einschränkendes Motto vorangestellt ist diesem Brief vom ersten Weihnachtstag 1908 der vertraute Satz: „Und Friede den Menschen auf Erden, die eines guten Willens sind!"[41]

Der Streit mit Paul Rentschka ist deshalb bemerkenswert, weil er in mehr als einer Hinsicht folgenreich für die Rezeption von *Und Friede auf Erden!* war. Zum einen geriet May nun in der katholischen Presse (mit Ausnahmen wie der *Augsburger Postzeitung*) derart in Verruf, daß es ein ‚treuer Anhänger der katholischen Kirche' im März 1910 sogar für geboten hielt, den Autor wegen seiner ‚monistischen', ‚spiritistischen' und ‚pantheistischen' Bücher anonym bei der Indexkongregation des Vatikan zu denunzieren – wenn die Angelegenheit ohne fatale Konsequenzen blieb, so wohl nur deshalb, weil man sich in Rom für den protestantischen Verfasser neuerdings wenig gelesener Schriften nicht recht zuständig sah. May selbst dürfte von dieser Anzeige nichts erfahren haben. Zum anderen soll *Und Friede auf Erden!* wegen der undogmatischen Tendenz später von dem für katholische Pfarrbibliotheken zuständigen Borromäusverein tatsächlich auf deren Index gesetzt worden sein, was den Karl-May-Verleger Euchar Albrecht Schmid im Jahre 1919 dazu bewog, nun ausgerechnet den dogmenbeflissenen Pfarrer Rentschka mit der Aufgabe zu betrauen, den Text so zu ‚bereinigen', daß er fortan selbst bei katholischen Zensurbehörden keinen Anstoß mehr erregen könne. Diese erste Bearbeitung des Romans innerhalb der Radebeuler ‚Gesammelten Werke' (herausgegeben von Dr. E. A. Schmid und Dr. Paul Rentschka) erschien 1922, war um 100 Seiten gekürzt und hatte der damaligen ‚Forschung' bis 1938 als Textgrundlage zu dienen, ehe sie durch eine erneut notwendig gewordene Überarbeitung von Otto Eicke, nun in gelinde nationalsozialistischem Sinn, ersetzt wurde. Nur mit Mühe hatte der couragierte May-Verleger sich dabei dem ungeheuren Ansinnen Klara Mays widersetzen können, das Kreuz von Raffley-Castle zum Hakenkreuz zu pervertieren, ausgerechnet den ‚Führer' als ‚idealen Friedensverkörperer' zu feiern oder gar den ganzen Schluß mit seiner fatalen ‚Rassenmischung' zu streichen und den Roman als ‚Torso' auszugeben. Der prophetische Satz des Fu indes: „Meine Brüder, es gibt – – – Krieg!", der am Vorabend des Zweiten Weltkriegs erneut eine brisante Pointe hergegeben hätte, durfte auf keinen Fall stehen bleiben: Diese Art von Aktualität war denn doch nicht erwünscht. Nach dem Krieg erschien der Roman zunächst in einer dritten Überarbeitung durch Ludwig Patsch (1950 als Lizenzausgabe im Wiener Ueberreuter-Verlag, 1953 in der ersten Bamberger Ausgabe), in der auf der Basis der Eicke-Fassung auch wieder manches aus der Rentschka-Fassung Verwendung fand; seit 1958 liegt der Text in einer revidierten Rückbearbeitung von Roland Schmid und Hans Wollschläger vor, die zwar nicht für die Forschung, aber doch als Leseausgabe brauchbar ist. Eine kritische Edition nach der erhaltenen Handschrift bleibt, ebenso wie für die anderen Altersromane, dringend zu wünschen.[42]

Nimmt man alles in allem, von den Irritationen der Patrioten und Kriegshetzer über die Angriffe christlicher Dogmatiker bis zur ständig drohenden Gefahr eines Verbots im Dritten Reich, und denkt man noch den Unwillen abenteuerhungriger Leser und die verworrene Textgeschichte hinzu, so muß man *Und Friede auf Erden!* als das unbequemste und umstrittenste aller Bücher Karl Mays bezeichnen. Auch damit mag es – neben prinzipiellen Verständnisschwierigkeiten – zusammenhängen, daß gerade diese

Reiseerzählung, die wegen ihrer literarischen Innovation und politischen Ambition besondere Aufmerksamkeit verdient hätte, von der May-Forschung jahrzehntelang kaum beachtet wurde. Sieht man einmal von der im vorliegenden Studienband dokumentierten, sehr randständigen und vorläufigen Deutung des *Gleichnisses für Zieger* (*Aus Karl Mays literarischem Nachlaß*, 1923) durch den Köpenicker Oberlehrer Dr. Max Finke ab[43], verdienen nur zwei Beiträge in den alten Jahrbüchern des Radebeuler Karl-May-Verlags nähere Betrachtung, nämlich Artur Buchenaus Überlegungen zu *Karl Mays Friedensgedanken* (1923) und Amand von Ozoróczys großer Aufsatz *Karl May und der Friede* (1928).[44] Auf einen Wiederabdruck des Ozoróczy-Essays, so wünschenswert er an sich wäre, mußte verzichtet werden, da er sowohl umfangmäßig wie thematisch den Rahmen eines Studienbandes gesprengt hätte: Der Wiener Burgschauspieler, der den Radebeuler Schriftsteller noch persönlich kennenlernen durfte, beschränkt sich nicht auf *Und Friede auf Erden!*, sondern entwirft in Zitat und Analyse ein umfassendes Bild der Friedensidee bei May von den frühen *Geographischen Predigten* bis zu den späten Symbolromanen, das in seiner dichten motivischen Konzentration noch heute vorbildlich sein kann für ähnliche Untersuchungen.

Den Rang Ozoróczys, der zeitlebens für Karl May eintrat und noch in der Frühphase der 1969 gegründeten Karl-May-Gesellschaft zu ihren regsten Mitarbeitern gehörte, kann der Berliner Stadtschulrat Dr. Buchenau mit seinem eher naiven Aufsatz über *Mays Friedensgedanken* nicht entfernt beanspruchen. Der Pädagoge und Psychologe beschäftigte sich nur beiläufig mit Karl May und ist in den alten Jahrbüchern auch nur ein weiteres Mal vertreten, mit dem ‚Nekrolog' *Karl Friedrich May* (1919), dessen gekürzte Fassung im Jahr zuvor den berüchtigten Artikel Prof. Dr. Alfred Kleinbergs im XVIII. Band des *Biographischen Jahrbuchs und Deutschen Nekrologs* (Berlin: Reimer, 1917) ersetzt hatte.[45] Wenn sein mehr referierender als interpretierender Aufsatz hier gleichwohl ein Menschenleben später wiederveröffentlicht wird, so vor allem deshalb, um den insgesamt kläglichen Forschungsstand zum *Friede*-Roman in der Zwischenkriegszeit und noch lange danach vor Augen zu führen. Tatsächlich ist Buchenaus „kurze, nur die Kernpunkte berührende Abhandlung", in der er das „Maysche Buch" als „eine Art tätiger Völkerethik in volkstümlicher Form" klassifiziert, bis 1972 die einzige Arbeit geblieben, die sich überhaupt isoliert mit *Und Friede auf Erden!* befaßte, und schon allein für diese singuläre Aufmerksamkeit wäre ihm zu danken. Darüber hinaus aber ist dem Aufsatz, der nur wenige Jahre nach dem Ersten Weltkrieg (1922) entstand, zwischen den Zeilen eine – nur allzu berechtigte – Sorge um den aktuellen Frieden eingeschrieben, die nicht selbstverständlich war in einer Zeit, die von der ‚Dolchstoßlegende' und der ‚Schmach von Versailles' redete, um die nächste Aggression zu legitimieren, und dies verdient auch dann Respekt, wenn die Ausführungen selbst von ebenjener ‚Volkstümlichkeit' sind, die Buchenau fälschlich bei Karl May zu bemerken glaubt. Zehn Jahre später hätte dieser Beitrag, in dem der Schulrat mit May davor warnt, „von Ueberlegenheit und von Minderwertigkeit zu reden", und Reisen in den Orient empfiehlt, „um den Spuren des Urchristentums und der jüdischen Kultur nachzugehen", nicht mehr erscheinen können. Der Jahrgang 1933 war dann auch der letzte der seit 1918 erschienenen *Karl-May-Jahrbücher*, und mehrere Jahrzehnte mußten vergehen, ehe sich die May-Forschung ein neues Forum schaffen konnte.

Das von Artur Buchenau vertretene Klischee von der ‚Volkstümlichkeit' des Radebeuler Autors gehörte seinerzeit zur popularisierenden Leserstrategie des Karl-May-Verlags und war der Publikumsresonanz so förderlich wie der wissenschaftlichen Akzeptanz letztlich abträglich. Gleichwohl fand es 1936 den beachtlichsten Ausdruck in einer ersten Dissertation (Heinz Stolte: *Der Volksschriftsteller Karl May. Beitrag zur literarischen Volkskunde*), die freilich auch für lange Zeit die letzte bleiben sollte. Daß in ihr gerade die „tätige Völkerethik" von *Und Friede auf Erden!* kaum eine Erwähnung findet (das Buch erhebe sich „bis zum Politisch-Prophetischen", heißt es einmal vieldeutig[46]), scheint indes kein Zufall und den ideologischen Vorgaben der ‚neuen Zeit' geschuldet. Von einem wiederum radikal anderen Weltenlauf, nun „im Zeichen des unglückseligen Krieges in Vietnam und des großen Schattens, den das revolutionäre China über die Welt wirft", zeugt es, wenn derselbe Heinz Stolte, bald darauf einer der Initiatoren der Karl-May-Gesellschaft, 1967 in einem Vortrag sein einstiges Versäumnis nachholte und ein damals „kaum bekanntes Kapitel deutscher Literaturgeschichte" aufschlug, indem er Kürschners *China*-Band als eines der „erstaunlichsten Manifeste" des Imperialismus vorstellte und den neuerdings der „chauvinistischen Gesinnung und der Rassenhetze" bezichtigten Autor dadurch ins rechte Licht rückte, daß er dessen *Pax*-Camouflage als den „vielleicht beste[n] Streich seines Lebens" bezeichnete, einen „Geniestreich ohne Zweifel":

> Mitten in ein Repräsentationswerk des Imperialismus und Militarismus hatte er, Karl May, das entschiedenste Manifest einer Gesinnung gesetzt, die, auf eine schlichte Formel gebracht, nicht anders lautet als die chinesi-

sche Kindergarten-Katechetik von heute: „Der Imperialismus ist widerlich!“[47]

Die wenigen Äußerungen zu Mays Roman aus dem bisher skizzierten Zeitraum, beinahe mehr noch das Schweigen über ihn, lassen erkennen, wie nahezu ausschließlich *Und Friede auf Erden!* unter ideologischen Blickwinkeln wahrgenommen oder bewußt ignoriert wurde; auch heute noch steht bei den meisten Betrachtungen der weltanschauliche Aspekt im Vordergrund, was nicht gegen den Kunstwerkcharakter des Romans sprechen muß, wohl aber von seiner dauerhaften politischen Aktualität zeugt. Die von May vor einem Jahrhundert erhobenen Forderungen nach einer globalen Versöhnung (wie immer man sich diese heute auch denken mag) sind nach wie vor weit entfernt von ihrer Einlösung.

Wie überhaupt von einer organisierten May-Forschung, kann auch von einer ernsthaften wissenschaftlichen Rezeption des *Friede*-Romans erst seit der Gründung der Karl-May-Gesellschaft gesprochen werden. Bereits in ihrem dritten Jahrbuch (1972) machte sie ‚Mays ersten großen Altersroman‘ mit Beiträgen von Hans Wollschläger, Ekkehard Bartsch und Hansotto Hatzig sowie Mays eigenen Briefen *An den Dresdner Anzeiger* zum zentralen Thema, wohlwissend darum, daß gerade der dort vertretene Pazifismus dem Schriftsteller inzwischen ideologische Reputation verschaffen konnte. „Nichts bezeugt die sozialpolitische Aktualität von ‚Und Friede auf Erden!‘ besser als der Umstand, daß die ‚Lehre‘ des Buches sich von Anfang an gegen wechselnde Zeitströmungen immer wieder mühsam behaupten mußte“, schrieb Claus Roxin in seinem Vorwort[48], eine These, die vor allem durch die positivistische Abhandlung von Ekkehard Bartsch gestützt wurde, in der erstmals in gebotener Sorgfalt und Ausführlichkeit Genaueres über die *Entstehung und Geschichte* des Buches zu erfahren war.[49] Lediglich auf die Wiedergabe der Korrespondenz zwischen Zieger und Kürschner sowie der May-Briefe an Rentschka mußte Bartsch bei seiner Rekonstruktion verzichten; sie wurden später ergänzend von Hainer Plaul resp. von Ernst Seybold dokumentiert.[50]

Während auf einen Wiederabdruck der seinerzeit grundlegenden Werkgeschichte von Bartsch schon deshalb zu verzichten war, weil sie in unserem Zusammenhang notwendig redundant wäre, hätte Hans Wollschlägers in jeder Hinsicht großer Essay *„Die sogenannte Spaltung des menschlichen Innern, ein Bild der Menschheitsspaltung überhaupt“*, der auf grandiose Weise einen leider Torso gebliebenen Zyklus von *Materialien zu einer Charakteranalyse Karl Mays* eröffnete[51], ähnlich wie der Aufsatz Ozoróczys die vorgegebenen Grenzen überschritten, handelt es sich doch nicht nur um eine „Interpretation des vielverkannten Buches, die vor allem seinem schwierigsten und tragenden Handlungsmotiv, der Krankheit Wallers und seinen Visionen, gewidmet ist", sondern um eine weit über den Einzelfall hinausgreifende „großangelegte tiefenpsychologische Charakteranalyse Mays", die einen „Schlüssel" liefert „zur Deutung wesentlichster Bezirke im Spätwerk" überhaupt. Wenn Claus Roxin vor nunmehr fast dreißig Jahren konzedierte, Wollschlägers Arbeit sei „die präziseste und einfühlsamste Seelendeutung, die ‚das Phänomen Karl May' in der Sekundärliteratur bisher erfahren hat"[52], so gilt dies unverändert auch noch heute. Die ergänzende Lektüre dieser „Seelendeutung" sei daher ausdrücklich anempfohlen.

Wollschlägers Essay, und hier besonders seine Kernthese von der Ablösung des alten, väterlich-autoritären Ich-Ideals durch ein mütterlich bestimmtes Liebesideal, die phänomenologisch auch dann gültig bleibt, wenn man seine Annahme einer frühkindlichen ‚Liebesversagung' durch die Mutter nicht zu teilen vermag, hat die weitere Forschung zu Mays Spätwerk wesentlich beflügelt und auch allgemein zur seriösen Reputation des Schriftstellers beigetragen. Der Anspruch Hansotto Hatzigs war demgegenüber bescheidener, als er die *Textvarianten* zwischen *Et in terra pax* und *Und Frieden auf Erden!* zusammenstellte, aber diese solide und sorgfältige Arbeit war darum nicht weniger wichtig, stellte sie doch mit der *China*-Fassung einen damals (vor dem Erscheinen des ersten Reprints 1976) praktisch unbekannten May-Text vor und erlaubte einen kundig kommentierten Blick in die literarische Werkstatt des Autors. Für den Wiederabdruck hat Hatzig, der mit guten Gründen in fast jedem der bisherigen Studienbände vertreten war[53], seinen Beitrag noch einmal behutsam redigiert und korrigiert. Es sollte eine seiner letzten Arbeiten für Karl May sein: Am 24. April 2001 ist Hansotto Hatzig, Mitbegründer und zuletzt Ehrenmitglied der Karl-May-Gesellschaft, im Alter von 81 Jahren in Oftersheim gestorben. Der vorliegende Studienband, an dem er noch einmal mitgewirkt hat, dessen Erscheinen er aber nicht mehr erleben konnte, ist nun seinem Andenken gewidmet. Dies gilt *auch* dem hervorragenden Karl-May-Forscher, vor allem aber dem Menschen und dem Mittler, dem es wie nur wenigen anderen gelang, immer wieder neue, junge und wenig erfahrene Autoren für die Sache Karl Mays zu gewinnen, die dann mit seiner Unterstützung ihre eigenen Wege fanden. Die Herausgeber selbst haben ihm ihre allerersten Veröffentlichungen überhaupt zu verdanken und werden ihn nicht nur deshalb stets in dankbarer Erinnerung behalten.

In den von Hansotto Hatzig redigierten *Mitteilungen* und in den von einem wechselnden Herausgeberkollektiv betreuten *Jahrbüchern der Karl-May-Gesellschaft* sind bis heute noch mehrere wichtige Arbeiten zum Thema erschienen, die zumeist jedoch allgemeiner nach dem China-Bild Mays fragten oder seine chinesischen Sprachkenntnisse prüften und den *Friede*-Roman dabei – im Vergleich zum *Blau-roten Methusalem* – oft nur beiläufig berücksichtigten.[54] Besondere Erwähnung verdient eine *theologische Interpretation* durch den katholischen Pfarrer Hermann Wohlgschaft, der 1989 *Und Friede auf Erden!* als „ein religionspsychologisches Buch von unverbrauchter Bedeutung" würdigte[55] und seine nicht unumstrittenen, für die theologische Einordnung aber aufschlußreichen Ausführungen 1994 noch einmal in seine *Große Karl May Biographie* integrierte.[56] Da beide Fassungen leicht zugänglich sind, konnte auf einen Neuabdruck der umfangreichen Arbeit verzichtet werden.

Seit längerem vergriffen und daher im wissenschaftlichen Diskurs zu Unrecht an den Rand gedrängt ist dagegen Ulrich Schmids profunde Dissertation über *Das Werk Karl Mays 1895–1905*, die 1989 als zwölfter Band der verdienstvollen *Materialien zur Karl-May-Forschung* erschien, einer in kleiner Auflage von Karl Serden für die Karl-May-Gesellschaft herausgegebenen Schriftenreihe, die es von 1974 bis 1998 auf immerhin zwanzig Bände brachte.[57] Sie darf als das Vermächtnis des inzwischen leider ebenfalls verstorbenen May-Enthusiasten Karl Serden (1928–1999) gelten; die Dissertation Schmids aber stellt in ihr ohne Zweifel ein Glanzstück dar. Nicht nur bietet der Verfasser, konzentriert auf das für die späte Werkentwicklung entscheidende Jahrzehnt um die Jahrhundertwende, eine so einfühlsame wie konzise Beschreibung und Deutung der Werke des Umbruchs, von *„Weihnacht!"* und *Am Jenseits* über *Und Friede auf Erden!* zur in sich selbst gebrochenen *Silberlöwen*-Tetralogie, und zeigt so den „Wandel der ästhetischen Leitvorstellungen im Werk Karl Mays" auf[58], dank der Unterstützung des Karl-May-Verlags konnte er auch den Nachlaß des Schriftstellers einsehen und seine Thesen an den erhaltenen Manuskripten und ihren überraschend zahlreichen Korrekturen bestätigen und vertiefen. Allein der textkritische Anhang, der vor allem die Handschriften zum späten *Silberlöwen* dokumentiert, macht Schmids Arbeit für die Forschung unentbehrlich, so lange immer noch eine historisch-kritische Edition fehlt. Dennoch ist eine oft geforderte Neuauflage der Dissertation, etwa in der neuen Reihe der *Materialien zum Werk Karl Mays*, vorerst nicht in Sicht. Um so mehr ist es zu begrüßen, daß der Autor (er führt seit der Adoption durch seine Tante, die Witwe des expressiven Malers Otto Scheinhammer [1897–1982], der auch eindrucksvolle Landschaftsbilder von Ceylon geschaffen hat, den Doppelnamen Scheinhammer-Schmid) für den vorliegenden Studienband das Kapitel über *Mays Friedensroman* herauslöste, aktualisierte und zu einem eigenständigen Essay erweiterte. Deutlicher vielleicht noch als im Gesamtzusammenhang der Dissertation wird nun, wie gerade *Et in terra pax* ein Werk der ‚Grenzüberschreitung' darstellt, in dem sich erstmals bis in die Mikrostruktur hinein „ein neues Textbewußtsein" des Autors erwies, und wie dieses in einem Prozeß dynamischer literarischer Emanzipation den Roman bei der (von Hatzig bereits dokumentierten, aber noch nicht bewerteten) Textrevision von 1903/04 ein weiteres Mal auf ein ästhetisch und ethisch höheres Qualitäts- und Reflexionsniveau heben konnte. Nicht zuletzt ist Scheinhammer-Schmids Aufsatz wegen seiner grundsätzlichen Fragestellungen eine geeignete Einstiegslektüre zum Werkverständnis.

Ähnliches gilt für Martin Schenkels großangelegten Essay *Ecce homo!*, der bereits 1987 in einem Sonderband *Karl May* der von Heinz Ludwig Arnold herausgegebenen Autorenreihe *text + kritik* erschien und für die Rezeption von *Und Friede auf Erden!* schon deshalb von besonderem Gewicht ist, weil er ein Publikum außerhalb des inneren May-Zirkels erreichen konnte.[59] Noch vor Wohlgschaft und ohne dessen theologische Engführungen filterte Schenkel, der im selben Jahr auch den *Friede*-Artikel zum *Karl-May-Handbuch* beisteuerte[60], den *heilsgeschichtlichen Friedensmythos in Karl Mays Reiseerzählung* heraus. Überzeugend legte er dabei dar, wie sich bei May die heilsgeschichtlich-allegorische Weltdeutung der Bibel mit konkret-aktuellen, der Aufklärung verpflichteten politisch-sozialen Absichten verbindet, um in der einen „Forderung nach Nächstenliebe und Humanität" zu münden, und wie das moralische Versagen vor diesem Anspruch „sowohl die polare Themenführung als auch die dualistische Gestaltung der Handlungsentwicklung und die antagonistische Konfiguration bzw. Darstellung der Romangestalten" bestimmt. Indem May „Ontogenese und Phylogenese, Welt- und Heilsgeschichte" parallelisiert, wird *Und Friede auf Erden!* für Schenkel zu einem „umfassenden, christlich engagierten Agitationsroman", der in der Verschränkung von äußerer und innerer Erzählebene zudem auch ein erhebliches, zum ‚eigentlichen Werk' überleitendes ästhetisches Potential besitzt.

Die Beiträge von Finke, Buchenau, Hatzig, Scheinhammer-Schmid und Schenkel dokumentieren (mit den hier ungedruckten Arbeiten von Ozoróczy, Bartsch, Wollschläger und Wohlgschaft) exemplarisch Entwicklung und Stand der Forschung zu Karl Mays *Und Friede auf Erden!* an der jetzigen Jahrtausendwende. Die neuen Aufsätze von Koch, Niehaus, Lowsky, Kittstein, Dieckmann und Keindorf können die bisher gewonnenen Erkenntnisse nun wesentlich erweitern und teils auch korrigieren, nicht selten betreten sie überhaupt bisher unbekanntes Gebiet.

Innovativ und zugleich von derart grundsätzlicher Bedeutung, daß die wissenschaftliche Verspätung bei diesem Thema verwundert, sind Eckehard Kochs umfangreiche Ausführungen *zum zeitgeschichtlichen Hintergrund von ‚Und Friede auf Erden!'*. Der Verfasser, durch seine Beiträge in den *Jahrbüchern der Karl-May-Gesellschaft* und in den *Karl-May-Studien* seit langem als profunder Kenner der Zeitgeschichte des Orients wie des Okzidents ausgewiesen, beleuchtet dabei nicht nur den unmittelbaren Schreib- und Publikationsanlaß, also die historische Situation im China der Jahrhundertwende, die sich im Buch selbst nur sehr indirekt vermittelt, sondern greift weit darüber hinaus, indem er den in der Fiktion gespiegelten realen Reisestationen Mays auf der Orientreise folgt, von Kairo über Ceylon nach Sumatra, die tatsächlichen jeweiligen politisch-sozialen Verhältnisse dort und im ‚Reich der Mitte' erörtert, sie mit der Romandarstellung vergleicht und schließlich auch noch nach möglichen Vorbildern für das utopische Reich der „Shen" fragt. Entstanden ist so ein eindrucksvolles, aus vielen zum Teil heute unbekannten historischen Einzelheiten zusammengesetztes Mosaikbild der von May in Wirklichkeit und Traum bereisten Regionen, das zudem in der immer wieder sichtbaren Konfrontation von Ost und West nicht allein die damalige Aktualität des *Friede*-Romans demonstriert, sondern ihn in vielen seiner geradezu prophetisch anmutenden Aussagen noch heute als gegenwärtig und gültig erweist. Nicht zuletzt erläutert Koch begrenzte historische Ereignisse wie die Aufstände der Atjeh auf Sumatra, die zwar den Zeitgenossen Mays wohlvertraut waren, durch die späteren Katastrophen der Weltgeschichte aber längst aus dem allgemeinen Bewußtsein verdrängt sind, und gibt dem Roman so eine verlorengegangene Dimension zurück.

Die ursprüngliche Absicht der Herausgeber, Kochs historische Darstellung durch eine Dokumentation der von May benutzten geographischen Quellen zu ergänzen, war nicht zu realisieren. Erste Vorarbeiten Helmut Lieblangs zu dem Thema ergaben, daß May (ähnlich wie zuvor schon beim Wüstenszenario von *Am Jen-*

seits) zur Imagination der Räume in *Und Friede auf Erden!* im wesentlichen auf seine Phantasie und nun auch auf eigene Reiseerfahrungen zurückgriff, ansonsten aber allenfalls gelegentlich Nachschlagewerke oder Reiseführer wie den *Baedeker* heranzog. Ein eigener Beitrag zu dem Thema, der wenig mehr als ein Defizit mitteilen könnte, wäre daher kaum zu rechtfertigen gewesen. Das Faktum an sich ist freilich bemerkenswert genug, macht es doch deutlich, daß May inzwischen, nach den persönlichen Reiseerlebnissen im Orient, offenbar der Überzeugung war, auf fremde Reiseberichte fortan weitgehend verzichten zu können, und daß ihm überdies nun prinzipiell der innere Weg seiner Gestalten wesentlicher geworden war als die äußere, touristische Reisebewegung: Er konnte und wollte tatsächlich „keine sogenannten ‚Reiseabenteuer'" mehr schreiben, zu denen es eingehender Quellenstudien bedurft hätte. Die Frage hingegen, inwieweit May in seiner Altersphilosophie womöglich von asiatischen, insbesondere von chinesischen Weltanschauungen beeinflußt war, wäre es wohl wert, einmal gesondert untersucht zu werden, müßte dann aber natürlich das gesamte Spätwerk berücksichtigen.

Mit der Preisgabe der ‚Reiseabenteuer' mußte notwendig auch der ‚abenteuerreisende' Ich-Erzähler, der früher omnipotente Held Old Shatterhand alias Kara Ben Nemsi Effendi, in eine Krise geraten, für die es symptomatisch ist, daß er nun nurmehr als der ‚Schriftsteller Karl May' unterwegs ist, was ihn erzähltechnisch in ein merkwürdiges Verhältnis zum aktuellen Autor des Romans rückt wie auch zu den durch andere Romanfiguren repräsentierten Ich-Derivaten. An der Veränderung der *Ich-Funktion in Karl Mays ‚Und Friede auf Erden!'*, die Michael Niehaus in seinem Beitrag *Was heißt hier Ich?* beschreibt, läßt sich daher ein grundsätzlicher Gestaltwandel des Werks beobachten, der hier aber noch in statu nascendi erscheint und sich in einer sehr ungewissen, zwiespältigen Stellung des ‚Ich' innerhalb der Handlungskonstruktion realisiert. Um diese Position zu verorten, stellt Niehaus eine einsinnige und eine gegenläufige Lektüre typologisch nebeneinander, untersucht auf der manifesten Ebene die Beziehungen des erzählenden Ich zur ‚Ich-Projektion' des Missionars Waller wie zu dessen Tochter Mary und analysiert schließlich die uneindeutige Stellung des ‚Ich' in seinem Verhältnis zur Bruderschaft der „Shen". Die dabei sichtbar werdenden Paradoxien erscheinen als ein unerwarteter Ausweis von Modernität, dem weiter nachzugehen wäre. Die Arbeit von Niehaus aber ist schon deswegen wegweisend, weil sie überhaupt erstmals erzähltheoretische Fragen an den Text stellt.

Von einem „Changieren des Ich-Begriffes“ bis hin zu einem beinahe „intertextuellen Lavieren“ spricht auch Martin Lowsky in seinem Beitrag *Im Wüstenwind* über die *Entfaltung und Überwindung des Abenteuer-Erzählens*, in dem er aus seiner geschärften Sicht die sonderbare Zwischenstellung des Romans betrachtet. Dabei kann er nachweisen, daß dessen wesentliche Konstruktionsprinzipien und Charakteristika, wie die realistische Ausrichtung, der selbstreferentielle Anspruch und die Allegorik, sich bereits zu Anfang in der ‚Khamsin-Passage‘ abzeichnen, diese sich auch im weiteren Verlauf strukturell sinnvoll zusammenfügen zu einem „neuartigen Werk“ und schließlich im abstrakten, auf Titel und Beginn zurückweisenden Finale einen auch ästhetischen Höhepunkt erreichen, der von einer neugewonnenen erzählerischen Souveränität zeugt. Mindestens ebenso faszinierend wie die offenbar werdenden zentralen Strukturprinzipien ist es dabei, wie sich diese noch im kleinsten Detail abbilden, wie etwa in der aufgeladenen Bedeutung des wiederkehrenden Motivs vom Wüstenwind oder in der sprachlichen Emanzipation des Dieners Sejjid Omar. Auch von hier aus eröffnen sich weitere interessante Wege zum Romanverständnis.

Während die im engeren Sinn literaturwissenschaftliche und erzähltheoretische Auseinandersetzung mit *Und Friede auf Erden!* eben erst begonnen hat, scheint in der ideologiekritischen Bewertung weitgehende Einmütigkeit zu herrschen. Der Roman gilt allgemein und bisher uneingeschränkt als pazifistischer Gegenentwurf zur imperialistischen Politik der westlichen Großmächte und bezieht von daher selbst bei den Autoren Anerkennung und Respekt, die Anlaß sehen, seine ästhetische Realisation zu bemängeln. Die vor allem für das frühere Werk durchaus konzedierte Ambivalenz von progressiven, utopischen und konservativen, affirmativen Tendenzen soll gerade für diesen ‚politischsten‘ aller Romane nicht gelten. Daß Mays ideologische Haltung indes auch im Alter keineswegs eindeutig war, sondern zwischen Anspruch und Erfüllung schwankte, könnten bereits die biographischen Zeugnisse jener Jahre ahnen lassen; es wird jetzt bis zu einem gewissen Grade bestätigt durch Werner Kittsteins kritische Analyse der *imperialistischen Tendenzen in Karl Mays ‚Und Friede auf Erden!‘*, die auf heilsame Weise allzu simple bisherige Stereotype konterkariert. Daß Kittsteins Thesen zum reduzierten politischen Bewußtsein Mays und zum latenten wie manifesten Imperialismus im *Friede*-Roman provokativ wirken und Diskussionen auslösen werden, ist selbst dann zu wünschen, wenn man ihnen nur begrenzt zu folgen vermag. Die ‚Wahrheit‘ dürfte auch hier in der Mitte liegen; um sie dort genauer zu fixieren, ist es aber allemal notwendig, beide Seiten wahrzunehmen. Erst dann, wenn die einseitige bisherige Apologie durch eine kritische, hier nicht weniger einseitige Gegenrede relativiert wird, kann sich ein zutreffendes, differenzierendes Gesamtbild ergeben.

Wie problematisch, beinahe „unmöglich" eine „ideologische Einordnung Mays" ist, verdeutlicht auch Roy Dieckmann in seiner Darstellung des Motivkreises *Geschichte und Revolution in ,Und Friede auf Erden!'*. Er konzentriert sich daher darauf, den Querverweisen zu folgen, welche „die geschichtstheoretischen Passagen mit offenen Überlegungen oder verdeckten Allusionen zum Wesen der Revolution verbinden", mithin auf einen ideologischen Teilbereich, der sich zunächst weniger aufdrängen mag, in der konkreten Textanalyse dann aber doch symptomatischen Wert gewinnt für das relativ fortgeschrittene politische Denken des Autors. Hatte May in seinem Frühwerk den Revolutionsbegriff noch durchweg negativ bewertet und in den späteren Reiseerzählungen immerhin bereits zwischen sinnvollen Zielen und abzulehnenden Wegen unterschieden, so erscheint der Umsturz gesellschaftlicher, politischer und ideeller Konzepte, wie er im *Friede*-Roman durch die Gemeinschaft der „Shen" repräsentiert wird, nicht nur als ein gerechtfertigtes, sondern auch als ein auf vernünftigen und friedlichen Wegen organisierbares Zukunftsprojekt der Menschheit. Daß indes auch die revolutionäre Rhetorik nicht bruchlos einhergeht mit der Handlungskonzeption und daß Motivlücken bleiben, zeugt ein weiteres Mal von der für May offenbar bis zuletzt charakteristischen Kluft zwischen Anspruch und Erfüllung, Realität und Utopie.

Die phänomenologisch beobachtbare Ambivalenz läßt sich sinnvoll auflösen, wenn man sie als Emblematik eines dynamischen Prozesses auffaßt, wie ihn Gudrun Keindorf an der *Topographie und Topologie einer Märchen- und Seelenlandschaft* sichtbar werden läßt. An die Stelle früherer statischer Kulissen, die ehestens noch Stimmungswerte vermittelten, sind virtuelle Räume getreten, die in reflektierter Weise metaphorisch die „seelische Emporentwicklung der Reisenden" begleiten. Die angestrebte Harmonie freilich kann der Roman unter ästhetischen Aspekten auch mit seinen ,Landschafts-Visionen' nicht einlösen, da sich zumindest in den ersten, die reale Orientreise reflektierenden Abschnitten immer wieder der authentische Blick des Touristen einmischt, ohne daß es zu einer symbiotischen Gesamtschau käme. *Et in terra pax* resp. *Und Friede auf Erden!* zeigt May auch in dieser Hinsicht ,auf dem Weg': Erst in den beiden Schlußbänden des *Silberlöwen*, im *Friede*-Kapitel *Der Shen-Ta-Shi* und dann in *Ardistan und*

Dschinnistan und *Winnetou IV* vereinen sich zumindest literarisch die zuvor parallelen Welten der Realität und der Utopie, wird die Wirklichkeit transzendent für den Vorschein endlicher Erlösung: „plötzlich wurde es wieder hell, fast heller noch, als es vorher gewesen war, um uns und auch da draußen, im Freien" (XXX 659).

Wie gewohnt, schließt der Studienband mit einer umfassenden Auflistung der Literatur zu Mays Roman, in der auch bereits die Neubeiträge erfaßt sind.

Der sechste Band der *Karl-May-Studien* erscheint, ebenso wie der *China*-Reprint *Et in terra pax*, genau hundert Jahre nach der Erstveröffentlichung der Erstfassung von Mays Roman. Es spricht für Karl May und gegen den Weltenlauf, daß sein Buch vom *Frieden auf Erden* seither nichts an Aktualität eingebüßt hat und noch immer, am Beginn eines weiteren neuen Jahrhunderts, kontroverse Deutungen und Diskussionen auszulösen vermag. In diesem Sinne sollen auch die hier vereinten alten und neuen Aufsätze zu *Und Friede auf Erden!* bei aller pluralistischen Vielfalt nicht als abschließend gültig aufgefaßt werden, sondern im Gegenteil zur erneuten Auseinandersetzung mit einem der merk- und denkwürdigsten Bücher dieses eigenwilligen Schriftstellers einladen, dem es noch im Alter einfiel, sich selbst und seine Ziele neu zu definieren, und sei es gegen den Rest der Welt.

Paderborn, im Juni 2001

Anmerkungen

1 Als drittes, ähnlich lautendes Zeugnis sei ein Brief Mays an einen Leipziger Pfarrer vom 19./22. September 1904 zitiert (Privatbesitz): „‚Et in terra pax' erschien zuerst in dem großen Prof. Kürschnerschen Chinawerk, welches 24 Mk. kostete. Dieser Herr hatte mir verschwiegen, daß es mit diesem Buche *seine* Absicht sei, dem ‚civilisatorischen' Blutvergießen im Osten der alten Welt ein Gloria in excelsis deo zu schmettern. Er wurde fast zur Salzsäule, als er bemerkte, daß *ich* erst leise, dann lauter, immer lauter mein Et in terra pax erklingen ließ, genau contrair zu seinem Plane. Und da weder er von seinem Lobe der kriegerischen Gewaltthätigkeit noch ich von meiner Empfehlung des Friedens lassen wollte, so machten wir kurzen Prozeß, brachen die Arbeit augenblicklich ab, und gingen in aller Freundschaft auseinander. Kürschner mußte zwar meine Arbeit bringen, aber er brachte sie als Torso, um sich nicht durch den friedlichen Schluß noch mehr als bisher zu blamiren. Ich konnte ihm, dem Freunde, dieses Op-

fer nicht verweigern, habe die Gipsfigur aber dann in Marmor von Neuem begonnen und völlig ausgeführt. Sie heißt nun ‚Friede auf Erden'."

2 Zur Deutung des Gleichnisses vgl. ausführlicher Max Finke: *Aus Karl Mays literarischem Nachlaß* (KMJb 1923, S. 17-25; wieder abgedruckt im vorliegenden Band); Ekkehard Bartsch: *‚Und Friede auf Erden!'. Entstehung und Geschichte.* In: JbKMG 1972/73, S. 93-122 (105f.); Erich Heinemann: *Ijar und Yussuf el Kürkdschü. Joseph Kürschner, Karl May und der Deutsche Literaturkalender.* In: JbKMG 1976, S. 191-206.

3 Darauf verweisen in Mays Bibliothek auch Bücher über die chinesische Sprache sowie geographische, ethnologische und weltanschauliche Werke über China, die 1900 bzw. 1901 erschienen sind. Vgl. Franz Kandolf/Adalbert Stütz: *Karl Mays Bücherei.* In: KMJb 1931, S. 243f. u. 225-227.

4 Vgl. Hermann Zieger/Joseph Kürschner: *Briefe über Karl Mays Roman ‚Et in terra pax'* [hg. u. kommentiert v. Hainer Plaul]. In: JbKMG 1983, S. 146-196 (149f.).

5 Brief Mays an Fehsenfeld vom 10. September 1900; zit. nach Roland Schmid: *Anhang zur Reprint-Ausgabe* v. Karl May: *Im Reiche des silbernen Löwen IV.* Bamberg 1984, S. A5.

6 Vgl. Zieger/Kürschner [Anm. 4].

7 Joseph Kürschner: *Vorwort.* In: ders. (Hg.): *China. Schilderungen aus Leben und Geschichte, Krieg und Sieg. Ein Denkmal den Streitern und der Weltpolitik.* Leipzig [1901], o. S. [XIII/XIVf.]; KMG-Auswahlreprint [Karl May: *Et in terra pax*], hg. v. Dieter Sudhoff. Hamburg, Regensburg 2001. Ausführlich zum *China*-Band und zum *Pax*-Roman vgl. Sudhoffs Aufsatz in der Reprintausgabe: *Hunnen und Gentlemen. Joseph Kürschners Sammelwerk ‚China' und Karl Mays Reiseerzählung ‚Et in terra pax'*, S. 11-31. Zum Entstehungshintergrund des *Pax*-Romans vgl. des weiteren: Bartsch [Anm. 2]; Zieger/Kürschner [Anm. 4]; Roland Schmid: *Nachwort zur Reprint-Ausgabe* v. Karl May: *Im Reiche des silbernen Löwen III.* Bamberg 1984, S. N13-N28.

8 Brief Ziegers an Kürschner vom 15. September 1901; zit. nach Zieger/Kürschner [Anm. 4], S. 179.

9 May am 16. September 1899 an Plöhns; zit. nach Ekkehard Bartsch/Hans Wollschläger: *Karl Mays Orientreise 1899/1900.* In: *In fernen Zonen. Karl Mays Weltreisen* (Gesammelte Werke 82). Bamberg, Radebeul 1999, S. 104.

10 Vgl. dazu umfassend Hans Wollschläger: *„Die sogenannte Spaltung des menschlichen Innern, ein Bild der Menschheitsspaltung überhaupt". Materialien zu einer Charakteranalyse Karl Mays.* In: JbKMG 1972/73, S. 11-92.

11 Zit. nach Schmid [Anm. 7], S. N16.

12 Zu dieser Roman-Tetralogie vgl. ausführlich: *Karl Mays „Im Reiche des silbernen Löwen"*, hg. v. Dieter Sudhoff u. Hartmut Vollmer. Paderborn 1993.

13 Zit. nach Schmid [Anm. 7], S. N18.

14 Sie befinden sich im Archiv des Karl-May-Verlags in Bamberg. Die *Pax*-Handschrift ist dagegen verlorengegangen.

15 Eine Umrechnung des *Pax*-Textes auf das Satzbild der Fehsenfeld-Ausgabe hätte nur etwa 412 Seiten ergeben; vgl. Schmid [Anm. 7], S. N16f.

16 Zit. nach ebd., S. N20.

17 Ebd.

18 Zit. nach Annelotte Range: *Zwischen Max Klinger und Karl May. Studien zum zeichnerischen und malerischen Werk von Sascha Schneider (1870–1927).* Bamberg 1999, S. 247-249.

19 Vgl. Hansotto Hatzig: *Karl May und Sascha Schneider. Dokumente einer Freundschaft.* Bamberg 1967, Bildtafel 28; Sudhoff [Anm. 7], S. 29 (Originalzeichnung) u. 31 (Deckelbild).

20 Eine indirekte Bestätigung findet sich in Mays erstem Offenen Brief *An den Dresdner Anzeiger* vom 5. November 1904, in dem er dem „ganz verkehrte[n] Suchen nach der Zeit" genau diese Kriegsankündigung entgegenhält. Vgl. Karl May: *An den Dresdner Anzeiger.* In: JbKMG 1972/73, S. 123-128 (125).

21 Zum Kunstverständnis des späten May vgl. Hartmut Vollmer: *Die ‚eigentliche Aufgabe' des Künstlers. Karl May und der Symbolismus.* In: JbKMG 1992, S. 218-237.

22 Karl May: *Mein Leben und Streben.* Freiburg/Br. 1910 (Reprint Hildesheim, New York 1975), S. 137f.

23 Vgl. Hansotto Hatzig: *Bertha von Suttner und Karl May.* In: JbKMG 1971, S. 246-258.

24 Vgl. Karl May: *Sur le Rapprochement Franco-Allemand.* In: JbKMG 1970, S. 156-159, sowie Ulrich von Thüna: *Ein Brief Karl Mays an eine pazifistische Zeitschrift.* In: ebd., S. 160-162.

25 Marie Hannes: *Friede auf Erden!. Von Karl May. Ein Versuch.* In: *Leben im Schatten des Lichts. Marie Hannes und Karl May. Eine Dokumentation*, hg. v. Hans-Dieter Steinmetz u. Dieter Sudhoff. Bamberg, Radebeul 1997, S. 125-129 (128).

26 Ebd., S. 128f.

27 M[arie] Silling: *Noch einmal Karl May.* In: *Dresdner Anzeiger*, 30. 10. 1904; zit. nach Bernhard Kosciuszko: *Im Zentrum der May-Hetze – Die Kölnische Volkszeitung.* Ubstadt 1985, S. 120-122 (122).

28 May: *An den Dresdner Anzeiger* [Anm. 20].

29 Ebd., S. 128-134.

30 Vgl. Kosciuszko [Anm. 27], S. 123-144.

31 May: *An den Dresdner Anzeiger* [Anm. 20], S. 134-143.

32 Ebd., S. 128.

33 Anonym: *Karl May als Religionsphilosoph.* In: *Augsburger Postzeitung* (18. 11. 1904), Nr. 260.

34 Brief Mays an Josef Weigl vom März 1905; zit. nach Siegfried Augustin: *Für und wider Karl May. Aus des Dichters schwersten Jahren.* Ubstadt 1995, S. X.

35 Brief Mays an Paul Rentschka vom 22. 12. 1908; zit. nach Karl May: *Briefe an Paul Rentschka.* Mit Einleitung und Anmerkungen von Ernst Seybold. In: JbKMG 1987, S. 163.

36 Dr. P[aul] Rentschka: *Karl Mays Selbstenthüllung.* In: *Germania*, Berlin (5., 6. u. 8. 12. 1908); Faksimile bei Kosciuszko [Anm. 27], S. 205-216; Neudruck (mit Einleitung u. Anmerkungen v. Ernst Seybold) in: JbKMG 1987, S. 138-159.

37 JbKMG 1987, S. 147.

38 Ebd., S. 146.

39 Ebd., S. 148f.

40 Ebd., S. 149.

41 May: *Briefe an Paul Rentschka* [Anm. 35], S. 164; vgl. das Faksimile auf S. 181f.

42 Zur wechselhaften Bearbeitungsgeschichte von *Und Friede auf Erden!* vgl. Wolfgang Hermesmeier/Stefan Schmatz: *Karl-May-Bibliografie 1913–1945.* Bamberg, Radebeul 2000, S. 175-179; Bartsch [Anm. 2], S. 112-116, 121f.; speziell zur Rentschka-Fassung Wolfgang Hammer u. Ernst Seybold: *„Und Friede auf Erden," bearbeitet von Rentschka?.* In: MKMG 103 (1995), S. 51-60 u. MKMG 104 (1995), S. 49-61.

43 Finkes Aufsatz enthält eine Reihe von Fehlern, so zur Entstehung von *Et in terra pax* („von Karl May in der Weltabgeschiedenheit des Rigi-Kulmgipfels verfaßt"), die hier nicht im einzelnen korrigiert werden können; eine namentlich nicht gezeichnete, von Ekkehard Bartsch aktualisierte Fassung findet sich heute in Bd. 81 der ‚Gesammelten Werke': *Abdahn Effendi. Reiseerzählungen und Texte aus dem Spätwerk.* Bamberg, Radebeul 2000, S. 200-205.

44 Amand von Ozoróczy: *Karl May und der Friede.* In: KMJb 1928, S. 29-114; von Roland Schmid bearbeitete Neufassung in: KMJb 1978, S. 191-246.

45 Diesen Austausch hatte Euchar Albrecht Schmid beim Verleger Walter de Gruyter durchsetzen können, woraufhin der langjährige Herausgeber des *Biographischen Jahrbuchs*, Prof. Dr. Anton Bettelheim, von seinem Amt zurücktrat. Buchenau war Verlagsmitarbeiter de Gruyters. Da sein ‚Nekrolog' den Umfang des Kleinberg-Artikels nicht überschreiten durfte, konnte die vollständige Fassung erst im KMJb 1919 (S. 240-248) erscheinen. Vgl. zu der ganzen Affäre, die für die posthume Rehabilitierung Karl Mays von besonderer Bedeutung war, Euchar Albrecht Schmid: *Eine Lanze für Karl May.* Radebeul bei Dresden ^{2}1926 (bes. den Briefwechsel zwischen Schmid, Buchenau, de Gruyter und Bettelheim, S. 38-48) sowie Ludwig Gurlitt: *Gerechtigkeit für Karl May!.* In: *„Ich". Karl Mays Leben und Werk.* Bamberg ^{38}1992, S. 421-536 (gekürzte Fassung der Radebeuler Buchausgabe von 1919).

46 Heinz Stolte: *Der Volksschriftsteller Karl May. Beitrag zur literarischen Volkskunde.* Radebeul bei Dresden 1936, S. 75.

47 Heinz Stolte: *Das Phänomen Karl May.* Bamberg 1969, S. 22, 24f. u. 26.

48 Claus Roxin: *Das dritte Jahrbuch.* In: JbKMG 1972/73, S. 8.

49 Bartsch [Anm. 2].

50 Zieger/Kürschner [Anm. 4]; May: *Briefe an Paul Rentschka* [Anm. 35].

51 Wollschläger [Anm. 10]; vgl. ders.: *Der „Besitzer von vielen Beuteln". Lese-Notizen zu Karl Mays ‚Am Jenseits' (Materialien zu einer Charakteranalyse II).* In: JbKMG 1974, S. 153-171, u. *Das „eigentliche Werk". Vorläufige Bemerkungen zu ‚Ardistan und Dschinnistan' (Materialien zu einer Charakteranalyse III).* In: JbKMG 1977, S. 58-80.

52 Roxin [Anm. 48], S. 7.

53 Vgl. die Beiträge: *Durch Wüste und Kino* (KMS 1, S. 294-304), *Die Frauen im Reiche des silbernen Löwen. Lesenotizen und Impressionen* (KMS 2, S. 343-357), *Liebe und Versöhnung oder Das Programm Albert Schweitzers. Träume von einer Erlösung* (KMS 3, S. 49-62) u. *Der 'Mir von Dschinnistan. Karl Mays Textvarianten* (KMS 4, S. 76-95); außerdem: *Winnetou macht sich selbständig. Beispiele der Interpretation durch Schauspieler: Hans Otto – Will Quadflieg – Pierre Brice.* In: *Karl Mays ‚Winnetou'. Studien zu einem Mythos*, hg. v. Dieter Sudhoff u. Hartmut Vollmer. Frankfurt/M. 1989, S. 423-429.

54 Vgl. generell die Bibliographie der Sekundärliteratur am Schluß dieses Studienbandes, hier bes. die Arbeiten von Erwin Koppen, Bernhard Kosciuszko, Walter Schinzel-Lang und Antje Streit.

55 Hermann Wohlgschaft: *‚Und Friede auf Erden!'. Eine theologische Interpretation.* In: JbKMG 1989, S. 101-145 (113).

56 Hermann Wohlgschaft: *Große Karl May Biographie. Leben und Werk.* Paderborn 1994, S. 402-418 u. 612-633.

57 Ulrich Schmid: *Das Werk Karl Mays 1895–1905. Erzählstrukturen und editorischer Befund.* Ubstadt 1989.

58 Ebd., S. 18.

59 Martin Schenkel: *Ecce homo!. Zum heilsgeschichtlichen Friedensmythos in Karl Mays Reiseerzählung „Und Friede auf Erden!".* In: *Karl May*, hg. v. Heinz Ludwig Arnold. Sonderband text + kritik. München 1987, S. 191-221.

60 Martin Schenkel: *Und Friede auf Erden!.* In: *Karl-May-Handbuch*, hg. v. Gert Ueding. Stuttgart 1987, S. 301-308; für die aktualisierte Zweitauflage (Würzburg 2001) wurde der Artikel von Dieter Sudhoff überarbeitet und ergänzt.

Abkürzungen

Römische Ziffern beziehen sich auf die im Verlag von Friedrich Ernst Fehsenfeld, Freiburg i. Br., seit 1892 erschienene Reihe ‚Karl May's gesammelte Reiseerzählungen' (bis 1896 ‚Reiseromane'); Reprint: Bamberg 1982-84:

I	Durch Wüste und Harem, 1892
II	Durchs wilde Kurdistan, 1892
III	Von Bagdad nach Stambul, 1892
IV	In den Schluchten des Balkan, 1892
V	Durch das Land der Skipetaren, 1892
VI	Der Schut, 1892
VII	Winnetou I, 1893
VIII	Winnetou II, 1893
IX	Winnetou III, 1893
X	Orangen und Datteln, 1894
XI	Am Stillen Ocean, 1894
XII	Am Rio de la Plata, 1894
XIII	In den Cordilleren, 1894
XIV	Old Surehand I, 1894
XV	Old Surehand II, 1895
XVI	Im Lande des Mahdi I, 1896
XVII	Im Lande des Mahdi II, 1896
XVIII	Im Lande des Mahdi III, 1896
XIX	Old Surehand III, 1896
XX	Satan und Ischariot I, 1897
XXI	Satan und Ischariot II, 1897
XXII	Satan und Ischariot III, 1897
XXIII	Auf fremden Pfaden, 1897
XXIV	„Weihnacht!", 1897
XXV	Am Jenseits, 1899
XXVI	Im Reiche des silbernen Löwen I, 1898
XXVII	Im Reiche des silbernen Löwen II, 1898
XXVIII	Im Reiche des silbernen Löwen III, 1902
XXIX	Im Reiche des silbernen Löwen IV, 1903
XXX	Und Friede auf Erden!, 1904
XXXI	Ardistan und Dschinnistan I, 1909
XXXII	Ardistan und Dschinnistan II, 1909
XXXIII	Winnetou IV, 1910

*

KMJb	Karl-May-Jahrbuch, hg. v. Rudolf Beissel u. Fritz Barthel, 1918-19: Breslau; hg. v. Euchar Albrecht Schmid u.a., 1920-33: Radebeul bei Dresden; hg. v. Thomas Ostwald u.a., 1978-79: Bamberg, Braunschweig
KMG	Karl-May-Gesellschaft e.V., Hamburg (Geschäftsstelle: Karl-May-Straße 5, 01445 Radebeul)
MKMG	Mitteilungen der Karl-May-Gesellschaft, Hamburg 1969ff.
SoKMG	Sonderheft der Karl-May-Gesellschaft, Hamburg 1972ff.
JbKMG	Jahrbuch der Karl-May-Gesellschaft, hg. v. Claus Roxin, Hamburg 1970-73; hg. v. Claus Roxin u. Heinz Stolte, Hamburg 1974; hg. v. Claus Roxin, Heinz Stolte u. Hans Wollschläger, Hamburg 1975-81, Husum 1982-92; hg. v. Claus Roxin, Helmut Schmiedt u. Hans Wollschläger, Husum 1993-99; hg. v. Claus Roxin, Helmut Schmiedt, Reinhold Wolff u. Hans Wollschläger, Husum 2000.

Sperrdruck (im Original) wird grundsätzlich kursiv wiedergegeben.

Karl May

Gleichnis für Zieger

[*Der Zauberteppich*]

In der Hauptmoschee zu Meschhed Hosseïn, der berühmten schiitischen Pilgerstadt, ist unter der Gebetsnische ein Teppich zu sehen, dessen Geschichte man folgendermaßen erzählt:

Zu Ijar, dem im ganzen Morgenland bekannten Teppichweber, kam Yussuf el Kürkdschü, der ebenso berühmte Musannif, um einen Teppich zu bestellen, der Eigentum seines Freundes Mazak, des jungen Kutubi, werden sollte. Ijar sprach:

„Ich habe eigentlich keine Zeit zu dieser Arbeit, jedoch weil du es bist, will ich sie übernehmen. Sie ist für Mazak bestimmt, dem meine Achtung angehört; darum werde ich dir nicht etwas Gewöhnliches, sondern das Beste liefern, was ich liefern kann."

Nach einiger Zeit kam Yussuf el Kürkdschü wieder, um die begonnene Arbeit zu betrachten. Als er dies getan hatte, sagte er:

„Ich bin unzufrieden mit dir, o Ijar. Ich will ein Muster, das allen Leuten, besonders aber den Packträgern und Eselsjungen gefällt; du aber scheinst mich nicht verstanden zu haben."

Da antwortete der Teppichweber:

„Du hast diese Arbeit für Mazak, den Kutubi, bestimmt, der weder Lastträger noch Eselsjunge ist, und wenn du glaubst, daß meine Kunst um das Wohlgefallen der Verständnislosen zu buhlen habe, so irrst du dich. Laß mich machen, wie ich will; du wirst zufrieden sein!"

„Was ist es, was du willst?" fragte Yussuf.

„Einen Zauberteppich, der jeden Fuß, der ihn betritt, zum Pfad der Liebe lenkt. Ich webe ihn aus Fäden, die nie vergehen, sondern ewig währen."

Diese Versicherung genügte dem Kürkdschü; er ging beruhigt fort. Aber als er nach einigen Tagen wiederkehrte, um die fortschreitende Arbeit in Augenschein zu nehmen, verfinsterte sich sein Angesicht, und er sprach:

„Ich sehe Gestalten, die mir nicht gefallen und auch keinem andern gefallen werden! Und ich sehe den Untergrund gefüllt mit Sprüchen der Weisheit, der Liebe und Barmherzigkeit, die das Auge des Beschauers stören. Ich bitte dich, ja nicht in dieser Weise fortzufahren!"

Da schaute der Weber ihn ernst an, schüttelte verwundert seinen Kopf und erwiderte:

„Ich habe dich für einen Kenner meiner Kunst gehalten und geglaubt, daß du Vertrauen zu mir hegest. Sollte ich mich geirrt haben? Willst du ein Werk von mir, so störe sein Entstehen nicht, sondern warte mit deinem Urteil, bis es fertig ist. Kannst du das aber nicht, so gehe in den Basar, wo man mit Schmerzen auf die Käufer wartet und heute verschachert, was morgen schon zerrissen wird."

Der Kürkdschü entfernte sich schweigend. Er war nicht mit Ijar einverstanden, obgleich er ihm nichts entgegnen konnte. Aber als er zum drittenmal kam und seinen Blick auf den nun halbfertigen Teppich fallen ließ, rief er aus:

„Maschallah! Was sehen meine Augen! Du füllst trotz meines Wunsches den Untergrund noch immerfort mit unwillkommenen Worten, und die Gestalten, die auf ihm entstanden sind, werden das Mißfallen jedes wahren Gläubigen erregen! Kürze das Werk und füge schnell den Rand hinzu! Da ich es bestellt habe, werde ich es behalten, obgleich es mir nicht gefällt. Zwar wird der Teppich nun kürzer als ich dachte, aber auf dem Basar sind genug andere zu haben, die ich für Mazak, den Kutubi, hinzufügen kann, damit er befriedigt werde."

Da erhob Ijar sich von seiner Arbeit, lächelte wehmütig und sprach:

„So hast du also auch mir nur Ware des Basars zugemutet, und mich für einen Sohn gewöhnlichen Geschmacks gehalten! Wäre ich das, so säße ich bei den andern auf der Ladenbank und müßte mich wie sie um die Käufer heiser schreien. Aber ich webe nach Gedanken, die nicht zu kürzen sind, und wenn ich fertig bin, so haben diese Gedanken eine Tat vollbracht. Gehe getrost hin und kaufe da, wo du nun kaufen willst! Du brauchst meine Arbeit nicht zu behalten und nicht zu bezahlen. Nicht mein Geschäft, sondern Allah sorgt für mich!"

Yussuf el Kürkdschü entfernte sich zögernd, begleitet von der Ahnung, daß er töricht gehandelt habe. Ijar aber sandte den Teppich, als er ihn vollendet hatte, an El Akle, den weisesten der Kalifen. Dieser ließ ihn vor seinem Thron ausbreiten, rief die Großen seines Reiches zusammen und sprach, als sie vor dem Teppich standen:

„Betet die heilige Fatha, und laßt euch dann auf dieses Gewebe nieder! Es wurde mir gesagt, daß es ein Teppich der Beratung sei. Ich will ihn prüfen."

Da trat der Großwesir hervor und sagte:

„Wolltest du nicht die heilige Fahne des Propheten entfalten, um die Lehren des Islam auf den Spitzen unserer Schwerter hinaus in alle Welt zu tragen? Laß uns beraten, ob es der Wille Allahs ist!"

„Es sei euch gewährt," antwortete der Kalif, „kniet auf den Rand des Teppichs, um zu beten!"

Sie gehorchten alle. Der Teppich war von grauer Farbe, und nichts, kein Spruch, kein Bild auf ihm zu sehen. Aber kaum sprachen sie dem Vorbeter die ersten Worte der Fatha nach, so begann er sich zu beleben. Der Spiegel des Gewebes füllte sich mit Dunkel, auf dem, goldig glänzend, Spruch um Spruch in der Reihenfolge erschien, in der sie von Ijar gewebt worden waren. Die grüne, wehende Fahne des Propheten wuchs hervor, und um sie scharten sich alle die Gestalten, die Yussuf el Kürkdschü nicht gefallen hatten: heulende und tanzende Derwische, Softas, Ulemas, Missionare, stürzende Säulen, Tempelmänner. Das alles kam und stand deutlich vor den Augen der Betenden, bis sie die letzten Worte der Fatha sprachen:

„Und führe uns nicht den Weg der Irrenden!"

Kaum waren diese Worte gesprochen, so begannen die Gestalten sich zu verwandeln, und zwar waren es grad so viel wie es Beter gab, und jeder von diesen hatte sein eignes Bild grad vor sich stehen, ihm ähnlich, zum Erstaunen ähnlich, aber doch das Zerrbild seines eignen Glaubens. Da sprang der Vorbeter erschrocken auf und rief:

„Nein, nein, das bin ich nicht! O Allah, gib, daß ich ein andrer bin!"

Da stieg El Akle, der Kalif, von seinem Thron herab, stellte sich auf die Mitte des Teppichs und sprach:

„Ihr seid es alle, wie ihr euch hier seht. Es zeigt der Teppich euch die Züge eures Glaubens. Habt nun wohl acht, was jetzt geschehen wird!"

Sie sahen zu ihm auf, voller Erwartung, was nun geschehen werde. Sein Gesicht verwandelte sich; seine Gestalt wurde eine andre; nicht mehr der Kalif, sondern Ijar, der Weber, stand auf seinem Teppich. Er erhob gebieterisch seine Hand und sprach:

„Tretet zurück; ihr habt genug gesehen! Wenn dieser Teppich euch ein besseres Bild von eurem Glauben zeigt, dann ist es euch erlaubt, die Fahne des Propheten zu entfalten. Ihr seht jetzt meinen Geist, der hier bei seinem Werke lebt. Ich lege es in Allahs Tempel nieder. Geht hin, so oft ihr euch beraten wollt! Mein Geist wird dort euch stets die Wahrheit sagen!"

Kaum hatte er diese Worte gesprochen, so war er wieder verschwunden und mit ihm der Teppich vor ihren erstaunten Augen.

Am andern Tag aber verbreitete sich das Gerücht, daß in der Moschee zu Meschhed Hosseïn ein großer, grauer Teppich unter der Gebetsnische liege, den man von dort nicht entfernen könne. Er sei unsichtbar über Nacht gekommen, und niemand habe ihn gebracht; es seien alle Wächter der Moschee bereit, dies zu beschwören.

Max Finke

Aus Karl Mays literarischem Nachlaß [Auszug]

Vorstehend findet der Leser eine märchenartige Erzählung Karl Mays *Der Zauberteppich* [...] abgedruckt. Ich wußte lange nichts damit anzufangen. Offenbar war sie ein Gleichnis; stammte sie doch aus einer Zeit – nach 1901 –, da May sich immer entschlossener in Bildern äußerte. Ein Hinweis der Witwe und der Name Yussuf führten zur Lösung des Rätsels.

Yussuf? Josef? Und Kürkdschi? Seltsamer Anklang an den Namen des großen Herausgebers Kürschner! Halt! Was heißt denn Kürkdschi auf deutsch? Das türkische Wörterbuch belehrte:

kürkdschi = Pelzhändler, der Kürschner!

akle = akil = Vernunft, Geist, Verstand.

Das arabische Wörterbuch förderte zutage:

ijar = Mai (Monat), der Name des Dichters selbst.

maze = Ziege.

musannif = Schriftsteller.

Mazak wird etwa dem deutschen „Zieger" entsprechen. Dies ist der Name eines verstorbenen Leipziger Verlegers, mit dem Kürschner in Verbindung stand. Ich fand auch noch einen weißen Umschlag mit der Aufschrift: „Gleichnis für Zieger."

Der *Zauberteppich* steht äußerlich wie innerlich in Zusammenhang mit der Entstehungsgeschichte der Erzählung *Und Friede auf Erden.*

Diese Erzählung erschien, kürzer und in etwas andrer Fassung, unter der Ueberschrift *Et in terra pax!* in einem großen vaterländischen Sammelwerk des berühmten Herausgebers Geh. Hofrats Professor Josef Kürschner. Es hieß *China. Ein Denkmal den Streitern in der Weltpolitik. Schilderungen aus Leben und Geschichte, Krieg und Sieg* mit 30 farbigen Kunstblättern, 716 Textbildern und 2 Karten. Verlag Hermann Zieger, Leipzig, später: Berlin, Deutsche Kriegerbund-Buchhandlung Dr. Hans Natge. Vorwort von Ende 1901. Dieses Werk, ursprünglich in Lieferungen, erschien als Sammelband in kostspieliger, doch künstlerisch unwertiger Ausstattung. Seine Richtung ging darauf, den nach dem Boxeraufstand gegen die Chinesen errungenen Sieg zu verherrlichen, Deutschlands Ausdehnung zu fördern und das fremde Land fesselnd zu schildern. Mays Beitrag entsprach nun, wie sich in der Folge der Lieferungen immer mehr herausstellte, mit seiner Friedensfreundlichkeit keineswegs den Absichten des Herausgebers und der Mitarbeiter, unter denen sich auch höhere Offiziere befanden. Kürschner veranlaßte ihn deswegen, die Erzählung zu kürzen und mit einem passenden vorzeitigen Schluß zu versehen. Dies gelang denn auch May vortrefflich. Josef Kürschner entschuldigt sich im Vorwort zum Chinawerk gleichsam, wenn er, mit Beziehung auf die abgedruckte Erzählung *Et in terra pax!*, sagt:

> Karl Mays Reiseerzählung, die erst während des Erscheinens der einzelnen Lieferungen des Buches vollendet wurde, hat einen etwas anderen Inhalt und Hintergrund erhalten, als ich geplant und erwartet hatte. Die warmherzige Vertretung des Friedensgedankens, die sich der vielgelesene Verfasser angelegen sein ließ, wird aber gewiß bei vielen Anklang finden.

Die Erzählung *Und Friede auf Erden*, vormalig also genannt: *Et in terra pax!*, ist von Karl May in der Weltabgeschiedenheit des Rigi-Kulmgipfels verfaßt worden. Dort weilte er mit seiner Gattin im Herbst 1901 vier Wochen. Während unten die Matten noch grün waren, schneite das Hotel hoch oben allmählich ein. Karl May wollte sein Werk von vornherein zu einem entschiedenen Widerspruch gegen die kriegsfrönige Weltanschauung säbelrasselnder Militaristen gestalten. Der „China"-Feldzug fand in ihm einen scharfen, ja leidenschaftlich aufgebrachten Gegner. May schätzte ja über alles die feine alte Kultur und das Glaubensleben der Chinesen. Welch liebevolle Einfühlung in die fremde Welt Ostasiens zeigt, wenn wir darauf verzichten, die Sonde der Sachverständigkeit anzulegen, das launige und so überaus spannende Werk *Der blaurote Methusalem* (Bd. 40).

Professor Josef Kürschner, der schon früher viel mit Karl May gearbeitet und den Dichter beispielsweise auch für die von ihm und Spemann gegründete Knabenzeitschrift *Der gute Kamerad* gewonnen hatte, erwartete, für sein China-Werk einen auf kriegerische Töne gestimmten Schlager aus der Feder des berühmten Schöpfers der „Old Shatterhand"- und „Winnetou"-Gestalt zu empfangen. Er verkannte, daß May viel mehr als nur romantischer Phantast sein wollte, nämlich Träger einer großen sittlichen Sendung. May hat mit einer gewissen verzeihlichen Hinterhältigkeit von vornherein den Plan gehabt, mit der Gesamtrichtung seiner friedensfreundlichen Erzählung den Militaristen in die Parade zu fahren. Er wußte von Kürschner zu erwirken, daß ihm dieser völlig freie Hand ließ. Kürschner drängte nur immer voll unruhigen Verlangens, den heißbegehrten Beitrag zu erhalten. Der Schriftverkehr zwischen beiden erfolgte in Drahtnachrichten. Karl May hatte sich geweigert, die sehr schlechte Handschrift des berühmten Herausgebers zu lesen. Als Vergütung für die Erzählung waren

2000 Mk. ausgemacht. Diese Summe ging dem Dichter dann verloren, nachdem er zu seinem eignen höchsten Vergnügen und zu Kürschners Schmerz und Aerger dem kriegsfreudigen China-Werk ein Schnippchen geschlagen hatte. May wurde einigermaßen durch die Genugtuung entschädigt, daß der Streich gelungen war.

Erwähnt sei in diesem Zusammenhang, daß May mit seinem Friedensroman in der berühmten Friedensvertreterin Bertha v. Suttner eine warme Verehrerin gefunden hatte. Als er in Wien war, um seinen letzten Vortrag im Sophiensaal zu halten (22. März 1912), besuchte sie ihn zu einer längeren Unterredung im Hotel. Nach seinem Tod und nach Rückkehr von ihrer Amerikareise stattete sie der Villa Shatterhand ihren Besuch ab und hat auf dem Sessel vor demselben Schreibtisch gesessen, auf dem die versöhnungpredigenden Werke Mays entstanden sind. Ergriffen sagte sie mit Tränen der Rührung: „Wenn ich nur eins dieser Werke hätte gestalten können, dann hätte ich mehr erreicht!“

Die in dem Sammelwerk erschienenen 4 Kapitel, von Lind[n]er durch 60 mäßige Bilder belebt, entsprechen ungefähr den ersten 11 Kapiteln der nachmaligen Buchausgabe, die mit der verdeutschten Ueberschrift *Und Friede auf Erden* als Bd. 30 der Ges. Werke erschien. Den Eingang des 12. Kapitels *Im Hafen von Ocama* (S. 414-420) [Finke zuitiert nach der bearbeiteten Ausgabe Radebeul 1922] benützte der Dichter zu einer Erklärung, die mit männlichem Bekennermut gegen die Richtung von Kürschners Sammelwerk angeht:

> Ich hatte etwas geradezu Haarsträubendes geleistet: Das Werk war nämlich der „patriotischen Verherrlichung des Sieges“ über China gewidmet, und während Europa unter dem Donner der begeisterten Hipp, hipp, hurra! und Vivats erzitterte, hatte ich mein armes, dünnes Stimmchen erhoben und voller Angst gebettelt: „Gebt Liebe nur, gebt Liebe nur allein!“ Das war lächerlich; ja, das war sogar albern. Ich hatte mich und das ganze Buch bloßgestellt und mir wurde bedeutet, einzulenken. Ich tat dies aber nicht, sondern ich schloß ab! Mit dieser Art von Gong habe ich nichts zu tun.

Man lese hierzu auch den [....] Aufsatz des Stadtschulrats Dr. Buchenau über Mays Friedensgedanken. Man kann sich denken, daß der schon damals (1901) durch erhebliche buchhändlerische Erfolge verwöhnte Schriftsteller May durch Kürschners Forderung, die mißliebige Erzählung zu schließen, gekränkt wurde. Er fühlte sich in seinem Sendungsbewußtsein als überzeugter Christ getroffen. Wie äußert sich nun diese Empfindung?

Die Antwort darauf gibt die vorstehend abgedruckte Erzählung *Der Zauberteppich*, die ich mit Genugtuung im Nachlaß aufstöberte. Von der Witwe des Dichters erfuhr ich, die Erzählung sei einem langen Brief an den Leipziger Verleger Zieger beigelegt worden und von diesem auf Wunsch Mays zurückgesandt. Die Namen und die Zielrichtung des Märchens, die an die Zauberwelt der *Märchen aus tausendundeiner Nacht* erinnert, führten schließlich zur Lösung.

Der im ganzen Morgenland bekannte Teppichweber Ijar ist niemand anders als May selbst. Mit Yussuf el Kürkdschi meint er den durch seine ausgedehnte Herausgebertätigkeit (*Kürschners Bücherschatz*) verdienten, 1902 verstorbenen Geheimrat Josef Kürschner. Dessen Freund Mazak, der junge Kutubi, d. i. Buchhändler, ist Hermann Zieger, der frühere Verleger des Sammelwerkes *China*. Der bestellte Teppich, der in seinen Besitz übergehen sollte, ist dann natürlich die Erzählung *Et in terra pax!*, nachmalig *Und Friede auf Erden*.

May war damals (1901) dazu übergegangen, die ihn schmerzenden Erlebnisse in sinnbildlichen Erzählungen zu überwinden. Man denke nur an den 3. und 4. Band des Werkes *Im Reiche des silbernen Löwen*. Ein anderer Schriftsteller hätte, auf Ruhm und Erfolg pochend, gegen Kürschner aufbegehrt. May nimmt eine feine Vergeltung mittels einer Erzählung. Kürkdschi kommt mehrmals, um dem Teppichweber Ijar bei der Arbeit zuzuschauen. Das zielt auf die Art des Erscheinens in Lieferungen. Als er zum drittenmal kam, war der Teppich halb fertig, d. h. die Erzählung *Et in terra pax!* (im ganzen 4 Kapitel) beim 3. Kapitel. Er fürchtet, daß die eingewebten „Sprüche der Weisheit, Liebe und Barmherzigkeit" das „Mißfallen jedes wahren Gläubigen", d. h. der Kriegsanhänger, erregen werden. Also: „Kürze das Werk und füge schnell den Rand hinzu! Da ich es bestellt habe, werde ich es behalten, obgleich es mir nicht gefällt." Als Ersatz für die Kürzung will er auf dem „Basar", d. h. dem Schriftsteller-Markt (d. i. die Leipziger Kantatemesse) andere Teppiche, d. h. Beiträge kaufen, um den „Kutubi" zu befriedigen.

Die ganze Erzählung verrät das wehmütige Lächeln des Enttäuschten, doch regt sich auch das berechtigte Selbstbewußtsein Mays. Ja, um den Vorwurf des Minderwerts aufzuheben, steigert es sich, fast krankhaft, zur Selbstüberhebung. „Du brauchst meine Arbeit nicht zu behalten und nicht zu bezahlen. Nicht mein Geschäft, sondern Allah sorgt für mich!"

Der Fortgang des Gleichnisses erschließt sich weniger zwanglos der Deutung. Wer ist El Akle, der weiseste der Kalifen, dem Ijar den vollendeten Teppich schließlich sandte? Offenbar Fehsenfeld. Wer sein Großwesir? Wer der Vorbeter? Sind hier auch bestimmte

Zeitgenossen Mays gemeint? Man könnte bei dem Großwesir an den Buchdrucker Mays, den ihm befreundeten Kommerzienrat Felix Krais (Besitzer der Hoffmannschen Buchdruckerei) in Stuttgart denken. Oder ist es abwegig, nach weiteren Entsprechungen zu suchen? Jedenfalls entfaltet der Teppich Wunderkräfte. Er wird vor einem kriegerischen Unternehmen, das den Islam in alle Welt tragen soll, als Teppich der Beratung benutzt. Vor dem erstaunten Blick der Beter, die auf seinem Rand knien, erscheinen nacheinander Ijars goldene Weisheiten, dann die „grüne, wehende Fahne des Propheten“, offenbar das Sinnbild unduldsamen Eiferer- und Bekehrertums, das in der Erzählung *Und Friede auf Erden* der Missionar Waller vertritt. Dann zeigen sich die übrigen Gestalten der Erzählung, bis bei den Schlußworten der heiligen Fatha „Und führe uns nicht den Weg der Irrenden!“ die Gestalten sich verwandeln in der Weise, daß jeder Beter grad vor sich sein eigenes Bild erblickt. Dies ist jedem zum Erstaunen ähnlich und doch das Zerrbild seines eigenen Glaubens. Ein Widerspruch, den Tiefsinn zu reizen. Der wirkliche Mensch und das innere Entwicklungsbild, dem er zustrebt, weichen ab wie Vorlage und Zerrbild. Der Spiegel des Teppichs wird zum Spiegel der Selbsterkenntnis. „Nein, nein, das bin ich nicht! O Allah, gib, daß ich ein anderer bin!“ ruft der tödlich erschrockene Vorbeter aus, und mit ihm jeder, der sich ehrlich erkennt.

Nun erfolgt in der Art der Märchen aus *Tausend und eine Nacht* – alles baff! – die Verwandlung des Kalifen El Akle in den Teppichweber Ijar. Er gebietet – die Sprache erhebt sich hier zum Versmaß –, erst dann an Bekehrung anderer zu denken, „wenn dieser Teppich euch ein besseres Bild von euerm Glauben zeigt“. Der Teppich selbst verschwindet und erscheint in einer schiitischen Moschee unter der Gebetsnische wieder. May bezeichnet den Teppich als einen „großen, grauen“, womit er darauf anspielt, daß sich in der Erzählung *Und Friede auf Erden* vergleichsweise wenig bunte Handlung findet.

Alles in allem eine feinsinnige Antwort an Kürschner; die geistvolle Vergeltung des Schriftstellers, der sich dagegen auflehnt, nur Marktgängiges zu liefern, und wagen darf, gegen den Strom damals herrschender Anschauung zu schwimmen. Noch entschiedener bekennt sich May zum Frieden in *Babel und Bibel* (Bd. 49), einem Werk, dessen Abfassung im Jahre 1906 innerlich mitbedingt wurde durch den Widerstand der deutschen Gebildeten gegen Mays Herzens-Christentum.

Artur Buchenau

Karl Mays Friedensgedanken

Schon während des Krieges, besonders aber seit seiner Beendigung bewegt die europäische Menschheit (und nicht nur sie!) die Frage des wahren Friedens auf das stärkste. Es ist erstaunlich, daß man nur so selten in weitesten Kreisen von dem tief bedeutsamen Friedensbuch Karl Mays etwas hört, das in erster Fassung im Jahr 1901 unter dem Titel: *Et in terra pax* erschien. Damals wurde von dem bekannten Bibliographen Geheimrat Kürschner ein Sammelwerk *China* herausgegeben, worin Mays Roman mit abgedruckt wurde. Freilich war dieses Chinabuch rein „abendländisch", d. h. machtverherrlichend eingestellt, und so zog May denn sein Buch aus dem Sammelwerk zurück. Blicken wir uns heute nach den so unsäglich bitteren Erfahrungen der Jahre 1914–1922 um, so müssen wir uns eingestehen, daß der „Friedensapostel" Karl May, den man damals auslachte, oder über dessen Spruch: „Gebt Liebe nur, gebt Liebe nur allein" man den Kopf schüttelte, sachlich in allem Recht behalten hat! Wo ist die vielgerühmte europäische „Solidarität" gegenüber der „gelben Rasse", wo die „abendländische Ueberlegenheit" geblieben?

May vollendete damals kurz darauf sein Buch und schloß es ab mit dem Kapitel: *Der Sieg der Menschlichkeit*, Ausführungen, die weit, weit in die Zukunft weisen und uns auch gerade heute noch sehr Beherzigenswertes zu sagen haben.

Die Fabel des Buches ist sehr einfach. Der Autor bereist den Orient und lernt in Kairo einen amerikanischen Missionar mit Tochter kennen, der sich die „Bekehrung" der Heiden und Zerstörung ihrer Tempel zum Ziel gesetzt hat. Seine Tochter steht geistig und seelisch unter dem Einfluß der kürzlich verstorbenen deutschen Mutter und sucht den eifernden Vater zu beruhigen. An einigen Chinesen (Vater und Sohn) versucht der Missionar vergebens seine Bekehrungskünste, später gerät er auf Java in Lebensgefahr dadurch, daß er einen Tempel, in dem er mit Tochter gastlich aufgenommen worden ist, niederbrennt. Aber die Malaien, die ebenso wie die Chinesen aus Kairo einem Friedensgeheimbund (Shen) angehören, verzeihen ihm und langsam genest er körperlich und seelisch. May wird begleitet von einem prächtigen Diener, dem „Abkömmling des Propheten" Omar, der sich durch seine einfache Menschlichkeit aller Herzen gewinnt. Unterwegs trifft May mit seinem alten Freund, dem reichen Engländer Raffley zusammen, der gemeinsam mit seinem Oheim nach China unterwegs ist, um dem adelsstolzen Oheim seine junge chinesische Frau (Yin) vorzustellen, über deren Wahl die ganze Familie in England empört ist. Der „uncle" aber wird durch den Liebreiz und die Güte der jungen Frau völlig verzaubert und damit die ganze Familie für die „extravagante" Heirat gewonnen.

Der Geheimbund, dem auch May selbst angehört, und dessen Mitglieder einander leicht daran erkennen, daß sie dem andern eine Betelnuß überreichen, hat als Leitgedanken die drei: Shen, Ti und Ho, zu deutsch: Menschlichkeit, Bruderliebe und Frieden und das Leitmotiv gleichsam für die ganze Erzählung, die mehr in dem eigentlichen Sinn eine Reiseerzählung ist, daß wir hier durch das Land der Seele geführt werden (denn die äußere Landschaft wird zwar nicht gerade vernachlässigt, aber doch mehr nebenbei beschrieben!), bildet das Maysche Gedicht:

Tragt euer Evangelium hinaus!
Doch ohne Kampf sei es der Welt beschieden;
Und seht ihr irgendwo ein Gotteshaus,
So stehe es für euch im Völkerfrieden!
Gebt, was ihr bringt, doch bringt nur Liebe mit;
Das andere alles sei daheim geblieben.
Weil Liebe einst für euch den Tod erlitt,
Will sie durch euch nun ewig weiter lieben.

Tragt euer Evangelium hinaus,
Indem ihrs lebt und lehrt an jedem Orte
Und alle Welt sei euer Gotteshaus,
In welchem ihr erklingt als Engelsworte!
Gebt Liebe nur, gebt Liebe nur allein;
Laßt ihren Puls durch alle Länder fließen!
Dann wird die Erde Christi Kirche sein
Und wieder eins von Gottes Paradiesen!

In dem Gegensatz zwischen dem Missionar Waller und seiner Tochter, die bezeichnenderweise den Namen Mary hat, spiegelt sich der stete Kampf zwischen dem selbstgerechten Glauben, der alles an sich reißen will und der alles überwindenden Liebe wider. Der Orient, so führt Mary (mit Mayschen Wendungen) aus, ist für sie ein schlafender Königsprinz und seine Bestimmung ist es, von einer abendländischen Jungfrau aufgeweckt zu werden. Wenn dann durch beide der Osten mit dem Westen in selbstloser Liebe vereinigt ist, werden alle Völker der Erde glücklich sein. Beide, Vater und Tochter, klopfen in „Kahira, der Pforte des Orients", an das Tor und die Frage ist: was bringen sie mit? May macht dabei die psychologisch sehr richtige Bemerkung, daß das Ziel desjenigen, was man erstrebt, sehr von demjenigen abhängt, was man mitbringt. „Und mitbringen muß und wird jeder etwas und wenn es nichts weiter als seine Persönlichkeit wäre."

Die Lehre von der Liebe, von der Versöhnung der Religionen wie der Rassen durchzieht das ganze Buch. So führt May schon beim Betreten des Orients aus, daß dort auf dem Hügel, von dem man Kairo überschaut, das europäische Viertel wie die orientalische Stadt, gleichsam zwei Welten vor ihnen liegen, die aber in ihrem Zusammenhang doch nur eine einzige waren, und so fließen hier auch zwei Zeiten, die durch Jahrtausende getrennt scheinen, zu einer wunderbaren, ergreifenden Vereinigung zusammen. Die Gegenwart ist unsere Vergangenheit gewesen und wird auch unsere Zukunft sein. Wer das begreift, der hat nicht nötig, das Innere der Pyramiden zu durchforschen, und braucht auch nicht vor den Rätseln des Sphinx zu bangen, dessen Lösung er klar und deutlich in seinem Herzen trägt.

Die Menschheit gleicht der Zeit; beide schreiten unaufhaltsam vorwärts, und wie keiner einzelnen Stunde ein besonderer Vorzug gegeben worden ist, so kann auch kein Mensch, kein Stand, kein Volk sich rühmen, von Gott mit irgendeiner Auszeichnung begnadet worden zu sein, ohne damit die Pflicht übernommen zu haben, den übrigen Menschen in besonderer Weise zu dienen.

Es ist das Bedauerliche, daß wir Europäer seit Jahrzehnten, ja, seit Jahrhunderten, wenn wir den Orient bereist haben, fast nie die Frage an uns selber gerichtet haben: was bringen wir an unvergänglichen Gütern von Ewigkeitsgehalt mit, sondern: was holen wir heraus, was können wir an vergänglichen Gütern dort erjagen und erraffen! Nun – der Orient hat gegeben, solange und soviel er geben konnte. *Wir* haben uns an ihm bereichert fort und fort; er ist der Vater, der für und an uns arm geworden ist. Welche Summen geistiger Werte sind wir doch dem Orient schuldig! Denken wir doch nur einmal daran, daß wir sie ihm und zwar mit Zinsen, zurückzahlen!

Auf Ceylon hört der Verfasser durch Zufall dem Gespräch eines Arztes zu, der sich über die Rücksichtslosigkeit einer europäischen Reiterschar beklagt, die alles auf der Straße niederreitet. Es kommt eine Schar Engländer herangeritten, mit wehenden Schleiern an den Tropenhelmen und Hüten, „gentlemen" und auch einige „ladies" dabei. Sie reiten trotz des Gewühls auf der Straße beinahe Sturm und zwar straßenbreit. „Ich kannte die Art dieser von der Zivilisation bevorzugten Kaukasier," so fährt May bitter fort (S. 107) [Buchenau zitiert nach der bearbeiteten Radebeuler Ausgabe 1922], „die sich um nichts anderes als um sich selbst, am allerwenigsten aber um die gesunden Glieder tief unter ihnen stehender Menschen anderer Rasse kümmern." Soll es etwa dahin kommen, so meint der Verfasser symbolisierend, daß schließlich der ganze Osten unter die Hufe des Westens kommt? Es sind da überall zwei dunkle Mächte bei der Arbeit, diese nichts weniger als christliche Aufgabe zu vollenden, nämlich die religiöse Ueberhebung und der nationale Hochmut. Natürlich hat jedes Volk das volle Recht sich auszuleben, aber auch die heilige Pflicht, andere Völker sich ausleben zu lassen. Aber Habsucht und Selbstsucht haben jedem Aufschwung der Völker wie der Einzelnen immer wieder im Weg gestanden! Wer kann die wirklichen Summen und die geistigen Reichtümer berechnen, die für die Menschheit ungehoben blieben, weil Kulturformen von der Erde verschwunden sind, die gerade wegen ihrer Eigenart für die Allgemeinheit gewiß unermeßlich viel geleistet hätten, wenn es ihnen nur erlaubt worden wäre, sich bis zur Vollendung ihrer Aufgabe zu entwickeln.

Aber, so ist man in Europa seit langem geneigt zu folgern, wir Europäer mit Nordamerika haben die neuzeitliche Kultur und Zivilisation geschaffen und daher auch das Recht, ja die Pflicht ihrer Verbreitung. Der Orient schläft, träumt, er bedarf unser, um all seine reichen Bodenschätze usw. erst richtig und zweckmäßig zu erschließen. Darauf ist zu sagen, daß es gewiß richtig ist, daß „Völker schlafen, aber während der Ruhe sammeln sie Kraft, und wenn ihr Morgen kommt, dann wehe dem, der sie für tot gehalten und sich als lachender Erbe eingenistet hat". Wenn man diese vor mehr als zwei Jahrzehnten niedergeschriebenen Worte liest, so muten sie heute geradezu wie eine Wahrsagung an. Ist es nicht in der Tat so, daß nicht nur Japan, sondern auch China, Siam, die Türkei und andere orientalische Staaten aus dem Schlaf der Ueberlieferung inzwischen erwacht sind, und daß sie uns manche Nuß zu knacken aufgegeben haben! Wo ist die Fabel von der Ueberlegenheit der kaukasischen Art geblieben?

Im fernen Osten handelt es sich weniger um die Religion, wie bei dem Streit zwischen Christentum und Islam im nahen Osten, als um den friedlichen, wenn auch nur sehr langsam und schrittweise sich vollziehenden Ausgleich zweier verschiedener, in vielen Beziehungen andersartig entwickelter Menschenrassen, der weißen und der gelben. Mit China aber kann man nur fertig werden, wenn man in gewisser Weise sich ihm einfügt, so wie ja auch die Orientalen unsere Zivilisation trotz inneren Widerstrebens bis zu einem gewissen Grade werden annehmen müssen. Mays ganzes Buch handelt gewissermaßen von dieser Frage, der Angleichung des Ostens und des Westens, und die Lösung, zugleich die Losung, die er uns darbietet, heißt: Menschlichkeit, brüderliche Gesinnung, Frieden, oder wie es May im Schlußabschnitt in dichterischer Wendung wiedergibt:

> Laßt uns vor allen Dingen Menschen sein,
> Damit wir Christen werden können.

In diesem Zusammenhang ist eine Unterredung zwischen May und einem gebildeten Chinesen bemerkenswert, den er auf Ceylon vor der Belästigung durch alkoholisch beeinflußte europäische Tagediebe bewahrt hat. Es sind doch, so führt May, der hier den „Westen" zu verteidigen sich genötigt sieht (S. 146) aus, nicht alle Abendländer Rowdies, Runners und Loafers, die den Osten nur zu dem einzigen Zweck aufsuchen, um ihn für sich auszubeuten. Manch ein Europäer kommt doch in den Orient, um den Spuren des Urchristentums und der jüdischen Kultur nachzugehen. Wer aber das tut, der achtet vor allen Dingen jedes Menschenrecht und ist ehrlich und gewissenhaft selbst gegen seinen fernsten Bruder.

Und doch muß sich dann der Europäer von dem Chinesen sehr bittere Worte sagen lassen, deren Berechtigung freilich niemand bestreiten kann. Der Chinese führt aus, daß sein Land asiatische Völkerschaften aufgenommen habe, die noch heute im Lande wohnen, obwohl sie andern Glaubens und anderer Kultur sind. So sind auch die Kaukasier dort einstens willkommen geheißen und mit hohen Würden und Aemtern bekleidet worden. Und was haben sie getan? Sie, die wenigen Fremden, die sich daheim ihres Glaubens wegen selbst bitterlich hassen und bekämpfen, die ihre gepriesene Zivilisation bis in die Gegenwart mit dem Blut ihrer eigenen Brüder düngten, sie, deren Weltweisheit nicht weiter gekommen ist als nur zu der Behauptung, daß kein Gott die Welt regiere, deren Menschenfreundlichkeit nichts als verkappte Selbstsucht ist, sie, deren staatliche Einrichtungen so von Anarchismus, Syndikalismus und anderen Krankheiten zerfressen sind, von denen sich die Orientalen freigehalten haben, sie kommen zu dem Volke von 400 Millionen mit der mehr als 5000 Jahre alten Geschichte und Kultur und wollen ihm ihre zwiespältigen politischen und religiösen Meinungen aufdrängen! Die Europäer sollten doch die Schläferin im Osten (wenn dieses Bild wirklich berechtigt sein sollte) um keinen Preis gewaltsam aufwecken wollen! Sind die Europäer wirklich Christen, so sollten sie sich an die Lehre ihres Meisters halten und dann so auch die Chinesen und die andern Völker des Ostens als gleichbegabt und gleichberechtigt anerkennen und brüderlich mit ihnen fühlen. So schlägt der Orientale den Europäer mit den eigenen Waffen, mit den Grundsätzen christlicher Gesinnung und Tat. Nur dann kann eben wahrhaft Frieden werden zwischen den Völkern und Nationen, wenn es gelingt, den furchtbarsten, starrsten aller Götzen, den des *Vorurteils*, von seinem Standort herabzustoßen.

Eines der wesentlichen Vorurteile aber, unter dem wir heute (1922) vielleicht weniger als vor zwei Jahrzehnten – leiden, ist die Ueberschätzung der europäischen Zivilisation, von der schon Pestalozzi vor mehr als 100 Jahren fast nur als von dem „modernen Zivilisationsverderben“ sprach. Dieses angebliche „Zivilisieren“, was ja wörtlich bedeutet: „Zum Bürger machen“, ist tatsächlich, trotz aller Religionen und trotz einer achttausendjährigen Weltgeschichte nichts anderes als eine *Schreckensherrschaft*. Für die europäische Zivilisation wird und muß einmal die Zeit kommen, in der sie um Hilfe aus einer Not schreit, die sie selbst verschuldet hat. Und es bleibt nichts übrig, als daß sich einst die wohlmeinenden aller Nationen vereinigen, um die unausbleiblichen Folgen des „zivilisatorischen“ Schreckens wieder gutzumachen. Denn gutgemacht muß alles Schlimme werden, voll gesühnt und bis auf die letzte Ziffer abgebüßt, so will es die göttliche Gerechtigkeit. Dieses scheinbar harte und doch so tröstliche Gesetz gilt für die Gesamtheit des Volkes ebenso wie für den einzelnen Menschen, und wen es nicht schon in der Gegenwart trifft, dem mag für seine Zukunft bange sein. –

In Mays Buch wird nun geschildert, wie sich zur Abwehr all der Schäden und zum Aufbau eines echten Menschheitstempels in aller Ruhe und Heimlichkeit, ohne lautes „pazifistisches“ Getue, im Orient eine Vereinigung gebildet hat, die den Frieden vorbereiten will zwischen den Einzelnen, so zwischen den Rassen und Völkern, wie schließlich zwischen den verschiedenen Religionen und Bekenntnissen. Menschlichkeit, Bruderliebe, Friede, das sind die Hochgedanken und im Sinn dieser drei Begriffe muß jeder handeln, der zu der Brüderschaft gehört. Wer dagegen verstößt, muß als ehrlos aus dem Bund scheiden. Die Mitglieder des Bundes fragen nicht, wer oder was der ist, der Hilfe braucht, und bringen sie dem Feind ebenso gern wie dem Freund, womöglich ohne daß er es bemerkt. Am wenigsten wird dabei gefragt nach der Verschiedenheit der Religion. Nicht wer genau so denkt, wie die Stifter des Bundes, ist willkommen, sondern ein jeder Mensch, der die Hilfe *nötig* hat, gilt als Bruder, als „Nächster“, dem die Mitglieder des Bundes die Hand zu reichen haben.

Aber dabei kommt es nun nicht auf schöne Worte, herrliche Reden an, sondern allein auf die stille, aber ausdauernde Tat. Kämpft doch das Niedere dauernd gegen das Höhere. Und das lebendige

Beispiel des Edlen kann so bewirken, daß die Tiefe nach und nach zu der Höhe emporgezogen wird. Dieses Steigen aus dem Tal bergan ist nicht so leicht und geht nicht so schnell, wie man es wünschen möchte. „Viele stürzen dabei wieder ab, ja es gibt sogar welche, die entweder nicht wissen oder nicht wissen wollen, daß menschliche Höhen vorhanden sind.“ Das ist eine sehr richtige Bemerkung, da ja in der Tat der große Durchschnitt der Menschen für diese Begriffe, die über das alltägliche, über die wirtschaftlichen Bedürfnisse weit hinausliegen, nicht zu haben ist.

Wie nun ein Mensch von dem andern zu lernen hat, so soll auch jedes Volk auf das andere, jede Nation und jede Rasse auf die andere schauen, um ihre Fehler zu vermeiden, ihre Tugenden und guten Eigenschaften aber sich anzueignen. Sobald ein Mensch sich überschätzt, sich für groß, ja unerreichbar hält, wird er nicht mehr steigen können, sondern zu sinken beginnen. Die Würdigkeit wird sich in Unwürdigkeit, der Wert in Unwert verwandeln. Das eine ließ ihn steigen, das andere läßt ihn fallen. So auch beim Volk, bei jeder Allgemeinheit. Darum liegt für den Einzelnen wie für das Volk eine große Gefahr im Selbstlob und im Herabsehen auf andere. Hüten wir uns vor allen Dingen, von Ueberlegenheit und von Minderwertigkeit zu reden, bevor die Weltgeschichte ihr letztes Wort gesprochen hat.

Es sei bei dieser Gelegenheit darauf aufmerksam gemacht, daß bei May sich in allen Schriften sehr feine Bemerkungen auch über solche Gegenstände und Fragen finden, die scheinbar außerhalb des Rahmens der eigentlichen Darstellung liegen. So über künstlerische und pädagogische Fragen! Es seien hier in aller Kürze einige als Beleg angeführt: „Kann man einem Menschen Gutes erweisen und dann noch bös über ihn denken?“ (S. 156) „Die Treue ist etwas Seelisches, und wer sie nach der Zahl der Briefbogen mißt, der traut sich selber nicht.“ (S. 193) „Nur das Genie gibt neue Rätsel auf, während das Talent sich mit längst vorhandenen beschäftigt.“ (S. 313) Sehr fein ist auch eine längere erzieherische Bemerkung zur Frage der Autorität (S. 315): „Sollen Kinder mitbestimmen dürfen, auf welche Weise sie zu erziehen sind? Habt sie lieb; hebt sie empor und macht sie zu Männern! Sind sie das geworden, so mögen sie mit raten und taten; eher aber nicht. Es ist stets gefährlich, den Unmündigen eine Macht zu verleihen, deren Ausübung klar denkende Köpfe verlangt.“

Ueber die Gefahren des Krieges ist sich May völlig klar; so führt er an einer Stelle aus (S. 404): „Die bewaffnete Hand stellt das Wohl der Völker auf das Spiel und bezahlt mit Menschenblut, was ihr der Friede umsonst und doppelt geben würde. Wenn die Nationen glauben, Wetten mit- oder gegeneinander eingehen zu müssen, so sollten sie es doch in anderer Weise und um andere Preise tun." Durch das ganze Buch zieht sich Mays Kampf gegen die törichte Unsitte des Wettens, und er selbst bringt es schließlich weltklug und gewandt fertig, sogar seinen aufs Wetten erpichten englischen Freunden dieses abzugewöhnen.

Wo sind – so ruft er mit vollem Recht aus – heute all die Gewinne, um deretwillen Jahrtausende hindurch mit Blut gewettet wurde? Wer wird in wieder 1000 Jahren die Länder besitzen, um die die Gegenwart mit blutigen Waffen wettet? Sind solche Gewinne überhaupt solche Einsätze wert? Gibt es nicht bleibende Gewinne, die durch Einsätze zu erlangen sind, die weder Angst, noch Sorge, noch Schmerz bereiten?

Das, was die „Shen", die neue Menschenverbrüderung, will, wird an einer Stelle sehr kurz und treffend in folgender Weise bezeichnet: Die Shen ist die Gesamtheit aller Menschen, die auf Erden endlich einmal Frieden haben wollen. Ist „Friede" hier gleichbedeutend mit „Glück"? Nun, man pflegt so zu sagen: Jeder Mensch will glücklich werden – und das ist falsch. Aber – jeder Mensch soll glücklich machen, das ist richtig. Weil jedermann bisher das Glück für sich verlangte, konnte es kein Glück auf Erden geben. Glück ist nur möglich durch Gesinnung der Freiheit, des Friedens, der Gemeinschaft. Der ist glücklich, der, sei es in sich oder bei andern, Gemeinschaft aufbaut, jener unglücklich, der selber oder mit andern Gemeinschaft hemmt oder vernichtet. Daher gilt es, über all die äußeren Kennzeichen hinwegzusehen und nicht nach Hautfarbe und Katechismus, Erdteil und staatlicher Gruppe zu fragen, sondern allein nach dem Zustand des Innern, danach: wie steht es um dein Herz, deine Seele? Wenn so der „Heide" auch nur einen einzigen Menschen liebt, einem einzigen „Feind" verzeiht, so handelt er christlich. Umgekehrt: wenn der Christ auch nur einen einzigen Menschen haßt oder sich an einem einzigen Feind rächt, so handelt er heidnisch. Sobald die Menschen Gutes tun, sind sie alle zusammen Christen, und sobald sie Böses tun, sind sie alle zusammen Heiden. Gott tut nichts als Gutes, der Teufel nichts als Böses; – dazwischen steht der Mensch, der bald Gutes und bald Böses tut. –

Legt man das Maysche Buch zur Seite und denkt über Inhalt und Grundzweck nach, so kann man es als eine Art tätiger Völkerethik in volkstümlicher Form bezeichnen. Hier werden so viele Zusammenklänge angeschlagen, die gerade *jetzt* in unserer Brust Widerhall finden, daß man sich kaum entschließen kann zu glauben, daß dieses Werk vor mehr als zwei Jahrzehnten entstanden ist. Die

Lehre Mays von der alles überwindenden Liebe und Güte ist ein Stück Zukunftsmusik und doch eine Lehre, die gerade der schmerzzerrissenen Seele des Europäers, insonderheit des Deutschen von heute, so unendlich wohl tut. Und welche Ruhe und Bescheidenheit durchzieht und durchweht das ganze! May schärft es uns mehrfach ein, daß dies noch nicht das eigentliche Werk, nicht der Höhepunkt seines Schaffens sei, sondern daß das „Hauptwerk“ erst komme! (So S. 506) Wenn jemand daran zweifelt, ob May tatsächlich als ein echter „Volksschriftsteller“ anzusehen sei, dem empfehle man das Lesen dieser Schrift. Dabei sollen gewisse Schwächen, so eine Unausgeglichenheit im Aufbau und einzelne stilistische Unebenheiten, nicht verschwiegen werden. Aber, nimmt man alles in allem, welch redliches Bemühen um Wahrheit und Treue, welche echt deutsche und zugleich brüderlich-menschliche Art! *Und Friede auf Erden*, wie der Titel jetzt lautet, wo das Buch als 30. Band der „Gesammelten Werke“ erscheint, ist wirklich ein echtes und rechtes Friedensbuch, das das Evangelium, die Freudenbotschaft predigt vom Frieden in der Außenwelt wie in der engen Menschenbrust.

So sei diese kurze, nur die Kernpunkte berührende Abhandlung geschlossen mit den prophetischen Worten des innerlich gewandelten und befreiten Missionars Waller:

O, würde doch der Mensch nicht durch die Zeit
Und durch des Raumes Hinterlist betört,
Er würde kühn sich an das Ew'ge wagen
Und dann als Preis den Himmel in sich tragen!

Was macht zum Himmelreich denn schon die Erde?
Ein einz'ger Hirt und eine einz'ge Herde!

Der Habsucht sei das Gold beschieden,
Der Weihrauch dem, der Weihrauch liebt;
Uns Armen aber gib den Frieden,
Den uns kein Fürst, kein Weiser gibt!

Hansotto Hatzig

Et in terra pax – Und Friede auf Erden

Karl Mays Textvarianten

Karl May hat seinen vier Kapiteln *Et in terra pax* nicht einfach ein fünftes angehängt und das Ganze dann *Und Friede auf Erden!* genannt. „Die bisherigen Abschnitte des vorliegenden Buches", schreibt er, „sind, wenn auch in etwas anderer Fassung, bereits einmal im Druck erschienen" (XXX 490). So lassen sich die Fäden vom fünften Kapitel bis an den Anfang zurückverfolgen. Für die Neufassung hat May jedes Kapitel sozusagen ‚aufgefächert'. Das erste Kapitel ist nahezu unverändert geblieben, im zweiten wird der Fächer nur wenig auseinandergeschlagen (ca. 7 Druckseiten), und aus den letzten vier Spalten des vierten Kapitels (*Pax* 281-284) wurden die 170 Seiten des neuen fünften Kapitels gestaltet.

Die „Shen" gibt es unter diesem Namen in *Pax* noch nicht; sie wird in *Friede* auf S. 313 zum erstenmal erwähnt und auf S. 324 näher beschrieben. Bis zu dieser Stelle – nach der Ankunft Wallers in Kota Radscha – war jedoch in *Pax* die entsprechende Bruderschaft des „Pu" schon mehrfach genannt (*Pax* 72, 117f., 125, 129f., 208, 212). Kurz vor der ersten Erwähnung der „Shen" wurde in *Friede* das erste Auftreten des Malaienpriesters eingefügt (XXX 311f.), der in *Pax* zuvor wohl zweimal erwähnt wird, aber nicht auftritt (*Pax* 195f.). Er begleitet nun die Träger von Wallers Sänfte, wovon in *Pax* keine Rede ist. Hierdurch erst erhält die Erzählung ihre große, ehrfurchtgebietende Gestalt, die seit *Am Jenseits* in keinem von Mays Romanen fehlt: Münedschi, Ustad, Marah Durimeh, Tatellah Satah. Dilke schließlich spielt in *Pax* nur eine Episodenrolle. Er wird in beiden Fassungen als einer der Zivilisatoren vorgestellt (*Pax* 141, XXX 194), erscheint aber bei seinem einzigen wesentlichen Auftritt in *Pax* als „ein edler, ein tapferer Mann, der es fertig gebracht hat, sich selbst zu besiegen" (*Pax* 142). Verändert wurde auch Wallers Heilungsprozeß; er läuft in der Urfassung schneller ab, wodurch sich manche Textvarianten ergeben. Gestrichen hat May in der Neufassung schließlich ein persönliches Bekenntnis zu Emma.

Im folgenden werden nur wesentliche Textstellen vorgeführt, die in *Pax*, nicht aber in *Friede* enthalten sind; außerdem werden einige Beispiele für charakteristische Textänderungen gegeben. Minutiöse Änderungen wurden nicht berücksichtigt, denn es war nicht beabsichtigt, die Tabelle einer Vergleichslesung wiederzugeben. Von solchen kleinen Änderungen seien hier folgende Beispiele genannt: Aus „Kavalleristen" (*Pax* 93) wurden „Europäer" (XXX 125), aus „Engländern" (*Pax* 108, 110, 114) wurden ebenfalls „Europäer" (XXX 149, 152, 157) oder (*Pax* 109ff., 115, 122f., 135ff.) auch „Gentlemen" (XXX 150ff., 158, 166f., 185ff.). Prof. Garden kommt nicht mehr aus „Philadelphia" (*Pax* 107, 151), sondern aus „Amerika" (XXX 147, 211); in XXX 295 und 391 ist „Philadelphia" allerdings stehengeblieben. Anreden per „Sie" (*Pax* 112f.) wurden in „Ihr" umgeändert (XXX 154, 156).

Das Gedicht *Tragt Euer Evangelium hinaus* wurde von May für *Friede* leicht überarbeitet. Die *Pax*-Fassung hatte folgenden Wortlaut:

Tragt euer Evangelium hinaus,
Um aller Welt des Himmels Gruß zu bieten,
Doch achtet jedes andre Gotteshaus;
Ein wahrer Christ stört nicht den Völkerfrieden!

Gebt, was ihr bringt, doch bringt nur Liebe mit,
Das andre alles sei daheim geblieben.
Grad weil sie einst für euch den Tod erlitt,
Lebt sie durch euch, um weiter fortzulieben.

Tragt euer Evangelium hinaus,
indem ihrs lebt und lehrt an jedem Orte,
Und alle Welt sei euer Gotteshaus,
In welchem ihr erklingt als Gottesworte.

Gebt Liebe nur, gebt Liebe nur allein;
Laßt ihren Puls durch alle Länder schlagen.
Dann wird ein Paradies die Erde sein,
Denn ihr habt ihr den Himmel zugetragen.

*

Erstes Kapitel: *Am Thore des Orients*

(Allgemeines – Erste Begegnung mit der Bruderschaft des „Pu")

Über Waller und Mary (*Pax* 10) fehlt in XXX 14 nach dem zweiten Absatz die Angabe: „und ich konnte aus verschiedenen Aeußerungen schließen, daß sie vermögend waren und daß der Vater nicht nötig gehabt hatte, sich des Gehaltes wegen für seinen geistlichen Beruf zu entscheiden". Auf Wallers Frage, aus welcher Stadt die Chinesen kämen, antwortet der Kellner (*Pax* 20): „Das wissen wir nicht." – „So fragt man sie. Man will doch wissen, mit wem man hier verkehrt.“ In XXX 27 lautet die Antwort: „Aus Canton.“ In *Pax* 22 nahm Ostasien „den Wunsch der Vereinigten Staaten, so dreist er war, von seiner heiteren Seite auf“; in XXX 29 kam es „dem Wunsch der Vereinigten Staaten jovial entgegen“. Die vier Schlußabschnitte des Kapitels wurden für *Friede* (100f.) neu geschrieben; in *Pax* 70-72, worin der erste Hinweis auf die Bruderschaft des „Pu“ zu finden ist, lauten sie:

Als ich den festen Entschluß kundgab, übermorgen abzureisen, machte Fu den Vorschlag, den letzten Abend wieder draußen bei den Pyramiden zu verbringen, und alle stimmten sofort ein. Wir bekamen mein Lieblingszimmer wieder und saßen am Abend an derselben Stelle, doch leider nicht beim Mondesscheine. Aber die Sterne funkelten über den Pyramiden, und in uns wohnte dieselbe Liebe, in welcher wir uns am vorigen Male hier zusammengefunden hatten.

Als wir uns dann gute Nacht sagten, richtete Fu es so ein, daß er zuletzt noch allein bei mir im Zimmer war. Da sagte er:

„Sie gehen, und wir bleiben noch; aber es ist mir möglich, mit Ihnen zu gehen, obgleich ich bleibe – – durch einen kleinen Gegenstand. Ich meine nicht ein Souvenir im aufdringlichen Sinne, denn Sie sind ebenso wenig wie ich der Mann, sogenannte ‚Andenken‘ mit sich herumzutragen. Aber Sie haben ja gesagt, daß Sie nach dem Tigris, dann nach Indien und vielleicht noch weiter, bis nach China gehen. Ich bitte Sie, eine Empfehlung von mir mitzunehmen! Fragen Sie nicht, wohin, und fragen Sie auch nicht, an wen! Geben Sie sie niemals aus der Hand, und sprechen Sie nicht von ihr! Ich kenne Sie und weiß, daß Sie fühlen werden, wann, wo, wem und warum sie vorzuzeigen ist. Ob wir uns jemals wiedersehen, weiß ich nicht; aber hören werden Sie ganz gewiß von mir, wenn Sie bei dem Klange meines Namens auch nicht wissen, daß der Genannte Ihr dankbarer Gefährte von den Pyramiden ist, und gerade dann, wenn ich Ihnen dienen kann, werde ich bei Ihnen sein; Sie brauchen mich nur zu rufen. Richten Sie diesen Ruf an das, was Sie in diesem Augenblick von mir empfangen!“

Er gab mir ein aus feinem Leder gefertigtes Couvert kleinsten Formates in die Hand und ging dann so schnell fort, daß ich ihm gar nicht danken konnte. Als ich es öffnete, sah ich, daß es ein Stück pergamentartiges Papier enthielt, welches ein gleichseitiges Dreieck bildete. Es war auf der einen Seite weiß, auf der anderen mit Figuren und Zeichen versehen. Drei schlankgezogene Drachen bildeten die Einfassung der Ränder, und in jeder Ecke stand ein chinesisches Schlüsselwort. Das erste war „k’i“, das veraltete Zeichen für Luft und Odem; es bedeutet auch den Urgrund aller religiösen Dinge. Die andere Ecke enthielt ein „schi“, das Zeichen für Geist, für Genius der Erde. Und im dritten Winkel sah ich ein „ku“, was Hart in Weich eingeschlossen bedeutet und auch das Zeichen für die Brüderschaft ist.

Ich dachte jetzt nicht daran, mich nach dem Sinne dieser Zeichen zu fragen. Die Hauptsache waren die Worte, mit denen die Gabe mir überreicht worden war. Und diese hatten noch viel rätselhafter geklungen, als mir die Schrift erschien. Daß der Sinn dieser Charaktere bei einigem Nachdenken mir nicht unergründlich bleiben werde, das wußte ich; aber ob ich einst behaupten dürfe, daß mir die Bedeutung dessen, was der Chinese gesagt hatte, klar geworden sei, das konnte nur die Zukunft lehren.

*

Zweites Kapitel: *Im Herzen des Islams*

(Allgemeines – Die Bruderschaft des „Pu" – Dilke)

Zwei kleine interessante Einfügungen erweiterten den Text von *Pax* 73 in XXX 102 zu folgender Fassung (Einfügungen in Klammern):

[Im Sudan, in Arabien und] so lange wir durch Gegenden gekommen waren, in denen arabisch gesprochen wird, hatte ich von dieser seiner Begabung freilich nichts bemerkt [...]. Aber als [dann nach ausgedehnten monatelangen Wanderungen jenseits von Bagdad,] an der indischen Grenze das englische Sprachgebiet begann [...].

Das rücksichtslose Benehmen der Reiterkavalkade war ursprünglich kürzer gefaßt (*Pax* 93, XXX 125-127):

Wir näherten uns einer Straßenkreuzung. Von jenseits kamen uns Rickschahs, Zebuwagen und dicht gedrängte Fußgänger entgegen; von links und rechts her flutete ein ähnlicher Verkehr, und hinter uns hörten wir plötzlich Hufschlag und schreiende Stimmen. Ich sah mich um. Es kam eine Schar Kavalleristen geritten, im kurzen Galopp und straßenbreit. Ich kannte die Art dieser Herren, die sich um nichts, am allerwenigsten um die gesunden Glieder tief unter ihnen stehender Völkerschaften kümmern. Da war weiter nichts zu thun, als sich zu fügen und zu salvieren. Ich ließ schnell halten, stieg ab und machte mich seitwärts an das nächste Haus; Omar folgte meinem Beispiele. Da waren die Gentlemen auch schon da. In demselben Augenblicke bog eine Rickschah um die Ecke, auf uns zu, in unverminderter Schnelligkeit. Der Passagier schien Eile zu haben, und der vorgespannte Tamile hatte das Militair nicht sehen können. Den Reitern machte es sichtlich Spaß, die Passanten in Verlegenheit zu setzen. Sie lachten zu den Angstrufen, welche überall erschollen, und als sie vorüber waren, konnte man sehen, was sie durch ihren Uebermut erreicht hatten. Die Niedergerissenen standen auf, so gut sie konnten; die Getretenen oder Gequetschten rieben schimpfend die schmerzenden Glieder. Die erwähnte Rickschah war im Zusammenprall umgeworfen worden; die Folge war ein zerbrochenes Rad, und dem Tamilen hatte die Deichsel das Gesicht verletzt. Der Passagier lag unter dem Fahrzeuge, arbeitete sich aber schnell hervor und wendete sich in englischer Sprache an mich als den ihm nächsten Europäer [...].

In dem gefundenen Damennotizbuch mit den Initialen M. W. steckte ursprünglich „nur ein zusammengefaltetes Papier", nicht aber die Fotografie mit dem Bildnis von Marys Mutter (*Pax* 95, XXX 130). – Der große Abschnitt über „die religiöse Ueberhebung und den nationalen Hochmut" (XXX 134f.) ist in *Pax* 98f. nicht enthalten. Professor Garden berichtet, daß Waller erst nach dem Tode seiner Frau, unterstützt durch eine „Art von Sekte", zu seinem „Missionswerk" nach China aufgebrochen sei (XXX 142). In der Erstfassung sieht das etwas anders aus (*Pax* 104):

„Er wollte das auf eigene Faust und aus eigenen Mitteln thun. Diese letzteren waren für solche Ausgaben doch nicht ganz hinreichend, und dies gab ihr [Mrs. Waller] den materiellen Grund zum Widerstreben. Da starb sein reich gewordener Bruder, der Bankier, kinderlos, und er beerbte ihn. Nun waren die Mittel überreich vorhanden, und es hätte für ihn kein Halten mehr gegeben, wenn die Gute nicht schwer krank geworden wäre. Sie starb, ohne daß ich es wußte, denn ich war zur Zeit ihres Todes schon in Persien. Seine Tochter schrieb es mir."

Sejjid Omar berichtet, was er gehört hat:

„Es muß ein Mann hier wohnen, [...] welcher Ohm Krüger heißt, und ein Leyds, ein Jameson, ein Chamberlain" (*Pax* 109).

In XXX 150 heißt es:

„Es muß ein Mann hier wohnen, welcher Kun-Yen heißt [...]. Auch ein gewisser Tuan und ein Anderer, dessen Name Yung-lu ist."

Ein Satz über das Treiben der „Pioneers der Civilisation" (*Pax* 110) fehlt später in XXX 151:

Es kam die Rede auf eine gewisse Depesche und auf einen gewissen Emperor; man bezeichnete die Depesche als so und so und den Emperor als das und das; die Worte sind nicht wiederzugeben.

May schreibt „Postkarten nach Deutschland" (*Pax* 114, XXX 157), wozu er folgende, später weggelassene Erklärung gibt:

Um mir nicht die Städte, Hausnummern und Namen merken zu müssen, hatte ich mir eine Liste angelegt, welche im Notizbuche steckte. Dieses enthielt alle wichtigen Papiere, die man der Sicherheit wegen am liebsten bei sich trägt. Ich zog mit der Liste alles heraus, was sich in dem betreffenden Fach befand, und legte es neben sie hin, ohne zu beachten, was gerade obenauf zu liegen kam.

Mit diesen Sätzen wird die zweite Erwähnung der Bruderschaft des „Pu" vorbereitet.

Bei der ersten Begegnung zwischen May und Fu heißt es in *Friede* (XXX 159f.): „und so könnten wir als charakterfeste Männer noch heute miteinander dort in Point de Galle sitzen, ohne den Mund aufgetan zu haben". Die letzten sechs Worte verraten noch, daß sich die Sache ursprünglich (*Pax* 116-118) ganz anders abgespielt hat, als es in der Neufassung zu lesen ist, wo sich die beiden Partner, ohne miteinander gesprochen zu haben, trennen:

wenn nicht sein Blick auf meine Liste und die neben ihr liegenden anderen Sachen gefallen wäre. Da sprang er, von plötzlicher Ueberraschung aus dem Schweigen getrieben, empor, deutete auf diese Gegenstände und rief aus:

„T'ien-na! Was sehe ich? Was ist das? Wo haben Sie das gefunden?"

T'ien-na ist eine chinesische Interjektion und heißt soviel wie „mein Himmel!" Das Uebrige sprach er in seinem Pitchenenglisch. Der Ausdruck seines Gesichtes wurde aus einem verwunderten beinahe ein drohender. Da er nicht mehr saß, so zwang mich die Etikette, auch aufzustehen. Ich that das und antwortete in ruhigem Tone:

„Das ist, wie Sie sehen, ein kleines Etui."

Ich bemerkte nämlich erst jetzt, daß das Ledercouvert, welches mir Fu geschenkt hatte, obenauf lag.

„Ja doch, ja, ein Etui!" fuhr er schnell sprechend und dringlich, fast gebieterisch fort. „Aber wie kommt das in die Hand eines Europäers? Ich will wissen, was sich in dieser Hülle befindet! Ich muß und muß es wissen!"

Ein Nichtkenner des Orients hätte nun sehr wahrscheinlich einen großen Fehler begangen; mir aber paßte zunächst dieser befehlshaberische Ton nicht, und sodann ahnte ich, heute etwas über die Bedeutung des geheimnisvollen chinesischen Dreiecks erfahren zu können. Sollte das aber geschehen, so durfte mich dieser Fang weder für ununterrichtet noch für einen Mann halten, der sich imponieren ließ. Ich nahm also die Tasse, trank den Thee vollständig aus, setzte sie, den Boden nach oben, auf die Unterschale zurück, trat an das Fenster und schaute in einer Weise auf den Hafen hinaus, als ob außer mir niemand im Zimmer sei. Damit hatte ich ihn in einer Weise zum Fortgehen aufgefordert, welche für einen Chinesen gar nicht deutlicher sein konnte.

Er ging aber nicht. Ich hörte am leisen Rauschen seines Gewandes, daß er sich in einer Tasche zu schaffen machte; dann sagte er in entschlossenem Tone:

„Sie scheinen, wie mir diese leere Tasse sagt, unsere Sitten zu kennen, aber gewiß nur oberflächlich. Sie schicken mich fort, aber ich bleibe doch, denn es handelt sich unter Umständen um Ihr Leben, wenn Sie dieses Etui dem nicht wiedergeben, der es verloren hat. Ich bin überzeugt, daß Sie nicht wissen, was Sie besitzen, und will Ihnen beweisen, daß ich ein Recht zu meinem Verhalten habe, ja noch mehr, ich bin sogar verpflichtet dazu. Die Aehnlichkeit der Gegenstände mag meine Legitimation sein. Hier, sehen Sie!"

Ich drehte mich wieder nach ihm um. Er hielt mir ein ledernes Couvert von genau derselben Größe und Farbe hin. Ich nahm es aus seiner Hand, öffnete es und sah, daß es ein weißes, pergamentartiges Papier enthielt, welches genau so geschnitten und mit Drachen versehen wie das meinige war. Auch die Zeichen für „schi“ und „ku“ waren da, aber das „k’i“ fehlte in der dritten, leeren Ecke. Durch sein Verhalten und dieses zweite Exemplar der Zeichnung wurde mir wahrscheinlicher, was ich bisher nur vermutet hatte. Es giebt in China geheime Gesellschaften, welche auf die dortigen Zustände einen Einfluß ausüben, dem sich kein Mandarin, und stehe er noch so hoch, und selbst der Kaiser nicht entziehen kann. Diese Gesellschaften sind über das ganze Reich verbreitet, und bei der Größe dieses Gebietes ist es unmöglich, daß die einzelnen Mitglieder einander kennen können. Was ist da wohl selbstverständlicher, als anzunehmen, daß es wenigstens für die hervorragenden Führer gewisse Zeichen giebt, an denen sie sich erkennen, mit denen sie nachweisen, wer und was sie sind? War das Geschenk von Fu vielleicht ein solches Zeichen, mit dem er mich vor etwaigen Gefahren hatte schützen wollen? Ich hatte es vermutet, und jetzt glaubte ich es fast. Fang hatte zwei, ich drei Charaktere auf dem Papiere; das meinige war also vollständiger als das seinige. War hieraus etwa auf einen höheren Wert, auf einen Rangunterschied zu schließen? Ich nahm mir vor, vorsichtig zu sein und den Geheimnisvollen zu spielen. Darum gab ich ihm sein Zeichen höchst gleichgültig zurück, nahm das meinige aus dem Couvert, zeigte es ihm und steckte es dann wieder hinein, das alles, ohne ein Wort dazu zu sagen.

Er sah mich starr und schweigend an, und dann kam es langsam und stoßweise über seine Lippen:

„Ein Pu mit vollen Ecken! Ich habe bisher erst nur eins gesehen! Dieses ist das zweite, und viele giebt es nicht; das wissen wir! Und gar ein ‚k’i‘ als drittes Zeichen! Kannst Du es lesen?“

Ein solches Papier wurde also Pu genannt. Putheu heißen die Klassenhäupter, die Schlüsselworte, die Hauptzeichen der chinesischen Schrift und Sprache. Pu hatte hier wohl die allgemeine Bedeutung als Zeichen, als Ausweisgegenstand. Ich wollte ihm natürlich nicht sagen, von wem ich mein Pu hatte, durfte ihn aber auch nicht bei der Meinung lassen, daß es von mir gefunden worden sei. Darum antwortete ich ihm schnell und zurückweisend in chinesischer Sprache:

„Wer darf den Besitzer eines solchen Pu fragen, ob er lesen kann! Verdiene dir ein ‚k’i‘; dann wollen wir weiter mit einander sprechen, eher aber nicht!“

Da preßte er seine beiden Hände ineinander, hob sie dreimal bis zur Stirn empor, verbeugte sich dreimal so tief, daß er mit der Stirn fast den Fußboden berührte, und sagte in demütigem Tone:

„Du sprichst die Sprache der ‚Blume der Mitte‘; ich habe kein Recht, weiter zu zweifeln; verzeihe mir, o Mandarin des großen Pu! Mögen alle Ta-tau-hui so von der Erde verschwinden, wie ich jetzt aus deinem Zimmer verschwinden werde, damit meine Geringfügigkeit dich nicht mehr belästige! Aber verderbe mich nicht, sondern beschütze mich! Ich habe es gut gemeint! Meine Pflicht ist, dir zu melden, daß ich mit dem nächsten österreichischen Dampfer nach Osten fahre. Ich habe gelernt, was ich lernen sollte, und kehre nun heim, um dem höchsten Pu zu berichten, was ich zu berichten habe. Morgen gehe ich nach Colombo. Mein Leben und mein Eigentum ist dein Leben und dein Eigentum. Fordere von mir; ich gehorche gern!“

Er zog sich unter steten Verneigungen, immer rückwärts gehend, nach der Thür zurück und „dienerte“ dann hinaus.

War das nicht überraschend, nicht sonderbar?

Ich war ein „Mandarin des großen Pu!“ Aber was war das eigentlich für eine Art von Menschenkind? Welche Pflichten lagen mir ob, und mit welchen Rechten war ich ausgestattet? Wie gern hätte ich diesen kleinen Fang noch länger hier behalten, um mehr zu erfahren; aber mein „hoher“ Ton hatte ihn fortgetrieben, und durch den nachträglichen Wunsch, daß er noch bleiben möge, hätte ich mich selbst desavouiert.

Er gehörte unbedingt einer geheimen Verbindung an, deren Mitglied auch ich war, sobald es mir beliebte, mein Pu vorzuzeigen. Wer hätte so etwas für möglich halten können! Und diese geheime Gesellschaft hatte gegen die fremdenfeindlichen „Boxer“ zu wirken, denn unter den Ta-tau-hui [Wörtlich: Große Messer], welche Fang von der Erde verwünschte, waren diese Boxer gemeint! Das war wenigstens ein Grund, mir wegen meiner von mir ganz unbeabsichtigten Mitgliedschaft keine moralischen Vorwürfe zu machen. Ich war von Fang zuletzt, als er chinesisch sprach, du genannt worden. Auch der Chinese hat das ehrende „nim“ oder „schim“, welches „Sie“ bedeutet, und da es von Fang nicht angewendet worden war, so schien es den Mitgliedern seiner heimlichen Brüderschaft vorgeschrieben zu sein, sich untereinander du zu nennen.

Eine auf Grund dieser „Pu“-Angelegenheit geänderte Passage des späteren Gesprächs (XXX 169f.) zwischen Fang und May lautete in *Pax* 125:

„Ich bin jetzt nicht der Besitzer eines Pu, sondern ein Chinese wie jeder andere Chinese. Darf dieser mit Ihnen sprechen?“ fragte er.

„Und ich bin jetzt nicht ein Mandarin des großen Pu, sondern ein Deutscher, der Ihre Nation liebt, wie er alle Menschen liebt, und sich also gern mit Ihnen unterhält. Kommen Sie! Wir gehen aus dem Licht!“ antwortete ich.

Er folgte mir nach einer Bank, welche am Rande des Decks stand, und setzte sich dort ohne sein chinesisches Zeremoniell an meine rechte Seite. Da saßen wir nur im milden Scheine der Sterne.

Im gleichen Gespräch entfiel in XXX 177 der folgende Satz aus *Pax* 129:

„[...] und wir, die wir zur Brüderschaft des Pu gehören, breiten als die ersten, munteren Friedensvögel unsere Schwingen aus, der Sonne entgegenzufliegen und, von ihrem Glanze getragen, zur Heimat zurückzukehren, um ihr das Licht zu bringen, welches wohl der Himmel, aber nicht der Mensch uns giebt.“

Gegen Schluß des Gespräches heißt es dann noch (*Pax* 130, in XXX 178 gestrichen):

„Ich bin fertig, bin am Ende. Ich habe vorhin gesagt, daß ich jetzt nicht der Besitzer eines Pu, sondern ein Chinese wie jeder andere Chinese sein wolle; als solcher habe ich gesprochen. Das Pu gebietet uns eine andere Sprache, in welcher wir uns heimlich üben, um, ohne bei den Strengerdenkenden anzustoßen, mit dem Europäer in der freundlichen Weise verkehren zu können, die es uns vielleicht ermöglicht, seine gegen uns gerichteten Vorurteile zu überwinden und ihn zu der Ueberzeugung zu bringen, daß eine friedliche Wechselwirkung zwischen unsern beiderseitigen Kulturformen in seinem eigenen Interesse liege."

Gestrichen wurde in XXX 179 auch (*Pax* 130):

„Einem ‚Mandarinen des großen Pu' gegenüber hätte ich es nicht wagen dürfen, dieses Wort unaufgefordert zu ergreifen; da Sie aber nicht dies, sondern nur ein Deutscher sein wollten, so durfte ich es für erlaubt halten."

Der Schluß des Gesprächs (XXX 180) hatte in *Pax* 131f. folgende Fassung:

Nun legte er die Hände zusammen, hob sie bis zur Stirn empor, verbeugte sich und ging. –

Das war eine sonderbare Unterredung gewesen, oder vielmehr keine Unterredung, weil ich doch nicht eine Silbe gesprochen hatte! Welch eine so ganz bedenkenlose Aufrichtigkeit! Wie hätte sich wohl ein anderer Europäer verhalten, wenn er an meiner Stelle gewesen wäre?! Ebenso still wie ich? Fast möchte ich es glauben. Gegenbehauptungen hätten ihm nichts genützt, denn dieser kleine Fang war so scharfsinnig und so wohlunterrichtet, daß man bei seinen Ausführungen sich beinahe als eine Verkörperung der Schwächen fühlte, von denen er gesprochen hatte. Und für mich lag noch ein anderer Grund zum Schweigen vor: es kam mir vor allen Dingen darauf an, ihm möglichst viel über die geheime Verbindung abzulauschen, und wer lauschen will, der soll nicht sprechen.

Meine Ausbeute war in materieller Beziehung so viel wie Null; aber ich hatte erfahren, daß der Zweck der Gesellschaft ein friedensfreundlicher sei. Trotzdem schien die Disciplin mit großer Strenge gehandhabt zu werden; das ersah ich aus der Unterwürfigkeit Fangs, und das ging auch aus seiner Bemerkung, als er in Point de Galle mein Pu hatte liegen sehen, hervor, daß es sich unter Umständen um mein Leben handle. So ganz unverfänglich war die Sache für mich nicht!

Eine völlige Veränderung erfuhr der Schluß des Kapitels. An dieser Stelle fand die erste Auffächerung statt (*Pax* 141-144, XXX 193-200); zugleich wurde die Angelegenheit Dilke zum Abschluß gebracht, auf den May dann nur noch einmal, am Anfang des folgenden Kapitels, zu sprechen kommt (*Pax* 198f.). Der Schluß des Kapitels lautet wie folgt (der eingeklammerte Absatz wurde in XXX 199 beibehalten):

Kurze Zeit nach mir trat eine Gruppe bekannter Personen in, den Saal – – die sechs Engländer, welche mit uns von Colombo gekommen waren und nun, wie es schien, auch hier wohnten. Sie ließen sich, um mehr Platz zu haben, zwei Tische zusammenstellen und hatten es sich bequem gemacht, als einer von ihnen mich sitzen sah. Ich saß mit dem Gesicht nach ihnen gerichtet und bemerkte, daß sie hierauf von mir sprachen. Sie schienen sich zu beraten; dann stand der, welchen Omar gerettet hatte, auf und kam zu mir her. Seine Schritte waren sichtlich zögernd und in seinen Zügen lag der Ausdruck einer Verlegenheit, welche er nicht ganz überwinden konnte. Bei mir angekommen, verbeugte er sich sehr formell und sagte:

„Gestatten Sie, mein Herr! Ich heiße Dilke und bin Edelmann."

Ich stand auf, verbeugte mich in derselben Weise und nannte meinen Namen. Er hatte deutsch gesprochen, wenn auch nicht fließend, aber doch nicht schlecht.

„Meine Kameraden sind auch Engländer und Edelleute," fuhr er fort. „Sie haben nicht gesagt, was Sie sind – – – –?"

„Ich bin hier fremd," antwortete ich, „weiß aber trotzdem ganz genau, welche Verpflichtungen Ihre gesellschaftliche Stellung mit sich bringt."

Seine Schläfen röteten sich ein wenig; er beherrschte sich aber und sprach ruhig weiter:

„Ich habe im Anschlusse an diese Ihre Bemerkung eine Bitte auszusprechen. Wo befindet sich jetzt, in diesem Augenblicke, Ihr arabischer Diener, welcher, glaube ich, Sejjid Omar heißt?"

„Das ist allerdings sein Name. Er ist drüben in der Dependence, wo ich wohne."

„Gestatten Sie mir, hinüberzugehen, um ihn einzuladen? Wir wünschen, daß er mit uns speise."

Das hatte ich nicht erwartet! Er schien diesen Gedanken auf meinem Gesicht zu lesen, denn er fügte lächelnd hinzu:

„Wir haben, ganz abgesehen davon, daß ich ihm mein Leben verdanke, eine Angelegenheit in das Gleichgewicht zu bringen, welche uns nach meinem Sturze in das Wasser höchst peinlich geworden ist. Auch Sie sind mit von ihr berührt, mein Herr. Meine Kameraden haben mich zu Ihnen gesandt, um Sie zu ersuchen, jenen Abend in Point de Galle zu vergessen!"

Er sah mich erwartungsvoll an. Da gab ich ihm die Hand und sprach:

„Mr. Dilke, Sie sind wirklich ein edler, ein tapferer Mann, der es fertig gebracht hat, sich selbst zu besiegen. Das ist schwer, sehr schwer! Ich achte Sie. Sagen Sie Ihren Kameraden, daß alles ausgestrichen ist."

„Wirklich?" fragte er im Tone der Erleichterung.

„Ganz gewiß!"

„Wir danken Ihnen herzlich! Ich will Ihnen nicht verschweigen, daß wir in Besorgnis vor General Needler waren, welcher mit seinen Damen hier im Hotel wohnt. Er ist ein sehr guter Herr, denkt aber über gewisse Dinge strenger, als wir jungen Leute denken. Der Zufall könnte uns da sehr leicht in eine fatale Lage bringen. Ich freue mich darum sehr darüber, daß Sie vergessen wollen. Also ich darf Ihren Diener zu uns holen?"

„Ja. Aber sagen Sie ihm, daß ich Ihre Einladung genehmige, sonst geht er nicht mit. Er gehört dem ältesten muhammedanischen Adel an und hält es nicht etwa für eine Herablassung von Ihnen, wenn Sie ihn zu sich laden!"

„Ich danke!"

Er ging zunächst zu seinen Gefährten, um ihnen mitzuteilen, was ich gesagt hatte; dann verließ er den Saal. Er war kaum hinaus, so kam ein Herr mit zwei Damen, jedenfalls Vater, Mutter und Tochter. Er war schon alt, trug sich aber militärisch grad und stramm. Die Dienerschaft flog. Es war ihm ein Tisch reserviert worden, welcher ganz in der Nähe dessen stand, an welchem die Herren saßen. Als er sich ihnen näherte, standen sie auf. Er grüßte gütig zu ihnen hinab. Wahrscheinlich war das der General, von welchem Dilke gesprochen hatte.

Als dieser meinen Omar brachte, kam letzterer auf mich zu und fragte:

„Erlaubst du es wirklich, Sihdi, daß ich mit diesen Engländern speise?“

„Ja. Sie haben um Verzeihung gebeten.“

„Mich auch. Ich werde also genau so thun, als ob das Hotel in Point de Galle gar keine Treppe gehabt habe, welche man hinuntergeworfen werden kann.“

Nun ging er hin und wurde ersucht, seinen Platz neben Dilke zu nehmen.

Sein Erscheinen war erst fast kaum beachtet worden; aber als er nun bei den Englishmen saß und genau so wie sie bedient wurde, wendete sich ihm die allgemeine Aufmerksamkeit zu. Man fragte die Kellner; man erfuhr, daß er nichts, als ein Diener sei; das erregte außerordentliche Verwunderung. Auch der General erkundigte sich bei der Dienerschaft. Er warf einen forschenden Blick auf mich und sah dann zu Omar hinüber, hieraus schloß ich auf die Antwort, die man ihm gegeben hatte. Dann winkte er Dilke zu sich. Dieser erstattete ihm in achtungsvoller Haltung einen längeren Bericht, welcher besonders die beiden Damen zu interessieren schien. Sie schauten jetzt mit andern Augen zu Omar hin und beobachteten ihn, als Dilke mit zustimmenden Worten entlassen war, mit unausgesetztem, freundlichen Interesse.

[Nun muß ich sagen, daß der Sejjid zwar am liebsten auf arabische Weise, also mit den zehn Fingern, aß; aber seit er bei mir war, hatte er gelernt, auch mit dem Besteck in der Weise umzugehen, als ob er das von Jugend auf gar nicht anders gewohnt sei. Die tiefe, ernste Feierlichkeit, welche dann jede seiner Handbewegungen charakterisierte, war für jeden andern einfach unerreichbar. So auch hier! Er saß in einer Haltung zwischen den Englishmen, als ob nicht sie ihn, sondern er sie zu Gaste geladen habe, und benahm sich zwar sehr freundlich, aber dabei so gesetzt und würdevoll, daß es ihnen gewiß nicht einfallen konnte, ihn als den Beschenkten zu betrachten. Dem unverdorbenen Orientalen ist jene ungekünstelte Unnahbarkeit eigen, welche auch sein Land, nicht aber der Occident besitzt.]

Obwohl ich wußte, daß mein Omar nicht den geringsten Fehler begehen werde, aß ich doch sehr langsam, um den Saal nicht eher als er zu verlassen. Aber es gelang mir nicht, diesem Vorsatze treu zu bleiben, und daran waren die Generalin und ihre Tochter schuld. Ein Araber, welcher einen englischen Lord aus der See gerettet hat, ist eine Persönlichkeit, für welche man sich selbst als sonst sehr zurückhaltende Lady interessieren darf. Und wenn dieser Araber eine solche Gestalt, ein solches Gesicht und ein so wohlanständiges, unaufdringliches Benehmen wie mein Sejjid hat, so kann man es sich sogar gestatten, ihn ohne alle gesellschaftlichen Befürchtungen zu sich kommen zu lassen. Mutter und Tochter waren beide wohl gutherzige Damen, dazu vielleicht ein wenig wißbegierig, kurz, ich sah, daß sie den General so lange mit einer sich auf Omar beziehenden Bitte bearbeiteten, bis er nach längerem Sträuben seine Zustimmung gab. Als die sechs Herrn sich nach Tische erhoben und ihrem Gaste die Hände reichten, winkte er diesen zu sich und sagte ihm einige Worte. Ich hörte Omars Erwiderung:

„Ja, ich will den Kaffee gern mit Ihnen trinken, muß aber vorher ‚unsern Herrn' dort um Erlaubnis fragen."

Da winkte ich ihm diese Erlaubnis zu und entfernte mich in der Ueberzeugung, daß er von heute an die „Inglis" anders beurteilen werde, als er es bisher gethan hatte.

*

Drittes Kapitel: *Am Thore Chinas*

(Dilke-Reminiszenz – Wette im Zeichen des „Pu"
Wallers Krankheit)

Folgerichtig fehlt in diesem Kapitel die Passage über Dilkes Dankbarkeit gegenüber Omar (*Pax* 198-200) in XXX 279f., da May nun andere Pläne mit Dilke verfolgte:

Ich ging, um noch einige Worte mit Tsi zu sprechen und mich dann auch einmal um meinen Sejjid Omar zu bekümmern, für den so eine kleine Aufmerksamkeit stets großen Wert besaß. Er unterhielt sich mit Bill, dem Steuermann, und rauchte dabei eine Cigarre, welche dieser ihm geschenkt hatte. Nie stand er anders vor mir als kerzengerade und stramm, wie ein Soldat vor seinem Offizier; das war ein vollständig freiwilliger Ausdruck seiner Achtung, der ihn selbst mit Stolz zu erfüllen schien. Näherte ich mich ihm, wenn er eine Cigarre rauchte, so warf er sie unbedingt weg, auch wenn er sie soeben erst angebrannt hatte. Das wollte er auch jetzt thun; ich verbot es ihm. Er hatte schon mit der Hand ausgeholt. Als er sie wieder sinken ließ, sah ich beim Scheine des elektrischen Lichtes an ihr etwas funkeln, was nicht der glimmende Brand der Cigarre sein konnte. Ich ergriff diese Hand, um nachzuschauen. Er trug, wie jeder Orientale, gern Ringe an den Fingern; sie hatten zwei für ihn sehr wichtige Eigenschaften: sie waren sehr groß, aber auch sehr billig. Jetzt sah ich einen neuen, der aber keines von diesen beiden Attributen besaß. Er hob die Hand näher an meine Augen und sagte:

„Diese Steine sind echte Almaß [Diamanten], Sihdi. Man muß sie am Tage in das Licht legen, nicht etwa in den Kasten; dann geben sie es abends wieder."

Ich dachte mir natürlich gleich, von wem er ihn hatte, fragte aber dennoch:

„Wo hast du ihn gekauft?"

„Gekauft? Ich? O, Sihdi, was du von mir denkst! Ein Ring, für den ich einen halben Franken gebe, geht ebenso weit um meinen Finger herum wie einer, welcher tausend Franken kostet. Ich bin kein Thor. Diesen hier hat mir der Engländer geschenkt, den ich aus dem Wasser geholt habe. Und außerdem mußte ich ihm die Adresse meines Vaters sagen; warum, das weiß ich nicht."

„Du wirst es erfahren, wenn du wieder nach Kairo kommst. Er will dir dankbar sein."

„Er mag es sein, aber ja nicht meinetwegen! Ich brauche nichts; aber was die Dankbarkeit thut, das wird bei Allah eingeschrieben und einst dem Menschen tausendfältig zurückgegeben. Darum soll man nie einen Dank zurückweisen, und darum habe ich diesen Ring auch angenommen. Ich wollte ihn aufheben, habe ihn aber angesteckt, weil wir uns auf einem so vornehmen Schiffe befinden. Das muß man zu ehren wissen!"

So komisch das auch klingen mag, ihm war es wirklich Ernst damit. Er hatte sich für unsere schöne „Yin" geschmückt. Sein geistiger Horizont war während unserer Reise weiter geworden, doch ohne daß irgend eine seiner guten, liebenswürdigen Eigenschaften darunter gelitten hatte. Uebrigens freute ich mich besonders um seinetwillen über Dilkes Dankbarkeit. Es war das ein nicht zu unterschätzender Gewinn für seine Nächstenliebe und Menschenfreundlichkeit.

Die Wettangelegenheit zwischen dem Uncle und Tsi hatte – im Hinblick auf die bereits eingeführte Bruderschaft des „Pu" – ursprünglich einen anderen Ablauf (*Pax* 207-209, XXX 291f.). Der Governor muß gestehen, daß er nicht setzen kann:

Tsi, an den diese Worte gerichtet waren, zog sein Portefeuille aus der Tasche, entnahm ihm tausend Pfund in Noten und legte sie gerade in dem Augenblicke auf den Tisch, als der Ladenbesitzer die Limonaden brachte. Dabei sprach er:

„Mit viel mehr Bargeld kann ich auch nicht dienen; aber Mylord, Sie haben ja selbst die Bedingung gestellt, daß es gleichgültig sei, woher man es bekommt?"

„Das ist richtig, nützt mir aber nichts," antwortete der Governor.

„O doch; es wird Ihnen nützen."

Und sich an den Besitzer wendend, fragte er diesen:

„Kennen Sie mich?"

„Nein," antwortete der Gefragte. „Ich habe noch nicht die Ehre gehabt, Sie zu sehen."

„Haben Sie tausend Pfund im Hause?"

„Nein."

„Es wäre aber doch wohl zu beschaffen?"

„Hm – – –! Ja – – –! Wenn – – – wenn!"

Er wurde verlegen. Ein vollständig fremder Mensch verlangte eine bedeutende Summe von ihm, der sie nicht einmal hatte!

Da lächelte mir Tsi in bezeichnender Weise zu, nahm aus dem Portefeuille ein kleines, ledernes Couvert, öffnete es, hielt es dem Manne hin und sagte:

„Ich bitte um tausend Pfund englisch gegen Unterschrift! Wie lange dauert es, das zu besorgen?"

Da verbeugte sich der Gefragte tief, sehr tief und antwortete ebenso schnell wie sichtlich erfreut:

„Nur zehn Minuten. Es steht ja grad ein Wagen da. Ich eile!"

Er sprang die Stufen hinab, durch das Vorgärtchen und auf den Wagen zu, welcher sich im raschen Trabe mit ihm entfernte. Es giebt in Uleh-leh und Kota Radscha eine Art sehr leichter Droschken, welche mit kleinen, aber sehr schnellen, edlen Batak-Ponies bespannt sind.

Was Tsi vorgezeigt hatte, war sein „Pu" gewesen. Er steckte es in einer Weise ein, als ob der Vorgang ein für ihn ganz gewöhnlicher sei. Aber Raffley und der Governor konnten ihr Erstaunen doch nicht ganz verbergen, wenn sie ihm auch keine Worte gaben. Der letztere fragte in sehr herabgestimmten Tone:

„Was thun wir nun aber mit der Wette?"

„Sie gilt," antwortete Tsi.

„Ich kann aber doch nicht setzen!"

„Ich bitte, warten Sie!"

Es trat eine Verlegenheitspause ein, welche ich mit Tsi auszufüllen suchte. Es gelang uns aber doch nicht ganz. Da kam der Wirt zurück und zählte die geforderte Summe in guten Papieren auf den Tisch. Tsi legte sie dem Governor hin, indem er bat:

„Das ist für Sie, Mylord, damit Sie setzen können. Bitte, nehmen Sie es von mir an, bis wir wieder an Bord kommen!"

Hierauf entfernte er sich mit dem Ladenbesitzer, um ihm Quittung zu schreiben. Der Uncle schob mir die zwei Tausend zu und sagte:

„Nehmen Sie das Geld, Charley! Sie sind ja der Kassierer. Ich weiß nicht, was ich sagen soll! Wer und was ist denn eigentlich dieser Doktor Tsi? Braucht dem ersten, besten unbekannten Mann auf Sumatra nur ein ledernes Etwas vorzuzeigen, um tausend Pfund zu bekommen, rund zwanzigtausend Mark oder fünfundzwanzigtausend Franken!"

„Pshaw!" fiel Raffley ein. „Diese Frage beschäftigt mich weniger. Wißt Ihr denn, dear uncle, daß ich meine Wette an Charley verloren habe?"

Da sah ihn der Gefragte zunächst ganz erstaunt an, denn an diese Wirkung seiner eigenen Wette hatte er jetzt noch gar nicht gedacht. Dann kam ihm das Bewußtsein dessen, was John seinetwegen verloren hatte. Er sprang erschrocken auf und rief aus:

„Armer, armer Teufel! Wie ist das nur gekommen? Nun dürft Ihr ja nie wieder eine Wette eingehen!"

„Ja, nie, niemals wieder!" nickte Raffley ernst.

„Welch ein Unglück! Das ist ja gar nicht auszuhalten! Ihr dürft nicht wieder wetten, aber dieser Charley darf weiterhin seine Bücher schreiben, so lang er will!"

Am Ende dieser Episode heißt es (*Pax* 209):

Jetzt kehrte Tsi mit dem Wirte zurück. Er sagte, daß er sich erlaubt habe, die Limonaden zu bezahlen. Wir konnten also gehen.

Das wurde in XXX 294 durch eine Reflexion ersetzt, die mit den Worten beginnt:

Ich weiß gar wohl, daß es Leute gibt, welche es dem Autor untersagen, in seinen eigenen Werken über diese Werke zu schreiben [...].

Nach dem Auftritt des Malaienboten (*Pax* 211, XXX 297) setzt die Vorstufe der Auffächerung dieses Kapitels ein, die bis zur Ankunft Wallers reicht (*Pax* 215, XXX 312 – zugleich mit dem Erscheinen des Malaienpriesters), womit dann die eigentliche Auffächerung beginnt.

Nach dem Kratong zurückgekehrt, brechen May und Raffley alsbald wieder auf, um die geliehenen 1000 Pfund nach Uleh-leh zurückzubringen (*Pax* 217, fehlt in XXX). Danach lassen sie sich zur Jacht rudern, um von dort noch einige Gegenstände mit nach Kota Radscha zu nehmen, unter anderem auch das Buch *Am Jenseits*. Raffley meint dazu:

„Euer Buch ‚Am Jenseits'. Ist mir der liebste Band von Euch. Ungeheuer ernst und wichtig! Wird aber leider erst dann verstanden werden, wenn die Spezies ‚Dutzendmensch' ausgestorben ist!" (*Pax* 218, in XXX 405 rückblickend erwähnt)

Zu diesem Buch sagt Mary später noch (*Pax* 238, fehlt in XXX 398f.):

„Ich lasse Ihnen diese Reiseerzählung hier, die ein – – – ach, Sie kennen ja den Namen des Verfassers schon; ich erinnere mich! Bitte, lesen Sie, und sagen Sie mir dann, was Sie über diese Enthüllungen denken! Denn Enthüllungen sind es auf jeden Fall; mögen sie hergekommen sein, woher sie wollen!"

Schließlich wird May von Tsi zum kranken Waller geführt (*Pax* 219). Dieser Besuch findet in der Neufassung jedoch erst im vierten Kapitel statt (XXX 398ff.). In *Pax* schließt dieser Krankenbesuch mit der folgenden Passage ab (*Pax* 222-224, fehlt an der entsprechenden Stelle in XXX 401):

Es ist unmöglich, zu beschreiben, wie tief wir ergriffen worden waren. Wir saßen noch minutenlang ganz still und unbeweglich, bis Tsi leise zu Mary sagte:

„Bitte, Mylady, geben Sie mir einmal das Blatt, auf welchem das Gedicht steht! Ich kenne die neuen vier Zeilen noch nicht."

Sie erfüllte seinen Wunsch. Er trat mit dem Zettel an die unverhüllte Seite der Lampe, um zu lesen; dann winkte er uns, ihm hinaus auf den Balkon zu folgen. Dort setzten wir uns für diese Augenblicke nieder. Er gab Mary das Blatt zurück und sprach, natürlich so, daß es im Zimmer nicht gehört werden konnte:

„Es wird tausend, tausend Aerzte geben, welche so etwas noch nie erlebt haben. Und wenn sie es erlebten, so würden sie gewiß in großer Verlegenheit darüber sein, an welcher Stelle in ihrem Register psychischer

Vorgänge diese Scene einzureihen sei. Ja, sie würden nicht einmal wissen, ob man es hier mit einem krankhaften Zustande zu thun hat oder nicht."

„Ist er es?" fragte Mary schnell und besorgt.

„Nein!" antwortete der Chinese sehr bestimmt. „Ihre europäischen Aerzte würden Ihnen gewiß fast alle mit verschiedenen Fremdwörtern aufwarten, welche meist mit der Vorsilbe ‚Psych' beginnen und etwas nicht Wünschenswertes bedeuten. Ich aber habe eine ganz andere Ansicht, welche in dem begründet ist, was Sie so fälschlicherweise unsern ‚Ahnenkultus' nennen. Es handelt sich hier nicht um einen krankhaften, sondern um einen sehr gesunden, sogar außerordentlich gesunden Zustand, um welchen Ihr Vater eigentlich zu beneiden ist. Ich bin ganz glücklich darüber, zumal das, was wir ihn sagen hörten, in einer so befriedigenden Weise ausgeklungen ist. Ich bin überzeugt, daß dieser Vorgang sich wiederholen und einen starken, glücklichen, geistigen Einfluß auf die körperliche Genesung des Patienten ausüben wird. Ihre heimischen Aerzte würden diese Wiederholung mit allen Mitteln zu vermeiden suchen; ich aber heiße sie willkommen und bitte Sie sogar, Mylady, mich in dieser meiner gewiß ganz und gar ‚uneuropäischen' Behandlung des Kranken zu unterstützen."

„Wie gern will ich das! Sagen Sie nur, was ich thun soll!"

„Es ist etwas in mir, was mir geradezu befiehlt, der bisherigen Wirkung dieser geheimnisvollen Verse eine Fortsetzung zu geben. Ihr Vater kennt die zweiten vier Zeilen noch nicht?"

„Nein."

„So muß er sie auf alle Fälle und so schnell wie möglich kennen lernen, ganz ungeachtet seiner großen Schwäche. Lesen Sie ihm die neuen Zeilen vor, bis er sie auswendig kann!"

„Doch nur, wenn er bei voller Besinnung ist?"

„Nein, nicht nur dann! Auch wenn er in dem sogenannten traumhaften Zustande, welcher aber etwas ganz anderes ist, die ihm bekannten ersten vier Zeilen repetiert, lesen Sie ihm als Anschluß hieran die zweiten vor, langsam, deutlich, mit gutem Ausdrucke und einer kleinen Pause nach jeder Zeile. Ich weiß schon im voraus, welche Wirkung das auf ihn machen wird."

„Eine gute?"

„Eine sehr, sehr gute; ich gebe Ihnen mein Wort! Ich spreche nicht etwa als Psychiater, sondern als ein ganz, ganz anderer, von dem Sie keine Ahnung haben. Ich behandle den Körper Ihres Vaters mit dem geradezu wunderbar wirkenden Ko-su und seine Seele mit diesem Gedichte, von dem Sie zwar behaupten, daß es Ihnen nur der Wind zugeweht habe, welchem ich aber ein solches Vertrauen schenke, daß ich um meines Patienten willen viel, sehr viel darum geben würde, nicht nur die erste Strophe, sondern auch die folgende zu besitzen. Denn daß es nicht nur aus dieser einen besteht, das ist aus Gründen der Poetik als sicher anzunehmen. Der Dichter hat eine Anschauung ausgesprochen, welche der bisherigen Ihres Vaters vollständig entgegengesetzt ist, aber in den Tiefen desjenigen Christentums, welches Jesus lehrte und lebte, ihre Wurzeln schlägt. Der Kranke steht vor einer Sinnesänderung, die ihn vom Irrtum zur Wahrheit führen will. Diese acht Zeilen sind die Hälfte der Leiter, auf welcher er zur letzteren emporsteigen soll, und es thut mir so leid, daß wir die andere, obere Hälfte nicht zur Verfügung haben."

Da schlug Mary die Hände zusammen und sprach in kindlichem Wunsche:

„Wenn doch wieder so ein gütiger Hauch wie der in Kairo oder so ein Brief aus Colombo käme, um das Fehlende zu bringen!"

„Das wird wohl ausgeschlossen sein! Ich bin auch ohnedies überzeugt, daß wir alles erreichen werden, was zu erreichen ist. Vertrauen Sie dem Himmel! Man wirft uns Chinesen vor, daß wir keinen Himmel haben. Nun, unser ‚Thian' [Himmel] ist größer, viel größer als der Ihrige; das können Sie mir glauben. Gott hat ihn nicht bloß für uns allein, sondern für die ganze Menschheit und für alle, alle, die ihn haben wollen, jenseits dieses Lebens aufgebaut! – – –"

*

Viertes Kapitel: *Im Herzen von China*

(Wallers Krankheit – Emma-Huldigung – Schluß)

Nachdem Karl May im dritten Kapitel die erste Textumstellung vorgenommen hat (Verlegung des Besuches bei Waller in das vierte Kapitel), dauert es zu Beginn des vierten Kapitels noch eine Weile, bis die Textparallelität der beiden Fassungen wieder erreicht ist. Die Gruppierung der Texte sieht wie folgt aus:

Pax	XXX	*Pax*	XXX
224-225	362-363	238-241	401-405
228-230	439-442	242-243	374-375
231-233	434-435	243-244	376-378
232-236	378-381	244-248	418-423
233-236	391-398	248-249	435-437
236-238	367-372	250-264	443-464
		264-280	465-489

Die für XXX nicht angegebenen Seitenzahlen enthalten Mays spätere Zusätze, vor allem Wandlungen des „Uncle" (XXX 363-366), ein Gespräch über den Malaienpriester (381-390), eine weitere Vision Wallers (398-400), Tsis Ausführungen über den Letzten seines Stammes (406-417) und die Sage von der Taucherinsel Ti (424-333). Am Beginn des Kapitels besucht May den Governor, der dabei ist, Ko-su zu sortieren (*Pax* 225, XXX 362). Danach folgt eine längere Unterredung mit Tsi, die eine in der Neufassung fehlende Passage enthält. Tsi sagt (*Pax* 226-228):

„Sie sind ein unbefangener Mann und werden also gewiß nicht über mich lächeln. Sprechen wir nicht über diese höchstgradige Dysenterie, mit der wir es in Beziehung auf den Körper zu thun haben. Sie ist allerdings die äußere Veranlassung zu der innern Katastrophe, welche da oben in den Bergen mit dem Brande des Tempels zum Ausbruche gekommen und jetzt noch in voller Wirkung ist. Nur bei einer so großen körperlichen Schwäche war es möglich, daß die irren Geistesregungen zur That werden konnten, ohne Widerstand zu finden. Kräftige Menschen und kräftige Völker geben sich weniger leicht als schwache dem geistigen Irrtum unterthan. Man gebe dem Individuum und man gebe dem Volke, was beiden zur materiellen Gesundheit nötig ist, so wird ihre Gedankenwelt wohl schwerlich einen Nährboden für schädliche Ideen bilden. Waller war, sagen wir, übergläubiger Christ. So lange er gesund war, machte ihn dieses Zuviel zwar zu einem Menschen, den man mit Vorsicht zu behandeln hatte, wurde aber von den Erwägungen seines Verstandes und günstigen Einflüssen von außen her davon abgehalten, direkt schädlich zu wirken. Mit dem Tode seiner von ihm so rührend herzlich geliebten Frau wurde es anders. Sie war, wie wir gestern hörten, sein Engel gewesen, der nun nicht mehr mahnend und schützend bei ihm stand. Es entwickelte sich infolge dieses schweren Verlustes in ihm eine innere Schwäche, welche ein anderer wohl als Gemütskrankheit bezeichnen würde, für mich aber ist es die Hilflosigkeit eines zur Waise gewordenen Mannes. Ohne Frau kann der Mann im Kampfe mit dem Leben wohl schwerlich Sieger sein, wenigstens innerlich. Sehen Sie doch die Völker, welche ihren Frauen nicht erlauben, an diesem Kampfe teilzunehmen, mahnend, ratend, sorgend, begeisternd, pflegend und tröstend, wie einst die Frauen der Germanen gegen den Feind bei ihren Männern standen! Sie werden zugeben, daß allen diesen Nationen die geistige Energie abhanden gekommen ist! Mit solchen Schwächlingen macht, wie bei uns, jeder Bonze und, wie in anderen Gegenden, jeder Fakir oder Derwisch, was er will! Bei solchen widerstandsunfähigen Völkern und Individuen gewinnt ‚der Hölle größtes Lieblingskind‘, von welchem Waller gestern sprach, in einer Weise die Oberhand, daß wir uns über das dadurch herbeigeführte Hinschwinden nationaler Kraft ebenso wenig zu wundern brauchen, wie ich als Wallers Arzt es für unbegreiflich halte, daß er dem vorhin erwähnten Uebermaß erlegen ist. Sie hören, daß ich es liebe, meine Beobachtungen am einzelnen nur in der Weise zu machen, daß ich dabei den Blick auch forschend auf die Gesamtheit richte. Nur was wir im Großen hier erkannt haben, werden wir auch im Kleinen dort erkennen! Waller war nach dem Tode seiner Frau nicht nur ein verwaister Mann, sondern ein ‚Waisenmann‘ in dem Sinne, in welchem wir von einem Waisenkinde sprechen, also führerlos. Ich gebe zwar den guten Einfluß seiner Tochter zu, doch wird ein Mann sich von seinem Kinde nie in der Weise wie von seinem Weibe leiten lassen.“

„Ich gestehe aufrichtig,“ bemerkte ich da, „daß ich ihm eine so innige Liebe zu seiner verstorbenen Frau kaum zugetraut hätte.“

Da blieb er vor mir stehen, sah mir lächelnd in das Gesicht, schüttelte den Kopf und antwortete:

„Kaum? Nicht? Sie alter Psychologe und Menschenkenner? Unglaublich! Er hing und hängt sogar mit ganz ungewöhnlicher Innigkeit an ihr; sie beherrschte ihn durch diese Liebe, denn er ist ein schwacher Mensch und fühlte ihr gegenüber, daß er es war."

„Schwach?" fragte ich, um ihn anzuregen.

„Ja, schwach! Gerade Uebermenschen sind die schwächsten Menschen, und Waller führte sich in religiöser Beziehung als Uebermensch. Er dünkte sich, der allein seligmachende Missionar zu sein, und ahnte nicht, daß diese große Stärke nichts als nur seine größte Schwäche war. Wenn es wirklich einen Uebermenschen giebt, so ist er es nur, wenn und weil er nichts davon weiß. Und wenn Sie mir eine Religion bringen können, welche den Ausdruck ‚allein seligmachend' gar nicht kennt, so bin ich überzeugt, daß gerade sie und nur sie die allein seligmachende ist! Wallers Glaube konnte um so weniger der wahre, der richtige sein, je entschiedener und unausgesetzter er ihn als den einzig echten hinstellte. Es wirkte ein guter und ein böser Geist in ihm; der gute war seine Frau; sie verkörperte die religiöse Demut und Bescheidenheit, und darum wollte sie nicht mit nach China gehen; der böse aber war der religiöse Hochmut, welcher ihm einflüsterte, daß er zum Seligmacher berufen sei. Als der Engel ihn verlassen hatte, gewann der andere die Oberhand. Zu ihm gesellte sich die Krankheit, welche unglücklicherweise besonders in ihrem spätern Stadium mit heftigem Fieber verbunden ist, und in einem solchen Fieberanfalle geschah es, daß seine unglückliche Idee von der Vernichtung heidnischer Tempel und Säulen zur Ausführung gebracht wurde. Dieses Fieber entschuldigt ihn in hohem Grade, doch nicht nur ihn allein. Bei jedem religiösen Wüten gegen Andersdenkende ist ein krankhafter, gereizter Zustand vorhanden, welcher entweder sich in kurzen, stoßweisen Angriffen Luft macht oder in einen stieren, gedankenlosen Haß übergeht, der sich durch nichts erweichen und erbitten läßt. Die Religionsgeschichte lehrt uns beide Arten kennen. Die erste Art tritt episodisch auf und ist heilbar; die zweite aber frißt sich so tief in die Konstitution des Volkes und des Einzelnen ein, daß es gegen sie kein anderes Mittel giebt, als den Umgang mit solchen Kranken zu meiden. Sie sterben rettungslos an ihrem eigenen Hasse hin, und da er glücklicherweise nicht vererblich ist, so bleibt die Hoffnung, daß die nächste Generation vielleicht eine andere sein werde. Ich sage Ihnen jedenfalls Bekanntes; verzeihen Sie! Man wird so selten begriffen, daß man gern einmal eine Gelegenheit benützt, bei der man weiß, daß man Verständnis findet!"

„Sprechen Sie, lieber Freund!" antwortete ich, „Sie geben mir Gesichtspunkte, welche mir willkommen sind."

Das entsprechende Gespräch mit Tsi wurde in der Neufassung auf einen späteren Zeitpunkt verlegt. Es wird in *Pax* (228-230) so fortgesetzt, wie wir es in *Friede* (439-442) finden. Der letzte Satz wurde verändert und lautet in *Pax* wie folgt (es handelt sich um die ersten acht Zeilen des Gedichtes):

„der Sinn derselben wird ihm zum geistigen Eigentume, zum Wesen werden, und wenn er genesen ist, wird er ein ganz, ganz anderer sein, als er vorher war, obgleich mir leider und wahrscheinlich nur die Hälfte dieser Friedensworte zur Verfügung steht. Glauben Sie, daß meine Hoffnung sich erfüllen wird?"

Während in der Neufassung das Gespräch an dieser Stelle (XXX 443) abgeschlossen ist, wurde es in der Urfassung unmittelbar (*Pax* 231) fortgesetzt; die Neufassung enthält diesen Text etwas früher (XXX 434-435), allerdings in leicht erweiterter Form. Daran anschließend erfolgt die Rückgabe von Wallers Neuem Testament (*Pax* 232f., XXX 378-381). In der Neufassung wurde dabei folgender Abschnitt ausgespart (*Pax* 233, fehlt in XXX 381):

Welch ein Mann, dieser Tsi! Ich wußte, daß er den Missionar auch ohne Bezahlung freibekommen hätte; dann aber wäre den armen Malaien da oben kein Ersatz für den gehabten Schaden geleistet worden; er hatte also eine Anweisung geschrieben, diesen Umstand aber hochanständigerweise ganz verschwiegen. Daß dies auf ganz ungewöhnliche Geldmittel schließen ließ, war mir Nebensache; desto mehr aber freute ich mich über die edle Gesinnung, welche aus diesem seinem Verhalten sprach. Und dieser Mann war – – – ein Chinese!

Fortgesetzt werden die Ereignisse mit einem allgemeinen Gespräch über das Testament mit dem inliegenden Gedicht (*Pax* 233, XXX 391). Innerhalb des Gesprächs fehlen in der Neufassung folgende Sätze (*Pax* 234f., XXX 393); Raffley spricht:

„Aber dieses Gedicht hat kein Dilettant oder Amateur gemacht; darüber sind wir doch wohl alle einig – besonders unser Charley wird ganz dieser Meinung sein! – –; wir dürfen annehmen, daß das Dichten mit zum Berufe dieses unbekannten Verfassers gehört, und so versteht es sich ganz von selbst, daß er auch zum Drucker geht, aber nicht, um sich selbst zu verewigen, sondern um seinen Gedanken längere Dauer und größere Verbreitung zu geben. Wenn ich doch wetten dürfte, würde ich sofort tausend und auch noch mehr Pfund darauf setzen, daß es unbedingt im Druck erscheint. Ob ich wohl gewinnen würde, lieber Charley?"

Ich zuckte die Achsel; mehr konnte ich einstweilen weder für ihn noch für mich und meine Reime thun.

May übernimmt an Stelle von Mary die Krankenwache bei Waller (*Pax* 238, XXX 398). Während er sich (*Pax* 238) unmittelbar darauf auf die Veranda hinaussetzt, sind in *Friede* hier die Ereignisse seines ersten Besuches bei Waller eingeschoben (*Pax* 219-222, XXX 398-401). Die Betrachtung, der sich May auf der Veranda hingibt, hat in der Neufassung so wesentliche Änderungen erfahren, daß wir die Urfassung hier in vollem Wortlaut folgen lassen (die in der Neufassung verbliebenen Stellen stehen in Klammern: *Pax* 238f., XXX 401f.). Hier haben wir es mit einer Änderung zu tun, die May aus ganz persönlichen Gründen vorgenommen hat, ähnlich wie schon im ersten Band des *Silberlöwen*, wo er den Namen Emmeh in Dschanneh umwandelte. Nachdem er sich in der Zwischenzeit von Emma getrennt hatte, vermochte er nun auch nicht, diese wohl schönste Liebeserklärung an seine erste Frau, die wir aus seiner Feder kennen, in dem Buch zu belassen:

> [Es war schön sternenhell. Nächtlich sich erschließende Blumen sandten mir ihre Düfte zu.] Die Bewohner des Kratongs hatten vom Gouverneur den Befehl erhalten, sich der möglichsten Ruhe zu befleißigen. Es war überall still. Ich habe die Sterne so gern, so lieb! Als ich am Beginn der jetzigen Reise in Genua, wohin sie mich begleitet hatte, von meiner Frau Abschied nahm, war ich mit der Guten übereingekommen, uns täglich abends durch den Himmelswagen [auch „großer Bär"] Grüße zuzusenden. Dieses Versprechen haben wir treu gehalten, sie immerfort und ich, so lange ich konnte, denn im südlichen Teile des Roten Meeres verlor ich ihn aus den Augen. Aber es hat keinen einzigen Abend gegeben, an dem ich nicht auch beim Glanz der südlichen Sterne der lieben, reinen Seele gedachte, die mit der meinigen für immerdar so eng verbunden ist. Heut Abend auch! [Ich saß hier nur fünf Grade vom Aequator entfernt; wie weit von der Heimat, und doch wie ihr so nahe! Die Heimat des Körpers ist das Grab; der übrige, edlere Teil des Menschen aber ist im Jenseits daheim, aus welchem er stammt. Irdische Orte können ihm, wenn er dort Liebe findet, vorübergehend zum Heime werden, welches er selbst aus der weitesten Ferne aufsuchen darf, so oft er will; sogar der sogenannte „Tod" kann ihm da keine Grenze setzen.] Der Beweis lag hier als Kranker neben mir im Zimmer. Ich wußte mich trotz aller räumlichen Trennung auch hier in Kota Radscha mit meiner Frau vereint. Ich hatte ja alles, was ich dem Einflusse ihres Wesens auf das meinige verdankte, mitgenommen und brauchte nur und bloß an sie zu denken, um in diesem Gedanken einen mahnenden, warnenden, ermutigenden Stern für alle meine Schritte zu besitzen. Und der, welcher sich da drin in der Krankenstube befand, war scheinbar auch von seinem Weibe geschieden, ja, sie stand ihm, dem Denkgebrauch gemäß, sogar viel ferner, als mir meine Frau, denn man nannte sie ja tot; man hatte sie begraben. Und doch und doch hatte er gestern mit ihr gesprochen und konnte heute und jetzt und immer wieder mit ihr sprechen, wirklich mit ihr, denn in ihm lebte und wirkte ja noch alles, alles, was sie ihm gewesen war. Das Gedächtnis hält das Leben fest, so daß es nicht entfliehen kann, so lange dies Gedächtnis währt. Es giebt nicht nur ein Leben nach dem Tode, sondern auch ein Leben trotz des Todes!

Als Tsi wieder zu dem Kranken kommt (*Pax* 241), stellt er, gegenüber seinen längeren Ausführungen in XXX 410-414, in der Urfassung lediglich fest: „Das war heut Nacht nicht Apathie, sondern kräftigende Ruhe des Leibes und der Seele." Er möchte den Patienten sobald wie möglich auf See haben, wovon er sich weitere Kräftigung verspricht: „Bis zur völligen Genesung aber werden Monate vergehen." In der Neufassung knüpft sich an diese Rückkehr Tsis ein längeres Gespräch über Psyche und Geist. Wallers Heilung erfährt in *Pax* einen schnelleren Verlauf als in *Friede*. Daraus ergibt sich die spätere Streichung der folgenden Texte. Bevor Waller an Bord gebracht wird, hat May noch eine Unterredung mit Mary (*Pax* 243f., fehlt in XXX 420f.):

Mary, welche ich sogleich besuchte, sah wohl, ja sogar heiter aus. Ihre Wangen hatten wieder Rundung und Farbe bekommen, und ihre Augen zeigten den früheren lieben Glanz, den die Sorge um das Leben des Vaters hatte verschwinden lassen. Sie teilte mir voller Freude mit, daß nichts im Wege stehe, ihn nach der „Yin" zu bringen; nur müsse Doktor Tsi vorher von Raffley die Erlaubnis erhalten, an Bord zu gehen, um für die sachgemäße Einrichtung der betreffenden Koje zu sorgen.

„Vater ißt jetzt gern," sagte sie, „zwar nur wenig auf einmal, aber oft. Außerdem schläft er Tag und Nacht fast immerfort."

„Spricht er auch noch in der geheimnisvollen Weise wie an den beiden ersten Tagen?"

„Ja. Ich wollte ihm so gern die zweite Strophe des Gedichtes in derselben Weise geben wie die zweiten vier Zeilen der ersten; aber der Arzt hat mich gebeten, es noch nicht zu thun. Er meint, daß der Geist ganz ebenso wie der Körper jetzt noch zu schonen sei."

„Für diesen Arzt können Sie Gott gar nicht genug danken, liebe Freundin!"

„Ich weiß es, und ich thue es auch, so oft und so innig, wie ich kann!" antwortete sie. „Er übt auch auf Vater einen mir ganz unerklärlichen Einfluß aus; er braucht nur zu wollen, so schläft der Kranke ein, oder er wacht auf, oder er bekommt Appetit zum Essen; es ist höchst sonderbar! Er braucht ihm nur die Hand auf die Stirn zu legen, so wirkt sie beruhigend, erfreuend, wie ein Segen! Glauben Sie das?"

„Ja. Es ist vielen Menschen eine geheimnisvolle Kraft gegeben. Sie wirkt durch die Berührung, durch den Blick, die Stimme, ja sogar durch Briefe, also durch geschriebene Zeilen in die Ferne. Sie wirkt zwar auch, ohne daß der Besitzer dieser Kraft es weiß, aber ist er sich ihrer bewußt, so vermag er sie durch seinen Willen ganz wunderbar zu steigern. Diese Kraft wirkt bei guten Menschen gut, bei bösen aber schädlich. Man hat sie nicht beachtet oder gar an ihr gezweifelt; aber heutigen Tages giebt es keinen gebildeten, vorurteilsfreien Menschen mehr, der sie verneint, zumal jedermann selbst im alltäglichen Leben sich von ihrem Dasein und ihrer Wirkung überzeugen kann. Man giebt ihr die verschiedensten Namen, von denen aber bisher kein einziger das Richtige getroffen hat. Wo ist dieser Doktor Tsi? Ich muß ihn doch begrüßen!"

„Er ist draußen unter den Bäumen mit dem Sejjid beschäftigt, Ko-su-Pflanzen zu trocknen. Dies muß im Schatten geschehen, weil sie im direkten Sonnenstrahle ihre Heilkraft verlieren würden. Es war nötig, einen Vorrat anzusammeln, der nicht nur für die Seereise, sondern für die ganze Kur ausreicht. Wir wissen ja nicht, ob die Pflanze da, wo wir landen werden, zu finden ist."

Über Wallers Befinden an Bord war in *Pax* 249f. zu lesen (fehlt in XXX 437f.):

Ich muß bemerken, daß Waller im wachen Zustande sich vollständig geistig normal zeigte. Von einer epileptischen Anlage war nicht die geringste Spur vorhanden. Ganz im Gegenteile war sogar das, was Professor Garden damals in Colombo in theologischer Beziehung „erbliche Belastung“ genannt hatte, im Verschwinden begriffen. Er war jedenfalls geistig gesünder und freier als früher, und so hatte wohl gewiß jeder Unbefangene anzunehmen, daß die Visionen, welche ihm während des Schlafes kamen, ihm geistige Kraft und Freiheit brachten, indem sie diese Belastung von ihm nahmen. Ich saß, wenn er nicht schlief, oft stundenlang bei ihm und sprach mit ihm in jener leichten, schonenden Weise, wie man mit Kranken spricht. Da hörte ich nie auch nur ein einziges Wort aus seinem Munde, welches mich zu der Annahme berechtigt hätte, daß seine Denkkraft angegriffen sei.

So oft es geschah, daß ich mich mit ihm unterhielt; auf seine Visionen bezog er sich auch nicht ein einziges Mal, und ebenso wenig erwähnte er das Gedicht. Darum überraschte es mich, daß er am Tage vor unserer Ankunft in Hongkong ganz plötzlich davon zu sprechen begann. Wir waren allein, und er teilte mir mit, daß Mary ihm erzählt habe, auf welche eigentümliche Weise ihr die zweite Hälfte der ersten Strophe zugekommen sei. Und nun sagte er, daß er allein mir gestehen wolle, welchen nachhaltigen Eindruck diese vier Zeilen auf ihn gemacht hätten. Nun gab ein Wort das andere. Ich hütete mich natürlich, ihm merken zu lassen, daß es meine Absicht sei, ihm das, was er noch nicht begriffen hatte, zu erklären. Sein Eifer wuchs, und mit ihm die Spannung, welche er meinen Antworten entgegenbrachte. Sein bleiches, eingesunkenes Gesicht rötete sich, und seine tiefliegenden Augen begannen begeistert zu glänzen. Und da, endlich, endlich kam ihm das Verständnis! Er sah mich mit einem langen, großen Blicke an; dann sanken seine Lider herab; er holte tief, tief Atem, faltete die Hände und sagte:

„Das, das also war Christi Liebe! Und das, das ist sie noch! Das wird sie sein in alle, alle Ewigkeit! O, was war ich für ein Thor!“

Nun lag und war er still. Sein Atem ging ruhig und leise. Ein frohes Lächeln spielte um seine Lippen. Ich wartete noch eine Weile, dann entfernte ich mich, von Herzen froh darüber, Tsi mitteilen zu können, daß sein Wunsch in Erfüllung gegangen sei. Am Abende erfuhr ich von ihm, daß er Mary erlaubt habe, ihrem Vater die zweite Strophe zu geben.

Als Tsis Inkognito gelüftet wird, reagiert der Governor darauf, anders als in der Neufassung (*Pax* 263 f., fehlt in XXX 464), sehr wortreich:

Er drehte sich um und eilte fort. Nach kaum einer Minute war er wieder da, schob Raffley eine Anzahl Goldstücke in die Hand und sagte dann, sich mit einer Verbeugung an Tsi wendend:

„Die Ehre gebietet mir, aufrichtig zu sein, Sir. Ich war Euch nicht hold und wettete um zwanzig Pfund, daß ich Euch nicht liebgewinnen würde. Das war sehr voreilig von mir, denn Ihr seid ein Mann, dem ich alle Achtung zolle. Hier zahle ich die verlorene Summe und bitte um die Erlaubnis, Euch nicht bloß achten sondern auch liebhaben zu dürfen. So! Das ist vom Herzen herunter! Habe Euch nämlich längst schon heimlich lieb, wollte es nur nicht eingestehen. Kommt, gebt mir Euren Arm! Wollen miteinander promenieren gehen!"

Und jetzt soll auch May sein Inkognito lüften (*Pax* 272f., fehlt in XXX 477):

„Nun muß ich eine Frage an Sie richten: Wie lange wollen Sie sich noch hinter Ihrem Vornamen verstecken? Ich möchte das gern wissen. Es giebt zwischen Yin und mir kein Geheimnis, keine Lüge, nicht die geringste Unwahrheit. Keine Rücksicht kann uns bestimmen, einander etwas zu verbergen. Yin hat das so gewünscht, und ich stimmte ihr von ganzem Herzen bei. Es wäre mir also höchst peinlich, ihr nicht Ihren wahren Namen sagen zu dürfen, oder sie veranlassen zu müssen, ihn zu verschweigen. Was sagen Sie dazu?"

„Ich sage, daß die Gründe, welche mich bestimmten, meinen Namen zu verschweigen, für diese Gegend hier wegfallen. Heben wir also dieses Geheimnis auf!"

„Und – – und – – – hm, ich bringe die Sache doch wieder, obgleich Sie mich mit ihr zurückgewiesen haben. Sagen Sie mir aufrichtig: Sind Sie der Verfasser des Gedichtes oder nicht?"

„Ich bin es."

„Habe es doch gewußt! Hätte um alles in der Welt gewettet! Ja so, das darf ich ja nicht mehr und bin Ihnen dankbar dafür. Jemehr ich über diese Leidenschaft nachdenke, desto mehr sehe ich ein, daß ich ihr viele, große und ganz unnötige Opfer gebracht habe. Wollen Sie Ihr Incognito selbst lüften, oder soll ich es thun?"

„Ich ziehe das letztere vor. Aber bitte, thun Sie das in der Weise, daß jede Befangenheit mir gegenüber ausgeschlossen ist. Ich will kein einziges Wort darüber zu hören oder zu sagen haben, auch über das Gedicht nicht. Wie es sich mit diesem letzteren verhält, das sollen Sie jetzt hören, um es den Beteiligten erzählen zu können."

Ich teilte ihm die betreffenden Umstände mit und wußte dann diese Angelegenheit bei Raffley in den besten Händen.

Wie ich vorausgesehen hatte, schlief ich heut sehr spät ein und infolgedessen am andern Morgen um so länger. Ich kam zum Frühstücke zu spät und sah Tsi und Mary sofort an, daß Raffley mit ihnen von mir gesprochen hatte. Sie waren aber beide tapfer genug, genau so zu thun, als ob sie mich nie anders als bei meinem richtigen Namen genannt hätten. Dagegen machte der alte Governor auf mich den Eindruck der Beklommenheit.

Aus der Lüftung des Inkognitos ergibt sich später folgendes Gespräch (*Pax* 275f., fehlt in XXX 481):

Auch Waller verlangte heraus auf das freie Deck. Ich machte in der Nähe der Barriere einen Sitz für ihn zurecht; dann wurde er, auf Omar gestützt, von Mary und Tsi herbeigeleitet. Ich hatte heut noch nicht mit ihm gesprochen und gab ihm also meinen Morgengruß. Er antwortete nicht mit

Worten, doch sobald er sich gesetzt hatte, ergriff er meine Hand, zog mich nahe an den Stuhl heran und sprach:

„Ihr wollt, daß wir schweigen; eins aber muß ich Euch doch sagen dürfen! Ich habe Euch verkannt, weil ich nicht wußte, daß Eure Reiseerzählungen vor allen Dingen symbolisch zu nehmen sind. Ich ahnte nicht, was es unter der bewegten Oberfläche dieser Werke für eine stille, heilige Ruhe giebt, und was für liebe, reine Gestalten in ihr wohnen. Ich bitte Euch, mir zu verzeihen! Werdet Ihr auch über die jetzige Reise etwas drucken lassen?"

„Höchst wahrscheinlich," antwortete ich.

„So ahnt mir, daß Ihr hier noch tiefer als sonst steigen werdet. Die Gedanken, welche Ihr für Eure Leser von dort in die Höhe bringt, sind wohl keinem andern so gut wie mir bekannt. Wenn ich sie später lese, würde es mich freuen, wenn Ihr ihnen den Titel: ‚Et in terra pax' gegeben hättet! Es ist der einzig richtige für den tieferen Zweck, den diese Reise für uns alle hatte. Das Ziel ist in Sicht gekommen. Habe ich einen Gruß von ihm verdient?"

Da ertönte von der Insel ein lauter Böllerschuß zu uns herüber; ein zweiter folgte und diesem ein dritter. Tom antwortete ebenso oft aus seinem Rohre.

Es gab selbstverständlich bei uns kein Auge, welches nicht nach der Küste gerichtet war. Sie hatte sich in schönes Grün gekleidet. Das Innere wurde uns von Büschen verhüllt, aus denen die Wipfel hoher Bäume ragten. Es gab da einen kleinen, freien Platz, auf welchem wir einige Chinesen neben dem Böller stehen sahen, aus welchem sie uns salutiert hatten. Sie riefen und winkten uns lebhaft zu. Später öffnete sich zuweilen das Gebüsch, um uns die dahinter liegenden, vollgrasigen Wiesen und wohlbebauten Felder zu zeigen. Weiter vorn, uns zur Rechten, stieg das Land zu einer bewaldeten Höhe empor, auf welcher das chinesisch konstruierte Dach eines sehr ansehnlichen Gebäudes aus dunklen Blätterkronen ragte. Waller deutete mit der Hand nach diesem Hause und sagte:

„Das wird die Wohnung des chinesischen Aristokraten sein, den ich in Kairo bekehren wollte. Dort hielt ich mich für einen großen Mandarinen der westlichen Civilisation und ihn für einen geistig armen Sohn der östlichen Inferiorität. Wie habe ich mich in mir und wie in ihm geirrt! Während ich auf dem Wege hierher immer kleiner geworden bin, ist er vor mir immer höher emporgewachsen. Der Osten wird immer größer und bedeutender, je mehr man sich ihm nähert! Und selbst wenn dieser Fu nichts weiter als der Vater seines Sohnes wäre, dem ich weit mehr als nur mein leibliches Leben zu verdanken habe, so hätte ich in diesem Einzelfalle von ihm nicht weniger empfangen, als was im geschichtlich Großen und Ganzen das Abend- von dem Morgenlande empfing!"

Bei diesen Worten Wallers glühte ein freudiges Rot über Marys Gesicht. Ihr Auge suchte unwillkürlich nach Tsi. Er war aber nicht zu sehen, sondern nach seiner Koje gegangen, um, wie wir später sahen, den europäischen Anzug mit seinem chinesischen zu vertauschen.

*

Wir nähern uns dem Schluß der *Pax*-Fassung. May nahm die Erzählung erst zwei Jahre später wieder auf, um seine Gedanken in dem großen Schlußkapitel vom *Shen-Ta-Shi* zu Ende zu führen. Die Zäsur findet sich in *Pax* 280f., wo es heißt: „Mehr hörte ich nicht, denn ich schlich mich hinaus, schloß möglichst unhörbar die Thür und ging dann fort" (XXX 489 und 496). In *Pax* folgten hier noch einige Spalten Text, die deutlich zeigen, wie äußerlich und ‚offen' dieser Abschluß geblieben war:

„Gut! Da es einmal nicht so geschehen soll, wie ich es wollte! Gott lasse es gelingen! Der Frauen Gefühl ist so unerforschlich richtig, und meine Yin muß immer, immer siegen! Kommt, Charley! Habe Euch sehr Interessantes mitzuteilen."

Er führte mich die Treppe hinab und nach der Rückseite des Landhauses, an welches sich hier ein sehr großer, schöner und verständnisvoll gepflegter Blumengarten schloß. Da hing er seinen Arm in den meinigen, ging eine Weile schweigend neben mir her und sagte dann, gänzlich unvermittelt:

„Sie sind verlobt!"

Nun sah er mir in das Gesicht, als ob er erwartete, daß ich erstaunend neugierig fragen werde, wer?

„Mary und Tsi?" antwortete ich.

Jetzt erstaunte er an meiner Stelle.

„Was – –wie – – – warum – – –! Ja, natürlich diese beiden! Aber wer hat Euch das denn schon gesagt?"

„Niemand. Ich vermute es. Ich habe ja schon längst gewußt, daß – – – daß China und die Vereinigten Staaten einander innig lieben."

Da blieb er stehen, zog seinen Arm wieder an sich und rief aus:

„China und die Ver – – – Ver – – –? Ah, jetzt verstehe ich! Schriftstellernder Schalk! Weltreisender Volksseelenforscher! Alles personificierender oder symbolisierender Bücherschreiber! Jede Eurer Gestalten, die edelste wie die gewöhnlichste, ist ja die Individualisierung und also die Lösung irgend eines menschen- oder völkerpsychologischen Problems! Charley, Charley, wer Euch nur oberflächlich liest, der ahnt gar nicht, wie sehr man es vermeiden sollte, Euch auf Euern Wanderungen zu begegnen. Habt Ihr etwa die Absicht, auch über die jetzige Reise ein Buch zu schreiben?"

„Ja. Ich habe das Waller schon gesagt."

„Und Ihr werdet das, was Ihr ihm gesagt habt, halten?"

„Gewiß."

„So versprecht auch mir etwas, was Ihr aber ebenso gewiß auch halten werdet! Gebt mir Eure Hand darauf! Ihr wißt, daß ich nichts von Euch verlange, was nicht seine guten, wohl erwogenen Gründe hat."

„Hier ist sie. Ich vertraue Euch und werde mein Versprechen halten."

„Gut! Schreibt über diese Reise, was und wie Ihr wollt; aber in vielleicht einer Stunde werden wir alle droben im Ahnensaale zusammenkommen, und genau vor dem Glockenschlage dieser Stunde habt Ihr unter diese Erzählung den letzten, schließenden Strich zu machen. Das bitte ich

Euch; das heißt, ein Raffley bittet Euch! Das ist abgethan, und nun wird Euch Euer alter, guter John etwas weniger Strenges sagen. Kommt!“

Er führte mich nach einem offenen, von japanischem Hopfen umrankten Gartenhäuschen. Als wir im Innern desselben Platz genommen hatten, ließ er zunächst ein halblautes, vergnügtes Lachen hören und sagte dann:

„Also Ihr habt es auch gemerkt? Ich ebenso! Nun nimmt meine herrliche Yin diese liebe, gute Mary heut gleich als Schwester bei sich auf, nennt sich sofort mit ihr du und tritt ihr bestes Zimmer an den Kranken ab, um ihn so recht aus Herzensgrunde mit pflegen und gesund machen zu können. Nach einiger Zeit hört sie von ihrem Raume aus die laute, eigenartig sprechende Stimme Wallers. Sie glaubt, daß er vielleicht etwas bedürfe, und geht zu ihm. Da steht mein alter, unvergleichlicher Fu neben dem Kranken; Mary und Tsi knieen, glücklich weinend, mit vereinigten Händen vor diesen beiden und – – – nun, da hat Yin eben die Thür schnell wieder zugemacht und sich entfernt, irgend wohin, um nicht indiskret zu sein, und dann, wie ich von Euch weiß, zum Onkel Governor. Das sagte mir Fu, welcher zu mir kam, um mir mit Vaterstolz und Done Vaterglück die Verlobung mitzuteilen. Dann wollte ich Yin suchen und traf dabei auf Euch. So! Ich habe es Euch gesagt, und nun ist es Eure Pflicht, noch vor der Versammlung den Verlobten und ihren Vätern zu gratulieren. Wie werden sich Yins Mutter und deren Bruder freuen, wenn sie erfahren, daß ihr Liebling eine so liebenswerte, gute und dabei hochgebildete Schwester mitbringt! Ihr werdet, mein Charley, diese beiden braven Menschenkinder drüben auf dem Festlande kennen lernen, denn sie sind nicht mit hier. Aber – – – was – – – schaut, wen sieht man dort?“

Da, wohin er mit der Hand deutete, lenkte soeben der Governor in einen Seitenpfad des Gartens ein, an seiner Seite Yin, welche an seinem Arme hing und ihm liebevoll in das Gesicht blickte.

„Was habe ich gesagt?“ jubelte Raffley. „‚Bin überzeugt, daß er auch mit meiner herrlichen Yin bald genau so Arm in Arm promenieren gehen wird!‘ So lauten meine damaligen Worte, welche schon jetzt, da wir kaum angekommen sind, in Erfüllung gehen. Dieses Häuschen hier ist ihr Lieblingsplatz; sie bringt ihn sicher her. Kommt, wollen gehen! Ich gönne diesem mehr als vortrefflichen ‚dear uncle‘ von ganzem Herzen gern die Seligkeit, sich an der Seite dieser mir – hört! – mir gehörenden, fleckenlosen Seele nun vollends frei von dem zu machen, was ihn, ohne daß er mir es eingestehen wollte, bis hierher belastet hat!“

Wir entfernten uns. Ich suchte, Raffleys Rat befolgend, zunächst Wallers auf. Fu und Tsi waren dort; dadurch wurde mir der Weg zu ihnen erspart. Es wurde mir gar nicht Zeit gelassen, meine wohlgesetzte Gratulation anzubringen; man eilte, natürlich außer Waller, auf mich zu wie auf ein zugehöriges Familienglied, welches auf einen Teil der bei solchen Veranlassungen nicht zurückzuhaltenden Zärtlichkeiten wohlberechtigten Anspruch hat. Ich durfte in acht strahlende Augen sehen und bin überzeugt, daß auch die meinigen nicht ohne Licht und Glanz gewesen sind. Wohl dem, dessen Herz die Befähigung besitzt, mitfühlen zu können; er ist trotz allem eigenen Mangel an sogenanntem Glücke doch tausendmal glücklicher als jeder andere, der sich zwar für glücklich hält, aber es doch nicht ist, weil er jede Teilnahme geizig von sich weist.

Wir gedachten der Zeit, an welcher grad wir Fünf, so eng vereint wie jetzt, am Fuße der Pyramiden beieinander gesessen hatten. Wir waren äußerlich noch die Alten, aber wie vieles, wie vieles war in uns neu geworden, und nicht nur neu, sondern auch besser und schöner, reiner, klarer und – – – wahrer! Da konnte ich nicht anders, ich mußte Mary fragen:

„Wissen Sie noch, daß Sie damals auf dem Dschebel Mokattam die Frage aufwarfen, was der Abendländer dem Bewohner des Ostens mitzubringen habe? Sie beantworteten sich selbst: ‚Ich bringe ihnen meine Liebe, meine ganze, ganze, volle Liebe!‘ Ihre tiefe, warme Altstimme hatte Ihnen den Weg zu meinem Herzen schon gebahnt; mit diesen Worten aber sind Sie mir in dasselbe eingedrungen, und – – – ich halte Sie dort fest und gebe Sie nicht wieder her!“

Tsi warf mir einen verständnisinnigen Blick zu. Seine Seele war wohl auch zunächst durch dieses wohltönende Mittel von der ihrigen angezogen worden. Die ewige Weisheit gab den Seelen für ihre irdische Entwicklungsstufe ja nur darum den Körper, weil hier ohne ihn die eine Psyche unmöglich auf die andere wirken könnte.

Mary errötete, sagte aber nichts. Da griff Fu nach ihrem kleinen Händchen, nahm es zwischen seine beiden Hände und sagte:

„Diese Stimme ist auch mir in das Herz geklungen, und dieser Liebe habe auch ich nicht widerstreben können. Das Haus, in dem wir uns befinden, ist Euch nur durch sie geöffnet worden, und wer zu uns kommt, um bei uns bleiben zu wollen, der hat zunächst bei dem Herzen von China anzuklopfen. Ihr alle seid, weil ihr uns liebt, von diesem Herzen aufgenommen worden und also da angelangt, wo ihr für euer ferneres Wirken Kraft und Unterstützung findet.“

Und sich an mich besonders wendend, fuhr er fort:

„Ich hörte von Mary und ihrem Vater, daß Sie Ihrem Buche den Titel ‚Et in terra pax‘ geben wollen, weil er es wünscht. Ich bitte, über das Kapitel, welches von diesem meinem Hause handelt, ‚Im Herzen von China‘ schreiben zu wollen! Geographisch gemeint, sind Sie demselben zwar noch sehr, sehr fern; aber jenes große, weite, unermeßlich reiche, Euch bisher unbekannte und darum Euch verschlossene Herz, welches unsern nationalen Pulsschlag regelt, das ist Euch hier auf meinem Ocama geöffnet worden. Dieser Puls hat nun auch Euch ergriffen, und darum meine ich, daß diese Ueberschrift die Wahrheit sagt.“

Da wurden die Thürvorhänge auseinander geschoben. Wir hatten nicht bemerkt, daß Raffley und Yin angeklopft und dann hinter ihnen gestanden hatten. Jetzt traten sie herbei, und John sagte, halb scherzend und halb ernst:

„Es wird und muß die Ueberschrift des letzten Kapitels sein, denn wir kommen, Euch nach dem Ahnensaale abzuholen, und damit ist das Buch jetzt nun zu

Ende!

Ulrich Scheinhammer-Schmid

Über die Grenze: Karl Mays Friedensroman

> Durchs Höllentor des Heute und Hienieden
> vertrauend träumt er hin zum ewigen Frieden.
>
> [...]
>
> Urkundlich wird es; nimmt der Glaube Teil,
> so widerfährt euch das verheißne Heil.
>
> O rettet aus dem Unheil euch zum Geist,
> der euch aus euch die guten Wege weist!
>
> (Karl Kraus, *Zum ewigen Frieden*[1])

1. Die Orientreise als Einschnitt in Biographie und Werkentwicklung

„Ich gehe nach Arabien zu Hadschi Halef, dann durch Persien und Indien nach China, Japan und Amerika zu meinen Apatschen."[2] Dieser Satz, begleitet von dem Hinweis des „Weltläufers", daß er „keiner Gefahr ausweichen" dürfe, verkündet dem Verleger Fehsenfeld mit kräftigem Auftrumpfen das Programm der – mehrfach verschobenen – Reise in den Orient, zu der Karl May endgültig am Morgen des 26. März 1899 aufbricht.

Zurückkehren sollte er von dieser „Pilgerreise in das Morgenland"[3], wie er sie im ersten Titelentwurf seiner auf der Fahrt entstandenen Gedichtsammlung deklarierte, als ein tiefgreifend Verwandelter. Biographisch und werkgeschichtlich bildet die Orientreise einen tiefen Einschnitt; Hans Wollschläger hat die Situation des real reisenden Autors anschaulich beschrieben:

> Das äußere Bild ist durchaus tragischer Aspekte fähig: wie May da in Pose und Gewand seiner Ich-Ideale auf einmal mitten im Getriebe eines Weltlaufs steht, der über ihn hinweggeht wie über einen Anachronismus.[4]

Die reale Konfrontation „Emir Hadschi Kara Ben Nemsi Effendis"[5] mit den von ihm literarisch erträumten Wunsch- und Flucht-Räumen führte zu Krisen, die von Depressionen („höchst elegische Stimmung", „Schrecklichster Tag"[6]) bis zum katastrophenartigen Zusammenbruch des alten narzißtischen Ich-Ideals (des „früheren Karl", wie May selbst das Phänomen apostrophierte[7]) in Padang auf Sumatra reichten. May hat diese „Wahnsinnsanfälle"[8] im ersten Erzählwerk nach der Orientreise, *Et in terra pax*, ausführlich beschrieben, und Hans Wollschläger verdanken wir eine in jedem Sinn große Deutung dieses Romans als Geschichte einer seelischen Krankheit und ihrer Heilung, beides im doppelten Sinn: der Romanfigur Waller und des Autors Karl May.[9]

Gleichzeitig sollte man aber nicht übersehen, daß das Erlebnis des Orients für May noch eine weitere Erfahrung bedeutete. Schon die Kolportageromane und (noch stärker) dann die für den *Deutschen Hausschatz* geschriebenen Reiseerzählungen bezogen große Teile ihrer Spannung für den zeitgenössischen Leser daraus, daß sie jeweils aktuelle politische Vorgänge in Romanform verarbeiteten. Spätestens seit dem Vorwort zu *Winnetou I* (1893) mündete diese zunächst eher oberflächliche Auseinandersetzung mit der Zeitgeschichte in eine dezidierte Stellungnahme gegen den inzwischen in ganz Europa herrschenden Imperialismus.[10] Mays bewußt gesetztes Gegenprogramm, die Mahnung zur Aussöhnung der Rassen und Völker und zum Verzicht auf Gewalt, kreuzte sich biographisch allerdings in den Jahren vor 1900 mit den bombastischen Deklamationen der ‚Old-Shatterhand-Legende' und kam deshalb den Lesern kaum zu Bewußtsein.[11] Literarisch stand dieses Programm, wie gerade die letzten Werke vor 1900 zeigen, quer zur Struktur der Abenteuererzählung, was immer größere und unauflösbare Handlungsaporien mit sich brachte. Mays Haltung vor 1900, darin Spiegelbild der zugleich geduckt-angepaßten und andererseits aufsässig-oppositionellen Haltung des Vaters[12], schwankte zudem immer wieder zwischen Zügen betont staatstragender Gesinnung und deutlich distanzierteren politischen Stellungnahmen.[13]

Obwohl man bei den abenteuerlich akzentuierten Karten-Berichten der ersten Reisemonate 1899[14] sicher Abstriche beim Realitätsgehalt machen und sie in erster Linie als literarische Produkte werten muß, lassen die erhaltenen Zeugnisse doch den Schluß zu, daß May nun, im ‚Morgenland', die Realität der imperialistischen Herrschaft als Augenzeuge kraß und drastisch miterlebte. Zumindest *eine* der schweren psychischen Krisen während der Reise, von denen Klara May (die die meisten Zeugnisse vernichtet hat) bruchstückhaft berichtet, hatte „an einem Ort" ihren Ursprung, „wo zu damaliger Zeit noch im Verborgenen der Mädchenhandel betrieben wurde".[15]

Betrachtet man die Zeugnisse der Orientreise, so lassen sich immer wieder, selbst im befremdlichsten Münchhausiaden-Ton der Postkartenserien[16], Hinweise auf die imperialistische Realität um 1900 entdecken, sei es der Kontakt mit „einem englischen Menschenhändler“ auf dem Schiff nach Massaua[17] oder der Blick hinter die Fassaden des ceylonesischen Kolonialparadieses:

> Dieses Hôtel ist das schönste, was ich auf Erden gesehen habe, leider aber nur zur gründlichen Ausbeutung der Menschen errichtet. Die Segnungen des Christenthums![18]

Derartige Erfahrungen, notiert auf einer Postkarte des „Mount Lavinia Hotel, Colombo“, wurden von nun an zu einem zentralen Punkt des Mayschen Weltbilds, bis hin zur letzten Wiener Rede 1912, kurz vor seinem Tod, die – noch einmal – die utopische Vorstellung einer Menschheit „in brüderlicher Harmonie“ entwikkelte: „dann, aber auch erst dann ist die Schöpfung des Menschen, wie Gott ihn gewollt hat, vollendet“.[19]

Dazu kommt ein Weiteres: Auch literarisch-künstlerisch bedeutete die Reise einen Neuanfang. Die Aufzeichnungen, besonders die im Nahen Osten und in Griechenland[20], kreisen immer wieder auch um Fragen der künstlerischen Qualität, wobei spätestens jetzt May unübersehbar die Absicht artikuliert, Anschluß an die Standards der Hochliteratur zu gewinnen.

Dabei orientierte er sich zunächst an der klassizistisch-epigonalen Literatur des 19. Jahrhunderts; bereits im Oktober 1899 teilte er Fehsenfeld den Plan mit, als nächstes Buch unter dem Titel „Liebes-Psalmen“ eine Gedichtsammlung zu publizieren.[21] Wie schon bei *„Weihnacht!“* betrafen die bereits sehr konkreten Vorstellungen, die er dem Verleger mitteilte, weniger den lyrischen Inhalt als vielmehr die äußere Aufmachung des Werks: „Innen eine Abbildung in schöner, feiner Zeichnung: Ein Engel, welcher Harfe spielt. Einband mitteldunkle Nuance von Blau, ja kein Bild, nur den Titel.“[22] Zu diesem Zeitpunkt ist der Briefschreiber schon „das gerade Gegentheil vom früheren Karl“: „Der ist mit großer Ceremonie von mir in das rothe Meer versenkt worden, mit Schiffssteinkohlen, die ihn auf den Grund gezogen haben.“[23]

Der Zusammenbruch des psychischen Ich-Ideals zog auch eine radikale schriftstellerische Selbstkritik nach sich, die zunächst an der Kunsterfahrung und am Kunstbegriff ansetzte:

> ich kann nichts groß, gewaltig und schön genug bekommen und habe doch kein ausgebildetes Kunstverständnis für das Schöne. Goethe würde ganz anders sehen, denken und empfinden als ich. Das ist nun leider hier im Leben nicht mehr nachzuholen.[24]

Die Begegnung mit den altorientalischen Stätten und dem antiken Griechenland verstärkte die Orientierung auf klassizistische Kunstvorstellungen; sie schlug sich nicht nur in der Goldschnitt-Lyrik der schließlich als *Himmelsgedanken* erschienenen Poesie-Sammlung nieder, sondern auch beispielsweise im Plan eines Epos „Die beiden Inseln" („Aber unter einem anderen Titel. Vielleicht ‚Der Archipel'"[25]). Der Vorsatz, den Weg zur literarischen Größe als Lyriker anzutreten, erwies sich allerdings trotz aller Mühen Mays um Wirkung beim Publikum als Sackgasse, so daß er sich schon 1901 wieder der ‚Reiseerzählung' zuwandte, allerdings nun in einer radikal neuen Weise.

Seine weitgehende Unkenntnis der modernen Literatur und bildenden Kunst erschwerte May den ausdrücklichen Vorsatz, als Schriftsteller ganz neu zu beginnen, da er sich überwiegend an Mustern der Mitte des 19. Jahrhunderts orientierte[26], die allerdings gerade in der Wilhelminischen Epoche (mit deren Neigung zum nationalen Pathos und andererseits zur Butzenscheibenromantik) intensiv aufgewertet wurden. Mays literarischer Horizont erwies sich schon bei der Konzeption der letzten Bände vor der Orientreise als unzureichend: Das vorhandene Form- und Gestaltungsrepertoire und die inhaltlichen Neuansätze traten immer weiter auseinander und kamen nur noch in seltenen Glücksfällen annähernd zur Deckung (*„Weihnacht!"*). Immer noch bezog er bis zur Reise seine Muster einerseits aus populärer Abenteuer-, andererseits aus der Erbauungsliteratur konfessioneller Prägung, wobei gerade seine heftigen Attacken gegen andere Indianererzählungen[27] die Parallelen nur um so deutlicher hervortreten ließen, zumal vor allem seine spektakulären Auftritte als Old Shatterhand sein Bild in der Öffentlichkeit bestimmten.

Weder im Fehsenfeld-Briefwechsel, wo man sie wohl am ehesten vermuten würde, noch im Werk tauchen vor 1900 Literaturhinweise auf, die über den gängigsten bildungsbürgerlichen Kanon an Autoren (vor allem Schiller als Zitatquelle) hinausweisen[28], und Klara Mays treuherzige Aussage, ihr Mann habe die „Neuerscheinungen" der Belletristik im „Lesezirkel" verfolgt, „und da waren ihm die ‚Fliegenden Blätter' das liebste"[29], trifft, bei allem Hang Klaras zur Legendenbildung vom ‚einfachen Volksschriftsteller', sicher für Mays Lektüre Typisches.

Auch nach der Orientreise wurde May nicht zum ‚poeta doctus', wobei er selbst seine Bildungsmängel immer wieder schmerzlich konstatierte:[30] „auf eigentlich originales autoritätsloses Lernen hat er sich, auch im Alter, nur ganz selten verstanden".[31] Aber er sucht nun ganz bewußt nach der Reise mit ihren vielfältigen Sinneseindrücken die Begegnung nicht nur mit alter Kunst, sondern auch mit der Moderne. Während der Lösung von seiner ersten Frau Emma und spätestens nach der Heirat mit Klara Plöhn wurde er zum regelmäßigen Konzert- und Theaterbesucher[32], er interessierte sich rege für zeitgenössische Kunst, besuchte Ausstellungen und förderte junge Künstler.[33] Seine Bibliothek, auf den Fotos der neunziger Jahre noch dadurch ausgezeichnet, daß überwiegend die Freiexemplare seiner eigenen Bände die Regale zieren[34], wurde jetzt zwar nicht systematisch, so doch kontinuierlich ergänzt.[35] Neben die länder-, völker- und sprachkundlichen Werke, bisher außer den Lexika die Hauptbestände, traten jetzt zunehmend (und oft auch zufällig) literarische, literatur- und kunsttheoretische und sogar philosophische Texte, nicht selten in größeren Themengruppen, wie etwa zu Nietzsche[36] oder zur Dramentheorie.[37]

Der neue Geist zeigte sich auch äußerlich: In der Villa „Shatterhand" wurden die abenteuerlichen ‚Weltläufer'-Requisiten mehr und mehr in den Flur oder in einen Gartenschuppen ausgelagert[38], und an ihre Stelle traten Gemälde und Plastiken zeitgenössischer Künstler, vor allem solcher, die – wie Sascha Schneider – Mays symbolischer Richtung entsprachen.

May selbst, so zeigen die Fotos nach 1900, wurde zwar nach wie vor von seinen in Scharen in Radebeul einfallenden Besuchern genötigt, auf deren Kostümfotos zu posieren, aber er präsentierte sich nun nicht mehr wie in den neunziger Jahren im Westmanns- oder Orientalen-Kostüm, sondern trat in betont bürgerlicher Kleidung neben oder hinter die orientalisch oder indianisch maskierten Verehrer.[39]

2. Die Reiseerzählung *Et in terra pax* (1901)

Wenige Tage vor Weihnachten, am 18. Dezember 1900, wurde die Gedicht- und Aphorismensammlung *Himmelsgedanken* im *Börsenblatt für den deutschen Buchhandel* als „erschienene Neuigkeit" angezeigt. Einen Tag zuvor hatte May sich in einem empörten Brief an Fehsenfeld vehement gegen Eigenmächtigkeiten der Drucker verwahrt. Dieses für den Briefstil Mays im Kontakt mit seinem Verleger nach 1900 typische Beispiel sei ausführlicher zitiert, weil hier das Beharren des Autors auf Selbstverständlichem, nämlich wortgetreuem Abdruck, mit geradezu messianischem Sendungsbewußtsein vorgetragen wird, sicher ein ganz wesentlicher Grund für die Differenzen nicht nur mit Fehsenfeld, sondern auch mit anderen Verlegern in der Folgezeit: Während May vor 1900 die nicht buchstabentreue, aber im wesentlichen zuverlässige Textgestaltung der Druckerei Krais durchweg akzeptierte und nur sehr al fresco Korrektur las, mehrten sich nach 1900 die wortgewaltigen

Proteste über „Verfälschungen" seines Werks.[40] Die jede Ebene der sachlichen Mitteilung weit hinter sich lassende Aufgeregtheit löste bei den Partnern immer wieder Befremden oder amüsierte bis verärgerte Reaktionen aus[41], so daß Mays eigentliches Anliegen eher an den Rand rückte:

Radebeul, 17./12. 00.

Lieber Herr Fehsenfeld!

Abermals eine Beschwerde betreffs der „Himmelsgedanken" [...] [Es geht um eine „Aphorisme" über bewohnte Sterne]. Die Aphorisme lautet und hat zu lauten, wie ich sie Ihnen hier beilege und wie sie in allen Correcturen und Revisionen gestanden hat. Nun ist aber noch im letzten Augenblicke der allerdümmste Ihrer Setzer, der sich trotzdem für klüger als May gehalten hat, über diese Aphorisme hergefallen und hat mir grad das herausgenommen, was die Hauptsache war, nämlich die Wiederholung der Worte „wenn es welche giebt" [...].

Aber nun kommt die Consequenz:

In meinen nunmehrigen Werken ist jedes Wort, jeder Buchstabe genau überlegt; es muß alles genau so gesetzt werden, wie ich schreibe. Es sind Werke, welche Bahn zu brechen haben. Die kleinste Aenderung kann schaden. Ich habe darum Sie und Herrn Krais gebeten, ja recht treu zu sein. Nun steckt aber unter den Setzern so ein Traugott Nudelmüller, der sich nicht nur für klüger als die Autoren hält, sondern sich sogar erdreistet, meine Arbeit durch eigenmächtiges Auswerfen eines ganzen Satzes total zu verschimpfiren. Denn hier liegt kein Versehen, kein Zufall sondern eine Absicht vor. [...]

Kann ich aber Werke, in denen jeder einzelne Satz seinen Werth, seine Absicht, seine Bedeutung hat, auf einem Wege veröffentlichen lassen, an welchem irgendwo versteckt so ein fataler Mensch sitzt, der sich für berechtigt hält, ohne vorherige Anfrage sogenannte Verbesserungen anzubringen, die aber nach der geistigen Stufe, auf weicher er steht, nur Verschlechterungen sein können? [...] [Krais soll] pag. 208 ändern und die Geistesgröße zu entdecken suchen, die mich um meine Trics und besten Pointen bringt und wahrscheinlich auch später wieder „verbessern" würde, *wenn ich ihr nicht vorsichtig aus dem Wege gehe.*[42]

Der Brief indiziert ein neues Textbewußtsein des Autors. Zwar hatten schon die Jahre nach 1895 gezeigt[43], daß May seine schriftstellerischen Rechte entschlossen wahrnahm und nötigenfalls auch durchzusetzen wußte, aber dabei war es nie um die Mikrostruktur der Texte gegangen. Daß er nun in ganz anderer Weise als früher auf texttreue Wiedergabe seines Werks achtete, bekamen neben Fehsenfeld auch der Leipziger Verleger Hermann Zieger und sein Herausgeber Joseph Kürschner zu spüren. Beide planten im Frühjahr 1901 ein literarisch-politisches ‚Denkmal den Streitern und der Weltpolitik' in Form von ‚Schilderungen aus Leben und Geschichte, Krieg und Sieg': In einem Prachtband mit diesen Untertiteln sollten der chinesische Boxeraufstand von 1900 dargestellt und die Rolle des deutschen Expeditionskorps verherrlicht werden.

Als Autor des umfangreichsten Erzählbeitrags war Karl May vorgesehen; Kürschner, der schon in den achtziger und neunziger Jahren May-Beiträge in den von ihm herausgegebenen Zeitschriften veröffentlicht hatte[44] und eigenem Bekunden nach den Autor auch „einigemals [...] persönlich gesehen" hatte[45], erwartete ebenso wie Zieger sicher eine abenteuerliche Story in der Art der *Hausschatz*-Erzählungen, wobei der Handlungsraum durch das China-Thema des Bandes vorgegeben war.

Daß der Roman von May bewußt als literarischer Neubeginn konzipiert wurde und wie exakt kalkuliert der Autor seine humanitäre Botschaft an Verleger und Herausgeber vorbeischmuggelte, läßt sich dem inzwischen publizierten Briefwechsel Ziegers mit Kürschner entnehmen. Schon nach der ersten Manuskriptlieferung äußerte Zieger Bedenken wegen Mays Konzeption; das Befremden der beiden ersten Leser, Herausgeber und Verleger, sollte sich mit dem wachsenden Manuskript so sehr steigern, daß May mehrfach zu Änderungen oder zu Kürzungen aufgefordert wurde. Nach diesen wiederholten Protesten gegen die „philosophischen Auseinandersetzungen bezüglich der Religions-Anschauungen"[46] (sprich: gegen „Mays Friedens- und Toleranzappelle"[47]) kleidete der angegriffene Verfasser seinen Widerspruch in eine Parabel, die er unter dem Titel *Gleichnis für Zieger* an den Verleger sandte.[48]

Trotz der Änderungswünsche hat May „sein Konzept gegen alle Widerstände bis zuletzt voll durchgezogen, und zwar in bezug auf den Umfang, in bezug auf den Inhalt und auch in bezug auf den Schluß".[49] Mißtrauisch und mit größter Sorgfalt überwachte er den buchstabengetreuen Druck seines Textes (ein absolutes Novum in der Druckgeschichte seines Werks), er ließ sich stets für die Fahnenkorrektur sein Manuskript zurückschicken, um die Texttreue zu überprüfen, und er protestierte prompt und heftig bei tatsächlichen oder vermeintlichen Änderungen.[50] Darüber hinaus hielt er direkten Kontakt mit dem Illustrator Ferdinand Lindner und sprach mit ihm die auszuwählenden Bildthemen und ihre Plazierung ab; selbst bei Änderungen an den Illustrationen sah sich Zieger veranlaßt, mögliche Reaktionen des Autors ins Kalkül zu ziehen.[51] Schließlich distanzierte sich Joseph Kürschner vorsichtig im *Vorwort* des fertigen Bandes von dem May-Beitrag, der „einen etwas anderen Inhalt und Hintergrund erhalten [hat], als ich geplant und erwartet hatte".[52]

Nachdem May (spätestens bei einem persönlichen Besuch Ziegers in Radebeul am 12. Mai 1901[53]) Genaueres über den geplanten Band und seine chauvinistisch-imperialistischen Absichten erfahren hatte, konzipierte er einen Beitrag, dessen der Tendenz des gesamten Werks diametral entgegengesetzte Zielsetzung schon im Titel *Et in terra pax* deutlichen Ausdruck findet.

Die Handlung greift zwar in manchen Zügen auf Strukturen älterer Romane zurück: So entspricht die Verwendung eines Gedichts als organisierendes Strukturelement und seine allmähliche Mitteilung an den Leser im Verlauf des Geschehens ebenso wie die Aufspaltung der Ich-Figurationen auf mehrere Personen der Struktur des „*Weihnacht!*"-Romans. Andererseits zeigt der *Pax*-Text zahlreiche, erstaunlich anmutende Innovationen. May unterlegt dem Geschehen die geographischen Stationen und realen Eindrücke seiner Orientreise; damit nähert er sich einer realistischen Schreibweise, in der folgerichtig auch die sozialen und politischen Probleme der bereisten Länder eine handlungsbestimmende Rolle spielen. Die Kritik des Imperialismus geschieht nun nicht, wie in *Winnetou I*, in einem Idealentwurf, dessen Grundstrukturen mit literarischen Formen wie der Legende überblendet sind, sondern tatsächlich in einer ‚Reise'-Erzählung mit zahlreichen Wirklichkeitselementen.

Mehrfach läßt May in ausführlichen Textpassagen den Ich-Erzähler oder einzelne Figuren die Argumentation der europäischen Mächte in der China-Frage scharf ablehnen, indem er deren Aktionen mit ihrem christlich-abendländischen Selbstverständnis vergleicht. So setzt sich der Chinese Fang beispielsweise mit der auch von Wilhelm II. in seiner berüchtigten ‚Hunnenrede' vorgetragenen These auseinander, die Chinesen hätten durch den Boxer-Aufstand das Gastrecht verletzt:[54]

> „Wir haben auch mit den Christen den Versuch gemacht. [...] Wie aber dankten sie uns? [...] sie, deren so laut ausposaunte Humanität nichts als nur der verkappte Egoismus ist [...], sie legen mit ihren Kanonen unsere Türme, Mauern und Häuser in Trümmer, um uns ihre bessere Bildung und Gesittung beizubringen; [...] sie muten uns die sträfliche Befangenheit zu, ihrer Versicherung zu glauben, daß sie es mit der Erfindung ihrer ‚Interessensphären' und ‚offenen Thür' nur auf unser Heil abgesehen haben" (*Pax* 126 = XXX 171f.).

Passagen dieser Art zeigen sehr deutlich, daß May sich intensiv mit den Vorgängen des Jahres 1900 in China und mit den offiziellen Verlautbarungen der europäischen Mächte befaßt hat; immer wieder finden sich wörtliche Bezüge zu Reden Wilhelms II. oder auch zu Parolen der deutschen Kolonialpropaganda, wie sie besonders seit 1897/98 durch Verbände wie den ‚Alldeutschen Verband' oder den ‚Deutschen Flottenverein' (gegründet 1898) mit großem publizistischem Aufwand in Deutschland vorgetragen wurden.[55]

Auch die Rolle des Christentums und der Missionen als Wegbereiter der imperialistischen Eroberung wird von den Figuren und auch durch die Handlungsgestaltung scharf kritisiert:

„Fallen Sie mir nicht mit ‚Kulturaufgaben', ‚civilisatorischen Pflichten' und ‚Sendboten des Christentums' in die Rede! Das sind Fiktionen, mit denen ein Kenner der Verhältnisse nicht irre zu machen ist! Wer von seiner Religion und von seiner Kulturform behauptet, daß sie die allein seligmachende und er also ein Auserwählter Gottes sei, der ist eben ein Egoist in der höchsten Potenz, und Religion und Politik sind für ihn nur die Mittel, seine Selbstzwecke zu erreichen." (*Pax* 127 = XXX 174)

Die religiös verbrämte Aggressivität wird aber nicht nur verbal kritisiert, sondern bildet in der ‚geistigen Störung' des selbsternannten Missionars Waller, „auch auf dem Gebiete des Glaubens Herrscher sein" zu wollen, das entscheidende Handlungselement. Er versteht sich selbst als einen der „kühnen Pioniere der geistlichen und infolgedessen auch der weltlichen Macht" (*Pax* 28 = XXX 41); in ihm „wohnte und wirkte" der „Dämon [...] Aggressivität":

Dieser Teufel ist es, der Menschen, Korporationen und Völker immer vorwärts drängt, um neuen Raum zu gewinnen, dabei aber auf dem alten, wohlerworbenen keinen Frieden und keinen Segen aufkommen läßt! (*Pax* 42f. = XXX 61f.)

Neben die reale Reiseroute des Ich-Erzählers, weitgehend den Stationen von Mays Orientreise nachgebildet, und ihre Schilderung treten zwei Handlungsstränge: die Krankheits- und Heilungsgeschichte des seelisch gespaltenen Missionars und die Wandlung des englischen Lords und Globetrotters Sir John Raffley[56] (einer der Frühformen aus Mays Figurenarsenal) durch die Heirat mit einer Chinesin. Als mit Raffley eng befreundet erweisen sich schließlich auch die beiden Chinesen, die vom Reisebeginn in Kairo an den Weg Wallers, seiner Tochter Mary und des Ich-Erzählers kreuzen.

Noch auf einer weiteren Ebene wird Mays Humanitätsideal personifiziert: Der arabische Diener Sejjid Omar, der „stolz" den ersten Satz des Romans ausspricht, erfährt im Verlauf der Reise eine exemplarische „Erziehung des Menschengeschlechts".[57] Am Anfang glaubensstolzer Moslem, wird er mehr und mehr zum Humanisten; in abgeklärter Heiterkeit läßt May diese Figur wesentliche Aspekte auch des gedanklichen Konstrukts vortragen:

„So, das kommt heraus, wenn man einen Christen, einen Mohammedaner und einen Heiden zusammenrechnet und dann mit der Drei hineindividiert, nämlich ein Mensch.“[58]

Mit der expliziten Imperialismuskritik unlösbar verbunden ist die zweite Handlungsebene, die Geschichte einer schweren psychischen Krise, auch sie aus dem realen Fundus der Reiseerfahrungen herstammend. Durch die vom Autor gesetzten Prämissen ist sie zunächst eine religiös-politische Krise: Die christliche Liebesbotschaft, verstanden im Sinne aufklärerischer Humanität, steht im Widerstreit mit sozialdarwinistischen Theorien, mit Intoleranz und Menschenverachtung.

Aber die Beschreibung der seelischen Krise hat noch eine weitere, tiefere Schicht: Sie liefert auch eine psychologische Studie der persönlichen Konflikte Mays, wie Hans Wollschläger in seiner umfangreichen analytischen Arbeit über *Und Friede auf Erden!* nachgewiesen hat.[59] Der Kampf zwischen dem väterlich bestimmten, narzißtisch starren Ich-Ideal der ‚Old-Shatterhand-Legende‘ und der ‚Mutterliebe‘ hatte schon große Teile des Werks in den letzten Jahren vor der Orientreise bestimmt, wo die beiden gegensätzlichen Strebungen zu unauflöslichen Widersprüchen führten; auf der Reise zerbrach endgültig der in der Heimat noch mühsam bewahrte Charakterpanzer, so daß „das alte Ich-Ideal vollständig zerstört und durch das ältere, traumatisch gebundene der Mutterfixierung abgelöst“ wurde.[60]

Nirgends mehr in den Werken nach 1900 wird der Neuanfang so deutlich durch den so gut wie vollständigen Verzicht auf alle Abenteuer-Elemente betont wie im *Pax*-Roman. Der Ich-Erzähler tritt weder als Old Shatterhand noch als Kara Ben Nemsi auf, vielmehr ausdrücklich als der Schriftsteller Karl May, dessen Bücher mehrfach Gesprächsstoff der Romanfiguren bilden.[61] Äußerstenfalls Nebenfiguren wie Sejjid Omar sind noch spektakuläre Aktionen wie die Rettung des Missionars Waller bei den Pyramiden[62] oder des unvorsichtigen Dilke bei der Dampferfahrt nach Penang[63] gestattet. Der Anteil des Ich-Erzählers daran ist weitgehend passiv; er ermöglicht zwar durch sein Verhandeln Waller die Flucht, überläßt aber alle anderen Maßnahmen dann den Behörden, ohne selbst wie früher als regelnde Instanz in Erscheinung zu treten. Es kommt schließlich weder zu spektakulären Gefangennahmen noch zu daraus resultierenden Befreiungsaktionen – unabdingbaren Handlungselementen selbst noch in *Am Jenseits*. Sogar bei dem Selbstzitat aus Band XI der ‚Gesammelten Reiseerzählungen‘, das Sir John Raffley vorstellt, verzichtet May auf jeden Hinweis, welche Abenteuer er mit dem Engländer auf Ceylon erlebte, und begnügt sich damit, von einem „Erlebnisse mit Raffley" zu sprechen.[64] Die einzige Episode, die einen schwachen Abglanz der alten Abenteuermuster erkennen läßt, spielt im Hotel in Point de Galle, wo der Ich-Erzähler zusammen mit seinem Diener Sejjid Omar sechs lärmende „Pioneers der Civilisation" (*Pax* 109 = XXX 155) die Treppe hinabwirft. Erst bei der Überarbeitung des Romans 1903/04 werden wieder Abenteuer-Elemente in den Text aufgenommen, vor allem im neu geschriebenen fünften und letzten Kapitel.

May selbst bestätigt ausdrücklich, daß dieser völlige Verzicht auf die vertrauten Schemata aus einem kalkulierten Schreiben gegen die Lesererwartungen herrührt, und daß er ganz bewußt eine neue, realistisch-psychologische Handlungsgestaltung anstrebte:

> Ich kann also über unsere Fahrt keine sogenannten „Reiseabenteuer" berichten, an welchen sich doch nur die Oberflächlichkeit ergötzt; wer aber einen Sinn für die unendlich gestalten- und ereignisreiche Seelenwelt des Menschen hat und ein Verständnis für die Tiefe besitzt, in welcher die äußeren Vorgänge des Menschen- und des Völkerlebens geboren werden, der wird nicht mißvergnügt, sondern ganz im Gegenteile mit mir einverstanden darüber sein, daß ich ihn in diese Tiefe führe, anstatt ihn für einen Leser zu halten, der nur nach der Kost der Unverständigen verlangt. (*Pax* 256 = XXX 451)

3. Die Textrevision 1903/04: *Und Friede auf Erden!*

Die Umarbeitung des Romans *Et in terra pax* für die Buchausgabe bei Fehsenfeld wurde im Spätsommer 1903 begonnen, durch längere Krankheit unterbrochen und schließlich Mitte August 1904 fertiggestellt, so daß der Band am 19. September 1904 unter dem deutsch formulierten und zusätzlich durch ein Ausrufezeichen akzentuierten Titel *Und Friede auf Erden!* vorlag.[65] Diese Neufassung ist nicht allein um ein zusätzliches Kapitel erweitert, sondern stellt eine grundlegende Überarbeitung der Erstfassung dar. Neben zahlreichen Detailkorrekturen – auch der Wortlaut des handlungsbestimmenden Gedichts wurde verändert – gestaltete May den Handlungsablauf vor allem in den letzten Kapiteln entscheidend um. Die Varianten zeigen nicht nur, daß seine schriftstellerischen Möglichkeiten in der Zwischenzeit neue Dimensionen gewonnen hatten, und daß seine politisch-weltanschaulichen Ideen sich geklärt hatten, sondern auch, mit welcher Sorgfalt er die Chance der Umarbeitung nutzte, „um endlich, endlich mit der Lösung meiner Lebensaufgabe zu beginnen", wie er am 27. Januar 1904 an Fehsenfeld schreibt:

Ich fühle mich in meiner Genesung so weit fortgeschritten, daß ich es wohl wagen darf, die Arbeit an "Friede auf Erden" wieder aufzunehmen. Meine Krankheit meinte es im höchsten Grade ernst. Ich hing wochenlang zwischen Leben und Tod. Das, was Sie das Leben nennen, wollte mich partout vernichten. Da aber nahm der, den Sie als Tod bezeichnen, mich liebend in seine Arme und gab mir Gotteszeit, nun endlich, endlich mit der Lösung meiner Lebensaufgabe zu beginnen. Denn das, was man bisher von mir gesehen und gelesen hat, das waren weiter nichts als Vorübungen und Studien, abseits von allen Euren litterarischen Gewohnheiten und Dogmen – – emporgeworfene Papierschnitzel, um die Luftströmung zu studiren, welche den Aeronauten zu tragen hat – – leichte, anspruchslose Schwalben, welche meiner Hand entflogen sind, weil sie den Frühling des begonnenen Jahrhunderts nahen hörten. Auf ihn, den Frühling, habe ich gewartet, und nun gehe ich mit Freuden an mein Werk. Diese meine Schwälblein hatten wohl Etwas zu viel gewagt. Die Lüfte waren noch zu rauh für solche Frühlingsboten. Das Federkleid hielt zwar getreulich aus, muß aber wieder in Ordnung gebracht werden. Es gilt Toilette zu machen. [...] Ich habe die bisherigen Bände von heute an vorzunehmen, um ihren Wortlaut bezüglich des Zusammenhanges mit den kommenden Werken zu prüfen.[66]

Die damit angekündigte ‚Metamorphose' sollte sich auch auf die bisherigen Reiseerzählungen erstrecken. Da May nicht „unerwachsenen Jungens als Unterhaltungskarnickel" dienen wollte, sei eine neue Aufmachung erforderlich; der „Jugendschriftenhabit" wirke „gradezu abstoßend".[67] Damit wird die Fehsenfeld-Ausgabe der *Pax*-Erzählung zu einem Einschnitt in der Editionsgeschichte der ‚Gesammelten Reiseerzählungen': Auch äußerlich wird die Distanz zu den bisherigen Bänden und ihren Abenteuerinhalten durch ein von dem Maler Sascha Schneider entworfenes Titelbild und einen grauen Einband statt der bisher einheitlich grün-goldenen Gestaltung markiert.[68]

Im Juni 1903, nach seiner Scheidung und Wiederverheiratung, war May zum ersten Mal persönlich mit dem Maler Sascha Schneider in Kontakt gekommen, als er ihn in dessen Atelier in Meißen besuchte.[69] Schon über ein Jahr zuvor, am 5. März 1902, hatte der Schriftsteller in einer Dresdener Kunstausstellung tiefbeeindruckt Schneiders „zehnteiliges Wandbild – 12 m breit, 4 m hoch – ‚Um die Wahrheit'"[70] gesehen. In der zweiten Jahreshälfte 1903, nach dem ersten persönlichen Treffen, kam es zu verschiedenen Begegnungen der beiden, bis schließlich May im Oktober 1903 bei Schneider eine „Arbeit für 3000 Mk."[71] bestellte. Während Schneider wohl zunächst eher die Dankbarkeit für die finanzielle Zuwendung bewegte, May, nach Klaras Aussage, „wie einen Gott" zu verehren[72], noch ohne sein Werk genauer zu kennen, lernte er in den folgenden Monaten nicht nur die Romane (vor allem *Et in terra pax*, dessen Neufassung gerade entstand), sondern auch ihren Verfasser genauer kennen. Der persönliche Kontakt intensivierte sich, und bei einem der weiteren Atelierbesuche kam am 8. März 1904 die Idee auf, der „liebe Schneider" solle „Karls Bücher mit anderen Titelbildern versehen, damit man Karl endlich verstehen lerne und der alberne Name ‚Jugendschriftsteller' schwinde".[73]

Kurz nach dem Besuch kündigte May mit dem oben zitierten Brief seinem Verleger die neuen Einbände an, zunächst – außer für den geplanten *Friede*-Band – für die Bände, die jeweils zur Neuauflage anstanden. Wie sehr die Zusammenarbeit mit dem Maler und dessen wachsende Begeisterung für die Aufgabe auf ‚Karl' zurückwirkten und sein Selbstbewußtsein stärkten, lassen die Briefe an Fehsenfeld erkennen: „Es geht in diesem Frühjahr hier sehr stürmisch zu, nämlich in der geistigen Welt, deren Bürger ich bin. Altes wird vernichtet, Neues begonnen."[74]

Intensiv arbeitete er nun ab März 1904 an der Umarbeitung von *Et in terra pax*, nachdem die im Herbst 1903 bis zur Seite 397 der Buchausgabe fortgeschrittene Revision durch schwere Krankheit unterbrochen worden war.

Die neue Fassung zeigt aufgrund zahlreicher Änderungen ein neues Qualitätsniveau, das sich nicht zuletzt aus Mays veränderter Arbeitsweise ergab. War schon das Schreiben des dritten und vierten Bandes von *Im Reiche des silbernen Löwen* durch zunehmend intensivere Bearbeitungsvorgänge gekennzeichnet, so nahm er nun, kapitelweise vorgehend, immer umfangreichere Änderungen und Ergänzungen vor.[75] Beispielhaft lassen sich die Tendenzen der Neufassung an dem handlungstragenden Gedicht zeigen.

Die ersten vier Zeilen wurden präziser als in der *Pax*-Fassung auf Wallers, des Missionars und Imperialisten, Absichten, „die Tempel der Heiden in aller Welt"[76] zu zerstören, bezogen:

[*Et in terra pax*]	[*Und Friede auf Erden!*]
Tragt euer Evangelium hinaus (Euer)	
Um aller Welt des Himmels Gruß zu bieten,	Doch ohne Kampf sei es der Welt beschieden,
Doch achtet jedes andre Gotteshaus;	Und seht Ihr irgendwo ein Gotteshaus,
Ein wahrer Christ stört nicht den Völkerfrieden!	So stehe es für Euch im Völkerfrieden!

Die Anrede an Waller und zugleich an den Leser bzw. die Europäer wird durch die Großschreibung („Euch", „Ihr" etc.) und durch die Wiederholung in der dritten und vierten Zeile intensiviert. Gleichzeitig verstärkt das neue Textsignal „ohne Kampf" in der zweiten, in der Erstfassung sehr blassen Zeile, die Akzentuierung gegen das europäische Expansionsbestreben, so daß ein Mißverständnis der ersten Zeile im Sinne einer kolonialistischen Mission ausgeschlossen wird.[77]

Andere Änderungen sind ästhetisch bestimmt; Wiederholungen sollen vermieden werden (Zeile 12: „Engelsworte" statt „Liebesworte", da „Liebe" in Zeile 13 zweimal folgt), und die jeweiligen Schlußzeilen der Vierergruppen werden flüssiger gestaltet:

Dann wird ein Paradies die Erde sein,	Dann wird die Erde Christi Kirche sein
Denn ihr habt ihr den Himmel zugetragen.	Und wieder eins von Gottes Paradiesen!

Besonders deutlich ist die Verbesserung bei diesen letzten Zeilen, wo das harte „Dann/Denn" und die ungeschickte Wiederholung „ihr/ihr" in der Schlußzeile in der Neufassung vermieden werden. Der ursprüngliche Neueinsatz in der Schlußzeile wird durch den fließend angeschlossenen Utopieentwurf ersetzt, womit zugleich die Diesseitigkeit der Verheißung betont wird.

Die Bearbeitung des Gedichts enthält in nuce alle wesentlichen Tendenzen der Umarbeitung, mit Ausnahme der vertieften psychologischen Analyse: die Präzisierung der Imperialismuskritik ebenso wie die ästhetischen Verbesserungen.

Auch die Balance des Werkes wurde durch die Umbenennung der früheren und die Einfügung des neuen Kapitels künstlerisch befriedigender. An die Stelle der gewaltsam anmutenden und mit den Kapitelinhalten wenig harmonierenden symmetrischen *Pax*-Anordnung

1. Am Thore des Orients	3. Am Thore Chinas
2. Im Herzen des Islams	4. Im Herzen von China

trat nun eine fünfteilige Gliederung, bei der die ‚europäischen' Kapitel dem mit chinesischen Begriffen bezeichneten utopischen Friedensentwurf gegenübergestellt wurden, wodurch der Zusammenhang von imperialistischer Politik und psychischer Krankheit unterstrichen wurde:

1. Ein Eiferer 2. Zivilisatoren	4. Wahnsinn
3. Die „Shen"	5. Der Shen-Ta-Shi

Die Verschärfung der antikolonialistischen Aussagen erreicht May auf unterschiedliche Weise:

Er fügt wiederholt reflektierende Passagen des Ich-Erzählers wie der handelnden Figuren ein, so daß die materiellen Triebkräfte und die rechtfertigenden Ideologien der europäischen Expansion noch deutlicher hervorgehoben werden, wie beispielsweise in der neu eingefügten Aussage des Professors Garden:

„Soll es etwa so weit kommen, daß schließlich der ganze Orient unter den Hufen des Occidentes liegt? Ueberall, wohin ich hier gekommen bin, habe ich zwei dunkle, unheilvolle Mächte an der Arbeit gesehen, diese nichts weniger als christliche Aufgabe zu vollenden, nämlich die religiöse Ueberhebung und den nationalen Hochmut." (XXX 134)

Die arrogant auftretenden „Civilisatoren", in *Pax* eindeutig als Engländer angesprochen und charakterisiert[78], sind in *Friede* nur noch „Europäer", „Gentlemen", „Kerle" oder „Leute", so daß sie für alle europäischen Nationen stehen. Die Bezüge auf deutsch-englische Differenzen (Burenkrieg, Emser Depesche[79]) sind getilgt: Das Geschehen wird zum allgemeingültigen Bild europäischen Auftretens in Übersee, jede nationalistische Vereinnahmung für die anti-englische deutsche Kolonialpropaganda wird ausgeschlossen.[80] Verschärft wird auch der Zusammenstoß eines Reitertrupps mit Ceylonesen in Colombo: Nicht mehr englische „Kavalleristen" reiten rücksichtslos über nicht näher beschriebene „Fußgänger" hinweg (*Pax* 93), sondern „eine Schar Europäer" galoppiert „lachend" durch einen „buddhistischen Pilgerzug", wobei es nicht nur, wie in der *Pax*-Fassung, einen Verletzten, sondern mehrere Schwerverletzte gibt (XXX 124-127).

Das Personal der Erzählung erhält 1903/04 durch zusätzliche Figuren eine größere Tiefenschärfe: Fügt der alte Malaienpriester, der „anerkannt größte der gegenwärtigen malajischen Dichter" (385), der Reihe der positiven Gestalten eine weitere Rasse hinzu, und ergänzt sein Gedicht zugleich die religiös-psychologische Aussage um den von May ursprünglich als Schlußtableau vorgesehenen Weihnachtsaspekt[81], so übernimmt Dilke als Protagonist der „Civilisatoren" die Funktion, die sonst allzu verklärende Utopie von Raffley Castle um die dunklen, zerstörerischen Kräfte zu ergänzen und die Parallelen zu den historischen Vorgängen des 19. Jahrhunderts in China unmißverständlich zu verdeutlichen. „Seine Exzellenz der Europäer", Dilkes Schiff, dessen Name programmatisch gesetzt ist, präzisiert auch noch in anderer Weise Mays Programm: Im Auftrag des Europäers betreibt sein chinesischer Kapitän den Opiumhandel, exakte Nachbildung der von den europäischen Mächten, vor allem von England, durchgesetzten Opium-Einfuhr nach China im 19. Jahrhundert, dem ersten Schritt der Unterwerfung und Aufteilung des Landes.

Mit der politischen Präzisierung gewann auch die psychologische Analyse neue Schärfe: Wallers Krankheitsgeschichte wird wesentlich ausführlicher als in der Erstfassung geschildert.[82] Nicht so sehr das neu eingefügte Gleichnis „von der Taucherinsel ‚Ti'“, das Wollschläger zu den „allerbrüchigsten“ unter den Parabeln des Spätwerks rechnet[83], sondern vor allem die große ‚Bilderrede' im Schlußkapitel, eine symbolistisch gestaltete politische und psychologische Parabel zugleich, bezeichnet eine gegenüber *Pax* neue qualitative Dimension, die sich durchaus auf der Höhe des vierten *Silberlöwen*-Bandes bewegt. Der große Mythos, in der Bildwelt ganz offenbar beeinflußt von Sascha Schneiders Symbolfiguren, ruft, wie „überall in Mays Spätwerk, ins Menschheitliche überhöht, die verlorene Kindheit herauf“ und weist zugleich voraus auf die Utopie des verlorenen und wiederzugewinnenden Paradieses.[84] Auf erschütternde Weise kontrastiert May dabei die Paradiesbeschreibung mit der Negativ-Gestalt Dilkes, einer Ich-Figuration, die im neuen fünften Kapitel ganz in den Vordergrund tritt:

> Kein Zweifel: in Dilke rechnet May ein weiteresmal mit seiner Vergangenheit ab, und wenn wir der bösen Karikatur auch nicht zustimmen mögen, so haben wir sie doch zu akzeptieren: – so grell, ‚so streng, fast wie unerbittlich' durfte sein einstiges Ich-Ideal nur einer zerstören, der es überwunden hatte.[85]

Die Polyphonie des Schlusses, in dem der – scheinbar – glückliche Ausgang des Geschehens buchstäblich und bildlich in Dunkelheit getaucht wird, zeigt gegenüber dem spielerischen *Pax*-Schluß mit seiner „halb scherzend und halb ernst“ (*Pax* 284) formulierten Schlußwendung eine Einbindung der Utopie in die Realität: Von der Heiterkeit der Sejjid-Omar-Passagen zur blutig ernsten Ankündigung „Meine Brüder, es gibt – – – Krieg!“ (XXX 658), vom großen Paradieses-Mythos zu Dilkes Höllensturz in die Turbine des Elektrizitätswerks zieht May in jähem Wechsel von Hell und Dunkel die unterschiedlichsten Bilder zusammen und erreicht damit eine weitaus größere ästhetische Vielfalt, als die ursprüngliche Fassung sie aufweist. Nicht übersehen sei schließlich, daß er bis unmittelbar vor der Drucklegung bemüht war, die ästhetische Mikrostruktur durch „kleinere Änderungen meist stilistischer Art“ zu verbessern, wobei er beispielsweise die allerletzten Schlußabsätze „erst ganz kurz vor Druckbeginn“ an den Text anfügte. Wenn Roland Schmid diese „zwanzig Schlußzeilen“ als ein „im Grunde überflüssiges Anhängsel“ betrachtete[86], übersah er, daß dieser neue Schluß den Roman auf hohem sprachlichem Niveau abrundet, daß damit zugleich aber noch einmal die politisch-religiöse Botschaft hervorgehoben wird. Während der letzte Satz des Manuskripts sprachlich holpernd und in der Bildhaftigkeit sehr unscharf ist („Dort fließt uns die Quelle des Lichtes, das zwar verdunkelt werden, doch nie verlöschen kann!“, XXX 659), gehen die in den Druckfahnen eingefügten letzten Zeilen in Jambenketten über und zeichnen sich so durch eine hymnisch-feierliche Sprechweise aus.

Dazu kommen inhaltliche Erweiterungen: Der Gegensatz ‚unten‘ („hier bei uns Törichten“) und oben („dort oben“) erfährt eine politische und eine religiöse Überhöhung durch den Bezug auf die „kaiserlichen Worte“, die sich ganz unvermerkt und mit fließenden Übergängen in die göttliche „Gnade“ und den „Schutz des Allmächtigen und Allliebenden“ verwandeln, „bei dem es ewig Frieden gibt“. Diese Formulierungen des Ho-Schang und des Reverend Heartman ergänzen die politische Perspektive (Krieg–Frieden) um die religiöse Dimension und unterstreichen sie durch kosmische Bezüge („doch reicht er über Tag und über Nacht, geht über Monden, über Sonnen hin und wird auf Erden nie und nimmer enden!“) sowie durch die abschließende Nennung der „Mitternacht“ (659f.) als dem Punkt der Tages- und der Zeitenwende.

Anmerkungen

1 Karl Kraus: *Zum ewigen Frieden.* In: ders.: *Schriften*, hg. v. Christian Wagenknecht. Bd. 9: *Gedichte.* Frankfurt/M. 1989, S. 267f.

2 Brief an Friedrich Ernst Fehsenfeld, 13. 3. 1899 (Archiv Nachlaß Dr. Schmid, Bamberg).

3 Vgl. Karl May: *Abdahn Effendi. Reiseerzählungen und Texte aus dem Spätwerk* (Gesammelte Werke 81). Bamberg, Radebeul 2000, S. 208-222 (Faksimile des Titelblatts vom 20. 4. 1899 auf S. 209). Zur Orientreise vgl. Ekkehard Bartsch/Hans Wollschläger: *Karl Mays Orientreise 1899/1900.* In: *In fernen Zonen. Karl Mays Weltreisen* (Gesammelte Werke 82). Bamberg, Radebeul 1999, S. 33-231.

4 Hans Wollschläger: *„Die sogenannte Spaltung des menschlichen Innern, ein Bild der Menschheitsspaltung überhaupt“. Materialien zu einer Charakteranalyse Karl Mays.* In: JbKMG 1972/73, S. 55.

5 So Halef am Tigris gegenüber Fremden (XXVI 427).

6 Einträge im Reisetagebuch der Orientreise, 24. und 26. 8. 1899; zit. nach Bartsch/Wollschläger [Anm. 3], S. 100.

7 Brief an Plöhns, 16. 9. 1899; zit. nach ebd., S. 104.

8 XXX 377.

9 Wollschläger: *„Die sogenannte Spaltung des menschlichen Innern"* [Anm. 4].

10 In Deutschland erfolgte mit dem Regierungsantritt von Kaiser Wilhelm II., massiv verstärkt aber seit der Propagierung des Flottenausbaus 1897/98 die Wendung zu dezidiert imperialistischen Programmen, in denen die China-Politik eine herausragende Prestigerolle spielte. Eine ausführliche Darstellung der Zusammenhänge zwischen der deutschen Kolonialpolitik und der christlichen Mission bietet Horst Gründer: *Christliche Mission und deutscher Imperialismus. Eine politische Geschichte ihrer Beziehungen während der deutschen Kolonialzeit (1884–1914) unter besonderer Berücksichtigung Afrikas und Chinas.* Paderborn 1982.

11 Vgl. Peter Krauskopf: *Die Heldenrevision in Karl Mays Reiseerzählung ‚Und Friede auf Erden' als Kritik am wilhelminischen Imperialismus.* In: MKMG 71 (1987), S. 3-10; MKMG 72 (1987), S. 3-11.

12 Vgl. Hainer Plaul: *Der Sohn des Webers. Über Karl Mays erste Kindheitsjahre 1842–1848.* In: JbKMG 1979, S. 67-88.

13 Einen Überblick über die divergierenden politischen Haltungen Mays vor (und z. T. auch nach) 1900 gibt Martin Lowsky: *Karl May.* Stuttgart 1987, S. 86-92 (mit ausführlichen Literaturangaben).

14 Beispiele in JbKMG 1970, S. 173-176 (‚Reisebrief in Ansichtskarten' an das *Prager Tagblatt*); ergänzend dazu MKMG 18 (1973), S. 3f.; Ausschnitte auch bei Bartsch/Wollschläger [Anm. 3], S. 72-75, 118f.

15 Vgl. Bartsch/Wollschläger [Anm. 3], S. 42.

16 Wie Anm. 14.

17 Reisetagebuch, 20. 9. 1899; zit. nach Bartsch/Wollschläger [Anm. 3], S. 104.

18 Ansichtskarte „Mount Lavinia Hotel, Colombo", an Klara Plöhn, 10. 10. 1899; zit. nach ebd., S. 116f.

19 Presse-Unterlage Mays zur Wiener Rede; zit. nach JbKMG 1970, S. 68.

20 Vgl. Bartsch/Wollschläger [Anm. 3], S. 171-226.

21 Brief an Fehsenfeld, 15. 10. 1899; zit. nach ebd., S. 121.

22 Ebd.

23 Brief an Plöhns, 15. 9. 1899; zit. nach ebd., S. 104.

24 Reisetagebuch, 4. 6. 1900, Baalbek; zit. nach ebd., S. 181.

25 Reisetagebuch, 2. 6. 1900, Beirut; zit. nach ebd., S. 178.

26 Hedwig Pauler hat unter dem Titel *Deutscher Herzen Liederkranz* (Ebermannstadt 1996) die von May zitierten Gedichte zusammengestellt und ihre Herkunft eruiert; dabei zeigt sich eine breite Streuung der Zitate über das 19. Jahrhundert, wobei durchweg zweit- und drittklassige Autoren neben Volksliedern den Hauptbestand bilden, während etwa Storm, C. F. Meyer oder Mörike gänzlich fehlen. Die Spitzenstellung Schillers in den Jugenderzählungen geht auf die Parodien des Hobble-Frank zurück, ist aber sonst eher untypisch.

27 Etwa in *„Weihnacht!"* (XXIV 119-121).

28 Neben Schiller nennt Hedwig Pauler [Anm. 26, S. 15] noch Uhland, der „in auffallender Regelmäßigkeit" zu Wort komme.

29 Klara May: *Die Lieblingsschriftsteller Karl Mays.* Mit Anmerkungen von Hans Wollschläger. In: JbKMG 1970, S. 151.

30 „Das Museum [Akropolismuseum, Athen] hat mich nicht erwärmt. Natürlich liegt das an mir. Meine Heimat war nichts weniger als ein Athen, und die dortigen Menschen sind keine Kallosbioten." Reisetagebuch, 11. 7. 1900, Athen; zit. nach Bartsch/Wollschläger [Anm. 3], S. 219f. Einen Tag vorher die Notiz: „Tage, Wochen möchte man hier lernen."

31 Hans Wollschläger: *Karl May. Grundriß eines gebrochenen Lebens.* Zürich 1976, S. 80.

32 Vgl. Hansotto Hatzig: *Karl May und Sascha Schneider. Dokumente einer Freundschaft.* Bamberg 1967, S. 233; Ekkehard Bartsch: *„Die liebenswürdigste aller Musen". Karl May und das Theater.* In: JbKMG 1985, S. 367-376.

33 Diese Seite von Mays Leben nach 1900 ist mit Ausnahme der Beziehung zu Sascha Schneider noch kaum erforscht oder dokumentiert; Hatzigs ausgezeichnete Veröffentlichung der Briefe und Kontakte zu Sascha Schneider [Anm. 32] zeigt Mays Neuorientierung sehr deutlich; vgl. auch die Angaben bei Volker Griese: *Karl May. Stationen eines Lebens. Eine Chronologie seiner Reisen* (SoKMG 104/1995), S. 64ff.

34 Vgl. das Foto bei Wollschläger: *Karl May in Selbstzeugnissen und Bilddokumenten* [Anm. 2], S. 69; deutlich erkennbar auch im Karl-May-Bildband von Gerhard Klußmeier und Hainer Plaul (*Karl May. Biographie in Dokumenten und Bildern.* Hildesheim, Zürich, New York 1992), S. 141, Abb. 318/319.

35 Vgl. das (völlig unzureichende) Verzeichnis im KMJb 1931, S. 212-291, und das Faksimile *Katalog der Bibliothek. Verzeichnis von Karl May.* Bargfeld 1995. Der „vermutlich 1903, ergänzend 1905" eigenhändig geschriebene Katalog beweist Mays Entschlossenheit zu einem literarischen Neuanfang besonders deutlich

36 Über Nietzsche besaß May laut *Katalog* [Anm. 35] neun Titel, alle zwischen 1899 und 1903 erschienen.

37 Die Arbeit an *Babel und Bibel* wurde begleitet von intensiver (durch Anstreichungen und Notizen z. T. noch rekonstruierbarer) Lektüre dramentheoretischer Werke, etwa von Berthold Litzmann, Georg Witkowski, Alfred Kerr u. a.

38 Vgl. Hans-Dieter Steinmetz: *Die Villa „Shatterhand" in Radebeul.* In: JbKMG 1981, S. 316-321.

39 Vgl. z. B. die Fotos im Karl-May-Bildband [Anm. 34], S. 264, Abb. 632/633.

40 Wesentliche Zeugnisse bieten die Korrespondenz des *Pax*-Verlegers Hermann Zieger mit dem Herausgeber Joseph Kürschner (*Briefe über Karl Mays Roman ‚Et in terra pax'* [hg. u. kommentiert v. Hainer Plaul]. In: JbKMG 1983, S. 146-196) sowie Mays Briefe an den Verlag Pustet und dessen Redakteur Otto Denk 1908/09 (JbKMG 1985, S. 15-62).

41 Vgl. besonders Ziegers Reaktionen und seine Berichte über den Besuch bei May (JbKMG 1983, S. 149f.).

42 Brief an Fehsenfeld, 17. 12. 1900 (Archiv Nachlaß Dr. Schmid, Bamberg). Bereits im August 1899 hatte May, in seiner von Richard Plöhn unterzeichneten und abgesandten Antwort an die *Frankfurter Zeitung*, darauf hingewiesen, daß er keine Änderungen seiner Texte gestatte: „Jede redaktionelle Änderung zerschneidet den Faden zwischen mir und dem Leser" (JbKMG 1974, S. 134).

43 Etwa in der Auseinandersetzung mit Pustet um die Kürzungen in *Satan und Ischariot* oder bei Mays Vorgehen gegen den Prager Verleger Josef Vilimek (vgl. Manfred Hecker/Hans-Dieter Steinmetz: *Karl May in Böhmen*. In: JbKMG 1977, S. 218-242).

44 Zu Kürschners Beziehung zu May vgl. Ekkehard Bartsch: *‚Und Friede auf Erden!'. Entstehung und Geschichte*. In: JbKMG 1972/73, S. 93-122; Erich Heinemann: *Ijar und Yussuf el Kürkdschü. Joseph Kürschner, Karl May und der Deutsche Literaturkalender*. In: JbKMG 1976, S. 191-206; Zieger/Kürschner [Anm. 40]; Jürgen Wehnert: *Joseph Kürschner und Karl May. Fragmente einer Korrespondenz aus den Jahren 1880 bis 1892*. In: JbKMG 1988, S. 341-389; Andreas Graf: *„Von einer monatelangen Reise zurückkehrend". Neue Fragmente aus dem Briefwechsel Karl Mays mit Joseph Kürschner und Wilhelm Spemann (1882–1897)*. In: JbKMG 1992, S. 109-161.

45 Brief Kürschners an Zieger, 15. 5. 1901 [Anm. 40], S. 150.

46 Brief Ziegers an Kürschner, 13. 7. 1901 [Anm. 40], S. 163.

47 So Hainer Plauls treffende Interpretation [Anm. 40], S. 165.

48 Vgl. zu dieser Parabel Plaul [Anm. 40], S. 165f.

49 Ebd., S. 167.

50 Belege ebd., S. 154f., 161-169, 177-182.

51 Ebd., S. 178: „Jedenfalls sind die von Ihnen angebrachten Korrekturen [bei den Illustrationen des *China*-Bandes] durchaus gerechtfertigt und wird May vielleicht gar nichts davon bemerken" (Zieger an Kürschner, 18. 9. 1901).

52 Joseph Kürschner: *Vorwort*. In: Ders.: *China. Schilderungen aus Leben und Geschichte, Krieg und Sieg. Ein Denkmal den Streitern und der Weltpolitik*. Leipzig [1901], o. S. [XV/XVI].

53 Plaul, wie Anm. 40, S. 149f.

54 „Ein Volk, das, wie die Chinesen, es wagt, tausendjährige alte Völkerrechte umzuwerfen und der Heiligkeit der Gesandten und der Heiligkeit des Gastrechts in abscheulicher Weise Hohn spricht, das ist ein Vorfall, wie er in der Weltgeschichte noch nicht vorgekommen ist [...]. Aber Ihr könnt daraus ersehen, wohin eine Kultur kommt, die nicht auf dem Christentum aufgebaut ist. Jede heidnische Kultur, mag sie noch so schön und gut sein, geht zu Grunde, wenn große Aufgaben an sie herantreten. [...] *Kommt Ihr vor den Feind, so wird er geschlagen, Pardon wird nicht gegeben; Gefangene nicht gemacht.* [...] Wie vor tausend Jahren die Hunnen unter ihrem König Etzel sich einen Namen gemacht, der sie noch jetzt in der Überlieferung gewaltig erscheinen läßt, *so möge der Name Deutschland in China in einer sol-*

chen Weise bekannt werden, daß niemals wieder ein Chinese es wagt, etwa einen Deutschen auch nur scheel anzusehen. [...] Gebt, wo es auch sei, Beweise Eures Mutes, und der Segen Gottes wird sich an Eure Fahne heften und es Euch geben, daß das Christentum in jenem Lande seinen Eingang finde." So der ‚Kaiserliche Scheidegruß an das Expeditionskorps' für China in Bremerhaven, 27. Juli 1900, in der im *China*-Band wiedergegebenen Fassung [Anm. 62, II. Teil, Sp. 197f.]. Fürst Bülow, damals Staatssekretär, beurteilt sie in seinen *Denkwürdigkeiten* (I, 359f.) als „die schlimmste Rede jener Zeit und vielleicht die schädlichste, die Wilhelm II. jemals gehalten hat". Die offiziell verbreitete Version war stark abgeschwächt und gekürzt, aber der Originaltext wurde, nachdem ihn ein Journalist mitstenographiert hatte, vielfältig nachgedruckt, wie das *China*-Buch zeigt. Wie konträr May zur ganzen Richtung dieses Bandes und seiner Verfasser stand, zeigt der dortige Kommentar, „diese Ermahnungen des Kaisers" seien zwar von „vielen humanitär zu stark angehauchten Kreisen" angegriffen worden, aber die Grausamkeiten der Chinesen hätten den Kaiser bestätigt, so daß „jeder humanitäre Gedanke weit abgewiesen werden" müsse (Sp. 198f.). Zur Kaiser-Rede vgl.: *Reden des Kaisers. Ansprachen, Predigten, Trinksprüche Wilhelms II.*, hg. v. Ernst Johann. München 1966, S. 86-88, 90f., 139-142.

55 Zum Hintergrund und chauvinistischen Inhalt des *China*-Bands vgl. Bartsch [Anm. 44], S. 96-103; zu den deutschen Kolonien vgl. Horst Gründer: *Geschichte der deutschen Kolonien.* Paderborn [2]1991; Horst Gründer (Hg.): *„...da und dort ein junges Deutschland gründen". Rassismus, Kolonien und kolonialer Gedanke vom 16. bis zum 20. Jahrhundert.* München 1999.

56 Zu Raffley ausführlich Wolf-Dieter Bach: *Sich einen Namen machen.* In: JbKMG 1975, S. 34-72.

57 Die Gedanken aus Lessings später Programmschrift spielen in Mays Werk von den frühen Anfängen an eine wesentliche Rolle; vgl. Heinz Stolte: *Auf den Spuren Nathans des Weisen. Zur Rezeption der Toleranzidee Lessings bei Karl May.* In: JbKMG 1977, S. 23-32.

58 XXX 594f. Die Stelle findet sich im letzten, 1904 neu hinzugefügten Kapitel, ist also in *Pax* noch nicht enthalten.

59 Wollschläger: *„Die sogenannte Spaltung des menschlichen Innern"* [Anm. 4], S. 11-92.

60 Ebd., S. 57.

61 Besonders *Am Jenseits.*

62 Der Ich-Erzähler „imponiert" (XXX 81) hier zwar den zur Dschemma versammelten Beduinen und ermöglicht dadurch die Rettung Wallers, aber die eigentliche Fluchthilfe führt Sejjid Omar aus (85-96).

63 *Pax* 135-139 = XXX 182-189.

64 *Pax* 162-164 = XXX 228-231.

65 Bartsch [Anm. 65], S. 107.

66 Brief an Fehsenfeld, 27. 1. 1904 (Archiv Nachlaß Dr. Schmid, Bamberg).

67 Brief an Fehsenfeld, 11. 3. 1904 (Archiv Nachlaß Dr. Schmid, Bamberg).

68 Vgl. Annelotte Range: *Zwischen Max Klinger und Karl May. Studien zum zeichnerischen und malerischen Werk von Sascha Schneider (1870–1927).* Bamberg, Radebeul 1999, S. 91-93 u. 247-249.

69 Hatzig: *Karl May und Sascha Schneider* [Anm. 32], S. 51f.

70 Ebd., S. 36.

71 Tagebuch Klara Mays, Eintrag zwischen dem 5. und 26. 10. 1903; zit. nach ebd., S. 53.

72 Ebd.: „Wie dankbar ist Schneider meinem Herzensmanne. Er verehrt ihn wie einen Gott. Was Karl schriebe, sei ihm gleich, sagt er, er sähe nur den gewaltigen Geist, den großen Künstler. Karls Phantasie sei göttlich, außer Dante kenne er keinen, der ihn so mächtig angeregt hätte wie Karl May." Bei der Würdigung dieser Tagebucheintragung ist – neben der Möglichkeit Schneiderscher Ironie – auch Klara Mays zu Verzerrungen neigende Filterfunktion zu berücksichtigen.

73 Klara May, Tagebucheintrag vom 8. 3. 1904; zit. nach ebd., S. 54.

74 Brief an Fehsenfeld, 20. 4. 1904 (Archiv Nachlaß Dr. Schmid, Bamberg). Ähnliche Aussagen in den Fehsenfeld-Briefen um diese Zeit mehrfach, etwa am 27. 1. 1904 oder am 11. 3. 1904. Zur Textgeschichte der Umarbeitung von *Pax* vgl. Roland Schmids Darstellung im *Nachwort zur Reprint-Ausgabe* von *Im Reiche des silbernen Löwen III*. Bamberg 1984, S. N13-N28.

75 Die Varianten zwischen *Pax* und *Friede* stellte Hansotto Hatzig bereits im JbKMG 1972/73 (S. 144-170) zusammen, ohne sie eingehend zu interpretieren.

76 *Pax* 29 = XXX 41. Das Gedicht wird in *Friede* wie folgt zitiert: Erste Strophe, Zeile 1-4: S. 57f.; Zeile 1-8: S. 133, 400-403; Zweite Strophe, Zeile 1-8: S. 219, 392, 445 (Z. 1-4), 469 (Z. 5-8). Das ganze Gedicht: S. 644-646.

77 Wie präzise Mays Engschließung der christlichen Mission mit dem politischen Imperialismus die Realität der außereuropäischen Länder um und nach 1900 trifft, zeigt Horst Gründer: *Christliche Mission und deutscher Imperialismus* [Anm. 10].

78 *Pax* 108-114 („eine Anzahl von Engländern") = XXX 182-189 („eine Anzahl von Europäern"); *Pax* 133 („einen der sechs Engländer") = XXX 182 („einen der sechs Gentlemen").

79 *Pax* 109 = XXX 150f.

80 Auffallend, aber in der May-Forschung bisher noch nicht untersucht, ist die zeitliche Parallele zwischen der Überarbeitung des *Pax*-Romans und dem Herero-Nama-Aufstand in Deutsch-Südwestafrika, dem „größten Aufstand in der deutschen Kolonialgeschichte" (Gründer: *Die deutschen Kolonien*, Anm. 55, S. 118). Der Aufstand des Herero-Volkes brach am 11. 1. 1904 aus; am 13. 3., am 9. und 13. 4. fanden größere Gefechte zwischen den deutschen Schutztruppen und den Hereros statt. Am 17. 5. wurde dann der Generalleutnant Lothar von Trotha aus Deutschland zum Oberbefehlshaber ernannt und nach Südwestafrika geschickt; er schlug die am Waterberg verschanzten Here-

ros am 11. 8. vernichtend und trieb die Überlebenden in der Folgezeit in die wasserlose Omaheke-Wüste, eine Maßnahme, die durchaus Genozid-Charakter hatte. Parallel dazu entstand Mays Überarbeitung des *Pax*-Romans: Die ersten vier Kapitel waren bis zum 5. 5. 1904 in der Stuttgarter Druckerei; das fünfte Kapitel wurde wohl zwischen dem 10. 7. und dem 13. 8. geschrieben. Explizite Hinweise auf den Herero-Aufstand finden sich in diesem letzten Kapitel nicht, wohl aber einige indirekte Anspielungen. So sagt Dilke nach der Zitierung des Gedichts (XXX 646): „Alle Welt mein Gotteshaus – – – und dann jeder Mensch und jeder Mongole und Hottentott mein Bruder!" ‚Hottentotte' war in Deutschland ein Sammelbegriff für die Schwarzen in Südwestafrika; aufgrund des Herero-Aufstands und der anschließenden Aufstände kam es 1907 bei den ‚Hottentottenwahlen' zu „einer Verschiebung der Machtkonstellation im Reichstag" (Gründer, *Die deutschen Kolonien,* S. 241). Auch die Frage Sejjid Omars nach Dilkes Tod weist auf die gerade beim Herero-Aufstand zu Tage getretene Verknüpfung von Mission und Militär: „Ich möchte gern wissen, was er nun eigentlich gewesen ist, ein Offizier oder ein Missionar." (650). Dazu Horst Gründer (*Welteroberung und Christentum. Ein Handbuch zur Geschichte der Neuzeit.* Gütersloh 1992, S. 564f.): „Bis 1896 hatte die Mission somit zu einem ganz entscheidenden Teil dazu beigetragen, daß aus der losen Schutzherrschaft des Reichs [in Südwestafrika] ein weitgehend stabilisiertes Kolonialregime wurde und daß durch militärische Aktionen die beiden großen Volksstämme der Herero und Nama ‚befriedet' [...] worden waren. [...] [Beim Aufstand 1904 vertrat die Missionsleitung] sogar die Auffassung, daß die ‚stolzen Herero' schon längst einmal eine ‚Lektion' nötig gehabt hätten und gedemütigt werden müßten".

81 Brief an Fehsenfeld, 17. 10. 1903; zit. nach Schmid [Anm. 74], S. N18: „Es wird ein wahrer Weihnachtsband, der auf der Flur von Bethlehem, wo die Engel sangen, endet. Das will ich Ihnen im Voraus verrathen. Ein lichtes, klares, schönes, hochbefriedigendes Pendant zu meinem „Weihnacht" im Urwalde." Das Weihnachtsgedicht des alten Malaienpriesters in XXX 388.

82 Vgl. Wollschläger: *„Die sogenannte Spaltung des menschlichen Innern"* [Anm. 4], S. 66-82. Das letzte Kapitel der *Friede*-Fassung schildert Wallers Krankheit und Heilung weit ausführlicher als die *Pax*-Fassung, wobei die Figur nicht zuletzt durch den Doppelgänger Dilke eine vertiefte Kontur erhält.

83 Ebd., S. 60.

84 Ebd., S. 75. Der Mythos wird (von Pfarrer Heartman und dem fast genesenen Waller) aufgrund der von Yin gemalten Bilder im „Gemäldesaal" (XXX 634) dargestellt und erläutert (635-639), wobei die Szene durch Dilkes plötzlichen Auftritt und die durch ihn ausgelöste psychische Krise Wallers in „eine eigenartige, beängstigende, für den Psychologen freilich hochinteressante Situation" umschlägt (641).

85 Ebd., S. 79.

86 Vgl. Schmid [Anm. 74], S. N27.

Martin Schenkel

Ecce homo!

Zum heilsgeschichtlichen Friedensmythos in Karl Mays Reiseerzählung ‚Und Friede auf Erden!‘

Am 27. Juli 1900 entläßt Kaiser Wilhelm II. das deutsche China-Expeditionskorps mit einem ‚kaiserlichen Scheidegruß‘, der als ‚Hunnenrede‘ in die Geschichte eingegangen ist. Haß und Feindschaft gegen die Chinesen, christlicher Hochmut und nationaler Stolz, grenzenlose Selbstüberschätzung und imperiale Großmannssucht verklären den Weltherrschaftsanspruch und die martialische Verachtung gegenüber den Chinesen: „*Kommt Ihr vor den Feind, so wird er geschlagen, Pardon wird nicht gegeben; Gefangene nicht gemacht.* [...] *möge der Name Deutschland in China in einer solchen Weise bekannt werden, daß niemals wieder ein Chinese es wagt, etwa einen Deutschen auch nur scheel anzusehen.*“[1] Anlaß für die Aussendung des Expeditionskorps ist der Mord an dem deutschen Gesandten Clemens Freiherr von Ketteler. Den europäischen Großmächten gelingt es, den Boxer-Aufstand, eine nationale Befreiungsbewegung gegen die internationale Fremdherrschaft in China, niederzuwerfen. Am 7. September 1901 wird das ‚Boxer-Protokoll‘ unterzeichnet und China erneut in europäische Interessensphären aufgeteilt. Bereits einen Monat später erscheint das von Joseph Kürschner herausgegebene Sammelwerk *China. Schilderungen aus Leben und Geschichte, Krieg und Frieden. Ein Denkmal den Streitern und der Weltpolitik* im Verlag Hermann Zieger, Leipzig. Der Mahnruf des deutschen Kaisers: „Völker Europas wahret Eure heiligsten Güter“[2], ziert als Motto das Frontispiz-Bild dieses stattlichen Bandes: „Das Werk war nämlich der ‚patriotischen‘ Verherrlichung des ‚Sieges‘ über China gewidmet, [als] ganz Europa unter dem Donner der begeisterten Hipp, Hipp, Hurra und Vivat erzitterte“ (XXX 491). So charakterisiert 1904 Karl May den chauvinistischen Zeitgeist, der in Kürschners Sammelwerk über China auch literarisch zu herrschen begonnen hat. Und unmißverständlich fügt der Dichter hinzu: „Mit dieser Art von Gong habe ich nichts zu tun!“

Zu tun hat er durchaus mit Kürschners Unterfangen, den deutschen Siegern in China ein patriotisches Kriegerdenkmal zu setzen. Für den dritten Teil des Werkes nämlich hat er auf Wunsch des Verlegers und Herausgebers den literarischen Beitrag *Et in ter-*

ra pax geschrieben, ohne anfangs zu wissen, welche Absichten Zieger und Kürschner wirklich verfolgten. Sie haben vom deutschen Erfolgsschriftsteller einen spannenden, fesselnden, ja packenden Abenteuerroman erwartet, um die Verkaufschancen auf dem deutschen Markt zu sichern. Statt dessen lieferte May eine Reiseerzählung, ein Völkerevangelium des Friedens und der Liebe, das nicht nur den deutschen, sondern auch den internationalen Imperialismus, ja den deutschen Kaiser selbst desavouierte. Zunächst unbeabsichtigt, aber dann durchaus gezielt, gelang Karl May ein Schelmenstreich, ein Bubenstück, ein Coup de théâtre auf der Bühne der Weltgeschichte, die eine schauerliche Posse bot.[3]

Et in terra pax, der Titel der ersten Fassung von 1901, ist ein energisch gesetzter Kontrapunkt, der durch die Neufassung von 1904 nochmals pointiert wird. Mays Reiseerzählung lautet nun: *Und Friede auf Erden!*. Indem er die lateinische Version ins Deutsche bringt und mit einem Rufzeichen abschließt, wird sein Mahnruf zur Aufforderung.[4] Der nationalen, religiösen Prätention, wie sie in Kaiser Wilhelms Mahnruf und ‚Hunnenrede' zum Ausdruck kommt, begegnet May klar und deutlich mit der Weihnachtsbotschaft, die der Engel des Herrn den Hirten auf dem Feld bei Bethlehem verkündet hat, als Maria den Sohn Gottes gebar.[5] Mit der Geburt Christi wird die Verheißung des Alten Testaments erfüllt. Gott hat den Erlöser gesandt, der den Menschen Frieden bringt und sie zum Frieden untereinander anhält. Mays biblische Forderung ist zugleich ein Urteilsspruch, den er über all diejenigen verhängt, die im Namen des Christentums die ganze Welt zivilisieren wollen, indem sie ihre Machtansprüche in einem ‚heiligen' Krieg zu verwirklichen suchen. Der Ruf *Und Friede auf Erden!* mahnt die Menschen, der nationalen Übersteigerung Einhalt zu gebieten. Die Ankunft des Friedensfürsten fiel in das Zeitalter des Augusteischen Friedens, in eine Zeit, in der Heils- und Weltgeschichte einander entsprachen. Die Gegenwartsgeschichte der imperialistischen Kriege jedoch widerspricht dieser Verkündigung des ewigen Friedens. Welt- und Heilsgeschichte sind auseinandergetreten. May kündigt so seine Reiseerzählung als Predigt an die Menschen, an die Völker an: Sie sollen dem Krieg, dem Haß, dem Hochmut, dem Stolz, dem diabolischen Anspruch der superbia abschwören.

Indem der Dichter die göttliche Weihnachtsbotschaft – „Gloria in excelsis Deo et in terra pax hominibus bonae voluntatis" (Ehre sei Gott in der Höhe und Friede auf Erden den Menschen seines Wohlgefallens) – prägnant verkürzt, verleiht er ihr eine Wirkung, die erst durch die einleitende Konjunktion „und" suggestive, ja agitatorische Kraft gewinnt. Den Hipp-Hipp-Hurra- und Vivat-

Rufen wird das biblische Wort ‚Einhalt' gebietend entgegengeschleudert. Es ist, als ob May alle seine Vorredner im *China*-Band zum Schweigen bringen wolle mit der kurzen Äußerung: Et in terra pax, um sie in seine geistige Waffenkammer zu führen. Aber nicht nur auf seine Wirkungspoetik verweist diese ‚strenge' Ellipse, sondern auch auf seine Werkästhetik, auf den Inhalt und die Form seiner Reiseerzählung.

Thematisch tritt mit der Verkündung der himmlischen Heerscharen die Geburt Jesu, aber auch sein Leidensweg, sein Tod und seine Auferstehung sowie seine Himmelfahrt in den Vordergrund. Die Weltgeschichte wird der Heilsgeschichte, der Erlösung des Menschen, untergeordnet. Sündenfall, die Vertreibung aus dem Paradies, die Verheißung des Erlösers, Geburt, Tod, Wiedergeburt und die Erhöhung sowie das Jüngste Gericht, Vergangenheit, Gegenwart und Zukunft der Menschen, Hoffen und Vollenden füllen bereits zu Beginn den Bedeutungsraum, der durch den Titel evoziert wird. Erst wenn die Waffen schweigen und auf Erden Friede herrscht, so die Verheißung der Bibel, wird die Welt zum heiligen Land und dem Paradies gleichen. Raum und Zeit, Charaktere und Handlung, Inhalt und Form werden so von Anfang an heilsgeschichtlich transzendiert.

Nicht nur als Mahnung, Appell und Urteil, nicht nur als prägnantes Exempel für die Wirkungs- und Werkästhetik der Reiseerzählung steht Mays Titelwahl, sondern auch als Hinweis auf sein für das Alterswerk typisches Dichtungs- und Kunstverständnis, das untrennbar mit dem Weihnachtsgedanken verknüpft ist:

> Jede wahre Kunst ist Weihnachtskunst [...]. Sie feiert allezeit Weihnacht, nicht jährlich, nur einmal. Sie feiert es im Verein mit dem wahren christlichen Glauben, der seine Glocken auch nicht jährlich nur einmal, sondern ohne Unterlaß läutet, damit der Lobgesang der Heerscharen
>
> „Ehre sei Gott in der Höhe!"
> „Und Friede den Menschen auf Erden!"
>
> nun endlich einmal verstanden und begriffen werden möge![6]

Historisch betrachtet, erteilt May mit dem Titel *Und Friede auf Erden!* der europäischen Lösung der chinesischen Frage eine klare und deutliche Absage. Bevor er jedoch eine neue, gegen den chauvinistischen Geist der Zeit gerichtete Antwort gibt, liefert er eine Analyse der Ursachen des europäischen Imperialismus in poetischer Form. Die beiden großen Reden, die des amerikanischen Professors Garden und die des chinesischen Arztes Fang, erfüllen nicht nur romanimmanente Funktionen, sondern greifen inhaltlich die entscheidenden Argumente der imperialistischen Ideologie auf, die zu Schlagworten der Zeit geronnen sind. Nahezu Wort für Wort,

Zug um Zug widerlegen der Amerikaner und der Chinese die ‚Hunnenrede' Kaiser Wilhelms, und zwar so, als ob sie selbst Zeugen dieses national-religiösen Hochmuts gewesen wären. Der Feldzug gegen China wird begründet mit dem abendländischen Sendungsbewußtsein, den einzig wahren, christlichen Glauben auszubreiten und dem alten Völkerrecht der Gastfreundschaft Gerechtigkeit widerfahren zu lassen. Die chinesische Kultur sei dem Untergang geweiht, mag sie auch gut und schön sein, da sie sich nicht auf das Christentum gründet. Auch der Rassismus, das ‚Vorrecht' der weißen, der deutschen Rasse gegenüber der gelben, gipfelt in der Unterwürfigkeit, „daß niemals wieder ein Chinese es wagt, einen Deutschen auch nur scheel anzusehen".[7] Religiöse Intoleranz, die Anmaßung, die Verletzung heiliger Gesetze zu richten, das Bewußtsein, religiös und auch rassisch höher zu stehen als die Chinesen, sind die Kernargumente des deutschen Kaisers, mit denen er die politischen Machtansprüche in China legitimiert. Das ethische Ziel ist, China die wahre Kultur, die christliche Zivilisation zu bringen. Die christliche Heilsgeschichte gibt die Grundlage ab, auf der die China-Politik ‚divinisiert', der Krieg zum ‚heiligen Krieg' stilisiert wird.

Der gelehrte, kluge, vorurteilslose und scharfsinnige Völkerforscher und Menschenfreund Professor Garden aus Philadelphia verwirft den Hochmut des Westens, über den Osten herrschen zu wollen. Auf die Bibel verweisend, erzählt er die Geschichte vom Sündenfall und von der Vertreibung aus dem Paradies. Der Mensch „vergaß nur allzu bald, daß dies eine Aufgabe sei, die ihn zwar zum Pfleger, aber nicht zum Herrn des Paradieses machen sollte". Den teuflischen Anspruch, wie Gott sein zu wollen, selbst zu bestimmen, „ohne nach den göttlichen Gesetzen zu fragen", und die Habgier mußte der Mensch mit dem Verlust des Gartens Eden bezahlen: „Das ist die Geschichte des Sündenfalles in Beziehung auf das ganze Menschengeschlecht, auf die Nationen und auf jeden einzelnen Menschen." (XXX 136) Phylogenese, Nationalgeschichte und Ontogenese kongruieren. Der Machtanspruch des Westens wird so als erneuter Sündenfall der diabolischen superbia gedeutet. Typologisch stellt der China-Feldzug ein satanisches Unternehmen dar, das nur den falschen Schein der Heilsgeschichte für sich in Anspruch nehmen kann. Der „Teufel der Hab- und Selbstsucht", der zum Brudermord reizt, schleicht sich auch durch unsere Gegenwart; er setzt das Recht der Völker auf Individualität und „die heilige Pflicht, andere Völker sich ausleben zu lassen", außer Kraft. Das „Heilige" hat „dem Unheiligen, die Menschenliebe der Eigensucht, die Zivilisation der Rücksichtslosigkeit [...] gedient"

(137), um der Intoleranz und der superbia die Maske der Gerechtigkeit zu verleihen. Mußte die Menschheit den Sündenfall mit der Vertreibung aus dem Paradies büßen, so bezahlt der imperialistische Nationalismus seinen Brudermord mit dem Verlust der von ihm zerstörten Kulturformen, deren Vielfalt einen unermeßlichen Reichtum verkörpert. Die biblische Erzählung findet ihre weltgeschichtliche Exegese im Kolonialismus. Die Allegorese des Sündenfalls führt zur christlich-ethischen Ideologiekritik des Imperialismus. Das Paradies auf Erden, das Recht aller Völker und Menschen auf Individualität und Vollendung, wird zur Perversion, zur Hölle.

Bilden die Allegorie und die historische Allegorese die ersten beiden Teile der Rede, die wie Gleichnis und Deutung aufeinander bezogen sind, so entwickelt Garden im dritten Teil eine psychologische Betrachtung des Verhältnisses zwischen Christentum und Islam. Am Märchenmotiv des schlafenden Riesen, vergleichbar dem Schlaf der Völker und dem des Islams, erläutert der Professor den Weg, auf dem die weltpolitischen Probleme gelöst werden können: Wenn der Riese erwacht, wenn die Seele am Morgen in den Körper zurückkehrt, wird es vom Verhalten und vom Geist des Christentums abhängen, „ob dieses Erwachen ein freundliches, friedliches sein wird oder nicht“ (139).

Die Frage, ob Buddha, Tao, Lao und Konfuzius auch solche Schläfer seien, leitet über zum vierten Hauptthema, zum Rassismus, zum friedlichen Ausgleich zwischen der weißen und gelben Rasse. Garden warnt davor, die gelbe Rasse ebenso ‚glücklich hinmorden‘ (vgl. 140) zu wollen wie die rote. Die Weltgeschichte habe die Taten von Cortez und Pizarro mit einem Fluch belegt, da Spanien trotz der berühmten Silberschiffe arm und bedeutungslos geworden ist.

Vom Schöpfungsmythos und Sündenfall ausgehend, spannt Garden den thematischen Bogen seines Völkerevangeliums über die diabolischen Taten der Konquistadores, den Massenmord an der roten Rasse bis hin zur Warnung, die gelbe Frage nicht in Feindschaft zu lösen, da die Vorsehung und die in der Weltgeschichte waltende göttliche Gerechtigkeit dem Recht der Völker und der heiligen Pflicht, tolerant zu sein, zum Siege verhelfen wird. Das Märchenmotiv vom schlafenden Riesen ist ein psychologisches Gleichnis für Mays Forderung, den Frieden auf Erden siegen und herrschen zu lassen.

Der Chinese Fang, Arzt und Gelehrter der schönen Künste, von Geburt adlig, prangert ebenso wie Garden in seiner Philippika die Habsucht, die Zerstrittenheit, die religiöse Intoleranz, den roten und gelben Rassenmord des christlichen Abendlandes an (vgl. 170f.). Daß die Chinesen das Gastrecht verletzt haben, weist er als historische Lüge zurück; denn die Europäer haben mit ihrer blutgetränkten Zivilisation, mit ihrer lautstarken Humanität, die nichts anderes als der „verkappte Egoismus“ ist, und mit ihren „haßerfüllten Konfessionen“ die chinesische Gastfreundschaft mißbraucht (172). Fang entlarvt die abendländischen Phrasen, so z. B. das Gerede von den Kulturaufgaben, von den zivilisatorischen Pflichten, von den Sendboten des Christentums als Dekorationsmalerei; denn die „Strömung, welche jetzt gegen die Küste Chinas brandet, ist eine doppelte, nämlich eine religiöse und eine politische, und beide werden uns von einem und demselben Winde zugeführt, dem Egoismus“ (174). Noch präziser als Garden gelingt es ihm, die satanische Verbindung zwischen Religion und Politik auf den Begriff zu bringen.

Hat der amerikanische Professor die chinesische Frage in den großen Zusammenhang der Heilsgeschichte gestellt, Vergangenheit, Gegenwart und Zukunft in großen Schritten durchmessen, so legt Fang das Gewicht seiner engagierten Kritik auf die Gegenwart. Immer wieder lassen sich deutliche Bezüge zur ‚Hunnenrede‘ herstellen: die Verletzung des Gastrechts, die nationale und religiöse Intoleranz, die ideologische Verschleierung, die zerstörerische Verbindung von Religion und Politik. Implizit wird auch der deutsche Kaiser als Diabolus dargestellt, der egoistisch und machtbesessen nur seine Ziele verfolgt. Im Gegensatz zur heilsgeschichtlichen Kritik Gardens steht Fangs Auseinandersetzung mit dem westlichen Imperialismus in der Traditionslinie der Aufklärung. Wie Rousseau bezichtigt auch der Chinese die westliche Zivilisation der décadence. Nicht Allegorie und Deutung, sondern die rationale Analyse der Zeitgeschichte läßt ihn erkennen, daß die chinesische Frage eine religiöse und eine politische, eine rassistische ist. Beide Wege, der amerikanische und der chinesische, führen zur selben Erkenntnis und zu ähnlichen Betrachtungsweisen.

Auch Fang kommt zu dem Ergebnis, daß die religiöse Intoleranz zum Scheitern verurteilt ist und gegen das Recht der Chinesen auf Individualität und ihre freie Entfaltung verstößt. Und die einzig mögliche, völkerversöhnende Antwort auf die China-Frage lautet: Es „ist keineswegs ausgeschlossen, daß der Chinese ein Christ wird, aber er wird es nur dann, wenn er dabei Chinese bleiben kann!“ (176) Die religiöse Frage ist untrennbar mit dem Rassenproblem verbunden. Dieses kann nur gelöst werden, wenn die Menschen unterschiedlicher Rassen sich als gleichwertig, als gleichberechtigt anerkennen. Fang greift, ohne es zu wissen, Gardens Gleichnis vom Schlaf auf und bezieht es auf das Abendland, das sich von seinen „zivilisatorischen Anstrengungen" zu erholen habe (177). China aber stehe vor dem Erwachen. Wiederum, und nun in direkter Umkehrung, wird die Behauptung vom kulturellen Niedergang Chinas zurückgewiesen. Ebenso wie Garden warnt Fang davor, den Schlaf als Schwäche oder gar als Todesmetapher zu deuten und „die Schläferin gewaltsam aufzuwecken": „Man gönne ihr doch ein friedliches Erwachen." (177)

Beide gelangen bei der Analyse der westlichen China-Politik zu der Erkenntnis, daß religiöse und ethnische Vorurteile, die der eigenen superbia entspringen, die eigentlichen Ursachen sind, die den Westen verführen, seine Machtansprüche unberechtigterweise nach Osten hin auszudehnen. Statt Liebe und Altruismus herrschen Haß und Habsucht; statt die Individualität des anderen anzuerkennen, macht man sich „ein Vergnügen daraus", „der anderen Rasse zu zeigen, was eigentlich ‚Rasse' ist" (134). In Fangs Zeitdiagnose der décadence des Abendlandes spiegeln sich kulturell das Fin de siècle und politisch die morbide Staatsverfassung wider, zerfressen von „Anarchismus, Nihilismus, Sozialdemokratismus und anderen Krankheiten" (172).[8] Die Antworten der beiden Gelehrten weisen über die Grenzen der Epoche hinaus. Der Arzt stellt die chinesische Frage in den Kontext der Aufklärung. Lessings Ideen der Toleranz und Nächstenliebe[9], Rousseaus Zivilisationskritik und seine Unterscheidung zwischen amour propre, der Selbstsucht, und der amour de soi, der Eigenliebe, aus der die Nächstenliebe entsteht[10], gehören ebenso zu den geistesgeschichtlichen Quellen wie der Herdersche Gedanke des Historismus[11] und der von Thomasius geführte Kampf gegen das Vorurteil in seiner für die Aufklärung grundlegenden Schrift *De Praejudiciis oder von den Vorurteilen* (1689). Professor Gardens Klärung der chinesischen Frage dagegen setzt ab ovo ein. Indem er sie heilsgeschichtlich-allegorisch als Sündenfall deutet, tritt neben die Aufklärung das religiös bestimmte, dualistische Weltbild des Mittelalters. Aber nicht nur der Inhalt, sondern auch und vor allem die Form, wie er das Zeitalter des Imperialismus in den überzeitlichen Zusammenhang der Heilsgeschichte einbettet und typologisch deutet[12], lassen diese Epoche als weitere, wichtige geistesgeschichtliche Traditionslinie erkennbar werden. Beide Reden ergänzen so einander und weisen den Egoismus des Menschen, seinen Anspruch auf Absolutheit, sowohl religiös als auch rational als Ursache des Kolonialismus aus. Die Wiederholung der Kernaussagen aus zwei unterschiedlichen Perspektiven dient der Ergänzung der Ursachenanalyse ebenso wie der Erhärtung der Beweisführung. Die literarischen Stilmittel der Wiederholung, des Perspektivenwechsels und der Variation, der Einheit in der Vielfalt, sowie das poetische Formprinzip der Allegorie und deren immanente Deutung zeichnen sich bereits in den zwei Diskursen der Gelehrten ab.

May selbst ergänzt in einem dritten Exkurs über das Vorurteil die Betrachtungen des Amerikaners und des Chinesen. In der Rolle des Ich-Erzählers, die typisch für seine Reiseerzählungen ist, reflektiert er die Entstehungsbedingungen und die Wirkung des chinesischen Vorurteils. In der Erziehung und Bildung, in Büchern und Zeitungen hören die Menschen des Abendlandes nichts anderes, als daß die Chinesen „wunderlich gewordene, verschrobene Menschen seien, über welche die Weltgeschichte schon längst den Fluch der Lächerlichkeit ausgesprochen habe". Dieses falsche Urteil „geht auf die Knochen, in Fleisch und in Blut über und bildet ein so unausrottbares Bestandteil unserer geistigen Existenz, daß wir gar nicht auf den Gedanken kommen, zu fragen, ob es ein wahres und also berechtigtes sei" (202).[13] Wie der erzählende Dichter die Entstehung erklärt, das entspricht exakt der Beschreibung des praejudicium auctoritatis bei Thomasius.[14] Aber auch das Moment der fehlenden Reflexion, der unterlassenen Prüfung, ob etwas wahr oder falsch, ob etwas mit der billigen Autorität des falschen Scheins in Fleisch und Blut übergegangen ist, mahnt an Kants Aufforderung: „Sapere aude! Hab Mut, dich deines *eigenen* Verstandes zu bedienen!"[15] Wenn May seine Darlegung ergänzt und eben den gleichen Prozeß aus dem Blickwinkel der Chinesen beschreibt, das Vorurteil des Abendlandes mit dem der fremden Kultur konfrontiert, kann er den berechtigten, aufgeklärten Schluß ziehen: Die „Chinesen halten uns für ganz dieselben Toren, die sie in unsern Augen sind" (202). Treffen beide Urteile aufeinander, wird die Erbitterung nur größer. Die Schellen der Narrenkappe erzeugen einen ohrenbetäubenden Lärm, wenn jeder über die Torheit des anderen den Kopf schüttelt.

Der Narr aber bespiegelt sich selbst. Er kennt weder Liebe noch Verstand. Er ist Narziß. Die Perversion der Liebe in die Selbstsucht ist der Urgrund allen Übels. Eva verkörpert im Verständnis des Mittelalters die Urmutter aller Narren. Mit ihr erhalten die Sünde und der Tod Eingang in die Welt. In der logischen Konklusion des Ich-Erzählers, ganz der Tradition der Aufklärung verpflichtet, verschmelzen die heilsgeschichtliche Weltdeutung und die rationale Kritik des Vorurteils. Wird die logische Schlußfolgerung zur Metapher der Torheit, der entarteten Menschenliebe, verdichtet, so verknüpft der Erzähler die biblische Sentenz mit der aufgeklärten Kritik an autoritär wirkenden, eingefleischten Scheinwahrheiten. Mays Exkurs über das Vorurteil mündet ein in die Lächerlichkeit der Chinesen und in den Hochmut rassistischer Superiorität. Wie Fang und Garden erkennt auch der Erzähler, daß die pervertierte Liebe der letzte Grund für die Vorurteile und die religiös-nationale Intoleranz ist. Die Metapher der Torheit verweist auf das Leitmotiv dieser Mayschen Reiseerzählung, auf die Liebe, die an das Paulus-Zitat aus dem ersten Brief an die Korinther erinnert: „Wenn ich mit Menschen-, ja mit Engelszungen rede, habe aber die Liebe nicht, so bin ich ein tönendes Erz und eine gellende Schelle.“[16] Torheit und Lieblosigkeit gerinnen zur Allegorie des kopfschüttelnden Narren. In der Forderung nach Nächstenliebe und Humanität vereinigt sich die heilsgeschichtliche Weltdeutung mit dem epochenübergreifenden Prozeß der Aufklärung.

Liebe und Mitleid, so die Auffassung der Empfindsamkeit sowie des Sturm und Drang, ermöglichen erst neben der rationalen Aufklärung die umfassende Befreiung des Menschen. Sie bildet die Grundlage für eine humane Gesellschaft, sie sichert den Weltfrieden. Das unauslöschbare Wesen des Menschen, seine Fähigkeit zu lieben, muß zur Fertigkeit ausgebildet werden, um bereits im Diesseits die Erde in ein Paradies zu verwandeln.[17] Nur auf Liebe und Mitleid kann sich der Geschichtsoptimismus gründen, daß statt Haß, Selbstsucht und Krieg Friede, Brüderlichkeit und Liebe unter den Menschen herrschen. Der Dichtung fällt die Aufgabe zu, als Wirkungspoetik den Prozeß der empfindsamen Aufklärung der Menschen zu befördern, zu beschleunigen.

May, der für das leitmotivische Gedicht *Tragt Euer Evangelium hinaus* 1 *Korinther* 13,1 als Motto wählt und der zweiten Strophe voranstellt (380), knüpft zwar an diese aufklärerische Tradition an, deutet sie aber im biblischen Sinne um. Die Liebe wird nicht differenziert als Grundmotiv entfaltet, sondern dem dualistischen Weltbild christlicher Provenienz zugeordnet. May stellt lediglich die christliche Nächstenliebe dar. Die Libertinage etwa spielt überhaupt keine und die Partnerliebe nur eine kleine Nebenrolle.[18] Der Gegensatz zur Liebe ist der Haß. Die thematischen Oppositionen in der Reiseerzählung, so z. B. die zwischen Gut und Böse, Christ und Heide, Vernunft und Wahnsinn, Demut und Hochmut, Vergebung und Rache, Toleranz und Vorurteil, Friede und Krieg, leiten sich alle von diesem Grundgegensatz ab. Die Nächstenliebe wird zum Grundgesetz des christlichen Geschichts- und Erziehungsoptimismus erhoben. Sie bestimmt sowohl die polare Themenführung als auch die dualistische Gestaltung der Handlungsentwicklung und die antagonistische Konfiguration bzw. Darstellung der Romangestalten.

Die Aufforderung „Und Friede auf Erden!“ markiert auf der einen Seite den Zielpunkt der menschlichen Entwicklung. Auf der anderen Seite liefert sie zugleich die Bestimmung der Ursache allen Übels, die fehlende Liebe zwischen den Menschen, deren zeitgeschichtlicher Ausdruck die Landnahme in China ist. Dieser koloniale Wahnsinn beruht auf Vorurteilen und herrschsüchtiger superbia, die wiederum auf Lieblosigkeit zurückgeführt werden. Die Weihnachtsbotschaft, Friedens- und Liebeserklärung Gottes an die Menschen, ist die Offenbarung dieses heilsgeschichtlichen Gesetzes. Die biblischen Worte weisen auch auf das Paradies hin; aber in erster Linie wirken sie aufklärend und politisierend. Die Aktualität und Allgemeingültigkeit dieser Imperialismusanalysen klagt der Dichter Karl May nicht zuletzt dadurch ein, daß er Garden und Fang große Monologe in direkter Rede halten läßt, daß der Ich-Erzähler das Tempus wechselt, um im Präsens seinen Exkurs über das Vorurteil darzulegen.

Ein typischer Vertreter der so diagnostizierten Lieblosigkeit ist Waller, ein amerikanischer Missionar, der über den Orient, Indien, Sumatra nach China reisen will, um die Heiden zu Christen zu bekehren. Bereits die äußere Charakterisierung dieses Anti-Helden antizipiert die Rolle, die er als personifizierte Allegorie in dieser Reiseerzählung zu spielen hat. Er ist groß, hager und hat lange, weiße, gepflegte Hände. Sein Gesicht ist überlang. Er spricht hart und schnell in einem rücksichtslosen, schnarrenden Ton (vgl. 13). Die Länge seiner Gestalt, seines Gesichtes und seiner Hände lassen ihn als ‚Übermenschen‘ erscheinen, der sich für unfehlbar hält und geradezu engstirnig, hartnäckig an seinen vorgefaßten Meinungen festhält. Die Disharmonie des Äußeren entspricht seinem unausgewogenen, hochmütigen Innern. Waller steht im Zentrum des ersten Kapitels, das die Überschrift *Ein Eiferer* trägt. Sein Vorbild ist Elias, dessen Name im Deutschen ‚Mein Gott ist Jahwe‘ lautet. Wallers Bibelworte sollen einem Hammer gleichen, der den Felsen zerschmettert (vgl. 22). Er ist ein „Missionar aus eigener Machtvollkommenheit“ (143). Sein Credo ist der Primat des rechten Glaubens vor der wahren Liebe. Und es gilt, den Vorsprung des Islam einzuholen; denn das „Heidentum wird dem gehören, der es zum Gehorsam zwingt“ (22). Kühn und selbstbewußt bekennt sich Waller zur imperialistischen Rolle des Christentums im Kolonialismus (vgl. 41). Die christliche Mission, geprägt von religiöser Intoleranz und Mangel an Menschenliebe, wird zum Wegbereiter weltlicher Machtentfaltung. Wesentliche Ursachen und Motive des abendländischen Kolonialismus erscheinen als Charakteristika des Missionars. May überträgt so die in den großen

Monologen und Diskursen entfalteten Motive auf die Ebene der Handlung. Reflexion und Erzählung, rationale Analyse und poetische Präsentation werden verknüpft und bilden eine Einheit. Aber erst die Verbindung zwischen Typus, Beruf und Appellativum, zwischen Hochmut, missionarischem Sendungsbewußtsein und Wallen läßt diese Personifikation des Diabolischen in der Reiseerzählung als gelungen erscheinen.

Entsprechend der dualistischen Fügung thematischer Komponenten konfrontiert May diesen Anti-Typus mit der Tochter, *Mary* Waller, deren äußere Erscheinung Ausdruck ihrer ganzen Seele ist. Sie hat – und May greift hier zu den klassischen Topoi – liebe, ehrliche, helle, klare und verständige Augen, die glänzen. Ihre tiefe, sympathische Stimme ist wohlklingend. Mary gleicht in ihrem Wesen der verstorbenen Mutter, die liebevoll, gütig, sanftmütig und bescheiden war (vgl. 138, 142, 271, 342 und passim). Die Mutter ist zwar tot, aber ihre Seele und ihr Vermächtnis der Liebe leben und wirken in Mary fort (vgl. 37). Bezeichnend ist auch der Kontext, in dem der Ich-Erzähler sich als Karl May zu erkennen gibt, als er diese Romanperson zum ersten Mal auftreten und reden läßt. Beeindruckt vom Tor des Orients, von Kairo, erzählt Mary ihrem Vater, daß sie an Karl May und dessen drei Bände *Im Lande des Mahdi* denken müsse. Waller dagegen verurteilt das Schaffen Mays, nennt seine Werke ‚dummes Zeug', Produkte der Phantasie und einer widerwärtigen, weichlichen Frömmigkeit (vgl. 15). Kontext und Hommage Marys an May und die sich fast gleichenden Namen machen die Tochter Wallers zur Sprecherin des Ich-Erzählers und Schriftstellers. Aber auch über die Parallelität der Bezeichnungen ‚Marys Mutter' und ‚Mays Mutter' konstituiert sich die biographische Leseebene.[19] Daneben eröffnet sich ein weiterer, heilsgeschichtlicher Bedeutungsraum in der Namensgebung. Wenn Jesus Christus „Isa Ben Marryam" (593) genannt wird, so postfiguriert Mary Maria, die Mutter Gottes (vgl. bes. 138). Seelisch und geistig ist Mary das Kind ihrer Mutter und des entfernten Verwandten, Professor Gardens. Und nur körperlich ist sie die Tochter Wallers (vgl. ebd.). May bündelt so viele Funktionen in diesem Frauentypus.

Von Garden erfährt der Leser ferner, daß Wallers religiöse Unduldsamkeit und sein Missionseifer erblich bedingt seien, da er ganz in der Traditionslinie seiner Familie stehe (vgl. 142). Wallers Taten im Vorderen Orient, in Ägypten, bestätigen diese Charakteristik; sie verweisen aber zugleich auf das Scheitern seiner Mission: Er kann weder Sejjid Omar (vgl. 20f.), den späteren Diener des Ich-Erzählers, weder die beiden Chinesen Fu und Tsi (vgl. 28-43) in Kairo noch die Gruppe islamischer Mekka-Pilger (vgl. 70-73) bekehren. Die Darstellung und Deutung des Anti-Typus Waller erfolgt in einer die ganze Reiseerzählung prägenden Form: Die poetische Skizzierung beginnt äußerlich und endet bei der inneren Charakterisierung des Missionars. Die auf der äußeren Handlungsebene stattfindende Befreiung Wallers aus der Gefangenschaft bei den Mekka-Pilgern antizipiert die wichtigere innere Erlösung. Der Weg, der die Personen dieser Erzählung vom Vorderen Orient in den Fernen Osten führen wird, ist eine Reise in die Innenwelt, in die Seelenlandschaft des Menschen (vgl. 451), und zugleich die Suche nach dem Paradies. Waller, aufgebrochen, um die heidnische Welt zum ‚rechten' Glauben zu führen, bedarf selbst der Bekehrung, der Wiedergeburt im wahren Glauben. Der gewaltsame Prediger, der Prophet Jahwes, muß noch geläutert werden zum Verkünder der Liebesbotschaft des Neuen Testaments: Aus dem Saulus des ‚missionarischen' Christentums muß der Paulus der Religion der Liebe werden (vgl. 49). Neben den äußeren Spannungsbogen, der durch den vagen Ausgang der Taten Wallers erzeugt wird, tritt der innere, den May durch den Vater-Tochter-Konflikt darstellt. In dieser kontrastiven Konfiguration personifiziert der Dichter den Kampf zwischen dem fanatischen Glauben und der alle Grenzen friedlich überschreitenden Liebe (vgl. 516f.). Ob dieser Gegensatz aufgehoben und vor allem wie er gelöst werden kann, sind die entscheidenden Fragen, die den Erwartungshorizont des Lesers prägen. Diese Verlagerung vom Äußeren zum Inneren gehört nicht nur zu den dominierenden Merkmalen des Romans *Und Friede auf Erden!*, sondern auch zu denen der späten Reiseerzählungen[20] und des Mayschen Alterswerks.

„Erst glaube ich; dann liebe ich" (22), lautet Wallers Bekenntnis. „Es haben die Tempel der Heiden in aller Welt zu fallen. Ihre Säulen müssen zerstört und ihre Mauern eingestürzt werden. Es darf keinen Allah und keinen Muhamed, keinen Zoroaster, keinen Brahma, keinen Confucius und Mencius mehr geben!" (41) Der militante Glaube wird zur idée fixe, die im Bild der zu zerstörenden Heidentempel Gestalt annimmt. Die Besessenheit resultiert aber nicht nur aus dem individuellen Laster des Anti-Helden, sondern auch aus dem allgemeineren sozial-politischen, sozial-moralischen Mißstand fehlender Liebe. Waller ist Handelnder und zugleich Opfer der historischen Verhältnisse. Da das persönliche und allgemeine Versagen der abendländischen Gesellschaft einander entsprechen, entsteht eine Doppelung des Lasters, die der Reiseerzählung eine binomische Grundstruktur verleiht.[21] Indem May die Heilung und Erlösung des besessenen Missionars zum Hauptgegenstand der Romanhandlung macht, liefert er immer auch schon eine scharfe Zeit- und Gesellschaftskritik. Die Verlagerung der Handlungsstruktur auf die innere Ebene, die Bekehrung Wallers, kann deshalb nicht mit einer Entpolitisierung des Romans gleichgesetzt werden. Im Gegenteil, die innere Befreiung Wallers aus der Begrenztheit seiner falschen Maximen rückt das Subjekt in das Zentrum der heilsgeschichtlichen Fortschrittstheorie, die so erneut in die Tradition des Geschichts- und Erziehungsoptimismus der Aufklärung gestellt wird. Indem der Charaktertypus des Missionars aus der Erziehung, aus der Familientradition und aus der Zeitgeschichte heraus erklärt wird, weist die individuelle Emanzipation auch der Entwicklung der Menschheit den Weg der Befreiung. Die Lösung des Tochter-Vater-Konflikts ist zugleich die Aufhebung des Rückfalls der Zivilisation in die Barbarei des Imperialismus. Die konkrete Utopie der „Shen“ im Land Ki-tsching am Ende der Reise, halb irdisch, halb überirdisch, transzendiert den Friedensmythos heilsgeschichtlich. May parallelisiert Ontogenese und Phylogenese, Welt- und Heilsgeschichte. Seine Reiseerzählung *Und Friede auf Erden!* wird zu einem umfassenden, christlich engagierten Agitationsroman.

Die Versuche Marys, ihren Vater durch den Appell an sein Gefühl, an sein Herz, an seine Liebe zu retten, scheitern. Aber auch das im Zentrum des ersten Kapitels stehende religiöse Streitgespräch zwischen Waller und den beiden Chinesen, Fu und Tsi, mißlingt. An seine Wette denkend und voller Euphorie, zwei Chinesen zu bekehren, noch ehe er in China angekommen ist (vgl. 17, 28), entschließt sich Waller, Fu und Tsi den christlichen Glauben zu predigen. Ihre chinesischen Namen, Appellativa, bedeuten „Mann, auch Mensch, auch Vater“, „Abkömmling, auch die Folge von Etwas“ (27). Waller steht den Chinesen gegenüber, die sich Menschen nennen und Anhänger des Konfuzianismus sind. Der Tochter-Vater-Konflikt wird nach außen hin verlagert und durch die kontrastive Konfiguration beider Figurenpaare verstärkt: Der Disharmonie zwischen Waller und Mary wird die Harmonie zwischen Fu und Tsi, Vater und Sohn, entgegengestellt.

Fus Auffassungen über das Verhältnis der Weltreligionen zueinander gleichen bis ins Detail der Ringparabel, die Lessings *Nathan der Weise* erzählt. Waller aber übernimmt die Rolle des Patriarchen, der gleich dreimal über Nathan das Urteil fällt: „Tut nichts! Der Jude wird verbrannt!“[22] Der Eiferer will nicht nur die Tempel der Chinesen, sondern auch die der Heiden in Schutt und Asche legen (vgl. 41). Die Beziehungen zu Lessings Spätwerk, die Art, wie Fu das Streitgespräch führt und für sich entscheiden kann, sowie die Darstellung Wallers als Typus zeigen erneut, wie eng May sich in dieser Reiseerzählung an die Dichtung der Aufklärung anlehnt. Da der Versuch Fus, durch rationale Argumentation den Missionar aufzuklären, fehlschlägt, wird dieser aus dem Kreis der sich versöhnenden Menschen ausgeschlossen. Gleichzeitig isoliert sich Waller selbst; denn er vertritt ein „ganz besonderes persönliches Christentum“, dem „die Hauptsache, nämlich die Nächstenliebe“ fehlt, „ohne die es ja gerade das nicht geben kann, was das Christentum der Menschheit bringen soll, nämlich die Erlösung. [...] Wer sich in dieser Weise mit einer so hohen Mauer umgibt, daß er sie selbst nicht übersteigen kann, der darf nicht erwarten, daß Andere sich die Mühe machen werden, über sie hinweg zu ihm zu kommen. Wer sich mit solcher Ostentation abschließt, wird abgeschlossen bleiben!“ (145f.)

Mit diesem Vergleich wird das Motiv der Gefangenschaft, ein Topos der abenteuerlichen Reiseerzählung, in die innere Gefangenschaft umgedeutet. Zweimal wird Waller auf seiner Reise nach China wegen seines Religionseifers gefangengenommen: das erste Mal, wie bereits erwähnt, von den Mekka-Pilgern, und das zweite Mal von Malaien, deren Tempel er in Brand gesetzt hat (vgl. 271-277). Im ersten Fall gelingt es dem Ich-Erzähler und seinem Diener Sejjid Omar, Waller zu befreien; im anderen Fall ist es Tsi, der den Missionar rettet (vgl. 299ff., 304, 311f.). Während die erste Aktion innerhalb der Erzählzeit und der erzählten Zeit breiten Raum einnimmt und die Oberflächenspannung der äußeren Handlung erzeugt, glückt es Tsi auf zunächst geheimnisvolle Weise, Waller in wenigen Augenblicken frei zu bekommen. Werden bei der Rettung in Ägypten Befreiung, Flucht und Verfolgung erzählerisch dargestellt, so stehen bei der Freilassung auf Sumatra nur noch die wunderbare Wirkung dreier Worte im Vordergrund. Sowohl bei der ersten als auch bei der zweiten Aktion ist die Tat selbst nicht mehr unmittelbarer Gegenstand der Erzählung. Von ihr wird lediglich retrospektiv berichtet. Ein klassisches Grundmotiv der Mayschen Abenteuerromane, Gefangennahme und Befreiung, Flucht und Verfolgung, Aktionen, bei denen der Held seine Klugheit, Tapferkeit und Entschlossenheit unter Beweis stellen kann[23], wird allmählich in den Hintergrund gedrängt. Muß Waller in Ägypten noch um Leib und Leben fürchten, so besteht für ihn selbst bei den Malaien trotz seiner unerhörten Tat keine Todesgefahr (vgl. 276f., 334f.). Die Ebene bloß äußerlicher, spannender Handlung wird im Zuge des Voranschreitens des Erzählens verlassen, um die eigentliche Aufgabe, die Befreiung Wallers aus seiner inneren Gefangenschaft, zu lösen. Daß May den großen Dialogen,

Reflexionen und dem Räsonnement derart viel Raum gewährt, liegt nicht zuletzt in seiner Wirkungspoetik selbst begründet; denn der Leser, bisher durch den äußerlich spannenden Abenteuerroman verwöhnt, muß die Wende nachvollziehen, das Neue begreifen können, soll das eigentliche Werk seine Wirkung nicht verfehlen.

Das Erzählschema der äußeren Befreiung wird deshalb auch nur noch im ersten Kapitel erfüllt, und zwar als Erinnerung an den heldenhaften Ich-Erzähler früherer Abenteuerromane. Bezeichnend ist, daß dieser hier zum ersten Mal aktiv in das Geschehen eingreift. Das zweite Mal mischt er sich auf Ceylon, in Point de Galle, in die Handlung ein, um den Chinesen Fang vor sechs randalierenden, betrunkenen Gentlemen zu schützen. Ein letztes Mal, um das Geschehen auf der äußeren Ebene zu klären und seinen Diener aus der Gefangenschaft der Opiumhändler zu befreien, ergreift er die Initiative, wenn er Dilke, den Neffen Wallers, verhört (vgl. 537). An den Mut und die Tapferkeit, Klugheit und Besonnenheit eines Old Shatterhand oder Kara Ben Nemsi erinnern diese Taten des Ich-Erzählers, der sich dem Leser, und zwar nur ihm, sehr früh als Karl May selbst zu erkennen gibt (vgl. 15). Schon durch diese Identität zwischen Erzähler und Autor hebt sich diese Reiseerzählung vom gesamten früheren Werk ab. Indem sich der Erzähler als Held äußeren Geschehens zurückhält und die Handlung eher testimonial vermittelt – also durch Beobachten und Belauschen sich in die Kenntnis der Fakten und Vorgänge versetzt –, gewinnt er die notwendige Distanz, um auch noch in der personalen Erzählperspektive des Ichs auktorial das Erzählte zu kommentieren und zu deuten. Der Leser wird so in einer ganz besonderen Weise zum Vertrauten des Autors.[24] Wie in den früheren Romanen tritt auch hier der eigentliche Held mit einem Diener auf, der von seinem ‚Sihdi' zum toleranten Moslem, der christlich zu handeln weiß, erzogen wird. Karl May spielt in dieser Erzählung aber nicht nur die Rolle des Herrn, der zusammen mit Sejjid Omar große Taten vollbringt, oder die des aufgeklärten, deutschen Christen, also die des Ich-Erzählers, sondern er ist auch und vor allem der Wundertäter[25], der Dichter und der Psychologe.[26] Karl May selbst wird zur herausragenden Gestalt, zum wahren Helden, dem es gelingt, Waller von seiner Krankheit zu heilen und diesen Anti-Helden, der das Werk des Dichters schroff als phantastische Schwärmerei ablehnt, aus der inneren Gefangenschaft zu befreien. Um den islamstolzen Diener aus der Begrenztheit seines Vorurteils heraus- und ihn zum Wunder der Menschenliebe zu führen[27], genügen Mays Taten und die Darlegung seiner obersten Maxime, der Nächstenliebe. Die Erlösung des Missionars aber stellt eine weit schwierigere Aufgabe dar, weil es weder seiner Tochter noch den Chinesen Fu und Tsi im Religionsgespräch glückt, Waller zu retten. Die Allmacht des Dichters, sein Können und Wirken muß sich an dieser bisher schwersten Aufgabe beweisen.

In der Nacht nach dem Religionsgespräch erlebt der Ich-Erzähler den Wahn Wallers in einem Traum. Der Missionar zerstört Heidnisches und Christliches. Erst eine donnernde Stimme: „Saulus, Saulus, warum verfolgst du mich!", läßt Waller zusammenbrechen und den Erzähler erwachen (49). In nuce antizipiert der Traum das innere Geschehen der Reiseerzählung. Er ist zugleich Alp- und Erlösungstraum. Die Stimme Christi, die Saulus vor Damaskus zu Boden warf, bewirkt auch den Zusammenbruch des Missionars. Waller wird so zur Postfiguration dieses Eiferers, der im Auftrag des Hohen Rates der Juden die Christen verfolgte.[28] Der helle Lichtstrahl am Mittag, der Saulus erblinden ließ, damit ihm später die wahre Erleuchtung zuteil werde, und der Mahnruf Christi wirkten erlösend, denn aus dem Christenverfolger Saulus wurde der Missionar Paulus, der den Korinthern das Evangelium der Liebe predigte.[29] May unterlegt der Bekehrung Wallers den biblischen Saulus-Stoff und gibt dem Leser ein neues Rätsel auf, da der Saulusruf einem christlichen Missionar nicht so recht zu entsprechen scheint. Dieser scheinbare Widerspruch wird aufgelöst, denn Wallers zerstörerischer Missionseifer negiert das grundlegende Gebot des Neuen Testaments, die Liebe. Indem Waller Konfuzianer, die christlich denken und handeln, zum Gewaltchristentum bekehren will, verfolgt er in ihnen die wahren Christen. Waller wie Saulus sind Gewaltmenschen, heidnische Missionare. Die Stimme Christi nennt das Grundmotiv, das auch das gesamte Maysche Spätwerk bestimmen wird: die erlösende Wandlung des Gewalt- zum Edelmenschen, die Bekehrung zur Nächstenliebe.

Typologisch entspricht diesem Mahnruf Christi die Frage Jahwes: „Adam, wo bist du?"[30] Sündenfall, Vertreibung aus dem Paradies sowie Erlösung und Bekehrung, Zusammenbruch und Erwachen werden in diesem Traum des Erzählers aufeinander bezogen. Der Alp- und Erlösungstraum ordnet das Romangeschehen in den heilsgeschichtlichen, umfassenden Zusammenhang ein. Wenn Karl May in seinem Wiener Vortrag *Empor ins Reich der Edelmenschen* aus dem Jahre 1912 – also acht Jahre nach der zweiten *Pax*-Fassung – die Menschheitsfrage mit Jahwes Ruf im Paradies gleichsetzt[31] und das große irdische, vom Schriftsteller anzustrebende Ziel „Und Friede auf Erden!" nennt[32], dann antizipiert er mit diesem Saulusruf, mit dem Traum auch das *Märchen von Sitara*, die heilsgeschichtliche Allegorie des Menschengeschlechts, seinen

Fall und sein Emporsteigen von Ardistan durch Märdistan und den Wald von Kulub nach Dschinnistan.[33] Aber nicht nur die Vorwegnahme des inneren Romangeschehens, die Widerspiegelung der Onto- und Phylogenese in der Heilsgeschichte, die thematische Grundlegung des gesamten Spätwerks leistet dieser Traum, sondern er verweist auch auf die Stellung und Rolle des Dichters.

Wenn es heißt, daß die Stimme Christi den Missionar zusammenbrechen, den Erzähler jedoch aus dem Alptraum erwachen läßt, so erhält der Ich-Erzähler, der Dichter Karl May, von Christus selbst den Auftrag, Waller zu retten, den Saulus zum Paulus zu bekehren. Wie das Mittelalter, so versteht auch Karl May die Kunst als eine christliche, heilige. Die Bibel ist die unerschöpfliche Quelle der Stoffe für die erhabene Dichtung. Ruft der mittelalterliche Dichter Gott an, um in seinem Werk die Wahrheit sagen zu können, so wird der Ich-Erzähler in *Und Friede auf Erden!* durch den Ruf Christi geweckt. Der christliche Künstler wird von Gott inspiriert; er führt die göttlichen Gedanken aus. Im Unterschied zur Moderne, die vom Dichter Originalität und Individualität verlangt, liegt das Schwergewicht der erhabenen Kunst des Mittelalters „nicht so sehr auf Neufindung von Stoffen als auf deren neuer Deutung“.[34]

Die im Traum vernommene Stimme Christi und das Ambiente beim Erwachen des Dichters – der hell strahlende Mond, die offene Balkontür und die so entstehende Klarheit und Deutlichkeit – lassen die im Erzähler ‚aufsteigenden‘ Worte, die sich zum Vers und zur Strophe verdichten, als göttliche, heilige, geoffenbarte Botschaft erscheinen. Mystisch entstehen die Zeilen des Gedichts, das leitmotivisch in die äußere und innere Handlung integriert wird. Das Aufsteigen der Worte im Innern des Dichters und das Bild vom Sternenstrahl[35], der die Zeilen dem Erzähler auf das weiße Blatt wirft, weisen die Lyrik als ‚himmlische Kunst‘ aus:

> Wahre, wirkliche Gedichte werden nicht gemacht [...]; sie entstehen in jenen Sphären, aus denen die Inspiration auf Engelsflügeln niederschwebt, um dem nach oben lauschenden Poeten die Stirn zu küssen und ihm das Auge und das Ohr für eine Welt zu öffnen, die Anderen verborgen bleibt. *Der Dichter ist darum zugleich auch Seher*. (396f.; Hervorhebung M. S.)

Indem der Ich-Erzähler als Dichter über die Entstehung seines eigenen Gedichts Auskunft gibt, die Prosa allmählich rhythmisiert, metrisch gestaltet und in die Reimform überführt, reflektiert er lyrisch die Poesie. Da die eher schlichten, als vers commun abgefaßten, volksliedhaften *Himmelsgedanken* auf ihre Herkunft verweisen, kommt selbst noch der literarischen Form eine Bedeutung zu. Versifizierte Rede erhält so nicht nur das Signum des Sakralen, sondern sie prätendiert auch und vor allem die überzeitliche Gültigkeit ihres Inhalts. Diese poetologische Reflexion des Erzählers Karl May über die Entstehung, Gültigkeit und Wirkung heiliger Lyrik vermittelt das Bild vom heilsgeschichtlichen Dichter, der nur als Prophet Gottes die Lösung der Menschheitsfrage bewältigen kann. Erzähltechnisch wird so der Bedeutungsraum entfaltet, in dem literarische Stilmittel allegorisiert werden. Tätig wird der Dichter selbst, wenn ihm die Himmelsworte geoffenbart worden sind, wenn er den „Hauptgedanken in seine Teile" zerlegt und „über die Verbindung zwischen ihnen" nachsinnt, „um zu einer festen, logisch klaren Disposition zu kommen" (50). Die rationale Formung des Irrationalen, die Übersetzung der mystischen Worte in deutliche logische Beziehungen, zeigt, wie Züge der aufklärerischen Poetik mit dem mittelalterlichen Dichtungsverständnis verschmelzen.[36]

Noch hütet der Ich-Erzähler sein sakrales Geheimnis. Und bevor er in dieser Nacht sein Gedicht vollenden kann, überwältigt ihn der „unverwüstliche, alte und wohlbekannte Papa Morpheus" (50). Vordergründig dient die Unterbrechung des Geschehens der Spannungssteigerung. Genauer betrachtet, füllt auch diese Anspielung auf die griechische Mythologie den Bedeutungsraum. Morpheus, Sohn des Schlafgottes Hypnos, ist der Gott der Träume. Hypnos hat Thanatos, den Tod, zum Zwillingsbruder. Beide stammen von Nyx, der Nacht, ab. Sowohl die Disposition des Gedichts als auch die der gesamten Reiseerzählung werden in dieser scheinbar nebensächlichen, eher komödienhaften Randbemerkung zusammengeführt. Die Nacht und der helle Strahl des Mondes konstituieren die heilsgeschichtliche Lichtmetaphorik ebenso wie das dualistische Weltbild. Morpheus verweist zurück auf den Traum. In Hypnos wird die Heilung Wallers antizipiert, der in einen hypnotischen Schlaf fällt und durch das in diesen Zuständen vorgetragene Gedicht allmählich von seinem Wahn erlöst wird. Thanatos wird zur Allegorie des Kampfes auf Leben und Tod, den der Missionar zu führen hat. Mythologisch ist nur noch Eros, der Gott der Liebe, zu ergänzen, um die Disposition zu vollenden. Die Liebe aber steht als lebensspendendes Prinzip im Zentrum des Gedichts. Das Verknüpfen mythologischer und heilsgeschichtlicher Vorstellungen sowie die poetologischen und narrativen Funktionen, die Dichte, ja Polyperspektivität dieser Passage der Reiseerzählung legen den Formwillen, aber auch die Formkraft Mays dar.

Die Erleichterung des Ich-Erzählers, Wallers Taten nur geträumt, nicht etwa wirklich erlebt zu haben, ist nur scheinbar, deutet doch der Saulusruf Christi auf Wallers zukünftiges Handeln hin. Auch die warnenden Worte, die sich im Erzähler zum Gedicht verdichten, klagen die Realität der Vision und die heilsgeschichtlich verbürgte Wirksamkeit der *Himmelsgedanken* ein. Neben der expositorischen Funktion des Traumes wird ferner die Grenze zwischen Fiktion und Realität reflektiert. Indem der Traum wirklich wird, die Grenze zwischen bloßer Einbildung und Realität narrativ überschreitet, stellt Karl May metaphorisch die Wirklichkeit und Wirksamkeit seiner Dichtung unter Beweis. Die romanimmanente Grenzüberschreitung wird zum Spiegelbild der Realität der Wirkungspoetik. Allein der Sachverhalt, daß Waller, eine fiktive Gestalt, das Maysche Werk als Phantasmagorie ablehnt, selbst aber durch die Dichtung Mays erlöst, ja zum glühenden Verehrer der Reiseerzählung *Am Jenseits* wird (vgl. 452), ist schon beweiskräftig, um der Phantasie die ihr in Wirklichkeit zukommende Rolle zu sichern. Der heilsgeschichtliche Traum wird zur Metapher der poetischen Reflexion. Mays christliche poiesis, die narrative Präsentation heilsgeschichtlich verbürgter, überzeitlich gültiger Realität, stellt das Leiden an der Zeitgeschichte dar, die vergänglich und somit an Raum und Zeit gebunden ist. Mays Dichtung erhebt den Anspruch auf ewige Gültigkeit, die zeitgenössische Gegenwart wird der erlösenden Vergangenheit des Romans ausgeliefert.

Durch die Unachtsamkeit des Dieners Sejjid Omar wird das Blatt mit dem Gedichtanfang vom Wind fortgeweht und gelangt so in den Besitz Mary Wallers, die es ihrem Vater vorträgt. Der Missionar, der May-Verächter, wird von den vier schlichten Zeilen in Bann geschlagen. Er fällt in Trance, nimmt um sich herum nichts mehr wahr (vgl. 57f.). Als er wieder zu Bewußtsein kommt, spricht er in einem „ungewöhnlich weichen Tone“ mit seiner Tochter. Die Änderung seiner harten, „schnarrenden“ Stimme und das liebevolle, persönliche Gespräch mit Mary lassen die Bekehrung Wallers erkennbar werden. Die Bitte an die Tochter, die letzten beiden Zeilen des Gedichts immer dann ihm zu sagen, wenn er „lieblos von denen spreche“, die er „Heiden“ nennt (59), bezeugt erneut die Wirkungskraft der Mayschen Dichtung. Nicht nur sein religiöses Vorurteil gegen die Heiden, sondern auch in erster Linie sein Verdikt über die ‚weichliche Frömmigkeit‘ in den Werken Mays revidiert Waller, ohne jedoch zu wissen, daß diese vierzeilige Volksliedstrophe von eben diesem Dichter stammt. Nur Mary ahnt, daß diese Verse von einem deutschen Dichter verfaßt worden sind. Was die Romangestalten nicht wissen oder nur vage vermuten können, ist für den Leser Gewißheit, die zugleich die Wahrheit der dargestellten Wirkung verbürgen soll. Die vorurteilslose Bewertung der Zeilen durch den erklärten Verächter der widerwärtig ‚frömmelnden' Dichtung Mays wird zu einer uneingeschränkten Hommage an den für ihn allerdings noch anonymen Verfasser:

„Ob die Zeilen als Gedicht gut sind, das weiß ich nicht; ich bin kein Kritiker; aber der Inhalt ist für mich von Wert, und im Ausdruck liegt Etwas, dem ich nicht widerstehen kann. Ich bin so alt geworden und habe doch nie und nicht gewußt, wie sich ein schönes, liebes, reines, klares Wort so schnell und tief ins Herz hinunterheimeln kann!" (60)

Mays Ansprüche, der Primat des Inhalts vor der Artistik der Form und die unmittelbar im Innern des Menschen wirkende Dichtung, werden durch das uneingeschränkte Urteil seines Gegners klar benannt. Zugleich werden die Prätentionen auch eingelöst, in die poetische Präsentation überführt. Die innere Wirklichkeit der Erzählung enthebt May der Aufgabe, seine Poetik in rationalen Diskursen zu rechtfertigen. Die narrative Darstellung der Wirkung legitimiert die Dichtung Mays. Der Dichter wird zum wahrhaften Missionar, der mit seinen *Himmelsgedanken* Mahner, Künder und Bekehrer ist. Nicht in persona, sondern durch sein Werk greift er hier zum ersten Mal entscheidend in das innere Erzählgeschehen ein. Was allen anderen Romangestalten bisher mißglückte, vollbringt der dichtende Prophet.

Auch die besonderen Rezeptionsbedingungen, die Art, wie das Gedicht gesprochen wird, spielen eine entscheidende Rolle. Da Marys Stimme der ihrer verstorbenen Mutter gleicht, die Waller seinen Engel nennt (vgl. 57, 60, 61), werden die Verse mit Engelsstimme vorgetragen. Und wenn Waller mit gefalteten Händen dasitzt und seine Augen „in eine weite, nur ihm bekannte Ferne" (58) richtet, empfängt er geradezu mystisch, aus dem Jenseits die Friedensbotschaft dieses Gebets. Der Inhalt des Gedichts, friedlich und grenzenlos tolerant das Evangelium zu verkünden, erinnert den Missionar an das Vermächtnis seiner verstorbenen Frau: „Sei stets ein echter Christ, und halte Frieden!" (61) Der Traum, die Genese der Verse, die sakrale Form der rhythmisierten Rede sowie die mystische Rezeption der Engelsworte führen zur Aussöhnung zwischen Tochter, Vater und der toten Mutter. Die Harmonie ist grenzenlos, umfaßt sie doch die Sphären des Diesseits und des Jenseits. Die Utopie des Völkerfriedens, die thematisch an den Titel der Reiseerzählung anknüpft, umspannt den ganzen Kosmos.

Die nun folgende Charakterisierung Wallers durch den Ich-Erzähler weitet das mystische Geschehen aus, läßt Waller zur personifizierten Allegorie dieser Friedens-Utopie werden:

Hatte ich gestern gemeint, daß er vielleicht ein ganz guter Mensch sei, so war mir dieses Vielleicht jetzt zur Gewißheit geworden. Nur wohnte und wirkte leider ein Dämon in ihm, der ihn selbst um den Frieden brachte, den er Andern doch so gern geben wollte; er hatte ihn ganz richtig als Aggressivität bezeichnet. Dieser Teufel ist es, der Menschen, Korporationen und Völker immer vorwärts drängt, um neuen Raum zu gewinnen, dabei aber auf dem alten, wohlerworbenen keinen Frieden und keinen Segen aufkommen läßt! (61f.)

Wallers dämonische Besessenheit und die diabolische Aggressivität des Imperialismus entsprechen einander. Wenn der Dichter den Missionar retten kann, dann kann er auch die Welt erlösen. Die Dichtung ist dem heilsgeschichtlichen Exorzismus verpflichtet.

Die Darstellung der inneren Bekehrung Wallers sowie die Deutung und Universalisierung dieses Prozesses durch den Ich-Erzähler spiegeln sich am Schluß des ersten Kapitels auf der äußeren Handlungsebene. Nachdem Waller aus der Gefangenschaft der Mekka-Pilger befreit worden ist, inszeniert May das Versöhnungstableau der Völker im Menahouse-Hotel (vgl. 99).

Am Schluß des ersten Kapitels sind die Erzählstränge der äußeren Handlung nahezu vollständig abgeschlossen. Drei Haupthandlungen bestimmen dieses Kapitel *Ein Eiferer*, das in der *Pax*-Fassung noch *Am Thore des Orients* genannt wurde. Diese Verschiebung in der Kapitelüberschrift verdeutlicht die zentrale Stellung der Waller-Handlung. Die Herr-Diener-Handlung und die Fu-Tsi-Handlung werden der Bekehrung des Missionars zugeordnet. Auffallend ist die Parallelität der Konfigurationen der einzelnen Erzählkerne. Die paarweise auftretenden Romangestalten – Fu und Tsi, Mary und Waller, Ich-Erzähler und Sejjid Omar – haben zu Beginn der Erzählung noch primär kontrastive Funktion. Am Ende des ersten großen Abschnitts werden sie zusammengeführt, um die versöhnte Völkerfamilie zu bilden. Das erste von insgesamt fünf Kapiteln dient somit der Exposition des Handlungsgefüges, der Darstellung der thematischen Komponenten und der Entfaltung der Konfiguration sowie des Bedeutungsraumes. Das im Vordergrund stehende literarische Formprinzip ist die heilsgeschichtliche Allegorie. Der Raum und die Jahres- sowie Tageszeit werden ebenfalls semantisiert. Der Orient, Schauplatz imperialer Machtentfaltung, ist mythologisch-heilsgeschichtlich das Land der Märchen und des Paradieses. Der Vorsommer, in dem sich assoziativ der Name May widerspiegelt, verweist eschatologisch auf die ihm folgende hohe Zeit der Erfüllung, des Paradieses.

Im zweiten Kapitel *Civilisatoren* werden große Räume durchschritten. Über Indien und Ceylon führt der Reiseweg nach Sumatra. Die Kontinuität der Erzählung wird durch die Herr-Diener-Handlung gesichert. Die großen Reden des Amerikaners Garden und des Chinesen Fang weiten thematisch die Erzählung aus. Ihre Reflexionen über den Frieden und Kolonialismus stehen nicht isoliert, völlig losgelöst vom äußeren Geschehen. Im Gegenteil, der Ritt der Europäer wird zur Untergangsallegorie, die Professor Garden unmittelbar aufgreift, um der barbarischen Zivilisation des Abendlandes sein Völkerevangelium entgegenzustellen (vgl. 134). Die Rettung Dilkes vor dem Ertrinken, eine kleine abenteuerliche Randepisode, erhält aber erst retrospektiv, vom Ende des gesamten Romans aus betrachtet, Bedeutung für die Waller-Handlung. Als Randfigur des zweiten Kapitels personifiziert er auf niedrigster Stufe die barbarische Zivilisation. Er ist unfähig, Sejjid Omar, seinem Lebensretter, zu danken. Bereits hier deutet sich an, daß Dilke, der Neffe des Missionars, die Inkarnation des Bösen ist. Makrostrukturell betrachtet, kommen diesem Kapitel expositorische und erklärende, veranschaulichende Funktionen zu. Die Kernhandlungen jedoch werden nicht entscheidend weitergeführt. Wie im ersten Kapitel spielt der Gedanke des Völkerfriedens eine wichtige Rolle, so daß die Kontinuität der Erzählung auch thematisch gewahrt wird. Und analog zum Versöhnungstableau zwischen Fu und Tsi, Waller und Mary sowie dem Erzähler wird nun der Held Sejjid Omar geehrt. Es ist, als ob May seinem Diener Gerechtigkeit widerfahren lassen wolle, war doch für ihn, den Dienenden, kein Platz reserviert im Völkertableau auf der Terrasse des Menahouse-Hotels.

Dominierte in den ersten beiden Kapiteln das chronologische Erzählen, so wechselt May im dritten Kapitel die Erzählform. Entsprechend der Notwendigkeit, vergangenes Geschehen um Waller und den Chinesen Fu und Tsi nachzuholen, wird nun achronisch erzählt. Von Tsi, der sich in Penang aufhält, erfährt der Ich-Erzähler, daß Fu nach China weitergereist sei. Nachforschungen über das Schicksal Wallers ergeben, daß dieser an Dysenterie erkrankt ist. Die Sorge um die Gesundheit des Missionars erinnert den Ich-Erzähler an das noch immer unvollendete Gedicht. Auch die zweite Strophe wird ihm von ‚jenen unsichtbaren Wesen' zugeflüstert (vgl. 219). Die Binnenexposition bisherigen Geschehens und die Vollendung des Gedichts engen das Erzählte immer stärker auf die Waller-Handlung ein.

Überraschend wirkt deshalb auch die Einführung eines zunächst völlig neuen Erzählkerns mit der Ankunft der märchenhaften Jacht „Yin" (vgl. 220). Mit diesem Schiff kommen Sir John Raffley und der Governor, sein Onkel, in Penang an. Raffley mit seiner Chair-

and-umbrella-pipe ist eine Figur aus der frühen May-Erzählung *Der Girl-Robber*, die 1879 entstand, und ihrer Fortsetzung *An der Tigerbrücke* im Band *Am Stillen Ocean*. Irritierend und zugleich überzeugend wirkt die Art, wie May diese fiktive Person[37] einführt: Der Ich-Erzähler zitiert fast drei Seiten lang die Charakteristik dieses „Engländers im Superlativ" (229) aus seiner alten Erzählung. Und nur wenig später erfolgt die neue, veränderte Darstellung Sir John Raffleys:

> Damals war er nichts weiter als ein Engländer im Superlativ, ein Gentleman vom Scheitel bis zur Sohle; jetzt aber war er mehr, viel mehr, nämlich ein harmonisch denkender Mensch und ein zwar nicht sehr schöner, aber dafür bedeutender Mann. (238)

In dieser kontrastiven Doppelcharakterisierung des früheren und des älteren Sir John Raffley spiegelt sich die poetologische Reflexion der Veränderung zwischen Mays Früh- und seinem Spätwerk. Die Außensicht weicht der Innensicht, der spleenige Gentleman dem Menschen. Die Ratlosigkeit des Ich-Erzählers, der dieses „psychologische Rätsel" (239) noch nicht lösen kann, und die Vermutung, daß das „ewig Weibliche" (238) den Schlüssel liefern könne, charakterisieren präzise die Merkmale des Alterswerks. Karl May ist sich des Bruchs in der literarischen Gestaltung seines Werkes durchaus bewußt. Dieser Kontrast in der Doppelcharakterisierung, der Bekehrung des Gentlemans zum Edelmenschen, wird narrativ gestaltet in der Gegenüberstellung Raffleys zu seinem Onkel, dem Governor. Dieser verkörpert den alten Raffley. Die nuancenreiche Darstellung der Wandlung des Governors vom ‚Gentleman der Superlative' zum schlichten Menschen ist zugleich die narrative Rekonstruktion der Veränderung im Werk Karl Mays. Raffley und der Governor werden nicht nur zu Charaktertypen der neuen Ethik, sondern auch zu poetologischen Personifikationen des Umbruchs, der Wende.

Raffley ist zusammen mit seinem Onkel unterwegs nach China, um seiner Frau Yin, der ‚Güte', die ihr gebührende Anerkennung zu verschaffen; denn Raffleys Familie sieht in dieser Ehe mit einer Chinesin eine Mesalliance (vgl. 462). Da der Governor ebenso leidenschaftlich wettet wie Raffley, hat dieser sein unermeßliches Vermögen und seine gesellschaftliche Stellung darauf gesetzt, daß Yin das Gefallen seines Onkels und damit auch des englischen Adels finden werde.

Yin, nach der Raffley seine Jacht benannt hat und die als Gallion und als Porträt dieses außergewöhnliche Schiff schmückt, tritt erst am Ende des vierten Kapitels auf Ocama in Erscheinung (vgl.

488f.). Sie, die engelsgleiche Frau, ist eine wunderbare, überirdische Person. Ebenso wie Fu und Tsi stammt Yin aus der altchinesischen Ki-Familie. Yin wird zum Ideal der Schönheit, zum Spiegel der vollendeten Menschlichkeit, zur „schönen Seele".[38] Sie selbst ist eine Künstlerin und zugleich die Personifikation der wahren Kunst, die Quelle der Inspiration Mayscher Dichtung (vgl. 259, 265, 525, 575-578, 597). Mit Hilfe Yins will Karl May zu seinem eigentlichen Werk durchdringen. Sie war es, die den ‚Gentleman der Superlative' zum Menschen machte. Und sie wird es sein, die den Governor, den Raffley der frühen Erzählung, endgültig bekehrt. Yin ist die Personifikation der Dichtung Mays. Ihr Meisterstück ist die Darstellung der Heilsgeschichte in zwei Bildern: Das erste zeigt den Sündenfall und die Vertreibung aus dem Garten Eden, das zweite das Streben der Menschen nach dem Guten und die Erlösung. Die heilige Sage aus dem Lande Ti, der Erde, erzählt die dargestellte Heilsgeschichte (vgl. 580-588, 635-648). Die beiden Bilder symbolisieren die zwei Akte des theatrum mundi, die May auch seinem Drama *Babel und Bibel* zugrunde gelegt hat.[39]

Der neu eingeführte Erzählkern der Yin-Handlung wird unmittelbar mit dem bisher Erzählten verknüpft. Als der Ich-Erzähler und Raffley von Mary erfahren, daß Waller nicht nur krank ist, sondern auch von den Malaien gefangengehalten wird, deren Tempel er niedergebrannt hat, brechen sie zusammen mit dem Governor und Tsi auf, um den Missionar zu befreien. Mit der märchenhaft schnellen „Yin" verlassen sie Penang und nehmen Kurs auf Sumatra. Dort erhält Mary einen Brief von Professor Garden und ihr Notizbuch, in dem sich das Blatt mit der ersten Strophe des Gedichts befindet. Erneut konzentriert May das Erzählgeschehen auf die Waller-Handlung.

Tsi gelingt es – entgegen der bisherigen spannenden, ja abenteuerlichen Befreiungshandlung –, in wenigen Augenblicken mit drei chinesischen Worten die Freilassung Wallers zu erwirken. Sie lauten: ‚Schin', ‚Ti' und ‚Ho' – Humanität, Bruderliebe und Frieden. Er wie die Malaien sind Mitglieder des chinesischen Geheimbundes „Shen", dessen Losungsworte weit über die Grenzen Chinas bekannt sind (vgl. 304). Waller wird in einer Sänfte gebracht. Ihn begleitet ein alter Malaienpriester, der von Tsis Vater in die Geheimlehre der „Shen" eingeweiht wurde. Bevor aber analog zu den Schlußszenen der ersten beiden Kapitel das Versöhnungstableau, die Segnung Marys durch den Malaienpriester, ausgebreitet wird, legt auch der Geistliche sein Glaubensbekenntnis zu den christlichen Humanitätsidealen ab (vgl. 319-325) und beschreibt die äußere und innere Krankheit Wallers (vgl. 342). Im Innern des Missionars kämpfen zwei Mächte: das Gute gegen den Hochmut, die Liebe gegen den Haß, der Friede gegen die zerstörende Macht, die Seele gegen den diabolischen Geist des Vorurteils. „Die gute Macht“ (342), die Stimme der verstorbenen Frau Wallers, redet deutsch, die böse englisch. Vier wichtige Funktionen kommen der Krankheitsschilderung zu: Zum einen dient sie der Charakterisierung des Malaienpriesters selbst, der Waller vergeben hat. Zum andern faßt sie als Binnenexposition bisher Geschehenes zusammen und bezieht es auf den Charakter des Missionars. Drittens antizipiert sie entscheidende Erzählelemente, die für das Verständnis der inneren Handlung im vierten Kapitel, der Erlösung Wallers, notwendig sind: die Stimmenspaltung und der Kampf zweier Mächte. Viertens dient die Schilderung nicht nur der Einleitung des unmittelbar folgenden Geschehens, sondern auch der Klärung der Schuldfrage: Waller ist das Opfer des tradierten Vorurteils, des Absolutheitsanspruchs des Scheinchristentums. Selbstdarstellung und Fremdcharakterisierung, Binnenexposition und Antizipation zukünftiger Handlung sowie die Überleitung zum Versöhnungstableau sind in dieser Rede des Malaienpriesters eng miteinander verknüpft.

Mary, die voller Rührung den Geistlichen belauscht hat, betritt nun weinend den Raum. Sie bekräftigt den Freispruch des Priesters, spenden doch seine Worte Vergebung und Erlösung.

Nah an der Fenstertür, im Schimmer des Mondes – Stilmittel, die den sakralen Charakter der folgenden Szene andeuten – steht der Malaienpriester, dessen Haar engelsgleich von Haupt und Schulter herabfällt. Wiederum wechselt die Redeform, die rhythmisierten Worte werden zum Gebet. Der Heidenpriester spendet als Mensch mit bebender Stimme Mary den himmlischen Segen. Als er sich niederbeugt, um ihr das gesegnete Haupt zu küssen, gellt „ein lauter zeternder Ruf“ durch den Raum: „Der Heide – – der Heide! Mein Kind, mein armes, armes Kind! Verloren, verloren – – –! Verdammt und verloren für alle Ewigkeit! Für alle Ewigkeit!“ Noch im selben Augenblick bricht Waller zusammen (348). Höhepunkt und Peripetie der Waller-Handlung fallen am Ende des dritten Kapitels ineinander. Die ersten und einzigen Worte Wallers seit seinen Tagen in Ägypten kontrastieren mit der versöhnenden Gebetsszene und leiten spannungsvoll zum vierten Kapitel über. Auch der Traum des Ich-Erzählers, die Vision des die Tempel stürmenden und zerstörenden Missionars, der zusammenbricht, ist Wirklichkeit geworden. In jener Nacht entstanden vier Zeilen des heiligen Gedichts, das der Dichter inzwischen vollendet hat. Es steht im Zentrum des folgenden Kapitels, wenn Waller vom Wahn befreit wird.

Auch unter den Aspekten des Raumes und der Reise erhält der Schluß des dritten Kapitels eine besondere Stellung. Das Ende des ersten sowie des zweiten markieren eine räumliche Zäsur: Der Erzähler verläßt mit seinem Diener Ägypten. Die Handlung des zweiten Kapitels spielt auf Ceylon und endet mit der Überfahrt nach Sumatra. Die Bewegung im Raum und das äußere Geschehen kongruieren mit der Kapiteleinteilung der Reiseerzählung. Anders jedoch schließt das dritte Kapitel. Weder räumlich noch von der äußeren Handlung aus betrachtet ließe sich dieser Einschnitt rechtfertigen. Ebenso wie der Abschied des Malaienpriesters fällt die Fortsetzung der Reise mit der Jacht „Yin" in das vierte Kapitel. An die Stelle der handlungsabschließenden Form bisheriger Einschnitte tritt das offene Kapitelende. Wenn Waller seine Tochter verdammt und zusammenbricht, wird die innere Kernhandlung eröffnet. Indem die makrostrukturelle Gliederung mit der Zäsur der inneren Handlungsentwicklung zusammenfällt, Höhepunkt und Peripetie eine spannungsvolle Einheit bilden, vollzieht sich die Überleitung von der äußeren zur inneren Erzählebene. Die Darstellung bisheriger Außenhandlungen diente ausschließlich der Exposition der nun erst folgenden Kernerzählung. *Das eigentliche Werk beginnt erst jetzt.*

Tsis Diagnose, daß Wallers Zusammenbruch kein leiblicher, sondern ein geistiger ist, daß sein Körper noch lebt, aber sein Inneres, sein Geist und seine Seele, sich bisher noch nicht geregt haben (vgl. 350), knüpft unmittelbar an die Krankheitsschilderung des Malaienpriesters an, der den inneren Kampf zwischen der weiblichen Seele und dem männlichen, tyrannischen Geist beschrieb. Mays Menschenbild ist ein dualistisches, gliedert er doch den Menschen in ein äußeres und inneres Wesen, in Körper sowie Seele und Geist. Der Geist selbst wiederum kann vom Dämon besessen sein und die Seele unterdrücken. Dieses psychologische Menschenbild ist ein heilsgeschichtliches, da im Innern des Menschen der Kampf zwischem dem bösen Geist und der guten Seele wütet. Soll Waller genesen, muß die Seele in ihm siegen, um dem guten Geist, der in Frieden und Harmonie mit ihr lebt, Raum zu geben. Der innere Friede Wallers ist die Voraussetzung für den äußeren in der Welt, die erst dann zum Paradies auf Erden wird. Der Kampf zwischen Gut und Böse umfaßt wiederum die gesamte Weltgeschichte, die dann endet, wenn im eschatologischen Endkampf der Teufel besiegt wird. Mays Psychologie ist sakral.[40] Waller kann also nicht mit irdischen Arzneien geheilt werden.

Wohl gelingt es Tsi, die Dysenterie mit der Ko-su-Pflanze zu bekämpfen. Aber die Erlösung der Seele bzw. die Befreiung des Geistes stellt für den chinesischen Arzt und Psychologen eine weit schwierigere Aufgabe dar; denn der Zusammenbruch hat Waller nicht in den Wahnsinn getrieben, wie die Kapitelüberschrift zunächst suggeriert, sondern innerlich gespalten. Während der Anfälle, so Tsi, spricht Waller überaus klar; seine Logik ist fast überirdisch. Diese „sogenannten Wahnsinnsanfälle" wirken vorteilhaft auf seinen Körper. Die innere Spaltung ist eine zwei- bzw. dreifache. Seine Stimme, in englischer Sprache und als Bariton-Tenor, ist die bekannte, die plötzlich in eine höhere Stimmlage wechselt und sich in der deutschen Sprache ausdrückt. Seine deutschen Äußerungen sind in tadellosen Reimen abgefaßt, die „sanft, zart, weich" klingen, „wie aus einem liebevollen, bittenden Frauenmunde. Und ebenso plötzlich fällt ihm ein tiefer, starker Baß in die Rede, während seine Stimmlage doch fast noch höher als Bariton ist. So ist es, als ob er aus sich selbst und noch zwei andern Wesen bestehe, welche sich um sein Denken und Fühlen mit einander streiten" (377).

Die Stimmenspaltung und der Sprachenwechsel sowie die Differenzierung der Stimmlagen werden zu Metaphern der sakralen Psychologie und der räumlichen, ethischen Unterscheidung zwischen Gut und Böse. Erst jetzt ist die innere, psychologische Charakterisierung Wallers abgeschlossen. Aber auch das verheißene Ziel, der höheren, sich in deutscher Sprache äußernden Stimme zum Sieg zu verhelfen, ist gegeben. Es fehlt nur noch das Mittel, der Weg, der ‚empor zum Edelmenschen' führt.

Der Ich-Erzähler kann den Boten des Malaienpriesters, der einen Brief für den Governor und ein Päckchen für Waller bringt, abfangen. Als er es öffnet, hält er ein Neues Testament in englischer Sprache in seinen Händen. Die markierte Stelle, 1 *Korinther* 13,1, bringt den Erzähler auf die Idee, sein vollendetes Gedicht *Tragt Euer Evangelium hinaus* nun im ganzen Umfang geheimnisvoll der Tochter Wallers in die Hände zu spielen. Die zweite Strophe trägt nun als Überschrift *1. Korinther 13*; denn der Wahnsinn der Lieblosigkeit kann nur durch die Liebe, durch das Liebesgedicht, geheilt werden. Das Schreiben an den Governor enthält ein Gedicht des Malaienpriesters, das Tsi übersetzt und vom Ich-Erzähler in die metrische Form gebracht wird. Sowohl Tsis Vortrag dieser Verse, welche die Weihnachtsbotschaft verkünden und so den Titel des Romans aufgreifen, als auch die Wirkung spiegeln die sakrale Versöhnungsszene zwischen Mary und dem Priester wider (vgl. 388f.). Ebenso wunderbar wie die Umstände, die Wallers

Neues Testament vor den Flammen schützen, wirken die Zeilen des leitmotivischen Gedichts. Der unter den Trümmern des Heidentempels zusammenstürzende Altar, der das Neue Testament unter sich begrub, wird zum Symbol der unzerstörbaren Liebe. Die Flamme der Liebe kann wohl zum kleinen Funken werden, aber auszulöschen ist sie nicht. Es bedarf nur eines Windstoßes, um diesen Funken zur Flamme zu entfachen.[41] Mays *Himmelsgedanken* erhalten so das Signum des Unzerstörbaren. Kontrastierte Wallers Stimme am Ende des dritten Kapitels das Gebet des Priesters, so erklingen jetzt in Harmonie die Gedichte, die heiligen Worte des Geistlichen und des Dichters. Die Friedensbotschaft wird ergänzt durch das Liebesevangelium. Den sakralen Höhepunkt zwischen Mary und dem engelsgleichen Priester noch übersteigend, die Geburt des Friedensfürsten mit dem Sendungsauftrag verbindend, erreicht May die Stufe, von der aus die poetische Erlösung des wahnwitzigen Missionars erfolgen kann.

Das Gedicht gibt den Weg der Erlösung vor (133 u. 219):

Tragt Euer Evangelium hinaus,
  Doch ohne Kampf sei es der Welt beschieden,
Und seht Ihr irgendwo ein Gotteshaus,
  So stehe es für Euch im Völkerfrieden.
Gebt, was Ihr bringt, doch bringt nur Liebe mit,
  Das Andre alles sei daheim geblieben.
Grad weil sie einst für Euch den Tod erlitt,
  Will sie durch Euch nun ewig weiter lieben.

Tragt Euer Evangelium hinaus,
  Indem Ihrs lebt und lehrt an jedem Orte,
Und alle Welt sei Euer Gotteshaus,
  In welchem Ihr erklingt als Engelsworte.
Gebt Liebe nur, gebt Liebe nur allein;
  Laßt ihren Puls durch alle Länder fließen;
Dann wird die Erde Christi Kirche sein
  Und wieder eins von Gottes Paradiesen!

Die äußere Zweiteilung bestimmt auch den dualistischen Aufbau der Einzelstrophe, der durch je zwei Kreuzreime mit entsprechenden Kadenzen geprägt ist. Assonanzen, Schweifreime und Anfangskehrreime verzahnen die einzelnen Verse, die eine Einheit bilden. Die Kerngedanken der ersten Strophe, der Völkerfriede und die Liebe, werden in der zweiten Strophe gespiegelt. Der erlösende Opfertod Christi im ersten Teil des Gedichts wird ergänzt durch die Verheißung des ewigen Friedens, der die Erde wieder zum Paradies werden läßt. Die klingende Kadenz im letzten Vers hebt in besonderer Weise das Ziel des menschlichen Strebens hervor; denn im Garten Eden herrschen die Liebe und der Frieden in Harmonie.

Wie Jonas, der drei Tage im Bauch des Fisches verbrachte, die dreitägige Grabesruhe des Erlösers präfiguriert, so postfiguriert Wallers Heilungsprozeß, der sich in drei nächtlichen Visionen vollzieht, das Leiden, den Tod und die Auferstehung Christi. Der ersten Vision liegt die erste Strophe des Mayschen Gedichts zugrunde (vgl. 399-415). Der christliche Heilsweg und der Ruf zur Umkehr sowie Wallers Selbsterkenntnis am Morgen im Strahl der Sonne, daß er nun nicht mehr der Missionar, sondern das Kind, der Knabe Waller sei, bestimmen die erste Vision. Da Waller nicht nur seine individuelle Tat bereut, sondern auch die Heilsgeschichte vom Sündenfall bis zur Erlösung durchlebt, entspricht die Ontogenese der Phylogenese. Die Regression vom Mann zum Kind befreit ihn vom Vorurteil seiner Väter. Das pädagogische Werk, aus diesem Kind einen Edelmenschen zu machen, kann beginnen. Und erst jetzt kann die Reise mit der „Yin" fortgesetzt werden. Über Penang, Singapur an Macao, Hongkong und Shanghai vorbei geht es dem geheimnisvollen Norden, Ocama und Ki-tsching entgegen. Die beiden letzten Visionen wird Waller auf der Jacht haben, wenn durch Yin, durch seine Frau und durch die zweite Strophe des Gedichts die Güte und Liebe zum Kind zurückkehren (vgl. 444-448, 468-476). Bereits nach der zweiten visionären Nacht ist Waller so stark, daß er Mays *Am Jenseits* wie einen Spiegel der Selbsterkenntnis lesen kann (vgl. 452). Endete die erste Vision mit dem Opfertod Christi, so setzt die zweite mit der Auferstehung und mit dem Sendungsauftrag an die Jünger ein. Wallers Bekenntnisse zu Liebe, Güte und zur religiösen Toleranz haben das alte Vorurteil vollständig verdrängt. Wenn Waller aus dem Roman *Am Jenseits* die Worte „El Mizan, die Waage der Gerechtigkeit", zitiert, schließt sich der Kreis der Heilsgeschichte.

In der dritten Vision, die sich auf dem Vorderdeck der Jacht unter freiem Sternenhimmel ereignet, rezitiert Waller die letzten vier Verse des Mayschen Gedichts. Erneut durchlebt er die Heilsgeschichte, nun aber mit der Geburt des Friedensfürsten beginnend, über den Tod und die Auferstehung bis zur Verkündigung des Völkerfriedens, mit dem die Weihnachtsbotschaft ihre Erfüllung findet. Die Verheißung des Titels dieser Reiseerzählung erfüllt sich im inneren Frieden Wallers. Neben den vielen Reflexionen und Kommentaren des Erzählers und Tsis dienen auch die zahlreichen Bezüge zur Vision des Münedschi und das Gleichnis von der Taucherinsel Ti dazu (vgl. 424-431), den mystischen Erlösungsprozeß des Missionars dem Leser verständlich zu machen.

Da nun Waller in den Kreis der wahren Christen aufgenommen werden kann, kommt auch die Reise ihrem Ziel näher. Shanghai, genannt vor der dritten Vision Wallers, ist der letzte geographisch exakt zu identifizierende Ort. Den empirischen Raum verlassend, nähert sich die Jacht Ocama. Diese Insel ist die Umkehrung, der Gegenentwurf zu Macao, der ersten portugiesischen Kolonie in China. Auf ihr betreten die Reisenden surreale Gefilde. Halb irdisch, halb überirdisch liegt hinter Ocama das Festland Ki-tsching, auch Shen-Kuo, das heilige Land, genannt. Ki-tsching bedeutet das Land des Hoffens und Vollendens. Ki-tsching ist die räumliche Allegorie der Weihnachtsbotschaft und Spiegelbild des Orients, des Heiligen Landes, in dem der Garten Eden lag. Raffley und Fu, der Engländer und der Chinese, haben dieses Land erworben und dort das ‚Reich der Shen' gegründet. Hier lebt auch Yin, die an diesem Projekt der wahren, christlichen Zivilisation mitarbeitet. Ki-tsching ist die konkrete Utopie, das Gegenbild zur imperialistischen Landnahme und tyrannischen Zivilisation des Abendlandes in China. Auch am Ende des vierten Kapitels steht das Versöhnungstableau der Völker, wenn Fu Raffley, den Erzähler, Mary, Omar, Fang, Tsi und den Governor begrüßt. Die formale Gestaltung dieser Szene, der achsensymmetrische Aufbau der Zeremonie, spiegelt die Harmonie wider, in der China die alte und neue Welt willkommen heißt (vgl. 484-487). Die Verheißung der himmlischen Heerscharen ist im inneren Frieden Wallers und im Völkerfrieden der „Shen" Wirklichkeit geworden.

Ki-tsching wird geographisch näher durch die Stadt Shen-Fu und das auf dem Berg liegende Raffley-Castle beschrieben. Der Name der Stadt, deren Bürgermeister Raffley ist, verweist auf den chinesischen Geheimbund und auf Fu, der sie gegründet hat. Da das transliterierte Wort ‚Shen' im Chinesischen auf zwei Zeichen zurückzuführen ist, kann es ‚Körper', ‚Mensch', aber auch ‚Geist', ‚Seele', ‚das Heilige' bedeuten. Die so generierte Bedeutungsvielfalt des Wortes ‚Shen' umfaßt in nuce die Fügung thematischer Komponenten dieser Reiseerzählung *Und Friede auf Erden!*. Shen-Fu heißt in der Übersetzung auch ‚heiliger Vater'. Typologisch entspricht die ‚Stadt des Heiligen Vaters' Rom. Der Papst ist der Nachfolger des heiligen Petrus, des Stellvertreters Christi auf Erden. Da anagogisch, d. h. im eschatologischen Sinn, die himmlische Gottesstadt im Paradies Jerusalem ist, kommt Shen-Fu auch diese heilsgeschichtliche Bedeutung zu.

Raffley-Castle, eine exakte Nachbildung des englischen Schlosses, ist durch seitliche Flügelbauten erweitert worden und bildet so das Kreuz der Nächstenliebe. Auch die Losungsworte der „Shen",

‚Ti', ‚Schin', ‚Ho', ‚die Bruderliebe', ‚die Humanität' und ‚der Friede', erhöhen als Kreuz die allegorische Architektur des Schlosses. Die Flügelbauten sind der Bruderliebe und dem Frieden geweiht. Hinter Raffley-Castle liegt das Paradies und Yins Atelier. Den Abschluß der aufstrebenden Gebäude bildet die Kapelle. Das alte Schloß in England besteht aus schwerem Grampiangranit, das neue aus weißem Marmor. Der Form nach hat es noch den alten ‚Körper'; aber schon im Material hat es sich dem neuen Geist und der Seele entsprechend verändert (vgl. 515f.). Raffley-Castle versinnbildlicht die neue, sakrale Psychologie ebenso wie die christliche Ethik der Nächstenliebe. Der Geheimbund „Shen", Ocama und Ki-tsching mit dem Schloß und Shen-Fu werden so zu heilsgeschichtlichen Allegorien des wahren Christentums.

In Shen-Fu und auf Raffley-Castle soll der Shen-Ta-Shi, der große Tag der „Shen", gefeiert werden, zu dem auch der buddhistische Priester Ho-Schang mit seinen Gläubigen kommt. Unter seine Gefolgschaft haben sich Rebellen gemischt, die in Shen-Kuo die Macht und die angeblich märchenhaften Schätze an sich reißen wollen. Ein Opiumschiff mit Händlern, unter ihnen Dilke, der Neffe Wallers, bildet die Vorhut und ist die Waffenkammer der Rebellen. Fu und Ho-Schang gelingt es, die Revolution, die Störung des äußeren Friedens am großen Tag der „Shen" zu vereiteln. Nur Dilke, den inzwischen der böse Geist Wallers bis an den Rand des missionarischen Wahnsinns getrieben hat, glückt es, unbemerkt in das Schloß zu gelangen. Aber auch Waller befindet sich mit den anderen auf dem Weg nach Raffley-Castle. Er will das Paradies sehen.

Am Abend zuvor hat Mary berichtet, daß Waller abermals gesprochen habe. Er sagte, daß der Knabe nun fort sei. Später wiederholte er mehrere Male die Worte „Gott" und „Mensch", bis er sie zusammenfügte zu „Gottmensch". Gleiches geschah mit den drei Worten „Liebe", „Selbstsucht" und „Menschlichkeit". Er schloß mit dem Wort „Shen" (vgl. 553f.). Aus dem Missionar, der zum Knaben wurde, ist der Edelmensch geworden. Wie stark jedoch dieser gute Menschengeist ist, muß noch geprüft werden.

Im Gemäldesaal, in dem der Ich-Erzähler sich von Yin und dem englischen Reverend Heartman das ‚Paradies' zeigen ließ, erwacht Waller. Alle haben sich versammelt, auch Ho-Schang mit seinen Priestern. Waller, dem der Reverend bereits die heilige Sage vom Lande Ti erzählt hat, bittet, den Vortrag für das zweite Bild halten zu dürfen. Sein Wunsch wird erfüllt. Heartman erzählt den ersten Teil der heiligen Sage und öffnet den Vorhang des ersten Bildes, das den Sündenfall, die Vertreibung des hybriden Menschengeistes und seiner Gefolgschaft, zeigt. Das zweite Bild zeigt den demütigen Menschengeist und den Erlöser, Jesus Christus. Er ist als Geist gekommen, um ‚Shen', seine Seele, auferstehen zu lassen (vgl. 587). Wallers Heilung, die in den Worten „Gottmensch" und „Shen" gipfelte, wird durch die psychologische Deutung des heilsgeschichtlichen Mythos retrospektiv erhöht. Der Edelmensch tritt die imitatio Christi an.

Als Waller nun selbst das zweite Bild erzählerisch untermalt, wandelt er den letzten Teil der heiligen Sage ab. Das irdische Paradies wird zum Garten Eden werden, wenn „ein Christenpriester einen Heidenpriester segnen darf, ohne darob selbst verflucht zu werden". Waller läßt den Vorhang des zweiten Bildes nun öffnen, um „nicht nur das Paradies, nein, auch den Himmel" zu zeigen; „denn jene ferne Stunde [...] ist keine andere als die jetzige!" (637) Diese Umdeutung, diese nuancierte Variante der heiligen Sage spiegelt Wallers innere Erlösung wider. War er es, der seine Tochter verdammte, als sie vom Malaienpriester gesegnet wurde, so will er jetzt selbst die Verheißung erfüllen. Der Höhepunkt und die Peripetie am Ende des dritten Kapitels werden retrospektiv harmonisiert, da schon damals die hohe Zeit begann, als in Waller der diabolische Geist zusammenbrach. An diesen Höhepunkt erinnernd, bittet Waller Ho-Schang zu sich, um ihn zu segnen. Wie auf Sumatra erscheint auch hier der alte Geist des Missionars in der Gestalt Dilkes, um diesem ‚Frevel' Einhalt zu gebieten (vgl. 639). Erneut entbrennt der heilsgeschichtliche Zweikampf. Dilke, der Antichrist, steht Waller und damit Christus selbst und der „Shen" gegenüber. Dieser Kampf, die Allegorie des eschatologischen Endkampfes zwischen Gott und dem Teufel, wird psychisch ausgefochten. Mays Gedicht, das Waller Dilke entgegenwirft, entscheidet den Kampf. Die Worte wirken wie Waffen, der Völkerfriede, die Liebe lassen Dilke zusammensinken; seine Gesichtszüge verzerren sich. Dem Wahnsinn nahe, übertönt er die zweite Strophe. Als Dilke sich mit zu Krallen zusammengezogenen Fingern auf Waller stürzen will, tritt Tsi ihm entgegen, die Liebesverse wiederholend. Brüllend verläßt Dilke den Raum und stürzt sich in den Abgrund (vgl. 644-649). Der heilsgeschichtliche Friedensmythos, wie ihn die heilige Sage aus dem Lande Ti berichtet, ist an Waller und Dilke Realität geworden. Die christliche Utopie des inneren und äußeren Friedens hat gesiegt. Retrospektiv werden so zugleich die letzten Geheimnisse dieser Reiseerzählung geklärt. In der Variation der Sage verbürgt Waller die universale Gültigkeit der künstlerischen Erlösungserzählung *Und Friede auf Erden!*. Christi Saulusruf und der Zusammenbruch des diabolischen Geistes im

Missionar, im Traum antizipiert und am Ende des dritten Kapitels realisiert, werden auf der äußeren Ebene der Handlung durch die Besessenheit Dilkes, durch seinen Wahnsinn und durch den Sprung in den Abgrund konkretisiert. Wallers geistiger Zusammenbruch wird erst jetzt heilsgeschichtlich und psychologisch deutbar. Die göttliche Inspiration, die dem Dichter die heiligen Verse eingab, ist die Seele des Friedensfürsten, ‚Shen' selbst.

Die innere Handlung der Erlösung Wallers wird am Schluß der Reiseerzählung auf der äußeren Ebene als personifizierter Zweikampf dargestellt. In den drei Visionen vermittelte May das innere Geschehen durch den lyrischen Dialog, durch die Stimmenspaltung. Sowohl der Zweikampf als auch die Visionen sind in der psychologischen Deutung der Heilsgeschichte eingebettet. Dialog und Personifikation sind aber primär stilistische Mittel der Darstellung äußerer Handlungen. May selbst muß diese Spannung zwischen dem Inhalt und der Form als noch zu lösendes Problem erkannt haben, denn die über drei Kapitel lange Exposition der inneren Handlung, die vielen Wiederholungen, Spiegelungen, Umkehrungen und Selbstzitate dienen dem Ziel, der inneren, psychologischen Deutung des heilsgeschichtlichen Friedensmythos eine ihm angemessene Form zu geben. Der innere Monolog, die erlebte Rede, ‚the stream of consciousness', diese Stilmittel der literarischen Gestaltung inneren Geschehens, die zum Teil ja erst um die Jahrhundertwende und später kreiert wurden, fehlen völlig. Dies ist jedoch nicht als Mangel zu deuten, denn der Reiz dieser Reiseerzählung besteht auch darin, daß es Karl May zum ersten Mal gelingt, mit den alten Stilmitteln des Abenteuerromans die äußere und innere Erzählebene zu verbinden, den literarischen Weg von den späten Reiseerzählungen zum Alterswerk zu ebnen. Nicht der scharfe Bruch, sondern der gleitende Übergang zur allegorischen Phase seines ‚eigentlichen Werks' markiert den Stellenwert dieser Reiseerzählung innerhalb der Mayschen Dichtung. Das Selbstbewußtsein des Dichters, das sich in dieser Erzählung manifestiert, gründet sich auf die Gegenstände, auf die heilsgeschichtlichen Wahrheiten, die den Anspruch auf überzeitliche Gültigkeit erheben. Die ewigen Wahrheiten sind mythische, die erst durch ihre Wiederholbarkeit gültig werden. Der heilsgeschichtliche Friedensmythos kann deshalb Universalität und Ubiquität beanspruchen, in der Gewißheit, den Gesetzen von Raum und Zeit enthoben zu sein.

Wenn am Schluß dieser Reiseerzählung Fu die kaiserliche Botschaft verkündet: „Meine Brüder, es gibt – – – Krieg!" (658), so wird der Sieg des ewigen Friedens am Shen-Ta-Shi, am großen

Tag der „Shen“, am Weihnachtstag, durch die Historie kontrastiert. Erneut wird der Höhepunkt der Heilsgeschichte der Peripetie der Weltgeschichte gegenübergestellt. Erst dieser Kontrast aber verhindert, daß aus der Utopie eine Phantasmagorie wird. Erst dieser gebrochene Schluß verleiht dem Mythos die Wirksamkeit einer kontrafaktisch gültigen, konkreten Utopie, auf der sich die Aktualität der Reiseerzählung *Und Friede auf Erden!* gründet.

Anmerkungen

1 Kaiserlicher Scheidegruß an das Expeditionskorps. In: Joseph Kürschner (Hg.): *China. Schilderungen aus Leben und Geschichte, Krieg und Sieg. Ein Denkmal den Streitern und der Weltpolitik.* Leipzig [1901], Zweiter Teil, Sp. 198.

2 Ebd., Erster Teil, Sp. 515; vgl. auch das Frontispiz-Bild.

3 Vgl. hierzu den überaus wichtigen und aufschlußreichen Beitrag über den Briefwechsel zwischen Zieger, Kürschner und May: Hermann Zieger/Joseph Kürschner: *Briefe über Karl Mays Roman ‚Et in terra pax‘.* In: JbKMG 1983, S. 146-196. – Genaueren Aufschluß neben den Briefen gibt das Zieger-Gleichnis *Der Zauberteppich*, das wohl am 16. bzw. 17. Juli 1901 entstanden ist (vgl. ebd., S. 166); Erstdruck v. *Der Zauberteppich* in: KMJb 1923, S. 12-16; vgl. hierzu Max Finke: *Aus Karl Mays literarischem Nachlaß (Schluß)*, ebd., S. 17-25; vgl. überdies Ekkehard Bartsch: *‚Und Friede auf Erden!‘ Entstehung und Geschichte.* In: JbKMG 1972/73, S. 105f., sowie Erich Heinemann: *Ijar und Yussuf el Kürkdschü. Joseph Kürschner, Karl May und der Deutsche Literaturkalender.* In: JbKMG 1976, S. 191, 194-196. Neben diesen Publikationen über den Briefwechsel und das Gleichnis sind für die Entstehungsgeschichte der genannte grundlegende Aufsatz von Ekkehard Bartsch (S. 93-122) sowie Roland Schmids *Nachwort zur Reprint-Ausgabe* v. Karl May: *Im Reiche des silbernen Löwen III.* Bamberg 1984, S. N13-N28, wichtig. Einen ausgezeichneten Vergleich beider Textvarianten bietet Hansotto Hatzig: *Et in terra pax – Und Friede auf Erden. Karl Mays Textvarianten.* In: JbKMG 1972/73, S. 144-170; ferner: Thomas Ostwald: *Werksgeschichte, historischer Hintergrund und Inhalt* (Nachwort zu: Karl May: *Et in terra pax und Und Friede auf Erden*). Bamberg, Braunschweig 1976 (ohne Paginierung). Darüber hinaus sei auf den Reprint der ersten Textfassung aus dem Sammelwerk *China* [Anm. 1], Dritter Teil, Sp. 1-284, und des von May veränderten und hinzugefügten Teils der späteren Buchausgabe *Und Friede auf Erden!* verwiesen: Karl May: *Et in terra pax und Und Friede auf Erden*, hg. u. mit einem Nachwort versehen v. Thomas Ostwald unter Mitarbeit v. Roland Schmid u. Siegfried Augustin. Bamberg, Braunschweig 1976. Als weitere Quelle

sei genannt: Hans Wollschläger/Ekkehard Bartsch: *Karl Mays Orientreise 1899/1900. Dokumentation.* In: JbKMG 1971, S. 165-215; vgl. ferner: Ulrich von Thüna: *Ein Brief Karl Mays an eine pazifistische Zeitschrift.* In: JbKMG 1970, S. 160-162, u. ebd., S. 156-159: Karl May: *Sur le Rapprochement Franco-Allemand.* – Zu den wichtigen frühen Interpretationen vgl. Amand von Ozoróczy: *Karl May und der Friede* (1928). In: KMJb 1978, S. 191-246; Artur Buchenau: *Karl Mays Friedensgedanken.* In: KMJb 1923, S. 40-54

4 Vgl. Zieger/Kürschner [Anm. 3], S. 161

5 Vgl. *Lukas* 2,14.

6 Karl May: *Briefe über Kunst.* In: *Der Kunstfreund* 22/8, N.F, 1906. Faksimile-Wiedergabe in: *Magazin für Abenteuer-, Reise- und Unterhaltungsliteratur*, H. 15, 3. Quartal 1977, S. 47-52; H. 16, 4. Quartal 1977, S. 26-36, hier: H. 15, S. 52 (Brief vom 2. November 1906).

7 Wie Anm. 1.

8 Zugleich bringt er Mays politische Aversionen zum Ausdruck, die den vertretenen Toleranzgedanken in sich brüchig werden lassen.

9 Vgl. hierzu Heinz Stolte: *Auf den Spuren Nathans des Weisen. Zur Rezeption der Toleranzidee bei Karl May.* In: JbKMG 1977, S. 17-57.

10 Vgl. Horst Turk: *Dialektischer Dialog. Literaturwissenschaftliche Untersuchung zum Problem der Verständigung.* Göttingen 1975, S. 173-180.

11 Vgl. Ekkehard Koch: *„Jedes irdische Geschöpf hat eine Berechtigung zu sein und zu leben". Zum Verhältnis von Karl May und Johann Gottfried Herder.* In: JbKMG 1981, S. 166-206.

12 Vgl. Friedrich Ohly: *Vom geistigen Sinn des Wortes im Mittelalter.* In: *Zeitschrift für deutsches Altertum* 89 (1958/59), S. 1-23.

13 Vgl. zur Entwicklung des China-Bildes im Gesamtwerk Mays bes. Erwin Koppen: *Karl May und China.* In: JbKMG 1986, S. 69-88; ferner Hartmut Schmidt: *Vom „Methusalem" zur „Shen".* In: MKMG 12 (1972), S. 4-8 u. MKMG 13 (1972), S. 3-6.

14 Christian Thomasius: *De praejudiciis oder von den Vorurteilen.* In: *Deutsche Literatur, Sammlung literarischer Kunst- und Kulturdenkmäler in Entwicklungsreihen.* Reihe: *Aufklärung*, Bd. 1. Wien, Leipzig 1928, S. 28-59, hier S. 37f.

15 Immanuel Kant: *Beantwortung der Frage: Was ist Aufklärung?.* In: ders.: *Was ist Aufklärung?. Aufsätze zur Geschichte und Philosophie*, hg. u. eingeleitet v. Jürgen Zehbe. 2., erw. u. verb. Aufl., Göttingen 1975, S. 55.

16 1 *Korinther* 13,1.

17 Vgl. Martin Schenkel: *Lessings Poetik des Mitleids im bürgerlichen Trauerspiel „Miß Sara Sampson": poetisch-poetologische Reflexionen. Mit Interpretationen zu Pirandello, Brecht und Handke.* Bonn 1984, S. 218ff.

18 So die Liebe zwischen Yin und Sir John Raffley sowie die zwischen dem Chinesen Tsi und der Tochter Wallers.

19 Vgl. hierzu die ausgezeichnete Studie von Hans Wollschläger: *„Die sogenannte Spaltung des menschlichen Innern, ein Bild der Menschheitsspaltung überhaupt". Materialien zu einer Charakteranalyse Karl Mays.* In: JbKMG 1972/73, S. 11-92.

20 Vgl. Claus Roxin: *„Dr. Karl May, genannt Old Shatterhand". Zum Bild Karl Mays in der Epoche der späten Reiseerzählungen.* In: JbKMG 1974, S. 15-73, bes. S. 48f., 55-63. Vgl. auch Hartmut Vollmer: *Karl Mays „Am Jenseits". Exemplarische Untersuchung zum „Bruch" im Werk.* Ubstadt 1983; Hans Wollschläger: *Der „Besitzer von vielen Beuteln". Lese-Notizen zu Karl Mays ‚Am Jenseits' (Materialien zu einer Charakteranalyse II).* In: JbKMG 1974, S. 153-171; ferner Gernot Grumbach: *Das Alterswerk Karl Mays. Ausdruck einer persönlichen Krise.* SoKMG 32 (1981); Sibylle Becker: *Karl Mays Philosophie im Spätwerk.* Ubstadt 1977; vgl. auch Koch [Anm. 11] sowie Helmut Schmiedt: *Karl May. Studien zu Leben, Werk und Wirkung eines Erfolgsschriftstellers.* Königstein/Ts. 1979, S. 231-234; ferner Britta Berg: *Religiöses Gedankengut bei Karl May.* SoKMG 47 (1984).

21 Zur Unterscheidung der monomischen und binomischen Struktur vgl. Horst Steinmetz: *Die Komödie der Aufklärung.* 2., durchges. u. bibliograph. erg. Aufl., Stuttgart 1971, S. 30f., 36.

22 Gotthold Ephraim Lessing: *Nathan der Weise. Ein dramatisches Gedicht in fünf Aufzügen* (1779). In: ders.: *Werke*, 8 Bde., hg. v. Herbert G. Göpfert. München 1970-1979, Bd. 2 (IV/2.).

23 Vgl. hierzu besonders Volker Klotz: *Durch die Wüste und so weiter. Über Karl May.* In: *Akzente* 9 (1962), S. 356-383, hier S. 375; zu diesem Motiv vgl. auch Gert Ueding: *Der Traum des Gefangenen. Geschichte und Geschichten im Werk Karl Mays.* In: JbKMG 1978, S. 60-86. Beide Aufsätze wurden erneut abgedruckt in: *Karl May*, hg. v. Helmut Schmiedt. Frankfurt/M. 1983.

24 Vgl. zu den Funktionen und Wirkungsweisen dieser besonderen Erzählperspektive Schmiedt [Anm. 20], S. 188-191. In Mays Reiseerzählung *Und Friede auf Erden!* wird dieses komplexe Gefüge um eine Nuance erweitert, und zwar durch die Identität zwischen Autor und Ich-Erzähler; vgl. hierzu Roxin [Anm. 20], S. 45.

25 Gemeint ist hier die nachgeholte Vorgeschichte über die Begegnung zwischen ‚Karl May' und dem blinden Vater Sejjids, dessen Herzenswunsch erfüllt wird, May „sprechen zu sehen" (XXX 165).

26 Vgl. auch Karl Mays Brief an Hans Möller vom 6. 10. 1905, zit. bei Roxin [Anm. 20], S. 62.

27 So der englische Pfarrer Heartman über Sejjid Omar (vgl. XXX 592).

28 Vgl. *Apostelgeschichte* 9,22 u. 26.

29 Vgl. 1 *Korinther* 13.

30 Zur typologischen Verknüpfung zwischen dem Saulusruf und der Frage Jahwes vgl. XXX 49; vgl. 1 *Mose* 3,9 u. 19.

31 Ekkehard Bartsch: *Karl Mays Wiener Rede. Eine Dokumentation.* In: JbKMG 1970, S. 47-80, hier S. 56.

32 Ebd., S. 53.

33 Vgl. ebd., S. 54f. Zur Textfassung des *Märchens von Sitara* vgl. Karl May: *Mein Leben und Streben*. Freiburg/Br. 1910; Reprint mit Vorw., Anm., Sach-, Personen- und geographischem Namensregister v. Hainer Plaul. Hildesheim, New York 1975, S. 1-7.

34 Ohly [Anm. 12], S. 20f. u. vgl. S. 1.

35 Vgl. hierzu May: *Mein Leben und Streben* [Anm. 33], S. 140f.

36 Vgl. Martin Schenkel: *„Babel und Bibel". Ein aufklärerisches Drama des Mittelalters*. In: Schmiedt [Anm. 23], S. 278-309.

37 Vgl. hierzu den vor Assoziationskraft sprühenden Essay Wolf-Dieter Bachs: *Sich einen Namen machen*. In: JbKMG 1975, S. 34-72, hier S. 35f., 39, 42f., 45, 53; zu Dilke vgl. S. 34f.; zu Yin vgl. S. 40, 48, 49; zu Padang vgl. S. 41; zur Betelnuß vgl. S. 45f., 48; zum Galle Face-Hotel vgl. S. 47.

38 Die Verbindungslinien zwischen Schillers Ästhetik, dessen Erziehungs- und Geschichtsoptimismus und der Mayschen christlich-religiösen Kunsttheorie sowie dessen Psychologie können hier nicht weiter verfolgt werden. Daß Yin dem Schillerschen Ideal der ‚schönen Seele' gleicht, zeigt erneut, wie sehr Mays Spätwerk auch dem deutschen Idealismus verpflichtet ist. Vgl. Friedrich Schiller: *Ueber Anmuth und Würde*. In: *Schillers Werke*. Textrevision v. Heinrich Kurz, 8 Bde. Leipzig, Wien o. J., Bd. 7, S. 210-260; vgl. ders.: *Ueber die ästhetische Erziehung des Menschen, in einer Reihe von Briefen*, ebd., S. 326-417; ders.: *Ueber naive und sentimentalische Dichtung*, ebd., S. 440-519.

39 Karl May: *Babel und Bibel. Arabische Fantasia in zwei Akten*. Freiburg/Br. 1906; vgl. zum dualistisch-heilsgeschichtlichen Gestaltungsprinzip Schenkel: *„Babel und Bibel"* [Anm. 36], S. 284, 287-289.

40 Zu Mays Anthropologie im Spätwerk vgl. Becker [Anm. 20], S. 8-28. Zur Übertragung dieser Psychologie auf die Kunst anhand der Unterscheidungen Bilder, Malerei und Schmiererei sowie Talent und Genie vgl. XXX 370f.

41 Vgl. Gotthold Ephraim Lessing: *Hamburgische Dramaturgie*. In: ders.: *Werke* [Anm. 22], Bd. 4, 76. Stück, S. 586f. Im Gegensatz zu May ist es nach Lessing nicht die Liebe, sondern das Mitleid, das den Funken zur Flamme entfacht; vgl. hierzu Schenkel: *Lessings Poetik des Mitleids* [Anm. 17], S. 218ff.

Eckehard Koch

„Soll es etwa so weit kommen, daß schließlich der ganze Orient unter den Hufen des Occidentes liegt?“

Zum zeitgeschichtlichen Hintergrund von ‚Und Friede auf Erden!‘

1. Auftakt zu einer doppelbödigen Reise

Die Reise des Erzählers, die in Karl Mays *Und Friede auf Erden!* geschildert wird, beginnt nicht im Allegorischen, aber sie endet dort; ihr Ausgangspunkt ist auch nicht China, wenngleich der Roman zu Mays ‚China-Werken‘ gerechnet wird. Der Anlaß, ihn zu schreiben, lag tatsächlich in der Situation im ‚Reich der Mitte‘ begründet, Chinesen spielen eine wesentliche Rolle in ihm, und die Grenzen zwischen Realität und Traum werden im *Friede*-Roman gerade in China fließend. Wie in der *Einleitung* zum vorliegenden Studienband dargelegt, schrieb May die Reiseerzählung ursprünglich unter dem Titel *Et in terra pax* für ein nationalpatriotisches Sammelwerk, das der unter deutscher Beteiligung stattgefundenen China-Expedition im Zusammenhang mit dem sogenannten ‚Boxer-Aufstand‘ ein Denkmal setzen sollte. „Das Werk war nämlich der ‚patriotischen‘ Verherrlichung des ‚Sieges‘ über China gewidmet, [als] ganz Europa unter dem Donner der begeisterten Hipp, Hipp, Hurra und Vivat erzitterte“, und da May bekanntlich mit „dieser Art von Gong“ (XXX 491) nichts zu tun haben wollte, entlarvte er mit seinem Werk nicht nur des Herausgebers Kürschner ‚Monument‘, sondern auch den Imperialismus, und hierbei nicht nur den deutschen, sondern auch den europäischen und internationalen. Ihm war er während seiner realen Reise auf Schritt und Tritt begegnet, und sein Roman folgt ihr von Kairo über Ceylon bis Sumatra, von wo aus sie sich dann ins Allegorische erhebt. Jener erste Teil von Mays real-irrealer Reise ist in der Betrachtung bislang eher in den Hintergrund getreten, aber er gehört zu Mays Roman gleichermaßen wie der China-Teil.

Kürschners Sammelwerk erschien im November 1901, Mays reale Reise begann im März 1899 und endete im Juli 1900. Erst im darauffolgenden April nahm er die Arbeit an *Et in terra pax* auf, die etwa ein halbes Jahr dauerte. Dabei flossen nicht nur tatsächliche Reiseeindrücke und -erlebnisse mit ein, sondern auch diverse

Stimmungen und Grundeinstellungen. So verfaßte May auf seiner Orientreise eine Vielzahl von Gedichten, die später in den *Himmelsgedanken* zusammengefaßt wurden, und analog findet sich in *Und Friede auf Erden!* lange, inhaltsschwere Poesie, mit dem besonderen Gedicht *Tragt Euer Evangelium hinaus* als Leitgedanken des Romans. Darüber hinaus spielen Anklänge an seine eigene Lebensreise mit hinein, so vielerlei Hinweise auf frühere Werke, speziell *Im Lande des Mahdi*, *Der Girl-Robber*, *Im Reiche des silbernen Löwen*, *„Weihnacht!"* und *Am Jenseits*. Das ‚Ich' ist in *Und Friede auf Erden!* niemand anderer als der Schriftsteller Karl May persönlich, der sich auch der Beurteilung durch seine Leser – speziell Vater und Tochter Waller – stellt. So gewinnt die reale wie die ideelle Reise noch weitere Ebenen, doch dieser Aspekt von Mays Roman muß hier ausgeklammert bleiben.

2. Reale Reisestationen

2.1. Kairo

Am 14. April 1899 traf May in Kairo ein, wo er im Hotel Bavaria eine nach seinem Empfinden schöne Bleibe fand.[1] Hier, in Kairo, läßt er seinen Roman beginnen, in einer Stadt, die damals eine rasante Wandlung erfuhr. Um den Hintergrund dafür zu verstehen, muß man wissen, daß Ägypten im 19. Jahrhundert einen großen Sprung in Richtung Europäisierung versucht hatte. Seit 1517 unter türkischer Herrschaft und von türkischen Gouverneuren, sogenannten Paschas, regiert, war Ägypten im 18. Jahrhundert von schweren inneren Unruhen erschüttert worden. 1798 eroberte Napoleon das Land, der von hier aus die britische Position in Indien bedrohen wollte. Zwar dauerte das französische Intermezzo nur drei Jahre, bis die Briten es beendeten, aber es öffnete das Land für europäische Ideen – und bereicherte umgekehrt das europäische Wissen über Ägypten ungemein. Begründer des modernen Ägypten ist – so zwiespältig er auch zu Lebzeiten und im Lichte der Geschichte zu sehen ist – Mehemed Ali (1769–1849). Neben militärischen Eroberungen, z. B. in Nubien und im Sudan, ist sein Name verbunden mit der Gründung der ersten modernen Industrie in Ägypten, mit der Verbesserung von Bewässerungs- und Kanalsystemen, mit der Gründung technischer Schulen und der Entsendung ägyptischer Studenten nach Frankreich. Einer seiner Nachfolger, sein Sohn Muhammed Said, der von 1854 bis 1863 regierte, war abendländisch gebildet; unter ihm begann der Bau des Suez-Kanals (1859–69), und unter seinem Nachfolger Ismail (1863–79, seit 1867 Vizekönig des türkischen Sultans) wurden Eisenbahnen gebaut, die Ausstattung der Städte (z. B. Beleuchtung und Verkehr) verbessert und weitere Bewässerungsanlagen und Wasserleitungen errichtet. Schulen wurden gegründet, die Arbeit ausländischer Wissenschaftler, Buchdruck und Presse gefördert und in Kairo eine Bibliothek, ein Museum und eine Sternwarte errichtet. Die Sklaverei wurde in Ägypten schon 1855 abgeschafft, wenn das Verbot auch wirkungslos blieb. Jedoch hatten die Unternehmungen und der persönliche Lebens- und Führungsstil Ismails auch ihre Kehrseite. Anfang der 70er Jahre geriet Ägypten in extreme finanzielle Schwierigkeiten und 1875 in den Staatsbankrott. Ein Jahr später bildeten England und Frankreich eine Kommission zur Sanierung der ägyptischen Finanzen. Ismail mußte abdanken, und sein Sohn und Nachfolger Tewfik (1879–92) war ein schwaches Werkzeug in den Händen Englands und Frankreichs. Die europäische Vormundschaft führte zur Steigerung der ohnehin schon lange vorhandenen Fremdenfeindlichkeit, die nun mit dem Höhepunkt des europäischen Einflusses in Ägypten ihren eigenen Höhepunkt erreichte. Die folgenden Jahre waren – auch vor diesem Hintergrund – von starken Unruhen geprägt. Eine blutige militärische Rebellion unter Arabi Pascha, die vielen Europäern das Leben kostete, führte aber nicht zur Befreiung von den Fremden, sondern im Gegenteil zur Besetzung Ägyptens durch England und zur Errichtung eines Protektorats 1882 (obwohl Ägypten nominell bis 1914 zum Osmanischen Reich gehörte). Ein Jahr zuvor hatte im Sudan der Aufstand des Mahdi begonnen, und bis zum Sieg der Engländer über die Mahdisten 1898 war der Sudan für Ägypten verloren – die ‚Wiedervereinigung' war allerdings nur der Beginn einer neuen unheilvollen Entwicklung.[2] Auf Tewfik folgte sein in Wien erzogener Sohn Abbaß II. Hilmi (1874–1944), unter dem sich, da er in der Politik kein Glück hatte, der englische Einfluß weiter verstärkte, verbunden mit Namen so tüchtiger Finanz- und Staatsmänner wie Evelyn Baring (1841–1917, 1899 zum Viscount Cromer ernannt), der von 1877 bis 1907 in Ägypten erfolgreich und positiv wirkte. So heißt es in einer zeitgenössischen Quelle:

> Wenn man zugibt, daß die Ägypter ohne fremde Aufsicht keine Ordnung aufrecht halten können, so ist den Engländern eine gewisse Berechtigung nicht abzusprechen, an der ihnen durch das mangelhafte Verständnis für die tatsächlichen Verhältnisse bei den übrigen europäischen Großstaaten zugefallenen Aufgabe nach eigenem Ermessen und Vermögen weiter zu

arbeiten. Es läßt sich auch nicht bestreiten, daß sie das Land tüchtig gefördert haben. [...] Die Aufhebung des Kurbasch (Strafe des Durchpeitschens) und (seit 1886) der Fronarbeit, ein gerechter gehandhabtes Steuerwesen und die allmähliche Zunahme der ersten Schulbildung werden vielleicht einen Teil der Sünden, die die Jahrhunderte an den Fellachen begangen haben, gutmachen. [...] Großartig sind die umfassenden englischen Arbeiten zur Regelung des Nillaufes [...]. Der Staudamm bei Assuan, 1898–1902 aufgeführt und 1907–12 erhöht, gestattet, [...] der Wüste Kulturland abzugewinnen [...]. Die öffentliche Sicherheit, die nunmehr nach langen Jahrhunderten wüster Zustände [...] endlich an den Ufern des Nils eingekehrt ist, wird wohltuend empfunden und gewährt der Bevölkerung, Reichtum zu erwerben und zu genießen. Die wirtschaftliche Entwikkelung Ägyptens im 19. Jahrh. steht fast beispiellos da.[3]

In dieser Zeit der europäischen Vereinnahmung Ägyptens und des Wiedererstarkens der nationalistischen Bewegung (der Nachfolger Barings, Sir Eldon Gorst, wurde 1911 abgelöst, weil er zu nachsichtig gegenüber der nationalistischen Bewegung erschien) kam May nach Kairo. Lebten um 1800 in dieser Stadt mit ihren engen Gassen, ihren 300 Moscheen und 1000 Minaretten etwa 200.000 Menschen, meist im Elend, so waren es um 1900 über eine Million. Neue Stadtviertel entstanden westlich der Altstadt, zu beiden Seiten des Nils, auf den Nilinseln Gasira und Roda und nördlich der Altstadt. Ende des 19. Jahrhunderts entwickelte sich Kairo – seit 1863 Hauptstadt an Stelle von Alexandria – zu einer Weltstadt, gekennzeichnet durch breite Straßen, Banken, Handelsfirmen, Regierungsgebäude und Geschäfte in moderner, mehrstöckiger, westeuropäischer Bauweise. Boulevards durchschnitten nun die Altstadt, Parks, öffentliche Plätze und neue Wohnsiedlungen kamen hinzu. Zu Vororten westlich des Nils führten Brücken von der Innenstadt, und Eisenbahnlinien verbanden Kairo mit anderen Städten – die erste mit Alexandria 1855.

Freilich die Schattenseiten fehlen nicht, und die ungesunde Spekulation der Europäer und Einheimischen rief schon bedenkliche Krisen hervor. Wer heute die sogenannte „moderne Großstadt" Kairo (640 000 Einwohner nach der Zählung von 1907) betritt, sieht kein sonderlich erfreuliches Schauspiel: der Schmutz des Orients und die Geschmacklosigkeit Europas paaren sich im äußeren Ansehen der Stadt zu einem seltsamen Mischgebilde, das in jeder „Saison" (Januar und Februar) in Scharen zuströmende Europäer „interessant" finden. Blickt man den Verhältnissen auf den Grund, so läßt sich die tiefe Berechtigung von Arabis Kampfruf „Ägypten den Ägyptern" nicht verkennen.[4]

Wenn schon solche Töne in zeitgenössischen Quellen angeschlagen wurden, wie viel mehr mußte der antiimperialistisch denkende May den Widerspruch empfinden:

Da sind zunächst die Touristen. Man gehe einmal durch die Scharia Bab el Hadid nach dem Bahnhofe, um diese Leute bei ihrer Ankunft aussteigen zu sehen. Sie kommen eigentlich nicht, sondern sie werden gebracht; sie steigen nicht aus, sondern sie werden ausgestiegen. [...] Sie sind nicht mehr Personen oder gar Individualitäten, sondern einfach Gegenstände des betreffenden Reisebureaus. [...] Sie machen den Eindruck der Unwissenheit und der Hilflosigkeit, und jeder Eingeborene, dessen Dienste sie in Anspruch nehmen müssen, hält es für sein gutes Recht, ihre Unkenntnis möglichst auszubeuten. [...] Der Tourist, besonders der sogenannte „Herdentourist", [...] ist ein personifiziertes Bakschisch, welches das Abendland dem Morgenlande bringt. (45-47)

May fällt über die Touristen noch manch anderes treffende Urteil, z. B. bei der Beschreibung von Schiffstouristen (150f.), denen man dieserart noch heutzutage begegnet. Doch auch er ist hier nur ein Tourist. In den sechs Wochen, in denen er in Kairo weilt, macht er kleinere Ausflüge in die Umgebung, so am 19./20. April 1899 nach Gizeh zum Menahouse-Hotel, wo er bei Mondschein vor den Pyramiden sitzt – eine Szene, die in seinem Roman in überhöhter Form wiederkehrt –, und auf Kamelen nach Sakkara (im Roman erwähnt, 100) und bekanntermaßen nach Heluan. Am 23. Mai schloß er mit Sejd Hassan einen Dienstvertrag, und als Sejjid Omar spielt dieser in seinem Roman eine gewichtige Rolle. Mit ihm besuchte er im Mai und Juni Siut, Luxor mit dem Ruinengebiet von Theben (wo er wohl die von seiner *Baedeker*-Ausgabe [1897] empfohlenen Besichtigungen machte), Assuan sowie Schellal und kehrte von dort zurück nach Luxor, Abydos und Minjeh. Am 18. Juni traf er wieder in Kairo ein. Nichts von all diesen Eindrücken findet sich im Roman, es bleibt bei der Szenerie Kairo sowie Gizeh, wohin May im Roman Sejjid Omar anders als bei der realen Reise schon mitnimmt. Hier ist der Schauplatz der ersten Rettung des Missionars Waller aus den Händen von Mekka-Pilgern durch den Erzähler und Omar, eine Tat, die besser verschwiegen wird, denn schon damals war der Tourismus für Ägypten eine wichtige Einnahmequelle: „Der Wohlstand seines Dorfes hing von den Besuchern der Pyramiden ab" (87), und so bittet der Scheich el Beled aus dem „arabische[n] Dorf el Kafr, dessen Bewohner, von den Touristen vollständig verdorben, in rücksichts- und charakterloser Aufdringlichkeit das Menschenmöglichste leisten" (64): „Verschweig in der Stadt, was hier geschehen ist und was vielleicht noch geschehen wird! Auch die Leute des Hotels werden nicht davon sprechen, weil das Gerücht, daß die Besucher der Pyramiden ihres Lebens nicht sicher seien, die Zahl der Gäste sehr vermindern würde" (88). Wie wahr, und das noch heute: 1996/97 hatte die Angst vor terroristischen Gewalttaten in Ägypten nachgelassen, und der Tourismus wuchs etwa im ersten Halbjahr 1996 um 25,3 % gegenüber dem Vorjahr an – 3,8 Millionen Touristen strömten in das Land. Aber am 17. November 1997 kamen bei einem Anschlag eines islamistischen Kommandos in Luxor 58 Touristen, 4 Ägypter und 6 Attentäter ums Leben – der Tourismus nahm schweren Schaden, erst im Juni 1998 erreichten die Besucherzahlen wieder annähernd die des Vorjahres. Die Maßnahmen zum Schutz der Touristen wurden seitdem stark verschärft.[5]

In Mays Roman übertrifft aber der Fanatismus des Abendländers Waller den der Mekka-Pilger, und das vor dem Hintergrund des Zwiegespräches zwischen Waller und seiner Tochter. Der Orient „ist für mich ein schlafender Prinz im stehengeblieben[en] Saale einer eingefallenen, morgenländischen Königsburg. Seine Bestimmung ist, von einer abendländischen Jungfrau aufgeweckt zu werden“, sagt Mary, ihr Vater hält dagegen: „Alles, was da noch orientalischen Ursprungs ist, steht im Begriff, im Schmutze zu versinken. Alles Neue, Praktische und Gute aber hat diese Stadt vom Abendlande bekommen“ (15). Die Europäer sehen es heute noch vielfach so, viele Ägypter – wie zu Mays Zeiten – sehen es anders: ein Boden, auf dem Fundamentalismus und Fanatismus gedeihen. Noch immer wartet der Orient auf Marys „abendländische Jungfrau“.[6] Und May schreibt am 17. Mai 1899 in die Heimat:

> Grad weil das Leben des Orientes so inhaltslos, so oberflächlich, schmutzig und lärmvoll ist, wirkt es auf die besser veranlagten Menschen vertiefend, bereichernd, reinigend, beruhigend und befestigend. Man wendet sich unbefriedigt und bedauernd ab und geht nach innen.[7]

Demgegenüber schrieb ein Journalist rund 100 Jahre später:

> Wer nie Karl May gelesen hat, sollte die Finger vom Fach [Orientalistik] lassen. Gewiß, der Sachse schrieb [in seinen abenteuerlichen Orientromanen] aus einer eurozentrischen, um nicht zu sagen herablassenden Perspektive. Aber das ist nicht entscheidend. Um sich ein Leben lang mit dem Orient zu befassen, bedarf es starker Bilder, einer Sehnsucht, einer Legende. Ohne privaten Mythos hält man den Alltag nicht aus.[8]

2.2 Ceylon

Die nächste reale Station in *Und Friede auf Erden!* ist Ceylon, das heutige Sri Lanka. Auf seiner tatsächlichen Reise gelangte May mit Sejd Hassan auf der „Bayern“ am 6. Oktober 1899 nach Colombo, der Hauptstadt von Ceylon, und stieg im Grand Oriental Hotel ab.

In Colombo blieb er bis zum 28. Oktober, unternahm Tagesausflüge und eine Fahrt nach Point de Galle, wo er übernachtete. Anklänge an die reale Reise finden sich im Roman verschiedentlich, und wenn er seine Hotels oder die Stadt beschreibt, so gibt er sicher die Wirklichkeit wieder. In seinen Karten nach Hause behauptete er, vielleicht ein „orientalisches Klondyke", auf jeden Fall ein reiches, ausgedehntes Goldfeld entdeckt zu haben.[9] In seinem Roman schildert er Begebenheiten mit ‚Zivilisatoren': europäischen ‚Gentlemen', die in Colombo einen Pilgerzug vor sich her jagen oder niederreiten, und europäischen Rowdies, die in Point de Galle einen Chinesen anpöbeln und darob von Omar und May die Treppe hinabgeworfen werden. Hier ist romanhaft umgesetzt, was May auf seiner Reise immer stärker spürte: „Dieses Hôtel ist das schönste, was ich auf Erden gesehen habe, leider aber nur zur gründlichen Ausbeutung der Menschen errichtet. Die Segnungen des Christenthums!"[10] Oder, auf einer Ansichtskarte „Tamil Lady": „So gehen hier die eingeborenen Frauen der besseren Stände. Es ist ein herrlicher Menschenschlag, der aber durch die sogenannte Civilisation seine Herzensschätze verlieren wird."[11] So schrieb er am 10. Oktober an Klara Plöhn. Er schwelgte „förmlich in Natur- und Schönheitswonne" (an Wilhelmine Beibler, 10. 10.) ob der herrlichen Insel[12], aber im Roman bemerkte er auch:

> Die Bungalows der Weißen sind von herrlichen Gärten und Parks umgeben, in denen die indische Vegetation zur vollsten, herrlichsten Geltung kommt. [...]
>
> Die von den Eingeborenen bewohnten Stadtteile haben schmale Straßen; die Häuser und Häuschen stehen eng beisammen. Man sieht Laden an Laden, und wer sich vor gewissen Gerüchen scheut, der tut wohl, sich in eine der stets und überall vorhandenen Rickschahs zu setzen und dahin zu fahren, wo es nicht mehr riecht. (118)

Ceylon hatte eine unruhige und blutige Geschichte hinter sich.[13] Im Spätmittelalter, etwa ab 1000 n. Chr., entstanden Reiche und vergingen wieder. Ein singhalesisches Staatswesen erreichte im 12. Jahrhundert mit der Herrschaft über ganz Ceylon einen Höhepunkt seiner politischen Machtentfaltung und kulturellen Entwicklung, aber verfiel danach wieder. Nur kurze Friedensperioden unterbrachen die ständigen Thronstreitigkeiten und sonstigen inneren Unruhen. Im Norden entstand im 14. Jahrhundert ein unabhängiges tamilisches Königreich – die Spannungen zwischen Tamilen und Singhalesen dauern an bis in unsere Zeit. König Parakkamabahu VI. (1415–67) gelang es noch einmal, ganz Ceylon zu einen, er förderte Religion, Kunst und Wissenschaft, aber nach seinem Tod zerfiel das Reich erneut, und unter Parakkamabahu VIII. (1484–1509) landeten 1505 die Portugiesen auf Ceylon, denen es mit der Zeit gelang, die westlichen Küstengebiete und den Norden in ihren Besitz zu bringen. 1656 vertrieben die Niederländer die Portugiesen, um ihrerseits 1796 von Großbritannien abgelöst zu werden. Im Inneren der Insel hielt sich zwar ein unabhängiges singhalesisches Reich, aber 1815 setzten die singhalesischen Adligen den seit 1798 regierenden, außerordentlich grausamen König ab und unterstellten das Reich in der ‚Konvention von Kandy' der britischen Krone. Man verließ sich auf die Zusagen der Briten hinsichtlich der Beibehaltung des bisherigen Verwaltungssystems und des Schutzes der buddhistischen Religion. Aber schon zwei Jahre später brach wegen nicht zu akzeptierender Verwaltungsmaßnahmen ein Aufstand aus, nach dessen Niederschlagung viele der Zusicherungen und Bestimmungen der Konvention aufgehoben wurden. In den 30er Jahren wurde aber mit einer Modernisierung der Verwaltung und der Ablösung des alten Systems der feudalen Verpflichtungen begonnen. Die Briten bauten eine Plantagenwirtschaft auf, für die seit 1840 Arbeiter aus Südindien angeworben wurden. Der Niedergang der Wirtschaft 1845 führte 1848 zu neuen Aufständen, die wiederum hart niedergeschlagen wurden.

Um 1870 wurden die Pflanzungen auf Teeanbau umgestellt. In dieser Zeit begann unter den Einheimischen eine Erneuerungsbewegung: National- und Geschichtsbewußtsein der Singhalesen verbanden sich mit dem Aufleben der buddhistischen Religion. Ein großes christlich-buddhistisches Streitgespräch fand 1873 in Panadura statt, vielleicht ein Vorbild für die zahllosen Diskussionen um das Verhältnis von Christentum, Islam, Buddhismus und Konfuzianismus in Mays Roman, und der Besuch des amerikanischen Theosophen Henry S. Olcott (1832–1907) und die Gründung der buddhistischen Theosophischen Gesellschaft (1880) bildeten ein weiteres herausragendes Ereignis in der Reformbewegung. Olcott gehörte auch zu den Gründern des Zentralen Hindu College in Benares und erhielt eine einzigartige Auszeichnung durch die indische Brahmanenkaste. War der Amerikaner Waller in Mays Roman vielleicht der Antipode zu Olcott, und hat May in Olcott ein Vorbild für seine Darstellung einer Annäherung der Religionen gesehen? Die führende Persönlichkeit der ceylonesischen Erneuerung war der Anagarika Dharmapala (1864–1933), der auch die politischen Implikationen des allmählich wachsenden Widerstandes begriff. Aber eine Unabhängigkeitsbewegung entstand erst nach den Unruhen von 1915, und trotz der tamilisch-singhalesischen

Spannungen mußten die Briten immer mehr Zugeständnisse machen, bis Ceylon 1948 den Status eines unabhängigen Staates innerhalb des Commonwealth erhielt. Panadura, Olcott, Dharmapala – hat May von ihnen gewußt? Oder war es ‚sinnvoller Zufall'?

Die *Encyclopedia Americana* bescheinigt den Briten eine tolerante und intelligente Kolonialverwaltung. Sie bauten gute Straßen und Eisenbahnlinien, schafften die Zwangsarbeit ab, eröffneten Schulen, förderten die Landwirtschaft und führten vielerlei Reformen durch, die den Ceylonesen vernünftige Lebensverhältnisse statt Ausbeutung bringen sollten, aber sie nahmen zu spät die Forderungen der entstehenden Mittelschicht nach mehr Mitbestimmung in der Regierung zur Kenntnis, die seinerzeit nur aus Europäern bestand, und die Benachteiligung der Einheimischen zugunsten der Fremden, wie es May vor Ort erlebt hat.

2.3 Sumatra

Am 23. April 2000, Ostern, kidnappte die südphilippinische, separatistische Abu Sayaaf-Gruppe 21 Touristen in dem Taucherort Sabah auf den zu Malaysia gehörenden Sipadan-Inseln und verschleppte sie zu der südphilippinischen Insel Jolo. Zu den Geiseln gehörten neben neun Malaysiern, zwei Franzosen, zwei Südafrikanern, zwei Filipinos, zwei Finnen und einem Libanesen drei Deutsche. Mit Ausnahme einer kranken Deutschen und neun Malaysiern wurden die übrigen über vier Monate in einem Lager in den Bergen festgehalten, und es wurde ein hohes Lösegeld für sie bezahlt. Die Deutschen waren Mutter, Vater und Sohn der Familie Wallert. Selbst Malaysier-Muslime haben diese Tat verurteilt.[14] Sind es in unserer Gegenwart fanatische Muslime, die Europäer entführen, brennt in Mays Roman der amerikanische Missionar Waller (welch zufälliger Gleichklang!) einen Tempel von Malaien auf Sumatra nieder und wird von ihnen gefangengehalten, bis er – nicht gegen Lösegeld, auch wenn es seine Tochter Mary durch glücklichen Zufall zur Verfügung erhält, sondern aufgrund der Macht der Bruderliebe gemäß der Lehre der „Shen“ – freigelassen wird.

Am 28. Oktober 1899 verließ May Colombo auf der „Vindobona“ vom Triester Lloyd und erreichte am 2. November Penang, eine Insel vor der Küste Malakkas, wo er im East and Oriental Hotel Quartier nahm. Die Eindrücke der Reise und vom Hotel spiegeln sich in seinem Roman wider (166ff., 181f., 190f.).

Dem mit dem Dampfer nach dem Osten kommenden Reisenden treten hier in Penang zum ersten Male chinesische Gestalten, Formen und Gebräuche in der Weise entgegen, daß sein Auge von ihnen gefesselt wird. Er findet das, was er sieht, so überaus fremdartig, seinem gewohnten Fühlen und Denken so fern liegend, daß er sich unwillkürlich fragt, ob es ihm möglich sein werde, unter diesen neuen Eindrücken der Alte zu bleiben. Und er hat ein Recht, einen schwerwiegenden Grund zu dieser Frage, weil allen diesen Erscheinungen eine Lebensfülle, eine strotzende Kraft, eine überzeugende Selbstverständlichkeit innewohnt, durch welche die Ansicht, daß es sich um altersschwache, kranke Zustände handle, schon in den ersten Stunden arg erschüttert wird. [...]

Solche und ähnliche Gedanken beschäftigten mich, als ich nach Tische einen Gang durch Penang machte. In den Straßen und Gassen stieß ein Laden an den andern. Viele hatten gar keine Tür, weil die Vorderwand des Hauses fehlte und es an ihrer Stelle nur Tragpfosten gab. Und vor diesen Läden zogen sich zu beiden Seiten lange Reihen von feilhaltenden Frucht- und andern Händlern hin. Ich sah weder Polizei noch Militär, und doch herrschte überall eine Ordnung, welche einen erfreulichen Eindruck machte. (201, 204)

Die Insel Penang bildet heute mit der Provinz Wellesley auf dem gegenüberliegenden Festland der Malaiischen Halbinsel einen Bundesstaat Malaysias. Ursprünglich im 16./17. Jahrhundert von Malaien, wenn auch nur spärlich, besiedelt, wurde Penang – 1591 von Europäern zum ersten Mal betreten – 1786 als Prince of Wales-Insel von der britischen Ostindischen Kompanie dem Sultan von Kedah als Stützpunkt abgekauft und schnell zum Handelszentrum – ursprünglich für Gewürze – für ganz Südostasien ausgebaut; allerdings verlor es schon 1819 mit der Gründung Singapores an Bedeutung. Penang und die Provinz Wellesley wurden 1826 mit Malakka und Singapore zu den sogenannten Straits Settlements zusammengeschlossen und verwaltungsmäßig der Regierung von Bengalen unterstellt; 1867 wurde daraus eine Kronkolonie. Die Erschließung von Zinnerz-Vorkommen auf der Halbinsel zog viele Chinesen seit Mitte des 19. Jahrhunderts, die Anlage von Kautschuk-Plantagen viele Tamilen seit 1890 ins Land.

In seinem Roman trifft May in Penang eine Gestalt aus der frühen Erzählung *Der Girl-Robber* wieder, Sir John Raffley, der mit seinem Onkel, dem „Governor", einem ehemaligen Gouverneur von Ceylon, nach China unterwegs ist. Wolf-Dieter Bach hat schon 1975 darauf aufmerksam gemacht, daß Raffley ein Vorbild in Sir Thomas S. Raffles (1781–1826) haben könnte.[15] Dieser erregte als Angestellter der Ostindischen Kompanie wegen seiner Fähigkeiten schon in jungen Jahren in Penang Aufmerksamkeit und war von 1811 bis 1816, als die Insel kurzzeitig unter britischer Herrschaft stand, Gouverneur von Java – damit herrschte er praktisch über halb Indonesien. Es war ein Posten, den er ebenso mit Auszeichnung versah wie den als Gouverneur von Benkulen auf Sumatra. Hatte er auf Java die Zwangsarbeit abgeschafft und Rechtsprechung und Steuerrecht verbessert, schaffte er auf Sumatra die Sklaverei ab, reorganisierte die Verwaltung, gründete Schulen und verbesserte die Lebensbedingungen auf der Insel – sicher ein gutes Vorbild für Mays Raffley, der ein (Mit-)Begründer der „Shen“ und Bürgermeister von Shen-Fu ist. Der wahre Raffles, ein Autodidakt, nach dem die von ihm mitentdeckte Pilzart „Rafflesia Arnoldi“ benannt wurde, war der 1. Präsident der Englischen Zoologischen Gesellschaft. Auf seiner Heimfahrt nach England 1824 fing sein Schiff Feuer; dabei sind bedauerlicherweise alle seine Sammlungen, Manuskripte und Aufzeichnungen verbrannt – ein enormer Verlust. Er war schon zu Lebzeiten legendär; ihm schwebte Indonesien als „zweites Indien“ vor, und er war ebenso Imperialist wie Idealist und setzte liberale Reformen durch, „die ihm einen dauernden Platz in der Ruhmeshalle der Kolonialgeschichte sichern“.[16]

Am 4. November fuhr May auf der „Coen“ weiter nach Padang.

> Man pflegt, wenn man von Penang nach Uleh-leh geht, nach Durchquerung der Malakkastraße in Edi, Lo-Semaweh und Segli anzulegen. Das sind Militärstationen, welche an der fieberhauchenden Küste angelegt sind, um bei den Kämpfen gegen den Herrscher von Atjeh den kriegerischen Vorstößen in das Innere als Stützpunkte zu dienen. (264)

Eine weitere Station bis Padang war Uleh-leh, von wo aus May einen Ausflug nach Kota Radjah unternahm. In Padang, wo er am 10. November anlangte, stieg May im Adjeh-Hotel ab; er blieb hier bis zum 24., und in diese Zeit fällt seine schwere Krise, offenbar ein Schock oder Nervenzusammenbruch, der wohl auch eine Vorlage für Wallers Krankheit und allmähliche Heilung im Roman geliefert hat. Über Mays Aufenthalt in Padang schweigt sowohl er selbst als auch der Roman, der überwiegend in Kota Radjah spielt. So werden die Anklänge an die reale Reise seltener, und auch die Handlung nimmt schon Kurs über die tatsächliche Reise hinaus.

May gibt im Roman jedoch den einen oder anderen Hinweis auf die damaligen Verhältnisse von Sumatra. So spricht er von den „Kämpfen gegen den Herrscher von Atjeh“ (264). „Nehmen Sie sich in acht! Man bereitet dort Dinge vor, welche jedem Europäer, der den Kreis der Stadt verläßt, gefährlich werden können“, wird der Erzähler gewarnt (208). Mary erzählt über ihre mühselige Reise mit dem Vater ins Gebirge:

„Wir fanden kein Unterkommen, bis wir ganz hoch oben ein Kampong [Malajisches Dorf] erreichten, dessen Bewohner mit den Weißen noch so wenig in Berührung gekommen und also so friedlich gesinnt waren, daß sie uns gastfreundlich aufnahmen [...]."

„Die Malaien von Sumatra sind in den Küstengegenden und ziemlich weit in das Land hinein Muhammedaner," bemerkte ich. „Welcher Religion gehörten die Bewohner dieses Kampong an?"

„Der des Konfuzius." (272)

„Wir haben grad jetzt scharfe Differenzen mit den Eingeborenen, und es gibt eine europäische Nation, welche ihnen heimlich Waffen liefert." (306)

Wallers „kamen grad zur Zeit, als der malajische Herrscher von den Christen verfolgt und gejagt wurde, um ihn gefangen zu nehmen. Die Jagd ist noch jetzt im Gange." (341)

Die kriegerischen Vorbereitungen, von denen ich bereits gesprochen habe, brachten in neuerer Zeit Truppenzuzüge, welche die bisherige Stille in ihr gerades Gegenteil verwandelten. (414)

„zwischen [den Holländern] und den Eingeborenen scheint gerade jetzt der Ausbruch eines Kampfes zu drohen" (281).

Was lief da ab? Mays Leser wußten es, aber wer kennt heutzutage noch den Namen Atjeh?

Die Atjeh (auch Aceh, Atchinesen) in Sumatra waren ein Mischvolk, entstanden aus Javanern, Batak, Malaien, Indern und Arabern. Über Nordwest-Sumatra ergossen sich Einwandererströme aus Indien nach Indonesien, die ihre Religion und Kultur mitbrachten. Indische, arabische und persische Kaufleute führten im 13. Jahrhundert den Islam ein, und die Atjeh wurden die strenggläubigsten Muslime in Indonesien, das – mit Ausnahme des hinduistischen Bali – bald ganz vom Islam durchdrungen war. Im 16. Jahrhundert, als die Europäer nach Indonesien vordrangen – zuerst die Portugiesen (Eroberung von Malakka 1511), später Spanier und Engländer und dann, Ende des 16. Jahrhunderts, die Niederländer, denen es schließlich gelang, alle anderen europäischen Nationen auszustechen –, entstand in Atjeh ein Reich, das im 17. Jahrhundert unter Sultan Iskandar Muda zwischen 1607 und 1636 seinen Höhepunkt erreichte und den Westteil von Sumatra und Teile der Malaiischen Halbinsel umfaßte. Selbst für Kenner des Islam ist schwer verständlich, daß von 1641 bis 1699 vier Frauen nacheinander in Atjeh als Sultan regierten; es zeigt, daß sich bei den Atjeh alte kulturelle Elemente aus vorislamischer Zeit offenbar erhalten hatten.

Wie viele starke Reiche verlor auch das der Atjeh an Einfluß und zerfiel. Thronstreitigkeiten führten 1819 bis 1824 zu einer Stärkung des britischen Einflusses, was ebenfalls Raffles zu verdanken war, aber dann gaben die Briten ihre Posten in Sumatra auf. Im britisch-niederländischen Vertrag von 1824 wurde allerdings die Unabhängigkeit von Atjeh garantiert, ein neuer Vertrag von 1871, der sogenannte Sumatra-Vertrag, gab dann aber den Niederländern freie Hand, Atjeh, das ihnen – auch wegen seiner Begünstigung oder Duldung der Seeräuberei in der Malakkastraße – ein Dorn im Auge war, zu erobern:

Mit Unterbrechungen wüteten Aufstände gegen Holland in Java, Sumatra, Borneo, Celebes und auf anderen Inseln. Das mörderischste Ringen spielte sich jedoch in Atjeh ab. Dieses Königreich in Nordsumatra schuf Holland mehr Unruhe als Java und das ganze übrige Indonesien. Der Krieg mit Atjeh (nur 800 000 Einwohner) war die größte, blutigste und kostspieligste militärische Operation in der niederländischen Kolonialgeschichte.[17]

1873 forderte eine niederländische Delegation den neuen Sultan Mahmud Shah ultimativ auf, die niederländische Oberhoheit anzuerkennen. Dieser lehnte ab und kaufte bei den Briten Waffen (siehe Mays Hinweis). Daraufhin landete eine Streitmacht von rund 3000 Mann in Uleh-leh, wurde jedoch zurückgeschlagen. Einer besser ausgerüsteten Expedition von 8000 Mann gelang es ein Jahr später, Kota Radjah zu erobern. Aber nun begann ein 30 Jahre andauernder Krieg, den vor allem lokale Fürsten, weniger die Zentralmacht, gegen die Niederländer führten. Die prominentesten waren Panglima Polem und Tokoh Omar – letzterer fiel 1899. Erst Anfang 1903 ergab sich Sultan Mohamed Daud in Segli, und im September desselben Jahres Panglima Polem. Doch etliche Fürsten gaben nicht auf; Kota Radjah war 1906 erneut Zentrum eines Aufstandes, und erst ab 1908, als die Niederländer ihr Militärregime zugunsten einer milderen Regierungsform aufgaben und auch nicht mehr Frauen und Kinder von Atjeh-Guerillas als Geiseln (!) nahmen, um deren Widerstandskraft zu brechen, aber auch wegen der totalen Erschöpfung der Atjeh kehrte allmählich Frieden ein. May läßt Raffley erklären:

„Ich habe hier eine alte Nummer des ‚Handelsblad Padangs', in welcher es kurz und bündig, aber auch ungeheuer deutlich heißt: ‚Bis jetzt hat der Krieg der Holländer gegen den Sultan von Atjeh 45 600 000 Gulden gekostet. Dafür sind über 40 000 Eingeborene totgeschossen worden; folglich hat jeder derselben den Holländern 1140 Gulden gekostet. Dazu kommen die holländischen Soldaten, welche im Kampfe fielen, zu Krüppeln wurden oder an den verheerenden Krankheiten des Sumpflandes gestorben sind. Falls wir für die verausgabte Summe Grundstücke zum Preise von 1140 Gulden pro Hektar angekauft hätten, so würden wir auf dem friedlichsten Wege zu mindestens 40 000 Hektaren des besten Landes gekommen sein und wären nicht am Tode von gewiß über 60 000 Menschen schuld." [...] „Das wurde von einem auf Sumatra gedruckten holländischen Blatte vor siebenundzwanzig Jahren geschrieben [also zu Beginn des Krieges 1873]. In welcher Weise sich die angegebenen Summen während dieser Zeit vergrößert haben, wollen wir nicht versuchen, auszurechnen." (278)

Unter dem historischen Raffles wäre es niemals zu solch einem Blutvergießen gekommen. Der britische Gewährsmann J. S. Furnivall hat die Kosten des Krieges auf 400 Millionen Gulden geschätzt. Dabei waren die Toten und Verwundeten nicht mitgezählt.[18] Für den indonesischen Nationalismus, aber auch für die Welt des Islam allgemein bedeutete der jahrzehntelange heldenhafte Widerstand einen großen Auftrieb und eine Quelle für die spätere Unabhängigkeit.

Hautnah konnte May vor Ort die Brutalität erleben, mit der Europa Indonesien seine Zivilisation überzustülpen trachtete. Die geistige Auseinandersetzung darüber, wie sie in den Reden von Raffley u. a. ihren Ausdruck findet, ist auch vor diesem realen Hintergrund zu sehen. Am 24. November 1899 verließ May Padang auf der „Bromo" in Richtung Port Said; der Erzähler in *Und Friede auf Erden!* bricht auf der „Yin" in Richtung China auf.

3. Über die reale Reise hinaus – nach China

3.1 Von Singapore nach Macao/Ocama

Die Romanreise führt von Sumatra aus erst noch einmal nach Penang; „dann gingen wir sofort nach Singapore [...]. Hierauf ging es auf der Hongkong-Linie dem geheimnisvollen Norden zu. Ich nenne ihn geheimnisvoll, weil er es für uns war." (421) Viel teilt May über diese Reise nicht mit: „Die Fahrt verlief äußerlich ereignislos [...]. Dieser Mangel wurde aber mehr als vollständig durch das ausgeglichen, was sich zu inneren, seelischen Begebenheiten entwickelte." (451) Dazu paßt auch die Stimmung, die der „frische, kräftige Hauch des chinesischen Meeres" erzeugt:

Die See lag glatt, fast ohne bemerkbares Bewegen. Sie war von einem ganz eigenartigen Farbenton, den ich noch nie gesehen hatte. Ein sehr helles Braun, wie klares Wasser mit einer Spur von Kaffee, und da, wo es sich kräuselte, liefen goldig funkelnde Ringe durcheinander. Unser Sog aber, die von der Schiffsschraube erzeugte Wellenlinie, flammte förmlich auf von diesem Golde (432).

Weder über Singapore noch über Hongkong verliert May nähere Worte. Singapore, heute Stadtstaat und Inselrepublik im Süden der Malaiischen Halbinsel, bestehend aus einer Hauptinsel und 54 kleineren Inseln, war 1511 unter portugiesische Oberhoheit gekommen. 1819 besetzte Sir Raffles die verlassene Stadt und machte sie neben Hongkong zum wichtigsten Stützpunkt des britischen Fernosthandels. Wie erwähnt, bildete sie mit Penang und Malakka die Strait Settlements und wurde 1867 Kronkolonie. Von Anfang an zog die Stadt Tausende von Immigranten an, und heute, mit fast 3 Millionen Einwohnern, leben in dieser wirtschaftlich prosperierenden Metropole fast 80 % Chinesen, rund 14 % Malaien und ca. 7 % Inder und Pakistani. So wie Singapore als aufstrebende Wirtschaftsmacht heute auch bei uns Anerkennung genießt, ist auch Hongkong den heutigen Bundesbürgern ein Begriff, wenn nicht sogar beliebtes Reiseziel. Man kann sich kaum vorstellen, daß es dort Anfang des 19. Jahrhunderts nur einige Fischer gab, aber 1821 entdeckten britische Opiumklipper den geschützten Hafen und lernten ihn schätzen. 1840 wurde er von den Briten besetzt, und zwei Jahre später brachte sich Großbritannien im Vertrag von Nanking in den Besitz. 1860 mußte China auch noch die Halbinsel Kaulun abtreten, und 1898, also kurz vor der Entstehung von Mays Roman, schloß Großbritannien einen Pachtvertrag mit China für 99 Jahre über das Gebiet. Bekanntermaßen entwickelte sich Hongkong, das erst Victoria hieß, zu einem der wichtigsten Handelsplätze in Ost- und Südostasien; heute leben in der ehemaligen Kronkolonie rund 6,5 Millionen Menschen; der 1984 zwischen der Volksrepublik China und Großbritannien geschlossene Vertrag sollte nach Ablauf der Pacht am 1. 7. 1997 das bisherige System als chinesisches Sondergebiet garantieren – die Zukunft muß zeigen, wie weit der Vertrag nach Übergabe Hongkongs halten wird.

Von Hongkong führt die Reise auf der „Yin“ weiter nach Shanghai.

In Shanghai blieben wir einen ganzen Tag [...]. Es gelang mir, zwei gute Pferde aufzutreiben, um [...] einen Ritt über den schattigen „Bund“ und durch die jenseits des chinesischen Stadtteiles liegenden Avenuen zu machen. [...] Am Abende besuchten wir [...] den berühmten, wunderbar illuminierten Garten von Chang Su Ho. (465)

Die Hafenstadt Shanghai, Anfang des 12. Jahrhunderts noch ein bedeutungsloses Fischerdorf am Huangpu, war 1970 mit einem Stadtgebiet von 5800 qkm und 10,6 Millionen Einwohnern die größte Stadt der Erde. Lange war sie in der Volksrepublik China vernachlässigt worden, weil sie, in ihrer Geschichte als europäisch-amerikanisches Wirtschaftszentrum von größter Bedeutung, bei den kommunistischen Machthabern in Mißkredit geraten war, aber heute bildet sie wieder einen Schwerpunkt der chinesischen Wirtschaftsentwicklung. Schon 1553 war die Stadt für China so wichtig geworden, daß sie eine Schutzmauer gegen japanische Piraten erhielt. 1842 eroberten die Briten die Stadt und öffneten sie für den ausländischen Handel, wodurch sich Shanghai zum wichtigsten Hafen Chinas entwickelte. Der von May erwähnte „Bund" war Shanghais Wahrzeichen und Paradeallee – er führt entlang des Huangpu; im gleichen Viertel verläuft auch die Nanking Road, die Hauptgeschäftsstraße Shanghais. Sowohl „Bund" als auch Nanking Road befinden sich nicht in der Altstadt, sondern im Geschäfts- und Handelsviertel, dem ehemaligen „International Settlement". In Mays Zeit fallen die für die Stadtentwicklung wichtige Errichtung der ersten ausländischen Fabriken seit 1895 sowie die Renovierung des Hafens um 1900. Aber auch über Shanghai verrät May nichts Näheres, und der letzte Anklang an reale Reisestationen ist sein Hinweis auf Macao. „Indem wir uns von der Tschifulinie weit nach Westen hielten, entfernten wir uns von dem Kurse europäischer Fahrzeuge und bekamen nur dann und wann ein chinesisches zu sehen." (467) Die Fahrt geht nach Ki-tsching auf dem Festland; geankert wird aber zunächst an der den Hafen beschützenden Insel Ocama, beide Orte Erfindungen Mays. „‚Ocama? Wahrscheinlich ein zweites Macao, nur daß die Silben anders geordnet sind. Darf ich vermuten, daß dies eine sinnbildliche Bedeutung hat?' ‚Eine symbolische und zugleich auch eine erklärende.'" (477) „Das Schiff verläßt den empirischen Raum, und der erste surreale Ort ist die Insel Ocama, das Pendant zur ersten portugiesischen Kolonie Macao."[19]

Macao war nicht nur der erste portugiesische, sondern sogar der älteste europäische Handelsposten in China (1557) und damit Tor und Brückenschlag zwischen den beiden Kulturen. Das gesamte Umland wurde von den Portugiesen erschlossen und entwickelt, 1680 trat der erste Gouverneur sein Amt an, und jesuitische Missionarstätigkeit hatte hier ein frühes Zentrum. 1849 erklärte Portugal die Unabhängigkeit des Hafens, nachdem bis dahin eine Pacht an China gezahlt worden war, aber erst 1887 erkannte China den portugiesischen Besitzstand an – zu diesem Zeitpunkt hatte Macao aufgrund der Entwicklung Hongkongs längst seinen Einfluß eingebüßt und verkam zu einem Rauschgift-, Sklavenhandels-, Schmuggel- und (seit 1850) Glücksspielzentrum. Im 18. Jahrhundert und zu Anfang des 19. Jahrhunderts waren dagegen Macao und Kanton die einzigen chinesischen Häfen gewesen, die für den Handel mit Europa und Amerika geöffnet waren. Heute hat Macao rund 360.000 Einwohner. Am 20. 12. 1999 wurde der ehemalige ‚Sündenpfuhl' Asiens an China zurückgegeben. „Es ist ein grimmiges Paradox, daß China von christlichen Händlern pervertiert und von Missionaren überrannt wird, die dort die Reinheit christlicher Moral predigen, welche hier so dringend nötig wären", urteilte Mays Zeitgenosse C. A. Montalto de Jesus 1902, und was lag näher für Karl May, als in Ocama eine Gegenwelt zu dieser Lasterhöhle zu schaffen. Pater Lancelot, der heutzutage in den ärmsten Gegenden Chinas Kliniken und Schulen baut, meinte anläßlich der Übergabe dagegen, Hongkong sei Geld, Macao sei Menschlichkeit.[20] So ändern sich die Zeiten.

3.2 Zur Situation im „Reich der Mitte"

Erst mit Hongkong und Shanghai betritt May in seiner Romanreise chinesischen Boden. Obwohl *Und Friede auf Erden!* nur partiell in China spielt, wird das Buch doch, wie erwähnt, zu seinen ‚China-Werken' gezählt. Der Hintergrund ist klar und wurde einleitend skizziert: Anlaß für die Niederschreibung des Romans war das nationalpatriotische Machwerk Kürschners im Zusammenhang mit dem sogenannten ‚Boxer-Aufstand' in China. Abgesehen davon werden mehreren außergewöhnlichen chinesischen Persönlichkeiten bedeutende Rollen in dem Werk zugewiesen: Vater Fu und Sohn Tsi, dem Arzt Fang und der ‚Güte' Yin. Von Anfang an zieht sich wie ein roter Faden die Auseinandersetzung zwischen westlichem Imperialismus und östlicher Gedankenwelt, die aber auch der wahren christlichen entspräche, durch das Werk. Doch Wohlgschaft urteilt richtig, wenn er schreibt: „Angesichts dieser metaphysischen Grundkonzeption des Romans hat die Frage nach der Authentizität des Mayschen ‚China-Bildes' nur periphere, nur marginale Bedeutung."[21] Koppen sah das eher negativ:

> Diese Insel Ocama ist freilich ein reines Utopia, das mit China nicht mehr allzu viel zu tun hat. [...] Das Bild Chinas selbst bleibt leider schattenhaft [...]. So scheint sich auch Karl May seiner inzwischen recht stattlich ge-

wordenen Handbibliothek zum Thema China kaum mehr bedient zu haben: Die noch im ‚Kiang-lu' und im ‚Blauroten Methusalem' so reichlichen landeskundlichen Exkurse fehlen hier fast vollständig.

Koppen wäre May eher gerecht geworden (auch wenn seine Aussage in dieser Undifferenziertheit so oder so nicht richtig ist), wenn er nur sein Resümee geschrieben hätte:

Aber man muß letzten Endes auch in Rechnung stellen, daß ‚Und Friede auf Erden!' kein Roman über China ist, sondern ein Roman über Frieden und Menschheitsverbrüderung, der gelegentlich Chinas geschrieben wurde.[22]

„Gelegentlich Chinas geschrieben" – diese treffende Aussage führt uns zum zeitgeschichtlichen Hintergrund in China, der in diesem Rahmen allerdings nur umrissen werden kann. Das Fazit zog Will Durant:

Es war bewundernswert, daß eine menschliche Gesellschaft den Versuch machte, in sozialer und politischer Hinsicht von Männern regiert zu werden, die in Philosophie und den schönen Wissenschaften geschult waren. Es war ein Akt höchster Tragik, als jenes System und die gesamte Zivilisation, die im wesentlichen darauf ruhte, niedergerissen und durch unerbittliche Kräfte der Entwicklung und der Geschichte zerstört wurden.[23]

Der Einbruch Europas in China erfolgte mit dem Eintreffen der Portugiesen 1517 in Kanton. Selber kaum besser als Piraten, erhielten sie als Dank für ihre Hilfe gegenüber anderen Piraten 1557 Macao. Hier bauten sie Opiumfabriken, in denen sie Männer, Frauen und Kinder arbeiten ließen – eine einzige Fabrik brachte der portugiesischen Provinzialregierung jährlich rund 1,6 Millionen Dollar ein. 1571 eroberten die Spanier die Philippinen und die chinesische Insel Formosa, das heutige Taiwan; 1637 erzwangen fünf britische Schiffe den Handel mit Kanton, und zu Beginn des 18. Jahrhunderts begann in China die Einfuhr von Opium aus Indien. Kein Verbot, kein Appell half gegen den Opiumhandel: „Die Chinesen waren ebenso darauf erpicht, es zu kaufen, als die Europäer bemüht waren, es zu verkaufen, und die lokalen Beamten steckten dankbar die mit dem Handel verbundenen Bestechungsgelder ein."[24] Die Folgen für das chinesische Volk waren verheerend, aber der Versuch, das Verbot mit allen Mitteln durchzusetzen, führte 1840–42 zum ersten Opiumkrieg seitens der Briten, die natürlich abstritten, daß es um Opium ging, sondern andere Gründe – schlechte Behandlung von Abgesandten, Behinderungen durch hohe Zölle und korrupte chinesische Gerichte u. ä. – vorschoben. Auch im Vertrag von Nanking 1842 wurde das Opium nicht erwähnt, aber er brachte die endgültige Abtretung von Hongkong an Großbritannien, die Öffnung von fünf Vertragshäfen, darunter Kanton und Shanghai, sowie die Zahlung einer Kriegsentschädigung von 21 Millionen Silbertaels:

> Dieser Krieg bedeutete den Anfang des Zerfalls des alten Regimes. Die Regierung hatte bei ihren Auseinandersetzungen mit den Europäern das „Gesicht" verloren; sie hatte erst gespottet, dann getrotzt und schließlich nachgegeben, und keine höflichen Phrasen konnten diese Tatsachen vor den gebildeten Einheimischen und den hellsichtigen Ausländern verbergen.[25]

Weitere außenpolitische Niederlagen folgten: Ein zweiter Opiumkrieg (1856–60) wurde von Großbritannien und Frankreich angezettelt, an dessen Ende China auf einen halbkolonialen Zustand herabgesunken war. Ein neuer Vertrag (Tientsin bzw. Konvention von Peking), 1858 geschlossen, aber erst nach der Zerstörung des Pekinger Sommerpalastes 1860 ratifiziert, eröffnete zehn neue Häfen und den Yang-tse-Fluß dem ausländischen Handel und garantierte Missionsfreiheit für christliche Missionare und Duldung von Kaufleuten in ganz China; Bürger westlicher Staaten unterstanden nicht länger den chinesischen Gesetzen, der Opiumhandel wurde legalisiert, und eine hohe Entschädigungssumme wurde festgelegt. Nun gab es kein Halten mehr. Frankreich, Rußland und die USA ließen sich ähnliche Konzessionen machen. 1860 besetzte Rußland das Gebiet nördlich des Amur und östlich des Ussuri-Flusses; die Franzosen eigneten sich 1885 Indochina an – Anlaß war der Tod eines Missionars, und analog diente Deutschland die Ermordung zweier Missionare durch Chinesen als Vorwand, 1898 die Schantung-Halbinsel zu besetzen. 1894 fiel Japan über China her, zwang es in nur einem Jahr zum Frieden, besetzte Formosa und die Pescadores-Inseln, verleibte sich das bis dahin chinesische Korea ein und verlangte dafür noch 170 Millionen Dollar Schadenersatz. China wurde in westliche Einflußsphären aufgeteilt. 1898 pachtete Großbritannien – wie erwähnt – Hongkong für 99 Jahre, Frankreich die Bucht von Kuangtschouwan und Deutschland die Bucht von Kiautschou. Um sich einen gleichberechtigten Handel mit China zu sichern, eroberten die USA 1898 die Philippinen.

Neben diesen außenpolitischen Entwicklungen wurde China von 1850 bis 1864 durch den sogenannten Taiping-Aufstand erschüttert, die größte Bauernbewegung in Chinas Geschichte, mit 40 bis 60 Millionen Toten in Mittel- und Südchina, die sich gegen die Mandschu-Dynastie richtete, agrarpolitische Maßnahmen in den

Vordergrund stellte und China nach westlichem Vorbild reformieren wollte.

Konkret schlagen sich die Zustände im ,Reich der Mitte' in Mays Roman nicht nieder. Anklänge an die Problematik des Opiumhandels und der Opiumkriege kann man allenfalls in dem Auftreten Dilkes, des Neffen des Missionars Waller, finden: Im Auftrag eines chinesischen Opiumschiffes, das auch Waffen für Aufständische in China transportiert, vertritt er als Strohmann kaufmännische Interessen (527ff. u. 538ff.):

„Das erinnert ja an den famosen Opiumkrieg, an Kapitän Elliot und Admiral Kuang mit seinen neunundzwanzig Kriegsdschunken, an die zwanzigtausend Kisten mit Opium, die in das Wasser geworfen wurden, obgleich sie vier Millionen Pfund Sterling kosteten!" (528)

Tatsächlich hatte der kaiserliche Kommissar Lin Tse-hsü (1785–1850) 1839 in Kanton 1000 Tonnen Opium in 20.000 Kisten im Wert von 6 Millionen Dollar bei britischen Kaufleuten beschlagnahmen und öffentlich in einer Art Opiumfeier der Stadt Kanton vernichten lassen – das war der Auslöser des ersten Opiumkrieges. Die Maßnahmen Lins waren natürlich umfangreicher als in dieser Kanton-Anekdote überliefert; nach dem Friedensschluß mußte er wegen ,politischen Versagens' entlassen werden. Der damalige Kaiser hieß, wie May richtig angibt (528), Tao Kuang (Hsüan Tsung, 1821–51); George Elliot, der entscheidend am britischen Sieg im Opiumkrieg beteiligt war, war nicht nur Kapitän, sondern sogar Admiral, und sein Vetter Charles Elliot, der britische Außenhandelsbevollmächtigte, wurde seinerseits später entlassen, weil er im Vorfeld des Vertrags von Nanking in den Augen der britischen Regierung zu schlechte Bedingungen ausgehandelt hatte.

Der erste Opiumkrieg wurde übrigens u. a. dank einer neuen Generation von in England entwickelten Kanonenbooten gewonnen; ihr ,Prunkstück' war die rundum durch Panzerung geschützte „Nemesis" (die ,vergeltende Gerechtigkeit', ein zynischer Name), ausgestattet mit zwei 60-PS-Motoren, zehn kleinen Kanonen, zwei 32-Pfündern, Mörsern und einem Raketenwerfer. Hat May mit seiner Jacht „Yin", die dem Frieden dienen sollte, ein Gegenstück zu dem ,Schiff des Teufels', wie es die Chinesen nannten, nachdem es von Kanton bis Whampoa Angst und Schrecken ausgelöst hatte, ersonnen, so wie mit Ocama zu Macao ? Denkbar ist es allemal.

Die europäische Einstellung zur Aggression gegenüber China kommt in den Worten des Missionars Karl Gützlaff zum Ausdruck:

Welch ein Recht haben aber die Europäer [...] wider den Willen der Chinesen in ihr Land einzudringen [...]? Darauf läßt sich mit vollem Recht erwidern, daß Verbreitung von nützlichen Kenntnissen und Wissenschaften, und vor allem die Ausbreitung des Christentums [...] eine so heilige Angelegenheit ist, daß keine Regierung befugt sein kann, sie von dem ihr unterlegenen Volke abzuhalten. Ja sogar der Wille des Volkes selbst, das etwa in seiner Verblendung jene Segnungen für Uebel halten möchte, darf den Menschenfreund nicht abschrecken von dem Versuch, sie ihm dennoch zu geben.[26]

Und wie reagierte Karl May auf diese Vorstellungen?

Die Kaukasier, „die ihre gepriesene Zivilisation seit Anbeginn bis auf den heutigen Tag mit dem Blute ihrer eigenen Brüder düngten; [...] sie kommen zu uns, die wir Hunderte von Millionen zählen und eine fünftausendjährige Geschichte und Kultur besitzen, und wollen uns zwingen, unsere Religion ihren haßerfüllten Konfessionen zu opfern; sie legen mit ihren Kanonen unsere Türme, Mauern und Häuser in Trümmer, um uns ihre bessere Bildung und Gesittung beizubringen; [...] sie muten uns die sträfliche Befangenheit zu, ihrer Versicherung zu glauben, daß sie es mit der Erfindung ihrer ‚Interessensphären‘ und ‚offenen Tür‘ [die amerikanische Open-Door-Politik] nur auf unser Heil abgesehen haben“ (172).

„Die Strömung, welche jetzt gegen die Küste Chinas brandet, ist eine doppelte, nämlich eine religiöse und eine politische, und beide werden uns von einem und demselben Winde zugeführt, dem Egoismus. Fallen Sie mir nicht mit ‚Kulturaufgaben‘, ‚zivilisatorischen Pflichten‘ und ‚Sendboten des Christentums‘ in die Rede! Das sind Fiktionen, mit denen ein Kenner der Verhältnisse nicht irre zu machen ist! [...] Sprechen wir nicht von der ‚Beglückung der Chinesen!‘ Das ist Dekorationsmalerei [...]! Die chinesische Frage ist eine religiöse und eine Rassenfrage.“ (174)

„Die Kaukasier schlachten heut einander ab und küssen sich morgen freundlich die gestern noch zürnenden Lippen. Haben jemals wir ihr Blut vergossen? [...] Befehden wir ihren Glauben? Verlachen wir ihre Voreltern? Spotten wir über ihre Geschichte? Nein! Trachten wir nach den Schätzen ihrer Bergwerke, nach den Früchten ihrer Felder, nach den Erträgnissen ihrer Industrie? Nein!“ (170f.).

Aber gerade um letzteres ging es den westlichen Mächten: um die Bodenschätze und die Märkte.

Betrachtet man die Entwicklung in China im Rückblick, so nimmt sich die folgende zeitgenössische Bemerkung eher makaber aus:

Der Verkehr mit dem Auslande hat China manchen Schaden in materieller Beziehung zugefügt. [...] Daß alle diese Abtrennungen [durch die Europäer] ihren Stachel im Herzen der chinesischen Regierung zurückgelassen und sie mit Argwohn gegen weitere Pläne der fremden Mächte erfüllt haben, kann nicht wundernehmen.[27]

Eine dieser „fremden Mächte“ war Deutschland.

„Da gab es unter Anderem auch ein zweibändiges Werk über China, von einem Europäer geschrieben, der ein Zeitungsgründer ist und Inhaber mehrer[er] Orden. Was schreibt dieser Mann über die Chinesen? Daß sie Menschenfresser seien! [...] Dieses Werk soll die Frucht von zwanzigjährigen, ‚vertieften' Studien sein! Ich sage Euch: Selbst wenn ich noch der alte Feind der gelben Rasse gewesen wäre, das, was ich da gelesen habe, hätte mich kuriert, auf der Stelle kuriert! [...] Und das wird gedruckt! Bei uns in England sogar! In Deutschland höchst wahrscheinlich auch!" (567f.)

So äußert sich der Uncle in *Und Friede auf Erden!* und bringt damit zum Ausdruck, wie groß die Vorurteile im Westen bezüglich Chinas gewesen sind. Und weiter:

Von den ersten Kinderschuhen an hat man durch alle Klassen der Volks- und höheren und höchsten Schulen über die Chinesen nichts Anderes gehört, als daß sie wunderlich gewordene, verschrobene Menschen seien, über welche die Weltgeschichte schon längst den Fluch der Lächerlichkeit ausgesprochen habe. In unzähligen Büchern, Zeitungen und sonstigen Veröffentlichungen wird dieses billige Urteil breiter und immer breiter getreten [...]. Ich erlaube mir, meinem Gedankengange durch die Bemerkung vorauszugreifen, daß es den Chinesen ganz in derselben Weise auch mit uns ergeht [...]. Mit andern Worten, die Chinesen halten uns für ganz dieselben Toren, die sie in unsern Augen sind. (202)

So urteilt der Erzähler – wohin sollte solch eine Entwicklung führen?

Die deutschen Beziehungen zu China, als sie aus der persönlichen in die offizielle Phase getreten waren, schwammen zunächst im Kielwasser der großen imperialistischen Fahrzeuge unter englischer, amerikanischer, französischer, russischer und auch bald japanischer Flagge.[28]

Die persönliche Phase bestand in frühen Kontakten Chinas mit deutschen Händlern und Missionaren, doch traten diese selten als ‚Deutsche' auf, sondern als Angehörige der Nationen, in deren Diensten sie standen. St. Franz Xaver hatte das Christentum nach Japan gebracht und starb 1552 unfern Macaos beim Versuch, China zu betreten. Der Kölner Jesuitenpater Johannes Adam Schall von Bell (gest. 1661) kam mit zwei Ordensbrüdern nach China und baute in der Ära des ersten Ch'ing-Kaisers eine Kirche und astronomische Geräte, wurde 1645 Leiter des Astronomischen Amtes und damit kaiserlicher Beamter, goß Kanonen und konstruierte Festungen.

„Ja, es hat einige verständliche christliche Sendboten gegeben, welche uns studierten und kennen lernten und dann einsahen, daß der Chinese zwar

Christ, wenn man seine Eigenart gelten läßt, aber niemals Europäer werden könne. Sie handelten darnach, wurden von unserm Kaiser hoch geehrt und konnten über die Früchte ihrer Arbeit glücklich heimberichten. Da aber verbot man ihnen diese Rücksichtnahme, und die Früchte blieben liegen und verfaulten.“ (175)

Ferdinand Kron ging als erster namentlich erwähnter deutscher Kaufmann in Macao in die Geschichte ein. Auch andere Deutsche haben in der ‚voroffiziellen‘ Zeit im Dienst anderer Länder eine Rolle gespielt, so Heinrich Julius Klaproth (1783–1835) aus Berlin in russischem Auftrag, als Begleiter des Grafen Golovkin auf seiner Botschaft nach China 1804, und der eben zitierte Karl Friedrich August Gützlaff (1803–51) aus Pommern als erster protestantischer Missionar in China, allerdings in englischen Diensten, der einerseits die Bibel ins Chinesische übertrug, andererseits als Dolmetscher am Zustandekommen des Nanking-Vertrages mitwirkte.

Der deutsche Handel mit Ostasien entwickelte sich nur langsam. 1834 waren von 182 fremden Schiffen in Kanton nur drei aus Hamburg. Erst mit dem für den Welthandel so entscheidenden Vertrag von Nanking wurde auch der deutsche Chinahandel allmählich angeschoben. 1844/45 kam der Düsseldorfer Regierungssekretär Grube nach China, um ein Konsulat zu gründen. Mit Richard von Carlowitz, später Gründer einer Weltfirma und seit 1847 preußischer und sächsischer Konsul in Kanton, traf er als erster Deutscher nach Öffnung des Hafens in Shanghai ein. 1849 gab es nur 33 Deutsche in China, aber in der chinesischen Küstenschiffahrt wußten sich deutsche Schiffe eine monopolartige Stellung zu verschaffen. 1859 entsandte dann auch Preußen nach langen Diskussionen eine Expedition nach China, auch als Sprecher der Zollvereinsstaaten, um eine vertragsrechtliche Gleichstellung mit England, Rußland, den USA und Frankreich bezüglich Chinas zu erreichen. Die Preußen galten in China damals als noch barbarischer als Engländer und Franzosen, was in Anbetracht der geringen Berührungspunkte nur entsprechendem Kenntnisdefizit – siehe die treffenden Ausführungen Mays – zuzuschreiben war. Am 2. 9. 1861 kam nach langen Verzögerungen ein chinesisch-preußischer Vertrag zustande, der von England und Frankreich argwöhnisch betrachtet wurde, aber dem Interesse deutscher Firmen am Handel mit und dem Wunsch nach deutschen Stützpunkten in China großen Auftrieb gab. Auch in China wandelte sich das Bild, vor allem nach dem deutschen Sieg über Frankreich 1870/71 und dem Entstehen des Deutschen Reiches, dessen hohe technische und militärische Entwicklung in China großen Eindruck machte. So wurden neben Eisenbahnschienen Waffen das große Geschäft mit China, und letzteres übertraf bald das der Engländer und Franzosen. Mit den Waffen erschienen die deutschen Instrukteure, und außer Krupp wetteiferten auch andere Firmen um das Geschäft. Der Gouverneur und Vizekönig der Provinz Chili, Li Hung-chang, wurde viele Jahre von dem im Seezolldienst tätigen Deutschen Gustav Detring beraten, und großes Ansehen gewann der deutsche Gesandte in Peking Max von Brandt. Li war es, der sieben chinesische Unteroffiziere zur militärischen Ausbildung nach Deutschland sandte – ein Anfang in der stetig wachsenden Reihe vieler junger Chinesen, die zum Studium nach Deutschland gesandt wurden. 1877 wurde die Chinesische Gesandtschaft in Berlin gegründet, eine deren Hauptaufgaben die Sorge für die chinesischen Studenten war. Tsi, eine der bedeutendsten Gestalten in Mays Roman, „studierte in Leeds und London; dann ging er an die Technische Hochschule in Berlin" (526). Die Haupttätigkeit der Chinesischen Gesandtschaft bestand allerdings im Kauf von Waffen und in der Bemühung um Anleihen. 1885 waren von 43 ausländischen Instrukteuren schon 19 Deutsche, und nicht der englische Marineoffizier William Lang wurde Generalinstrukteur der chinesischen Marine, sondern der Deutsche Constantin von Hanneken. Die meisten chinesischen Befestigungen an der Küste Chinas waren mit Krupp-Kanonen bestückt – der deutsch-englische Wettbewerb nahm zu. Nach schwierigen Verhandlungen wurde 1880 ein neuer Vertrag zwischen China und Deutschland geschlossen, der wenige weitere Privilegien im Handel brachte. Für das positive Verhältnis zu Deutschland stand nach wie vor Li Hung-chang, der in Tientsin residierte und großen Einfluß am kaiserlichen Hof ausübte, wenn auch dieser Einfluß wegen Lis Lavierens zwischen den Mächten immer wieder schwankte. Vor allem England sah Li als Gegner an, aber er kam nicht umhin, auch diesem Land hin und wieder zu Gefallen zu sein. In Detring, dessen Beitrag für die deutsch-chinesischen Beziehungen noch einer endgültigen Würdigung harrt, hatte er einen unglaublich einflußreichen Berater, und trotz seiner gelegentlichen Auseinandersetzungen mit Bismarck und seiner zeitweisen Abberufung machte das diplomatische Geschick Max von Brandts sein aggressives Auftreten wett. Eine Wandlung im Verhältnis trat mit dem zum Nachteil Chinas verlaufenden Krieg mit Frankreich ein, als Li gezwungen war, sich Frankreich anzunähern und seine prodeutsche Haltung zugunsten Frankreichs zu revidieren. Die deutschen Geschäfte wurden vorübergehend stark beeinträchtigt, und erst nach 1890 erhielt die Firma Krupp ihre führende Stellung zurück.

Ein Meilenstein in den Wirtschaftsbeziehungen stellt die Gründung der Deutsch-Asiatischen Bank 1889 in Berlin dar; im Vordergrund der Geschäfte standen Eisenbahnbau, Waffenlieferungen und Schiffsverkehr. Brandt machte Vorschläge für die Reorganisation der chinesischen Streitkräfte, und Deutschland kam in den Geschäften gut zum Zuge – der Wettbewerb zwischen den europäischen Mächten in China lief auf Hochtouren, und er wurde noch einmal verschärft in Folge des chinesisch-japanischen Krieges 1894/95. Rußland hatte 1896 nach Abschluß eines geheimen russisch-chinesischen Verteidigungsbündnisses gegen Japan die Genehmigung für den Bau der Transsibirischen Eisenbahn (Baubeginn 1891) durch die Mandschurei erhalten und sah nach dem Krieg seine Interessen beeinträchtigt. Mit Frankreich und Deutschland ging Rußland gegen die Friedensbedingung, nach der Japan die chinesische Liaotong-Halbinsel (mit Dairen und Port Arthur) zugestanden wurde, vor, und Japan sah sich – gegen neue Entschädigungszahlungen Chinas – gezwungen, das Gebiet zurückzugeben. In der Folgezeit „entstand eine wilde Jagd nach Eisenbahn- und Bergwerkskonzessionen und Anleihen sowie nach Zugeständnissen in Missionarsfragen, Grenzregulierungen und Gebietsabtretungen".[29] Hier hielt sich die deutsche Politik zurück, aber als Li 1896 auf der Rückreise von Moskau nach Berlin kam, machte man ihm die Erforderlichkeit eines maritimen Stützpunktes für Deutschland in China deutlich. „Li versprach, seiner Gewohnheit gemäß, alles, tat aber, nach Peking zurückgekehrt, nichts, und auch die chinesische Regierung schien die Sache totschweigen zu wollen"[30] – so negativ wurde Li in zeitgenössischen Quellen gesehen, positiver urteilt erst die Geschichte. Als dann im Herbst 1897 zwei deutsche Missionare in Schantung von einer chinesischen Geheimsekte ermordet wurden, war das – je nach Interpretation – Vorwand, Veranlassung oder auch Konsequenz (schon 1895 hatte Deutschland angesichts der Bedrohung deutscher Missionare erklärt, es werde den Schutz der Missionen selbst übernehmen, falls China nicht dazu in der Lage sei) zur Besetzung von Kiautschou durch die vor Ort kreuzenden Kriegsschiffe. Die Deutschen verlangten die Ablösung des Gouverneurs von Schantung, und am 6. 3. 1898 wurde das Gebiet von Tsingtau auf 99 Jahre an Deutschland verpachtet, inklusive der Einräumung gewisser Bergwerks- und Eisenbahnrechte. Natürlich nahmen andere Mächte die deutsche Erwerbung als Vorwand für die Erhebung neuer Forderungen und Besetzungen. Leider muß man im nachhinein konstatieren:

Das deutsche Vorgehen in Kiaochow [Kiautschou] befeuerte die ohnehin schon lebhafte fremdenfeindliche Stimmung in China und bereitete den Boden für die Boxer, es verstärkte die Besorgnis der führenden Kreise über die unmittelbar bevorstehende Aufteilung Chinas und verschärfte durch eine Untergangsstimmung die Unsicherheit im ganzen Land.[31]

3.4 Der Boxer-Aufstand

„Meint man etwa, die bald hier und bald da emporlodernde Empörung gegen die Missionare richte sich gegen ihren Glauben? O nein! Selbst der ungebildetste Chinese hat wenigstens den einen Vorzug, in Beziehung auf die Religion tolerant zu sein. Diese Ausbrüche des angesammelten Zornes werden vielmehr durch die Art und Weise hervorgerufen, in der man diesen Glauben hoch über den unsern stellt und mit rücksichtslosen Sohlen unsere heiligsten Sitten und Gefühle niedertritt."(175f.)

Das Selbstbewußtsein der Deutschen stieg zwar mit ihrer Erwerbung in China, aber niemals erreichten sie die Positionen, die die anderen westlichen Mächte schon eingenommen hatten. Die Entwicklung trieb dem Höhepunkt entgegen. Der junge Kaiser Hsien Feng, der den zweiten Opiumkrieg verloren hatte, war 1861 gestorben; für seinen damals fünfjährigen Sohn regierte nun dessen Mutter als Tz'u Hsi – damals und heute als ‚Kaiserinwitwe' bekannt – „während einer Generation mit Grausamkeit und Zynismus".[32] Als ihr Sohn 1875 starb, setzte sie zwar den ebenfalls minderjährigen Kuang Hsu auf den Thron, regierte aber – vor allem mit Hilfe Lis – weiter und versuchte, die westlichen Raubmächte in Schach zu halten. Chinas Niederlagen, vor allem im Krieg gegen Japan, führten jedoch immer stärker zu der Forderung, Reformen nach westlichem Modell gemäß dem japanischen Vorbild zu übernehmen. In erster Linie ging es darum, Eisenbahnen und Fabriken zu errichten, eine große Armee aufzubauen und industriellen Reichtum anzustreben. Der große und radikale Reformer hieß K'ang Yuwei (1858–1927); er gewann den Kaiser für seine Reformpläne, und ohne den ‚Alten Buddha', wie die Kaiserin am Hofe genannt wurde, gefragt zu haben, gab Kuang „dem chinesischen Volk (1898) eine Reihe erstaunlicher Dekrete bekannt, die, wenn sie hätten angenommen und in Kraft gesetzt werden können, China tatkräftig und doch friedlich auf dem Wege zur Verwestlichung vorangebracht und vielleicht den Sturz der Dynastie und das Versinken der Nation in Chaos und Elend verhindert hätten".[33] Ein neues Schulsystem sollte errichtet werden, wo auch die wissenschaftliche Kultur des Westens gelehrt werden sollte; alle wichtigen Werke der westlichen Literatur, Technologie und Wissenschaft sollten ins Chinesische übersetzt, Heer und Marine reformiert und Industrie und Eisenbahnbau gefördert werden. Die Zeitgenossen urteilten darüber:

> Leider waren weder er [K'ang Yu-wei] noch der Kaiser [...] sich über die Grenzen der Möglichkeiten klar, in denen sich die Reformen zu halten hätten; in überstürzter Eile folgten die wundersamsten kaiserlichen Edikte aufeinander, so daß in allen Beamtenkreisen, auch unter den meisten früheren Freunden Kangs, die Besorgnis vor einer vollständigen Desorganisation der Verwaltung immer weiter um sich griff.[34]

Noch bevor Kuang Hsu seine Adoptivmutter entmachten konnte, kehrte die ‚Kaiserinwitwe' an den Hof zurück und setzte ihn gefangen – die ‚Reformbewegung der Hundert Tage' war gescheitert; K'ang gelang es zu fliehen, andere Reformer wurden hingerichtet, und Tz'u Hsi übernahm noch einmal die Regierung, die die nun aufflammende Protestbewegung gegen alles Westliche für ihre Zwecke nutzte. Jetzt schlug die Stunde der Geheimgesellschaften.

Seit 1727 gab es eine Gesellschaft, die eine Form des Schattenboxens praktizierte und sich ursprünglich ‚Fäuste für Gerechtigkeit und Harmonie' (I-Ho-Chüan) nannte. Später hieß sie auch Ta Tao Hui, ‚Gesellschaft der großen Messer', aber ihre erste Bezeichnung führte zur historischen Namensgebung ‚Boxer'. Sie predigte eine Verbindung von konfuzianischen, buddhistischen und taoistischen Ideen, und viele ihrer Mitglieder glaubten an ihre Unverwundbarkeit. Ohne spezielles Programm opponierte sie gegen alles Fremde. Von Beginn des 19. Jahrhunderts an wirkte sie, zusammen mit anderen Geheimgesellschaften, im Untergrund und galt als ungesetzliche, regierungsfeindliche Vereinigung. Als 1898/99 zu all den außenpolitischen Desastern noch Dürre und Überflutungen traten und Arbeitslosigkeit durch Eisenbahnbau und Schrumpfung der Transporte auf den Binnenschiffahrtsgewässern wie dem Kaiserkanal durch Förderung der Küstenschiffahrt (die von den Deutschen beherrscht wurde) stark zunahm, traten die Boxer immer mehr in den Vordergrund. Zunächst ging es um den Sturz der Kaiserin: „Stürzt die Ch'ing [die fremden Mandschu], restauriert die Ming", aber dem ‚Alten Buddha' gelang es, der Bewegung ein neues Ziel zu geben: „Helft den Ch'ing und vernichtet die Fremden!" Historisch gesehen war die Übernahme von Kiautschou durch die Deutschen das Signalfeuer. In Nordchina wurden die Boxer die führende Organisation; zwar war die Regierung zunächst scharf gegen sie vorgegangen, der Führer Chu Hung-teng war hingerichtet worden, aber nun sympathisierten Teile des Hofes offen mit ihnen und ihren Zielen, während andere sich auf die Seite der fremden Mächte stellten und dagegen protestierten. In Schantung brachen 1900 heftigere Unruhen aus, und eine große Masse der Bandenmitglieder und ihnen Zugelaufener – 70 % waren wohl arme junge Bauern, der Rest bestand aus Handwerkern und fahrendem Volk – zog gen Peking, unter Morden, Brennen und Plündern. Viele christliche Chinesen, Missionare und Ingenieure wurden ermordet, und die Anschläge und Morde nahmen zu, als die ‚Kaiserinwitwe' am 21. 6. 1900 den Fremdmächten den Krieg erklärte.

Die schlimmste Greueltat [...] ereignete sich in Shanxi, wo der Mandschu-Gouverneur Yuxian die Missionare und ihre Familien mit dem Versprechen, sie vor den Boxern beschützen zu wollen, in die Provinzhauptstadt Taiyuan holte, alle 44 Männer, Frauen und Kinder nach ihrer Ankunft aber töten ließ.[35]

Im Juni 1900 schritten die Fremdmächte zur Gegenoffensive, aber eine Entsatztruppe von 2100 Mann wurde am 10. Juni zurückgeschlagen. Drei Tage später brachen die Boxer in Peking ein, wo sie viele christliche Chinesen töteten. Ab 20. Juni begannen sie mit der Belagerung der Botschaften, wo 475 ausländische Bürger, 450 ausländische Wachsoldaten und etwa 3000 chinesische Christen Zuflucht gesucht hatten. Zum Auftakt der Belagerung war der deutsche Gesandte Baron von Ketteler ermordet worden, der kurz zuvor etliche Boxer persönlich erschossen und in einer Sitzung der Gesandten die Bemerkung fallengelassen hatte, nun sei der Augenblick der Aufteilung Chinas gekommen – zwar entsprach das wohl auch der Meinung der anderen Mächte, aber deren Gesandte übergingen die Aufforderung mit Schweigen. Nach der Kriegserklärung Chinas wurden außerhalb Pekings 250 Ausländer und zahlreiche chinesische Christen von den Boxern ermordet, aber daß es ihnen nicht gelang, die Botschaften zu erobern, lag daran, daß Teile der chinesischen Regierung sich nicht an die Kriegserklärung hielten, sondern den Boxer-Aufstand als Rebellion und nicht als Regierungspolitik ansahen.

Am 4. August brach eine internationale Truppe von ca. 20.000 Mann von Tientsin gegen Peking auf und eroberte am 14. die Stadt – einen Tag vorher floh die ‚Kaiserinwitwe' mit ihrem Hof nach Hsianfu. Deutsche Kontingente waren nicht beteiligt, weil der Kommandeur glaubte, die Sommerregen würden den Marsch unmöglich machen. In zeitgenössischer Darstellung heißt es über den Sturm der Stadt eher zurückhaltend:

Nach englischem und wohl auch allgemeinem Kriegsgebrauch wird eine mit Sturm genommene Stadt während einiger Zeit der Plünderung preisgegeben. Dies geschah auch in Peking, aber dort dehnte sich die Zeit über Wochen aus, und es läßt sich nicht in Abrede stellen, daß von Angehörigen aller Nationen manches geschehen ist, was im Interesse des moralischen Ansehens der Fremden besser unterblieben wäre.[36]

Deutlicher sagte es Captain Brinkley:

Es erfüllt jeden Weißen mit Schaudern, wenn er erfährt, daß vierzig Missionarsfrauen und fünfundzwanzig kleine Kinder von den Boxern abgeschlachtet wurden. Aber allein in T'ungchow, einer Stadt, in der die Chinesen keinen Widerstand leisteten und wo keine Kämpfe stattfanden, zogen es fünfhundertdreiundsiebzig chinesische Frauen der oberen Schichten vor, Selbstmord zu begehen, als die Entwürdigungen, die sie erlitten hatten, zu überleben.[37]

Insgesamt spielten die Deutschen anfangs – abgesehen von ihrer ‚Auslösefunktion' – in dem Konflikt keine besondere Rolle. Von daher war Kürschners hurrapatriotisches Werk auch zeitgenössisch zwiespältig zu sehen. Wegen der Ermordung des deutschen Gesandten hatte man sich auf diplomatischem Wege geeinigt, daß der deutsche Graf Alfred von Waldersee (1832–1905), der übrigens maßgeblich an der Entlassung Bismarcks beteiligt gewesen war, Oberbefehlshaber einer gemeinsamen Streitmacht der Fremdmächte gegen China sein sollte. Das deutsche Expeditionskorps schiffte sich erst am 27. Juli 1900 in Wilhelmshaven ein, verabschiedet durch Kaiser Wilhelms II. berühmt-berüchtigte ‚Hunnenrede', die auch im zweiten Teil des Kürschner-Bandes zitiert wird:

Kommt Ihr vor den Feind, so wird er geschlagen, Pardon wird nicht gegeben; Gefangene nicht gemacht. [...] Wie vor tausend Jahren die Hunnen unter ihrem König Etzel sich einen Namen gemacht, [...] *so möge der Name Deutschland in China in einer solchen Weise bekannt werden, daß niemals wieder ein Chinese es wagt, etwa einen Deutschen auch nur scheel anzusehen.*[38]

Die Wirklichkeit entsprach nicht den heroischen Worten, für die Wilhelm II. bekannt war, auch wenn er damit laut Kürschners Sammelwerk „in der ganzen zivilisierten Welt ein starkes Echo" fand.[39] Zeitgenössisch heißt es vornehm:

In vorstehendem ist der Tätigkeit des Feldmarschalls Grafen von Waldersee, dem nominell der Oberbefehl über die fremden Streitkräfte übertragen worden war, und der verschiedenen Züge dieser letzteren keine Erwähnung geschehen, weil sie auf den Gang der Ereignisse keinen Einfluß ausübten.[40]

Das deutsche Expeditionskorps erreichte Tientsin erst am 25. September, und Waldersee, den Spence in seinem grundlegenden

Werk keiner Erwähnung für wert hält, verließ China am 3. Juni 1901. Bis dahin beorderte oder führte er 45 militärische Expeditionen in die Provinz – nur an elf beteiligten sich die skeptischen anderen Mächte –, äußerte er sich in den Verhandlungen mehrfach zur Aufteilung Chinas und transportierte die alten astronomischen Instrumente des Pekinger Observatoriums – teilweise noch auf Pater Schall von Bell zurückgehend – gegen die ausdrücklichen Proteste des amerikanischen Generals Chafee ab. Auch Frankreich nahm acht Instrumente mit, gab sie aber schon 1901 wieder zurück; Deutschland wurde dazu erst aufgrund des Versailler Vertrages gezwungen.

Anklänge an den Boxer-Aufstand finden sich in Mays Roman nicht. Zwar droht darin anläßlich des großen Festes zum Geburtstag der „Shen" eine Rebellion (546ff.), aber nur der geschichtsbeflissene Leser mag hierin einen vagen Bogen zu den zeitgeschichtlichen Empörungen herauslesen. Nicht uninteressant ist jedoch der Hinweis auf den Prinzen Heinrich von Preußen (1862–1929), der – damals Seeoffizier und 1909 Großadmiral – 1897 mit einem Seebataillon nach China aufbrach. Vor der Abreise richtete er folgende Worte an seinen Bruder Wilhelm II.:

> Eure Majestät haben die große Entsagung gehabt, mir dieses Kommando anzuvertrauen [...] Mich lockt nicht Ruhm, mich lockt nicht Lorbeer, mich zieht nur eines, das Evangelium Eurer Majestät geheiligter Person im Ausland zu verkünden, zu predigen jedem, der es hören will, auch denen, die es nicht hören wollen.[41]

Martin Lowsky kommentiert:

> Hier also der aggressive Wunsch, ein „Evangelium" „im Ausland zu künden" – eine Art militärisch-kaiserliches Evangelium allerdings! Wer denkt da nicht an Karl Mays pazifistisches Gedicht aus dem ‚Friede'-Roman, jenes „Tragt Euer Evangelium hinaus, / Doch ohne Kampf sei es der Welt beschieden..."? Zu vermuten ist daher, daß dieses Gedicht ein verfremdetes Zitat ist, eine bewußte Spitze Karl Mays gegen den Militär und Chinafahrer Heinrich von Preußen.[42]

Eine weitere Assoziation sollte erwähnt werden: In der edlen Chinesin Yin schildert May eine herausragende chinesische Persönlichkeit, die natürlich an Marah Durimeh gemahnt. Aber schuf er damit vielleicht auch eine positive Gegengestalt zur zwielichtigen ‚Kaiserinwitwe'? Es ist auch bekannt, daß sich dem Marsch der Boxer auf Peking weibliche Gruppen anschlossen, darunter als bedeutendste die der ‚Leuchtenden Roten Laternen'. Die Mädchen und Frauen waren meist zwischen 12 und 18 Jahre alt und sahen es als ein Ziel an, die ‚Verschmutzung' durch die christlichen Chinesinnen zu bekämpfen. Besonders bekannt unter ihnen wurde ‚Lotos' Huang, eine ehemalige Prostituierte, die angeblich über einzigartige spirituelle Kräfte verfügte – wußte May von ihr, und war er von diesem Bild – positiv wie negativ – beeinflußt, als er seine Gestalt Yin kreierte? Und noch ein Gedanke, der in der Einleitung schon zur Sprache kam: Mays Roman enthält eine Fülle von Gedichten, nicht nur das Leitgedicht *Tragt Euer Evangelium hinaus*. Schuf er auch hier ein Gegengewicht zu den anläßlich des China-Feldzuges entstandenen ‚Hurra-Gedichten' wie denen von Felix Dahn, Johannes Trojan oder Gotthelf Hoffmann-Kutschke, die Bartsch „übelste Produkte des Chauvinismus und Militarismus" nennt?[43]

Die *Westdeutsche Allgemeine Zeitung* vom 2. 10. 2000 brachte unter der Überschrift *China-Protest gegen Heiligsprechung* folgende Meldung:

> Entgegen aller Proteste aus Peking hat Papst Johannes Paul II. am Sonntag in Rom 33 Missionare und 87 chinesische Katholiken heilig gesprochen. Die meisten von ihnen waren im Jahr 1900 während des sogenannten Boxer-Aufstands umgekommen, der sich gegen das Christentum und die westlichen Staaten richtete. China betrachtet den Aufstand als Widerstand gegen den Imperialismus.

Hierauf möge sich der geneigte Leser selbst seinen Reim machen.

3.5 Ausblick

> Das Unternehmen „Boxer-Aufstand" hat Deutschland 240 Millionen Mark gekostet. Es hat ihm aber zugleich einen Prestigeverlust in China gebracht, der lange nachwirkte und durch die Bestimmungen des Protokolls einen für China unvergeßlichen Gesichtsverlust zur Folge gehabt hat.[44]

Nach der Niederwerfung des Boxer-Aufstandes durch die ‚Vereinigte Armee der acht Staaten' Großbritannien, Deutsches Reich, Frankreich, Italien, Japan, Österreich, Rußland und USA wurde am 7. September 1901 das sogenannte ‚Boxer-Protokoll' zwischen China und 11 Staaten (neben den acht genannten noch Belgien, Niederlande, Spanien) unterzeichnet. Die Bedingungen waren hart. So mußten zehn hohe chinesische Beamte hingerichtet werden; etwa 25 chinesische Befestigungsanlagen wurden geschleift, das Gesandtschaftsviertel befestigt und als extraterritoriales Gebiet definiert; für den ermordeten Gesandten von Ketteler mußte ein Gedenktor errichtet werden; aber am schlimmsten war die Auferlegung der Zahlung von 450 Millionen Silbertaels (rund 330 Millionen Dollar) über 40 Jahre als Wiedergutmachung, die durch die europäische Kontrolle des chinesischen Einfuhrzolls und des Salzmonopols aufgebracht werden sollte. Vermutlich ist es damals der Gleichgewichtspolitik der ‚Offenen Tür' der USA zu verdanken gewesen, daß China nicht aufgeteilt wurde, und die USA gaben auch 18 von 25 Millionen Dollar an China für die Ausbildung chinesischer Studenten in Amerika zurück. Großbritannien, Rußland und Japan schlossen sich dieser Geste an. „Es war eine großzügige Geste, die sich für den Untergang des alten China als wirksamer erwies als irgendein anderer einzelner Faktor in diesem historischen und tragischen Konflikt zwischen Ost und West."[45]

Heutzutage wird die Boxer-Bewegung in China als einer der Eckpfeiler der chinesischen Revolution angesehen. In den folgenden Jahren nahm die Wirtschaftskrise in China zu, dafür erstarkten die Erneuerungsbewegungen. 1905 schlossen sich zwei der wichtigsten Geheimbünde mit der 1892 von dem kantonesischen Arzt Sun Yat-sen (1866–1925) gegründeten ‚Geheimgesellschaft zur Wiedererstehung Chinas' zusammen. Am Hof versuchte man, einen Aufstand durch eine Reihe von Reformen zu verhindern. Aber es war zu spät: Der Aufstand brach am 10. Oktober 1911 aus, eine neue Regierung wurde gebildet, an deren Spitze der am 29. 12. 1911 gewählte Sun Yat-sen stand. Am 12. Februar 1912 verzichteten die Ch'ing auf den Kaiserthron – die ‚Kaiserinwitwe' war 1908 gestorben, nachdem sie einen Tag zuvor den Tod des gefangenen Kaisers Kuang Hsu veranlaßt hatte.

Die ‚Schadenersatzstudenten' und Tausende anderer, die sich in Übersee Wissenschaft, Technologie und Kultur der ‚Fremden' aneigneten und ihre Heimat – positiv wie negativ – mit ihren Kenntnissen überschwemmten, waren die Träger der Revolution. „Viele gingen nach England, mehr nach Deutschland, noch mehr nach Amerika und noch mehr nach Japan."[46] Das Verhältnis zwischen China und Deutschland besserte sich allmählich wieder. Kiautschou wurde eine blühende Kolonie. Kurz vor der Revolution stand Tsingtau unter den chinesischen Häfen an sechster Stelle. 1909 wurde nach langwierigen Verhandlungen die Deutsch-Chinesische Hochschule in Tsingtau eröffnet; sie brachte das positive Ergebnis, daß die Absolventen den Schülern der staatlichen Lehranstalten gleichgestellt waren und es zu einer engen finanziellen und verwaltungsmäßigen Zusammenarbeit zwischen China und Deutschland kam. Von 1900 bis 1913 stieg die deutsche Ausfuhr nach China auf 10,1 Milliarden Mark, kaum weniger als die englische – eine deutsch-englische Handelsrivalität war die Folge:

> Zur Verbesserung der deutschen Position in China nach dem Tiefstand infolge der Besetzung von Kiaochow hat wesentlich die Qualität der deutschen Waren, das Geschick der deutschen Kaufmannschaft und die Umgänglichkeit der deutschen Menschen beigetragen, die sich den Ruf erwarben, chinafreundlich zu sein und für chinesisches Wesen Verständnis zu haben.[47]

Das erinnert an *Und Friede auf Erden!*, erklärt Fang doch dem Erzähler gegenüber:

> „Grad Sie sollten die nackte, unverfälschte Meinung meines Volkes kennen lernen, weil es mir ist, als ob uns nach der Landung und Trennung in Penang ein Wiedersehen beschieden sei, und weil ich ahne, daß Ihr deutsches Volk uns schneller und besser verstehen lernen werde als diejenigen Völker, deren Seelen anders als die deutsche fühlen." (179)

Der Governor meint sogar: „Wollen wir wetten, daß unsere ‚Shen' in Deutschland mit noch viel größerem Enthusiasmus aufgenommen wird als in England?" (549f.) Und Fangs Aussagen weisen in die Zukunft, künden vom Aufbruch:

> „Der Chinese ist so klug gewesen, nicht zu sterben, sondern sich schlafen zu legen. [...] Wenn es im Westen Nacht geworden ist, wird es im Osten Tag. Dort steht der Mensch jetzt vor dem müden Abend; hier aber bricht der frische Morgen an. [...] Man gönne ihr [der chinesischen Rasse] doch ein friedliches Erwachen. Schon graut der Tag. [...] Wir gehen zu den westlichen Völkern, um sie und ihre Kräfte und Absichten kennen zu lernen. [...] Der Kaukasier lehre uns, ihn zu lieben, ehe er uns belehre, nach seiner Art zu beten! Das ist die Antwort, welche wir ihm auf seine ‚chinesische Frage' geben, die wir bei uns gar nicht kennen!" (177f.)

Können wir heute von einem Erwachen Chinas und dem großen Aufbruch sprechen? Angesichts der wirtschaftlichen Öffnung Chinas für den Westen wird manchmal sogar schon wieder von einem neuen „ungleichen Vertrag" mit der Welthandelsorganisation WTO und einem dritten Opiumkrieg, wenn auch ohne Waffengewalt, gesprochen.[48]

4. Über China hinaus – ins Reich der „Shen"

Als May Ocama erreicht, verläßt er endgültig den realen Hintergrund seiner Reise und strebt dem Reich der Religion, der Psychologie und Philosophie, des Antiimperialismus und Antikolonialismus, entgegen. Zwar wurde dargelegt, daß Mays Schilderung von der Geographie her (abgesehen von der Erfindung einer Gegenwelt zu Macao) „eine frappierende Ähnlichkeit Ocamas mit Quingdao“, also Tsingtau, zeige, aber auch, daß May die reale Kolonie in ein Utopia umgewandelt habe, in einen „Wunschraum aller verbrüderten Menschen“, einen „glückliche[n] Zwischenraum zwischen China und Deutschland, Orient und Okzident“.[49] *Und Friede auf Erden!* ist „ein religionspsychologisches Buch von unverbrauchter Bedeutung“, betont Wohlgschaft:[50]

> Der erste Ökumeniker war May natürlich nicht. [...] Aber die „ökumenische Bewegung“ war zu Mays Zeiten noch ein winziges Pflänzchen; insofern war May auch in dieser Hinsicht seiner Zeit voraus [...]. Die europäische Ökumene hatte meist nur die christlichen Konfessionen im Blick. Mays Roman aber geht weiter: Das Abendland, der „selbstsüchtige“ Westen, soll mit dem Orient und das Christentum mit den östlichen Religionen versöhnt werden. Es geht Karl May um den Frieden der Völker, den Verzicht auf Gewalt (auf Waffengewalt in der politischen, auf geistige Gewalt in der weltanschaulichen Dimension) und in diesem Zusammenhang um den Ausschließlichkeitsanspruch des Christentums, um die Beziehung des Christentums zu den anderen Religionen.[51]

Wohlgschaft und Schenkel[52] haben sich ausführlich mit Mays Idee der Einheit und Verbrüderung der Weltreligionen in seinem Roman auseinandergesetzt. Es wird darauf verwiesen, daß May einerseits die Auffassung vertritt, der christliche, der islamische und der buddhistische Glaube – und überhaupt alle Religionen – meinten am Ende dasselbe: „Liebe Gott, und liebe deinen Nächsten!“ (33), andererseits bleibt May dem Christentum näher als allen anderen Religionen. Nur eine Maxime stellt er über alle anderen: die der religiösen Toleranz – Voraussetzung eines wahren Christentums ist die wahre Menschlichkeit.

> Die biblische Offenbarung, das verlorene Paradies, die Geburt des Erlösers, die österlichen Mysterien, die verheißene (und die Aktion des Menschen herausfordernde) Verwandlung der Erde ins neue Paradies strukturieren [...] den Hintergrund des Romans – in literarisch sehr kunstvoller Weise.[53]

Und der *Friede*-Roman wird am Ende auch zu einer Weihnachtsgeschichte. „Indem May der imperialistischen Weltgeschichte, dem Sieg über den Yihetuan-(‚Boxer‘-)Aufstand, die Heilsgeschichte entgegensetzt, wird die Bibel selbst zur eigentlichen Quelle dieser Erzählung.“[54] Wohlgschaft spannt in seiner eingehenden religionsphilosophischen Analyse den Bogen von May aus in die Vergangenheit (Herder, Lessing, Schleiermacher) und bis in unsere Gegenwart, zu Theologen und Religionsphilosophen wie Küng, Drewermann, Schwarzenau. Er legt offen, aus welchen Quellen Mays Überlegungen möglicherweise gespeist waren, und wie letztere im Lichte moderner Erkenntnisse erscheinen. Sicher haben Mays Gedanken zur Ökumene in Herder und anderen Philosophen eine ihrer Hauptquellen, aber weitere Fragen drängen sich auf: Hat sich May vielleicht auch durch den Philosophen Gottfried Wilhelm von Leibniz beeinflussen lassen? Leibniz bewunderte die chinesische Kultur – seinem Urteil lagen die Jesuitenberichte zugrunde –, beurteilte sie als gleichwertig mit der europäischen und stellte fest, „der Umstand, wonach Konfuzianismus und Christentum sowohl dem Verständnis der Christen als jenem der Chinesen so leicht zugänglich seien, deute darauf hin, daß sich dieselbe göttliche Wahrheit in verschiedenen Teilen der Erde lediglich in eigentümlicher Form ausgebildet habe".[55] Hier hört man zwischen den Zeilen fast schon Karl May.

War aber May vielleicht andererseits auch von östlichem Denken beeinflußt? Auf die christlich-buddhistischen Diskussionen auf Ceylon wurde oben schon verwiesen. Oder denken wir an die Bahai-Religion, eine humanitär-aufklärerische Religionsgemeinschaft, die sich als Zusammenfassung und Überhöhung aller bestehenden Religionen versteht, ein Gedanke, der mit Mays Vorstellungen verwandt ist. Sie war erst im 19. Jahrhundert entstanden und hatte ihre Ursprünge in Persien, und ihre Ziele waren und sind u. a. ein allgemeiner Friede – die „Shen" steht diesem Anliegen sehr nahe. Doch werfen wir einen Blick nach China. Ende des 19. Jahrhunderts hatten die christlichen Chinesen Sonderprivilegien, so daß sie Ziel der ersten Übergriffe der Boxer wurden, die einen Großteil des Eigentums der Konvertiten zerstörten oder stahlen. Das Schlagwort der Boxer „Helft den Ch'ing, vernichtet die Fremden!" wurde bald zu Schmähreden erweitert:

> Viele christliche Konvertiten / Haben den Verstand verloren, / Sie betrügen unseren Kaiser, / Zerstören die Götter, die wir verehren, / Reißen unsere Tempel und Altäre ein, / Gestatten weder Räucherstäbchen noch Kerzen, / Werfen Traktate über Ethik weg / Und schlagen die Vernunft in den Wind. / Merkt ihr denn nicht, daß sie dabei sind, / Das Land in den Abgrund zu stürzen?[56]

War nicht sogar der Revolutionär Sun Yat-sen „ein so fanatischer Christ, daß er die Götzenbilder in dem Tempel seines Heimatdorfes verunstaltete"?[57] Hat May Anregungen für die Gestaltung Wallers aus Kenntnissen hierüber bezogen? Oder aus der Lektüre über die Geschichte des Taiping-Aufstandes? Die Seele dieser Rebellion war ein charismatischer Führer, Hung Hsiu-ch'üan (1813–64), der, aus ärmlichen Verhältnissen stammend, gern in die lokale Elite aufgestiegen wäre. Mehrere Anläufe scheiterten trotz anfänglicher Erfolge; sein Kontakt mit protestantischen Missionaren und mehrere Visionen bestimmten ab dann sein Leben, und er kam zu dem Schluß, er sei – als Jesu' jüngerer Bruder – von Gott auserwählt, China zum Christentum zu bekehren, was gleichzeitig die Abkehr von jedem Götzendienst bedeutete. Er wirkte nicht im Geheimen, sondern trat öffentlich auf, verkündete seine Botschaft und überzeugte seine Zuhörer von seinen spirituellen Kräften und seiner Mission. Er taufte Konvertite und zerstörte – ähnlich wie Mays Waller – konfuzianische Heiligtümer und Ahnentempel. Das zwang ihn zur Flucht, aber im Laufe der nächsten Jahre gewann er immer mehr Anhänger – 1850 waren es schon mehr als 20.000 –, und nun begann er mit der militärischen Organisation, die auch Frauenregimenter umfaßte. Als die Regierung im Dezember 1850 Truppen gegen die Bewegung entsandte, wurden sie vernichtend geschlagen. Im Januar 1851 ernannte sich Hung zum ‚Himmlischen König' des Taiping Tianguo, des ‚Himmlischen Reiches des großen Friedens'. Fünf weitere ‚Könige' unterstützten ihn bei der Regierung, aus der er sich bald zugunsten eher philosophischer Studien zurückzog. Wichtige Grundsätze bestanden in der Abschaffung des Privateigentums, in der Gleichstellung von Mann und Frau, niedriger Besteuerung und – vor allem – gerechter Aufteilung des Bodens. Alle Suchtmittel waren streng verboten. Ziel der Bewegung war die Vertreibung der Mandschu-Dynastie und die Reformierung Chinas nach westlichem Vorbild. Unglaublich blutig wurde 1853 die Stadt Nanking unterworfen, von wo aus dann die Taiping bis 1864 ihr Reich regierten. Aber das angestrebte Ziel, „daß nirgendwo Ungleichheit herrsche und niemand schlecht genährt oder gekleidet sei", wurde nicht erreicht, und wegen mangelnder Führungsentschlossenheit, vieler Versäumnisse, taktischer Fehler, Flügelkämpfe und nachlassendem Rückhalt im Volk endete die Bewegung schließlich – zumal Hung 1864 aus bislang ungeklärten Gründen starb – in einem Meer von Blut.[58] Hat May reale chinesische Ereignisse für seine Darstellung Wallers und der Auseinandersetzung zwischen Europa und China nutzbar gemacht? Spiegelt sich das ‚Himmlische Reich des großen Friedens', die alte Sehnsucht nicht nur der Chinesen, in seinem Reich der „Shen" wider? – Zu auffällig sind die Gemeinsamkeiten, als daß man sie allein auf Zufall zurückführen sollte.

Für May ging es aber um mehr als um eine Aussöhnung und einen Gleichklang der Religionen; ihm ging es in erster Linie um den

Zusammenstoß der Zivilisationen und deren Überwindung durch ein Reich der Menschlichkeit, der Güte, der Liebe, eben der „Shen“:

ich schreibe meine Bücher nicht für die Christlichkeit, sondern für die Menschlichkeit. [...] Daher behandelt das V. Kapitel von „Friede“ ganz ausschließlich nur die „Shen“, die Menschlichkeit, und wenn dies gegen irgend eine christliche Anschauung oder einen christlichen Gebrauch verstoßen sollte, so liegt das weder an mir noch an der Humanität.[59]

In den Vordergrund dieser Überlegungen tritt ein chinesischer Reformer und Philosoph, nämlich K'ang Yu-wei, der schon mehrfach erwähnt wurde: Er, „dessen Veränderungsvorschläge schon in der Hand des Kaisers, ja von ihm akzeptiert waren, als die Kaiserinwitwe Ts'u Hsi 1898 den Versuchen ein jähes Ende bereitete, ohne indes die fortschrittlichen Ideen völlig ausrotten zu können, hatte sehr idealistische, doch durchaus konkrete Vorstellungen von der ‚Großen Gemeinschaft‘, die er auf der Grundlage eines reformierten Konfuzianismus, eher aber aus konservativem Geist zu verwirklichen trachtete. Sein Bild vom Westen, dessen ‚Errungenschaften‘ er nachzuahmen, dessen Fehler er zu vermeiden suchte, ist weitgehend auf Beobachtungen der Aktivität westlicher Mächte in China aufgebaut. So strebt er eine mauerlose Welt an mit Beziehungen auf der Grundlage der Gleichheit und des Friedens. Wenn er schreibt: ‚Das Ziel, der Menschheit Frieden zu bringen, kann somit nicht ohne Abrüstung erreicht werden, und der Wunsch nach Abrüstung kann nicht ohne Abschaffung staatlicher Souveränität verwirklicht werden, so wird sein Ziel, Abbau der Mauern, deutlich. [...] Wenn das Weltbild K'ang Yu-weis eine seltsame Mischung aus reformiertem elitären Konfuzianismus und egalitärem Pazifismus ist“[60], dann fragt man sich, ob May bei seiner Reise ins Reich der „Shen“ nicht auch von K'ang Yu-wei begleitet war. Klaus Mehnert hat K'ang als einen der originellsten Köpfe der letzten hundert Jahre chinesischer Geschichte bezeichnet und bescheinigte ihm, die Lehren des Konfuzius völlig neu zu interpretieren – bis hin zur Unkenntlichkeit: Konfuzius als „Apostel des Fortschritts“.[61] Zu seinen Schriften vermerkt Briessen:

Aber das Denken und die Arbeit K'ang Yu-weis blieben in China nicht ohne Wirkung, auch wenn die Widersprüche seiner neuinterpretierten konfuzianischen Lehre mit modernen Sozial- und Staatsideen, also elitärreligiöser mit egalitär-ideologischen Elementen nicht der letzten Glaubwürdigkeit in einem China begegneten, das erst einmal versuchen mußte, eine materielle Ordnung zu finden.[62]

In künftigen Forschungen sollte solchen Hinweisen auf Mays mögliche Inspiration durch die buddhistisch-christlichen Disputationen auf Ceylon, auf seine Berührung mit der Bahai-Religion oder seine Kenntnis des chinesischen Reformphilosophen K'ang durchaus nachgespürt werden.

„In dem Roman ‚Et in terra pax!' hat sich nun May die Aufgabe gestellt zu zeigen, wie alle Nationen der Erde friedlich mit einander verkehren könnten, wie sie alle eine glückliche Familie bilden könnten." So wetterte der katholische Dogmatiker Paul Rentschka 1908 gegen May und sein konfessionell ungebundenes Christentum:

> Das Zaubermittel, alle in Frieden zu einen, soll die Liebe sein, und zwar in etwa die Liebe, wie sie das Christentum lehrt, wie sie aber andrerseits ja schon auch jedes Menschenherz, auch das jedes Heiden, kennt und gibt. [...] Auf irgendwelche dogmatischen Wahrheiten kommt es ihm gar nicht an, er wirkt nicht durch den Verstand, sondern durch Rechthandeln und Liebe auf das Herz der Mitmenschen.[63]

Was Rentschka dem Schriftsteller damals vorwarf, würde ihm heute zur Ehre gereichen. Man hat Mays Roman sogar als „politischen Agitationsroman" bezeichnet, „der den Imperialismus und ein Gewalt predigendes Christentum scharf kritisiert":

> Der imperialistischen Gegenwartsgeschichte stellt May die Heilsgeschichte entgegen [...]. In zwei großen Reden, in der des amerikanischen Professors Garden und in der des chinesischen Arztes Fang [...], übt May sowohl aus der heilsgeschichtlichen als auch aus der aufklärerischen Perspektive am Imperialismus Ideologiekritik. Religiöse Intoleranz, der Hochmut rassistischer Vorurteile und der Wille zur Macht zwingen die Menschen in einen Teufelskreis. In der Forderung nach Nächstenliebe und Humanität, in der Analyse der Entstehungsstruktur von Vorurteilen [...] verbindet May die heilsgeschichtliche Weltdeutung mit dem epochenübergreifenden Prozeß der Aufklärung.[64]

Die Botschaft wird besonders beeindruckend in den beiden Reden ausgebreitet, aber sie zieht sich durch das ganze Werk, und allein alle diesbezüglichen Zitate zusammenzustellen, ergäbe ein eigenes Buch. Eine Auswahl soll aber doch zur Stützung der Thesen getroffen werden:

> „Soll es etwa so weit kommen, daß schließlich der ganze Orient unter den Hufen des Occidentes liegt? Fast scheint es so! Ueberall, wohin ich hier gekommen bin, habe ich zwei dunkle, unheilvolle Mächte an der Arbeit gesehen, diese nichts weniger als christliche Aufgabe zu vollenden, nämlich die religiöse Ueberhebung und den nationalen Hochmut. Wer da behauptet, Gott sei so haarspaltend und pedantisch, daß er nur die weiße Hautfarbe liebe und auf einer ganz bestimmten Art und Weise des Hän-

defaltens bestehe, der lästert ihn [...]. Solche Sünder gegen die Völker- und Menschenrechte gehören eigentlich unter Gewahrsam" (134).

„Es ist für den Westen gefährlich, sich den Osten als abgetan zu denken und seine Völker als untergehende Nationen zu bezeichnen [...]. Jedes Volk hat nicht nur das Recht, sondern auch die volle Kraft, sich auszuleben. Und jedes Volk hat die heilige Pflicht, andere Völker sich ausleben zu lassen. [...] So lange die Erde steht, hat das Heilige dem Unheiligen, die Menschenliebe der Eigensucht, die Zivilisation der Rücksichtslosigkeit als Vorwand gedient [...]. Wer kann die materiellen Summen und die geistigen Reichtümer berechnen, welche für die Menschheit ungehoben blieben, weil Kulturformen von der Erde verschwunden sind, welche nicht nur trotz, sondern gerade wegen ihrer Eigenart für die Allgemeinheit gewiß unermeßlich viel geleistet hätten, wenn es ihnen erlaubt worden wäre, sich bis zur Vollendung ihrer Aufgabe zu entwickeln!" (136-138)

Hier greift May einen seiner Lieblingsgedanken wieder auf, den er schon zu Beginn seiner Schriftstellerlaufbahn formulierte und wohl von Herder übernommen hatte.[65] Und so geht es fort und fort: „Ja, was lehrt man denn bei Euch sonst außerdem? Nicht Humanität? Nicht Menschenliebe und Menschenachtung?" (321f.) – „Entweder gibt es gar keine Christen und gar keine Heiden, sondern bloß Menschen", ruft Sejjid Omar. „Oder es gibt entweder nur Christen oder nur Heiden, die aber auch alle Menschen sind." (593) Die vielen Aussagen zu diesem Thema gipfeln in der Feststellung:

„Wißt Ihr nun, was wir Europäer unter ‚zivilisieren' verstehen? Es kann mir nicht beikommen, ein einzelnes Land, eine einzelne Nation anzuklagen. Aber ich klage die ganze sich ‚zivilisiert' nennende Menschheit an, daß sie trotz aller Religionen und trotz einer achttausendjährigen Weltgeschichte noch heutigen Tages nicht wissen will, daß dieses ‚Zivilisieren' nichts anderes als ein ‚Terrorisieren' ist!" (278)

Am Ende steht das Reich „Shen" – „der große Bund aller Derer, die sich verpflichtet haben, nie anders als stets nur human zu handeln" (324).

Mißt man Mays Roman allein an der seinerzeitigen Tagespolitik, so kann man ihm, wie es Peter Krauskopf tat, bescheinigen, daß May versucht habe, Gegenthesen zu Wilhelms II. Politik zu formulieren: Gegen die vom Kaiser beschworene Einigung Europas gegen die ‚Gelbe Gefahr' habe er den Geheimbund der „Shen" gesetzt; mit seinem Leitgedicht und der Zeile „Gebt Liebe nur, gebt Liebe nur allein" habe er einen Gegensatz zu Wilhelms II. Aufforderung „Pardon wird nicht gegeben" gestellt; gegen den Vorwurf Wilhelms II., die Chinesen hätten das Gastrecht verletzt, habe May den Bruch des Gastrechtes durch Waller gesetzt. Und in Tsi habe er die Chinesen ähnlich idealisieren wollen wie die Indianer in

Winnetou.[66] Krauskopf resümiert: „Mays politische Aussagen sind in ihrer Naivität aber kaum diskussionswürdig."[67] Doch greift es sowohl zu kurz, Mays *Friede*-Roman an der realen Situation Chinas zu messen, da es sich – wie bereits erwähnt – nicht um einen ‚China-Roman' handelt, als auch, ihn nur auf die tagespolitischen Ereignisse zu reduzieren und seinen Aussagen Naivität zu unterstellen. Das wird seiner großartigen, tiefgründigen, differenzierten Analyse des aggressiven Akts des „Zivilisierens", der Unterjochung des Orients durch den Westen, der Auseinandersetzung und des Ringens um die Wahrheit unter den Religionen nicht gerecht. Eher ist Adolf Droop zuzustimmen, der Mays Anspruch ins rechte Licht rückte:

> Es ist ein grenzenloser Enthusiasmus für die Menschheit, der hier über die dogmatischen Schranken hinaus die Liebe aller zu allen betont. Das Christentum, dessen Dogmen er früher so oft mit denen des Islams in scharfen Kontrast gestellt hatte, erhöht sich hier, die tiefe Ethik des Ostens freudig anerkennend, zu einer allumfassenden Menschheitsreligion [...].
>
> Karl May wagt es, dem Europäer einen Spiegel vorzuhalten. Er zeigt ihm den törichten Hochmut, den Glaubensdünkel, den nationalen Bildungsstolz, den das christliche Abendland seit so langer Zeit und so sehr noch heute dem Morgenlande gegenüber zur Schau trägt. [...] Gewiß wird der Idealismus eines May die Regierungen Europas nicht von ihrer Kolonialpolitik abbringen [...]; aber doch sollten selbst in unserer materialistischen Zeit solche Stimmen des Idealismus nicht ungehört verhallen.[68]

Der Roman brachte May u. a. die Beziehung zu der Friedensnobelpreisträgerin Bertha von Suttner, und bis heute entfaltet er eine Wirkung, der sich kein aufgeschlossener Leser entziehen kann. May war seiner Zeit in seiner kompromißlos antiimperialistischen Haltung weit voraus, sein *Und Friede auf Erden!* – und nicht nur dieser Roman – widersprach dem Zeitgeist in jeder Hinsicht – dies ist über den Erfolg seiner Bücher hinaus seine hervorragendste, eine achtunggebietende und bleibende Leistung. Schließlich, was China betrifft, so legte May zwei Gesprächspartnern u. a. folgende Aussagen in den Mund:

> „Halten Sie Buddha, Tao, Lao und Konfucius für [...] Schläfer?"
>
> „Nein, denn in keiner der von ihnen gelehrten Anbetungsformen liegt die Aggressivität, welche dem Christentum und dem Islam eigen ist [eine noch heute gültige Aussage, E. K.]. [...] Es handelt sich um den friedlichen Ausgleich zweier ganz verschiedener, in vielen Beziehungen heterogen entwickelter Menschenrassen, der weißen und der gelben. [...] Es steht im Buche des Schicksals geschrieben, daß wer China erobern will, der muß Chinese werden [...], der muß beherzigen, daß es nur ein einziges Mittel gibt, nämlich Freund anstatt Feind zu sein!" (140f.)

Wie weit kannte May die chinesischen Religionen und Traditionen, daß sie ihn zu diesen Sätzen animierten?

„Die Kraft der Sitte ist es, durch die Himmel und Erde zusammenwirken", hat Konfuzius betont, „durch die die vier Jahreszeiten in Harmonie kommen, durch die Sonne und Mond scheinen, durch die die Sterne ihre Bahnen ziehen, durch die die Ströme fließen, durch die alle Dinge gedeihen, durch die Gut und Böse geschieden werden, durch die Freude und Zorn den rechten Ausdruck finden, durch die die Unteren gehorchen, durch die die Oberen erleuchtet werden, durch die alle Dinge trotz ihrer Veränderung nicht in Verwirrung kommen. Weicht man von ihr ab, so geht alles zugrunde."[69]

In den Worten eines modernen Reisenden:

Wir sind Hunderte von Kilometern auf Landstraßen durch eine einzige Reislandschaft gefahren, über weite Ebenen und über hügliges Gelände. [...] Es war eine Kulturlandschaft; aber die Kultur hatte die Landschaft nicht zerstört, sondern zugänglich gemacht und erschlossen. [...] wer durch diese Reisfelder fährt, erkennt, daß hier nicht Despotismus und starke Zentralgewalt das entscheidende Prinzip waren, das die Gesellschaft und Wirtschaft funktionieren ließ. [...] eindrucksvoll beim Anblick der Reisfelder ist [...] etwas ganz anderes: ein geordnetes, nicht von oben erzwungenes, sondern aus der Gesellschaft selbst erwachsendes Zusammenwirken. [...] Es war ein ständiges Empfangen, Nutzen und Weitergeben. Die Landschaft war ein Kosmos, geordnet, geschmückt und harmonisch. [...] Mußte sie, von den Menschen geschaffen, nicht auch auf die Menschen zurückwirken? Wer Wasser nahm, mußte Wasser abgeben. Wer Rücksicht forderte, mußte auch Rücksicht üben. [...] In dieser Landschaft konnte der Gedanke der sozialen Harmonie gedeihen, der gesitteten, geordneten Gesellschaft.

„In dieser Landschaft, aus der Gesellschaft wuchs [der konfuzianische Begriff] *li*. [...] Es bedeutet gesittetes, sozialbewußtes, verantwortliches menschliches Handeln"[70]
– die Grundlage der „Shen".

Anmerkungen

1 Alle Informationen zu Mays Orientreise, die hier und im folgenden gegeben werden, basieren auf: Ekkehard Bartsch/Hans Wollschläger: *Karl Mays Orientreise 1899/1900*. In: *In fernen Zonen. Karl Mays Weltreisen* (*Gesammelte Werke* 82). Bamberg, Radebeul 1999, S. 33-232.

2 Vgl. hierzu und im Hinblick auf May: Eckehard Koch: *Im Lande des Mahdi. Karl Mays Roman zwischen Zeitgeschichte und Moderne*. In: JbKMG 1995, S. 262-329, speziell S. 269-275 u. 294f.

3 Karl Dyroff: *Ägypten*. In: *Weltgeschichte*. Begründet von Hans F. Helmolt, hg. v. Armin Tille, Bd. 3. Leipzig, Wien 1914, S. 352f., im folgenden zit. als *Helmolts Weltgeschichte*.

4 Ebd., S. 353. Zu Kairo vgl. auch *Encyclopedia Americana*, Bd. 5, Art. *Cairo*.

5 *Aktuell '98. Lexikon der Gegenwart*. Jg. 14. Dortmund 1997, S. 398; *Der Fischer Weltalmanach 1999*. Frankfurt/M. 1998, S. 53f.

6 Literatur zur ägyptischen Geschichte: André Miquel: *Der Islam. Von Mohammed bis Nasser*. Essen 1975; Albert Hourani: *Die Geschichte der arabischen Völker*. Frankfurt/M. 1992; Alexander Schölch: *Ägypten den Ägyptern!*. Zürich 1972; Timothy Mitchell: *Colonising Egypt*. Cambridge 1988; Peter Mansfield: *The British in Egypt*. London 1971.

7 Bartsch/Wollschläger [Anm. 1], S. 67.

8 Michael Lüders: *Karl May im Fach*. In: *Die Zeit*, Hamburg (6. 1. 1995), Nr. 2.

9 Bartsch/Wollschläger [Anm. 1], S. 118.

10 Ebd., S. 116f.

11 Ebd., S. 117.

12 Ebd., S. 114.

13 Zur Geschichte Ceylons vgl. neben einschlägigen Enzyklopädien (*Encyclopedia Americana*, *Brockhaus*, *Herder*) als zeitgenössische Quelle *Helmolts Weltgeschichte* [Anm. 3], Bd. 1, 1913, S. 390ff. u. 491-510, allerdings nur bis Anfang des 19. Jahrhunderts, sowie vor allem K. M. de Silva: *A History of Sri Lanka*. London, Berkeley, Los Angeles 1981, speziell S. 239-372.

14 *Christen Asiens: Zwischen Gewalterfahrung und Sendungsauftrag*. In: *Informationen Evangelisches Missionswerk in Deutschland*, Hamburg, Nr. 124 (Oktober 2000), S. 36f.

15 Wolf-Dieter Bach: *Sich einen Namen machen*. In: JbKMG 1975, S. 34-72. Die Arbeit ist wegen ihrer historischen und sonstigen Bezüge zu *Und Friede auf Erden!* noch heute sehr lesenswert.

16 Louis Fischer: *Indonesien. Vergangenheit und Gegenwart*. Berlin 1960, S. 53.

17 Ebd., S. 72.

18 Ebd., S. 75. Zur Geschichte vgl. neben Fischer [Anm. 16] vor allem D. J. M. Tate: *The Making of Modern South-East Asia*. Vol. One: *The European Conquest*. Kuala Lumpur, Singapore, New York, London, Melbourne 1971; auch: *Encyclopedia Americana*, Art. *Atjeh*; Wolfgang Lindig (Hg.): *Lexikon der Völker. Regionalkulturen in unserer Zeit*. München 1986, Art. *Aceh*; zeitgenössisch: *Helmolts Weltgeschichte* [Anm. 3], Bd. 1, 1913, S. 553-555.

19 Martin Schenkel: *Und Friede auf Erden!*. In: *Karl-May-Handbuch*, hg. v. Gert Ueding. Stuttgart 1987, S. 301-308 (304). Zu Singapore, Hong-

kong, Shanghai, Macao vgl. die entsprechenden Artikel in der *Encyclopedia Americana*, der *Brockhaus*-Enzyklopädie sowie in *Meyers Kontinente und Meere*, Bd. 8: *Asien (ohne Sowjetunion), Australien, Inseln und Meere. Daten-Bilder-Karten.* Mannheim 1973; siehe auch die unten zitierte Literatur über China [Anm. 23].

20 Beide Zitate in: Kai Strittmatter: *Die Portugiesen gehen, die Patres bleiben. Macao vor der Übergabe an China: Christen, Gewürze und eine unerfüllte Mission.* In: *Süddeutsche Zeitung* (17. 12. 1999), Nr. 292, S. 3.

21 Hermann Wohlgschaft: *Große Karl May Biographie. Leben und Werk.* Paderborn 1994, S. 407. Zum China-Bild Mays: Erwin Koppen: *Karl May und China.* In: JbKMG 1986, S. 69-88; Bernhard Kosciuszko: *Illusion oder Information?. China im Werk Karl Mays.* In: JbKMG 1988, S. 322-340, u. JbKMG 1989, S. 146-177.

22 Koppen [Anm. 21], S. 81f.

23 Will Durant: *Kulturgeschichte der Menschheit III. Das Vermächtnis des Ostens III: China, Japan.* Lausanne [ca. 1967], S. 262. Zur Geschichte Chinas im folgenden vgl. als zeitgenössische Darstellung: Max von Brandt: *China, Japan, Korea und neueste Geschichte Ostasiens.* In: *Helmolts Weltgeschichte* [Anm. 3], Bd. 1, 1913, speziell S. 219-241. Ferner vor allem: Jonathan D. Spence: *Chinas Weg in die Moderne.* Wien 1995; weiterhin: Peter Fleming: *Die Belagerung von Peking.* Stuttgart 1961; Charles Patrick Fitzgerald: *China.* München 1967; Rainer Hoffmann: *Der Untergang des konfuzianischen China.* Wiesbaden 1980. Überblicke in: *Encyclopedia Americana* und *Meyers Kontinente und Meere* [Anm. 19] sowie bei Kosciuszko [Anm. 21].

24 Durant [Anm. 23], S. 265.

25 Ebd., S. 266.

26 Emil Wendt/Theodor Vockerode: *Karl Gützlaffs Reisen in China.* In: *Jahrbuch für junge Freunde der Länder- und Völkerkunde.* Leipzig 1843, S. 200f.; zit. in: Antje Streit: *Der ‚französische' und der ‚deutsche' Chinese. Eine vergleichende Untersuchung zu den Chinaromanen Jules Vernes und Karl Mays.* In: JbKMG 1999, S. 248-269 (266, Anm. 14).

27 *Helmolts Weltgeschichte* [Anm. 23], S. 161.

28 Fritz van Briessen: *Grundzüge der deutsch-chinesischen Beziehungen.* Darmstadt 1977, S. 5. Die von mir gegebenen Informationen in diesem Kapitel beruhen insbesondere auf Briessen sowie *Helmolts Weltgeschichte* [Anm. 23].

29 *Helmolts Weltgeschichte* [Anm. 23], S. 222.

30 Ebd.

31 Briessen [Anm. 28], S. 54.

32 Durant [Anm. 23], S. 269.

33 Ebd., S. 270.

34 *Helmolts Weltgeschichte* [Anm. 23], S. 224.

35 Spence [Anm. 23], S. 292.

36 *Helmolts Weltgeschichte* [Anm. 23], S. 227f.

37 Zit. nach Durant [Anm. 23], S. 271.
38 Zit. nach Joseph Kürschner (Hg.): *China. Schilderungen aus Leben und Geschichte, Krieg und Sieg. Ein Denkmal den Streitern und der Weltpolitik.* Leipzig [1901], Zweiter Teil, Sp. 198.
39 Ebd.
40 *Helmolts Weltgeschichte* [Anm. 23], S. 228.
41 Zit. nach Harald Eschenburg: *Prinz Heinrich von Preußen. Der Großadmiral im Schatten des Kaisers.* Heide 1989, S. 60f.
42 Martin Lowsky: *Deutsche Kolonialgeschichte in China – und am Rande Karl May. Einige Blicke in die Berlin-Kieler Ausstellung ‚Tsingtau'.* In: KMG-Nachrichten 122 (1999), S. 51f.
43 Ekkehard Bartsch: *‚Und Friede auf Erden!' Entstehung und Geschichte.* In: JbKMG 1972/73, S. 93-122 (101).
44 Briessen [Anm. 28], S. 62.
45 Durant [Anm. 23], S. 271.
46 Ebd., S. 272.
47 Briessen [Anm. 28], S. 67.
48 Dieter Schütt: *Der dritte Opiumkrieg.* In: *Der Funke*, Hamburg (2000), Nr. 369.
49 Liu Weijian: *Vom „jungen Deutsch-China" zum „heiligen Boden des Verständnisses": Tsingtau (Quingdao) im Spiegel der deutschen Literatur.* In: *Tsingtau. Ein Kapitel deutscher Kolonialgeschichte in China 1897–1914*, hg. v. Hans-Martin Hinz u. Christoph Lind. Berlin 1998, S. 193.
50 Wohlgschaft [Anm. 21], S. 612.
51 Ebd., S. 613.
52 Ebd., S. 402-418 u. bes. S. 612-633; Martin Schenkel: *Ecce homo!. Zum zeitgeschichtlichen Friedensmythos in Karl Mays Reiseerzählung „Und Friede auf Erden!".* In: *Karl May*, hg. v. Heinz Ludwig Arnold. Sonderband text + kritik. München 1987, S. 191-221.
53 Wohlgschaft [Anm. 21], S. 406.
54 Schenkel: *Und Friede auf Erden!* [Anm. 19], S. 302.
55 Urs Bitterli: *Die ‚Wilden' und die ‚Zivilisierten'. Grundzüge einer Geistes- und Kulturgeschichte der europäisch-überseeischen Begegnung.* München 1976, S. 64.
56 Zit. nach Spence [Anm. 23], S. 288.
57 Durant [Anm. 23], S. 273.
58 Ebd., S. 266f.; Spence [Anm. 23], S. 210-221, Kosciuszko [Anm. 21], JbKMG 1988, S. 328f.
59 Undatierter Brief an Franz Weigl; zit. nach Hans Wollschläger: *Karl May in Selbstzeugnissen und Bilddokumenten.* Reinbek bei Hamburg 1965, S. 105.
60 Briessen [Anm. 28], S. 7f.
61 Klaus Mehnert: *Peking und Moskau.* Stuttgart 1962, S. 139f.
62 Briessen [Anm. 28], S. 57.
63 Paul Rentschka, in: *Germania*, Berlin (5. 12. 1908), Nr. 282; zit. nach Bartsch [Anm. 43], S. 111; vgl. auch Hermann Wohlgschaft: *Mays*

Friede-Roman und die Lehren der Kirche. In: MKMG 83 (1990), S. 18-24.

64 Schenkel: *Und Friede auf Erden!* [Anm. 19], S. 305.

65 Ekkehard Koch: *„Jedes irdische Geschöpf hat eine Berechtigung zu sein und zu leben". Zum Verhältnis von Karl May und Johann Gottfried Herder.* In: JbKMG 1981, S. 166-206.

66 Peter Krauskopf: *Die Heldenrevision in Karl Mays Reiseerzählung ‚Und Friede auf Erden!' als Kritik am wilhelminischen Imperialismus.* In: MKMG 71 (1987), S. 3-10 (Teil I) u. 72 (1987), S. 3-11 (Teil II), vor allem Teil II, S. 8.

67 Ebd., Teil II, S. 8.

68 Adolf Droop: *Karl May. Eine Analyse seiner Reise-Erzählungen.* Cöln-Weiden 1909, S. 161f. u. 164f.

69 Mehnert [Anm. 61], S. 53.

70 Erwin Wickert: *China von innen gesehen.* Stuttgart [4]1982, S. 178ff. u. 182; vgl. auch Ekkehard Koch: *Begegnung eines Altkulturvolkes mit abendländischer Zivilisation und Technologie – dargestellt am Beispiel der Umweltpolitik in China.* In: Hans-Joachim Elster (Hg.): *Einflüsse der Zivilisation auf die Psyche des Menschen. Schriften der Gesellschaft für Verantwortung in der Wissenschaft* 4. Stuttgart 1986, S. 95-117.

Michael Niehaus

Was heißt hier Ich?

Die Ich-Funktion in Karl Mays ‚Und Friede auf Erden!'

I

Auch Karl Mays Roman *Und Friede auf Erden!* ist die *Reiseerzählung* eines Ich-Erzählers. Mit dem ersten Kapitel *Ein Eiferer* beginnt sie ungefähr so, wie andere Reiseerzählungen begonnen haben: Der Ich-Erzähler lernt in Kairo seinen Diener Sejjid Omar, der ihn auf seiner Reise in den fernen Osten begleiten wird, und einige andere Reisende kennen, denen er in fernen Ländern unvermutet wieder begegnen wird. Und wie in früheren Reiseerzählungen knüpft er nähere Bande zu diesen Figuren, indem er sie durch seine umsichtigen Maßnahmen aus der Gewalt einer fanatischen Gruppe von Pilgern rettet, die der ‚Eiferer' namens Waller durch seinen eigenen Fanatismus aufs tiefste beleidigt hat. Aber mit dieser ziemlich unspektakulären Rettungsaktion ist das Kontingent des Abenteuerlichen auch schon erfüllt, von der noch blasser gestalteten Befreiung Sejjid Omars aus dem Schiffsrumpf gegen Ende einmal abgesehen. Schon für den Vorgänger-Roman, die kurz vor Mays eigener Orientreise entstandene Reiseerzählung *Am Jenseits*, hat man festgestellt, die „ehemals glanzvollen Heldeneigenschaften" des Ich-Erzählers träten dort „nur eingeschränkt auf".[1] In dem unmittelbar nach der Orientreise entstandenen *Und Friede auf Erden!* (bzw. *Et in terra pax*) hingegen gerät der Ich-Erzähler an keiner Stelle mehr in eine Gefahr, in der seine Heldeneigenschaften gefordert wären. Man könnte sagen: Nicht mehr das ‚Ich' ist bedroht, sondern der Platz, den es besetzt hält. In dieser Hinsicht unterscheidet sich die Reise des Ich-Erzählers nicht von der Reise, die den Autor Karl May (mit Ausnahme des chinesischen Reisezieles) über die gleichen Stationen führte.

Hans Wollschläger hat den Beginn dieser Entwicklung auf die Zeit nach dem Tod von Mays Mutter im Jahre 1885 datiert. Seit dieser Zeit werde die am väterlichen Ich-Ideal ausgerichtete „omnipotente Härte der Ich-Gestalten" immer befremdlicher „von passiv-femininen Zügen durchbrochen", in denen das mütterliche Ich-Ideal vorherrschend werde; so breche „das Gesetz des Aktions-Romans am Ende in sich selber über sich selbst den Stab".[2] Man muß aber sagen: Ihre verbindliche Gestalt gewinnen die großen Ich-Gestalten Kara Ben Nemsi und Old Shatterhand erst dort, wo sie zugleich auch beginnen, dem „Räderwerk der eigenen Funktion in die Speichen“ zu greifen, wo sie, statt als bloße „Über-Instanzen abstrakter Gerechtigkeit den chaotischen Weltlauf zu regulieren“, der Schuld mit Milde antworten.[3] Im Grunde werden sie erst in dem Moment zu wirklichen *Über-Instanzen*, in dem es einer höheren Vorsehung bedarf, um ihr Wirken mit dem dann eben nur scheinbar chaotischen Weltlauf kompatibel zu machen.[4] Trivialerweise bezeichnet ‚Ich‘ innerhalb einer fiktionalen Ich-Erzählung niemals eine Figur unter anderen. Schon die Sterblichkeit der Romanfiguren teilt das ‚Ich‘ nicht. Daher hat Käte Hamburger die Ich-Erzählung nicht als Fiktion, sondern als „fingierte Wirklichkeitsaussage“ aufgefaßt.[5] Indem Karl May und seine Reiseerzählungen sich diesem Seinsstatus mit Haut und Haaren verschreiben, gerät das ‚Ich‘ des Autors wie das seiner Ich-Figuren auf eine gleichsam abschüssige Bahn.

So werden – seit der Trilogie *Satan und Ischariot* – die Hauptschauplätze Nordamerika und Vorderer Orient zusammengeführt und Old Shatterhand und Kara Ben Nemsi als *dasselbe* Ich konstruiert, das mit dem Autor Dr. Karl May identisch ist. Wenn der Autor schließlich zu „Dr. Karl May, genannt Old Shatterhand“ wird[6], so ist dies nicht nur biographisch, sondern auch textlogisch das Ergebnis eines Rückkopplungseffektes.[7] Aber während der Autor sich mit dem ‚Ich‘ identifiziert, das all diese Abenteuer erlebt hat, büßen die neuen Erlebnisse dieses ‚Ich‘ ihre Abenteuerqualität immer mehr ein. Der Kult ist wesentlich antiquarisch, während die Identifikation mit der Ich-Figur im aktuellen Schreibprozeß sich sozusagen selbst den Boden entzieht, wobei die Ich-Figur ihre Konturen und damit ihre Figuralität einbüßt. Einer eigenen Gesetzmäßigkeit folgend verliert der Schreibprozeß seinen Anhaltspunkt in der Ich-Figur und steuert auf die Krise zu. Später, in *Meine Beichte*, wird Karl May in Verkennung der Ich-Funktion verkünden: „Das ‚Ich‘, in dem ich schreibe, das bin doch nicht ich selbst, sondern das ist die Menschheitsfrage, die ich personifiziere, um sie beantworten zu können.“[8] So weit ist es indes 1901, bei der Niederschrift der in der Buchausgabe *Und Friede auf Erden!* betitelten Reiseerzählung, noch nicht. Hier bleibt die Position des ‚Ich‘ zwiespältig – eine empirisch-transzendentale Doublette gewissermaßen. Die folgenden Überlegungen sollen die Position dieses ‚Ich‘ innerhalb der merkwürdigen Handlungskonstruktion dieses Romans beleuchten. Zunächst werde ich mich auf zwei verschiedene Lektüren von *Und Friede auf Erden!* beziehen und sie typologisch einander gegenüberstellen (II); dann möchte ich mich eingehend mit der Art der Beziehungen beschäftigen, die auf der manifesten Ebene der Erzählung zwischen dem erzählenden Ich und der Zentralfigur Waller und seiner Tochter hergestellt werden (III); schließlich soll die Stellung des ‚Ich' in der Fiktion noch einmal ausgehend vom unklaren Verhältnis des Ich-Erzählers zur Bruderschaft der „Shen" befragt werden (IV).

II

Wenn man *Und Friede auf Erden!* einer *einsinnigen* Lektüre unterzieht, befindet man sich im Einklang mit dem Autor, der den Text als antiimperialistische Friedensbotschaft in den imperialistischen Kontext von Kürschners *China*-Buch einschmuggelte. Dabei wird der „Machtanspruch des Westens [...] als erneuter Sündenfall der diabolischen superbia gedeutet".[9] Ihre „personifizierte Allegorie" hat man in dem „Anti-Helden" Waller vor sich, bei dem die „christliche Mission, geprägt von religiöser Intoleranz und Mangel an Menschenliebe, [...] zum Wegbereiter weltlicher Machtentfaltung" wird. Die „innere Befreiung Wallers aus der Begrenztheit seiner falschen Maximen rückt das Subjekt in das Zentrum der heilsgeschichtlichen Fortschrittstheorie". Insofern der „Charaktertypus" dieses Missionars „aus der Erziehung, aus der Familientradition und aus der Zeitgeschichte heraus erklärt" werde, weise dessen „individuelle Emanzipation auch der Entwicklung der Menschheit den Weg der Befreiung". Die einsinnige Lektüre parallelisiert mit dem Autor May „Ontogenese und Phylogenese, Welt- und Heilsgeschichte".[10]

Und wie ist es in der einsinnigen Lektüre um die Position des Ich-Erzählers bestellt? Er wirkt an der Befreiung Wallers mit – zunächst, im ersten Kapitel, setzt er dessen äußere Befreiung und dann im weiteren Handlungsverlauf seine innere Befreiung ins Werk. Ersteres geschieht als „Erinnerung an den heldenhaften Ich-Erzähler früherer Abenteuerromane", also durch jene Qualitäten, die Karl May als Autor seinen Ich-Figurationen Kara Ben Nemsi und Old Shatterhand zuschreibt. Letzteres hingegen vollzieht sich durch die Fernwirkung seiner Dichterworte. In dieser Hinsicht setzt *Und Friede auf Erden!* die Bewegung fort, die auf jene unmögliche Fusion der heldenhaften Ich-Figurationen und der Autorschaft zulaufen. Karl May macht sich selbst *als Autor* zum Helden und fiktionalisiert damit seine eigene Autorschaft. Für die einsinnige Lektüre liegt darin kein Problem: „Karl May selbst wird zur herausragenden Gestalt, zum wahren Helden, dem es gelingt, Waller von seiner Krankheit zu heilen und diesen Anti-Helden, der das Werk des Dichters schroff als phantastische Schwärmerei ablehnt, aus der inneren Gefangenschaft zu befreien.“[11]

Gleichwohl *erscheint* das ‚Ich‘ namens Karl May gerade nicht als *herausragende* Gestalt, sondern bleibt im *Hintergrund.* Auch der einsinnigen Lektüre bleibt nicht verborgen, daß „sich der Erzähler als Held äußeren Geschehens zurückhält und die Handlung eher testimonial vermittelt – also durch Beobachten und Belauschen sich in Kenntnis der Fakten und Vorgänge versetzt“. Dadurch soll er die „notwendige Distanz“ gewinnen, „um auch noch in der personalen Erzählperspektive des Ichs auktorial das Erzählte zu kommentieren und zu deuten“.[12] In dieser Funktion ist der Ich-Erzähler gleichgesinntes Mitglied der Reisegesellschaft auf ihrem Weg in das allegorische Reich der Gemeinschaft der „Shen“ – auf die Insel Ocama („Gegenentwurf“ zum kolonialen Macao), nach Ki-tsching („das Land des Hoffens und Vollendens“), Shen Fu („die himmlische Gottesstadt“) und Raffley-Castle (das Sinnbild für die „neue, sakrale Psychologie“ und die „christliche Ethik der Nächstenliebe“).[13] Am Ziel dieser Reise vollendet sich mit der Heilung Wallers auch die äußere Romanhandlung, und aus der Sicht der homogenisierenden Deutung macht es den „Reiz“ von *Und Friede auf Erden!* aus, „daß es Karl May zum ersten Mal gelingt, mit den alten Stilmitteln des Abenteuerromans die äußere und innere Erzählebene zu verbinden“, und mit dieser Verknüpfung von Reiseerzählung und Menschheitsfrage den „Weg [...] zum Alterswerk zu ebnen“.[14]

Aber die testimoniale Funktion eines ‚Ich‘, das dem Leser das allegorische Reich der „Shen“ als Lösung der Menschheitsfrage nahelegt, *indem* es die Reisegesellschaft begleitet, und die heldische Funktion des ‚Ich‘, das die Heilung Wallers bewirkt, *indem* es als Autor auftritt – diese beiden Ich-Funktionen lassen sich nicht bruchlos miteinander vermitteln. Das ‚Ich‘ bleibt auf eine der einsinnigen Lektüre unzugängliche Weise zwiespältig. Doppelt zwiespältig: Auf der einen Seite kann das ‚Ich‘ als fiktionalisierter Autor nicht im eigentlichen Sinne Held sein, weil es in Ausübung seiner Autorschaftsfunktion nicht *handeln* kann. Auf der anderen Seite bleibt das ‚Ich‘ in seiner testimonialen Funktion immer am Rande der Bruderschaft der „Shen“. Es kann nicht zur bloßen Figur werden und führt daher eine Sonderexistenz, die sich im Erzählten darin niederschlägt, daß der Ich-Erzähler im Unterschied zu seinen Begleitern an keiner Stelle durch eine zeremonielle Handlung tatsächlich zum Mitglied der allumfassenden Bruderschaft gemacht wird. Auf diese beiden Komplexe werde ich in den nächsten beiden Abschnitten ausführlich zu sprechen kommen.

Man kann eine *gegenläufige* Lektüre der einsinnigen Lesart gegenüberstellen. Hans Wollschläger interpretiert den Roman im Rahmen seiner psychobiographischen Charakteranalyse Karl Mays als entscheidendes Zeugnis einer abgründigen Krise des Autors, die der Text einerseits in Bruchstücken als Anamnesematerial zu lesen gibt, während er auf der anderen Seite auch den Weg zu ihrer Überwindung, zur Genesung weist. Wollschläger bezieht die Ereignisse in *Und Frieden auf Erden!* auf den schweren Zusammenbruch (acht Tage soll ihn unter anderem der Zwang beherrscht haben, alle Nahrung in den Abort zu werfen), den Karl May während seiner Orientreise auf Sumatra erlitten hatte, und deutet ihn in psychoanalytischer Begrifflichkeit als einen völligen „Zusammenbruch der narzißtischen Schutzpanzerung", als eine „schockartige Regression".[15] Im Roman ist es der ‚Anti-Held' Waller, dessen Wahn an eben diesem Ort offen ausbricht und nach seiner Brandstiftung zu jener lebensbedrohlichen körperlichen und seelischen Krankheit führt, deren Heilung sich dann in Raffley-Castle vollendet. Nicht der Ich-Erzähler, sondern Waller zählt folglich für Wollschläger zu den „bedeutendsten Widerbildern" von Karl Mays ‚Ich'; er ist die „Ich-Projektion" des Romans, über die er seine kindliche Urszene bearbeitet.[16] Und in der Folge wird „über alle maskierenden Verwandtschaftsbeziehungen des Buches hinweg" mit guten Gründen erklärt, daß die tote Mrs. Waller „in Wahrheit Waller/Mays Mutter" repräsentiert, die wir dann in Wallers Tochter Mary so sehen, „wie das Kind May sie sah".[17]

Unter dieser Voraussetzung lassen sich vor allem die Fieberphantasien entschlüsseln, in denen Waller im Anschluß an die Ereignisse auf Sumatra seine Gespaltenheit agiert und auf eine kindliche Stufe zurückfällt. In der Heilung Wallers von seiner Lieblosigkeit spiegelt sich die Umorientierung von Mays Ich-Ideal wider. Das mütterliche Ich-Ideal wird geläutert, von Ambivalenz gereinigt und zu einer Liebesreligion umgearbeitet: „Die Schuld der Mutter, die einst ‚einen Anderen' geliebt hatte", wird „zum Recht der Mutter, alle Welt zu lieben", während „das Recht des Kindes [...], das jene Liebe einst für sich allein beansprucht hatte, zur Sünde der Anmaßung und zur gnadebedürftigen Schuld" wird: „In dieser, freilich nur scheinbar so einfachen Formel wurzelt Mays ganze späte Humanität; in ihr liegt das Zentrum aller seiner ethischen Modelle".[18] Die Leistung, die in dieser durch das Schreiben erreichten Selbststabilisierung liegt, nötigt Wollschläger die höchste Bewunderung ab. Schreibend habe May die „Kraftquelle“ erschaffen, „aus der das Buch ‚Friede auf Erden‘ entstand“: „Vor dieser Notwendigkeit und ihrer Erfüllung schweigt alle Kritik, die sich zu leicht nur versucht fühlen möchte, die Mittel solcher Genesung zu zensieren. Daß sie gelang, das einzig macht zuletzt ihren Rang aus, auch literarisch.“[19]

Die gegenläufige Lektüre betont den Status des Textes als Kompromißbildung. So habe „May ein Werk stets ohne jede präzise Vorstellung von Fortgang und Lösung der Handlung“[20] begonnen, was das Wirksamwerden unbewußter Strebungen begünstigt. Entsprechend habe die „Brisanz der psychologischen Stoffe“ in Mays späten Werken den „hohen Einsatz der sprachtechnischen Mittel“ wie auch dessen „Formen-Struktur“ bestimmt. Nur über eine „Schutzverzerrung hoch aufgetürmter metaphoraler Überbauten“ kann die „Zensur-Instanz“ passiert werden. Die „totale Abfuhr in einer einzigen konzentrierten Szene“ ist nicht möglich, weshalb das „Hauptthema“ über „größte epische Strecken hin unerledigt und damit motorisch wirksam“ bleibt und so die endlosen thematischen Modulationen der Bücher begünstigt. Aus dieser Perspektive erscheinen die Erfordernisse der äußeren Handlung nicht (wie in den Abenteuern des heldenhaften ‚Ich‘) als phantasierte Wunscherfüllungen, sondern als „die im wörtlichen Sinne reaktionäre Herrschaft der Außen-Handlung“, die „die Felder dissoziierender Innenstimmen“ zudeckt.[21]

Für die Funktion der Ich-Figuration in *Und Friede auf Erden!*, die die Instanz dieser „Außen-Handlung“ ist, bedeutet das, daß sie für die gegenläufige Lektüre vor allem unter dem Aspekt der *Verkennung* erscheint. So, wie Karl May über die Menschheitsfrage schreiben muß, weil er „nicht zu dem Bewußtsein gelangen“ darf, daß es „nur die eigene Seele“ ist, „die er in den Seelenkonflikten seiner Bücher“ darstellt – so bestünde auch die Funktion des Ich-Erzählers lediglich darin, sich selbst als einen *anderen* zu etablieren, der eine imaginäre Herrschaft über den Text ausübt.[22] Aus dem Blickwinkel der gegenläufigen Lektüre wird dem Ich-Erzähler vor allem durch sein Zurücktreten Aufmerksamkeit zuteil. In *Und Friede auf Erden!* geschehe dies insbesondere beim finalen Auftauchen Dilkes, der als Neffe Wallers sein Erbe als ‚Eiferer‘ antritt und damit zum abgründigsten ‚Ich-Derivat‘ des Romans wird: „May selbst“ – so Wollschläger, den Autor mit dem Ich-Erzähler gleichsetzend – habe sich „in dieser fernen Stunde längst in die Über-Instanz des Beobachters zurückgezogen: je mehr Derivate seines Ichs in der Handlung Gestalt annehmen, desto stummer wird sein eigenes Mitwirken, und als nun das letzte, unheimlichste, erscheint, verstummt er ganz und findet erst wieder zu Worten, als dieses letzte Ich-Derivat überwältigt und verschwunden ist."[23] Indem die gegenläufige Lektüre das ,Ich' dort aufsucht, wo es sich nicht so nennt, bleibt ihm dessen Eigentümlichkeit verschlossen.

III

Wenn es darum geht, die logische Position des ,Ich' innerhalb des Textes zu rekonstruieren, so muß man sich gewissermaßen unterhalb der Ebene des manifesten Inhaltes bewegen, den die einsinnige Lektüre affirmiert, und oberhalb des latenten Gehaltes, den die gegenläufige Lektüre freilegt. Auf der textuellen Ebene erweist sich die Ich-Position als das Problem und als die Lösung des Problems um den Preis eines Seinsmangels. Das Problem schürzt sich dort, wo der Ich-Erzähler als Autorfigur in der Figur Waller einer ,Ich-Projektion' des Autors begegnet.

Die beiden treffen gleich in der ersten ausgestalteten Szene des Romans auf dem Dschebel Mokattam aufeinander. Um eine Begegnung handelt es sich freilich gerade nicht, sondern um die aus früheren Abenteuererzählungen geläufige Szene des unerkannten Belauschens und Beobachtens, jedoch in einem veränderten Licht. Waller und seine Tochter Mary unterhalten sich in deutscher Sprache „so ungeniert miteinander, als ob an meiner Stelle nichts als Luft vorhanden sei" (XXX 13). Aus der Gesprächsinteraktion ausgeblendet, ist er gleichwohl Gesprächsgegenstand – aber nicht, wie in früheren Abenteuern, in der mehr oder weniger verzerrten Wiedergabe seiner heldenhaften Taten, sondern als Autor: „Weißt du, Vater, an wen ich jetzt denke?", fragt die Tochter ihren Vater. „An Karl May." (14) Mit Wallers ,schnarrender' Erwiderung „Lies nicht das dumme Zeug von diesem May!" (15) sind die Grenzen abgesteckt und die Perspektiven angelegt. Das spätere Auftauchen des Ich-Erzählers am Nebentisch im Speisesaal quittiert Waller mit den Worten „Da ist der unangenehme Mensch ja wieder!" (26), während sich dessen Interesse „für den Amerikaner und seine Tochter" nach dem mißglückten Religionsgepräch mit den Chinesen Fu und Tsi „um ein Bedeutendes gesteigert" (42) hat.

Dementsprechend macht der Ich-Erzähler Waller zum Protagonisten seines nächtlichen Traumes, in dem das ,Ich' bezeichnenderweise nicht auftaucht, dieser aber „im Schweiße seines Angesichts" sein Zerstörungswerk an den Gotteshäusern aller Religionen verrichtet, bis er nach dem geträumten Ruf „Saulus, Saulus, warum verfolgst du mich!" zusammenbricht. Dem erwachten und dann wieder in Halbschlaf sinkenden Ich-Erzähler steigt zunächst ein „warnendes Wort“ (49) auf, das sich wie von selbst zu einer – unmittelbar zu Papier gebrachten – vierzeiligen Strophe gestaltet. Das ‚warnende Wort‘ ist vorab nicht für den der Warnung bedürftigen Eiferer bestimmt, sondern für die zukünftige Leserschaft der *Himmelsgedanken*, denen es – als ‚Wiedergebrauchsrede‘ – nach seiner Ergänzung einverleibt werden soll. Gleichwohl erfährt der Leser den Inhalt der Zeilen erst in dem Moment, in dem sie den der Warnung bedürftigen Waller erreichen. Der Zufall weht das Papier durchs Fenster, der Tochter Mary vor die Füße, die die Strophe beim Frühstück ihrem Vater – als zu seinem „Hauptthema“ gehörig – gerade in dem Moment mit ihrer Engelsstimme vorliest, in dem auch der Ich-Erzähler zugegen ist: „Tragt Euer Evangelium hinaus, / Doch ohne Kampf sei es der Welt beschieden, / Und seht Ihr irgendwo ein Gotteshaus, / So stehe es für Euch im Völkerfrieden!“ (57) Auf diese Weise werden die Verse doch an den Mann gebracht, der nicht nur ihre „eigentliche Ursache“ (58) war, sondern auch – wie die Großschreibung der Anrede anzeigt[24] – als ihr Adressat gedacht werden kann.

Bekanntlich fallen die vom Wind hergewehten herrenlosen Zeilen auf fruchtbaren Boden – Herr Waller versinkt in eine Art Trance; der Verbund von einfältigem Wort und Engelsstimme ruft die Erinnerung an seine verstorbene Frau und ihre letzten Worte wach: „Sei stets ein echter Christ, und halte Frieden!“ Für die Frage nach dem Ort des Ich-Erzählers – der ob des Mitgehörten die unerschütterliche Überzeugung faßt, Waller sei ein von einem „Dämon“ bewohnter „guter Mensch“ (61) – ist dieser Bezug vielsagend: Die therapeutische Wirkung seines poesiealbumhaften[25] Dichterwortes beruht darauf, daß es in Verbindung zur weiblichen Position steht, die sowohl ihr Medium (in Gestalt von Mary) als auch ihre Referenz ist (in Gestalt ihrer Mutter). Auch vor diesem Hintergrund kommt der auffallenden Besonderheit der hier inszenierten Beziehungsanbahnung eine entscheidende Bedeutung zu: Der Ich-Erzähler, Mary und Waller stehen in einer komplexen Konstellation, ohne auch nur ein einziges Wort gewechselt zu haben. An die Stelle der Kommunikation ist das Zirkulieren eines Schriftstückes getreten.

Die Wahrung des Inkognito ist eine Verhaltensweise, deren sich die Ich-Erzähler der Reiseerzählungen Karl Mays immer wieder bedient haben. Hier aber rückt sie in einen anderen Zusammenhang, da sie nicht im Rahmen eines erfolgsorientierten strategischen Handelns gewählt wird. Es ist kein Handlungsrahmen in Aussicht, der das Inkognito nachträglich rechtfertigen könnte.[26] Man könnte sogar sagen, daß es sich umgekehrt verhält: Der

Handlungsrahmen wird gleichsam aus dem Inkognito und aus den daraus resultierenden Kommunikationsdefekten geboren.

Im Gegenzug bleibt das kommunikative Verhältnis, das sich nach der Befreiung Wallers aus der Gewalt der Fanatiker zwischen ihm und dem Ich-Erzähler knüpft, eher nichtssagend und konventionell. Sie berührt das Wesentliche nicht, weil Wallers „eigentliche bessere Natur" (91) durchbricht, als er dem Erzähler schließlich gegenübersteht. Der „schnarrende Ton, der ihm sonst so eigen" (95) ist, und der seine kommunikative Unzugänglichkeit markiert, hat ihn für die Dauer des Umgangs mit dem Ich-Erzähler und den beiden Chinesen verlassen. Da aber letztere mit seinem eifernden Ton schon genügend Bekanntschaft gemacht haben, heißt das umgekehrt: Es ist Bestandteil der einzigartigen Subjektposition des Ich-Erzählers, daß man zwar *über* ihn in seinem Beisein, nicht aber *mit* ihm ‚schnarrend' sprechen kann.

Gerade deshalb freilich, weil Waller „vollständig vergessen zu haben" scheint, „daß es Heidentempel gebe, welche zu zerstören seien" (101), bleibt seine Unzugänglichkeit von der kommunikativen Oberfläche unberührt, auch wenn Mary die veränderte Stimmung ihres Vaters mit dem Ton des Gedichtes assoziiert. Doch auch das friedenstiftende Reimwort kann in der prosaischen Welt nur ein unzugänglicher Fremdkörper sein. Und auf der Unzugänglichkeit baut der Rest von Handlung auf, an die sich die Erzählung *Und Friede auf Erden!* anlehnt.

Schauplatz der Fortsetzung ist – einige Monate später – Ceylon. Beim Zusammenstoß einer Rickschah mit der Gruppe jener vandalisierenden ‚Civilisatoren' hat Sejjid Omar ein „Damennotizbuch" gefunden und es dem Ich-Erzähler in der Annahme mitgebracht, es gehöre ihm. So fällt ihm die eingelegte Photographie in die Hände, auf deren Rückseite zu lesen ist: „Zwei Geister streiten sich um Dich, ein guter und ein böser, der eine nur angeblich, der andre wirklich fromm. Heut bist Du wie der eine und morgen wie der andere. Gott gebe Dir und mir ein frohes Resultat!" Der Schreiberin dieses warnenden und bittenden Wunsches sieht der Ich-Erzähler auf der Photographie in ihre „warmen Seelenaugen [...], deren Blick unablässig um irgend Etwas zu bitten" (130) scheint. Die dekontextualisierenden Umstände, unter denen dem Ich-Erzähler die Photographie mit ihrer Bitte in die Hände gespielt werden, lassen die Position von Sender und Empfänger zweideutig werden. Natürlich handelt es sich um das Notizbuch Mary Wallers und um die Photographie ihrer Mutter, deren warnende Bitte ihr Vermächtnis an ihren Mann darstellt. Zugleich aber fühlt sich der Ich-Erzähler selbst durch den bittenden Blick dieser Frau *ange-*

sprochen, die ihm um so bekannter vorkommt, je länger er die Photographie betrachtet. Und auf der anderen Seite sind diese Zeilen *unisono* mit den vier Gedichtzeilen des Ich-Erzählers, die dieser zu seiner Überraschung ebenfalls im Notizbuch findet. So ist der Ich-Erzähler gewissermaßen sowohl auf der Sender- wie auf der Empfängerseite *vertreten* und kommt gleichzeitig in den Genuß des *Sich-selbst-Lesens*, was ihn ohne weiteres zur Vervollständigung der Strophe inspiriert: „Gebt, was Ihr bringt, doch bringt nur Liebe mit, / Das Andre alles sei daheim geblieben. / Grad weil sie einst für Euch den Tod erlitt, / Will sie durch Euch nun ewig weiter lieben." (133)

Auch bei dieser Ergänzung denkt er noch nicht an Waller, sondern an dessen Tochter Mary, nicht an die Wirkung des Inhalts, sondern an die Wirkung des Übertragungsweges: „Wie würde sie sich wundern, wenn sie jetzt bei dem Anfange eine Fortsetzung von derselben Hand erblickte!" (132) Auf diese Weise bekommt das Motiv des zirkulierenden Schriftstückes, das den jeweiligen Adressaten in eine Subjektposition rückt, die dem Reich getauschter Worte in mündlicher Kommunikation unzugänglich bleibt, immer mehr den Status eines Strukturmodells. Ein weiteres belauschtes Gespräch belehrt den Ich-Erzähler darüber, wie er den Wind des Zufalls, der die ersten vier Zeilen an ihren Bestimmungsort brachte, diesmal einer postalischen Kontrolle unterwerfen kann. Er steckt das Notizbuch unbemerkt in die Jackett-Tasche von Professor Garden, bei dem Mary es liegengelassen hatte, und der es ihr nachschicken will.

Der Zufall – nach Mays Überzeugung freilich die vom Ich-Erzähler bemühte „weise, mächtige Führung" (144), die in fiktionalen Gebilden regelmäßig als bedeutsame Ordnungsmacht am Werke ist – will es, daß der Ich-Erzähler auch diesmal dem Ankommen seiner anonymen Sendung persönlich beiwohnen kann. Wieder schürzt sich die Romanhandlung in einer Kommunikationssituation, die auf eine für Karl Mays Reiseerzählungen charakteristische Weise heillos (bzw. heilsam) systematisch verzerrt ist. Im Vergleich zum ersten Umlauf des Schriftstückes weist der zweite Umlauf einen höheren Verdichtungsgrad auf. Er verbindet die Vorteile der schriftlichen Mitteilung, die Anonymität und die Unangreifbarkeit des Absenders, mit der Intimität der mündlichen Kommunikation. Über den Hochgenuß, der dabei herausspringt, kann der Ich-Erzähler freilich kein Wort verlieren. Auch der Vorgenuß kommt nicht zu kurz: Mary erklärt dem sich (einmal mehr) ahnungslos stellenden Ich-Erzähler den ganzen Sachverhalt, erinnert ihn an die vier Zeilen, die ihr in Kairo „vom Winde zugeweht wurden“, teilt ihm mit, daß sie aus diesen vier Zeilen eine „Seele“ anspreche, „die mir bekannt sein muß, obgleich ich mich ihrer nicht erinnern kann“ (295) – und erst dann wird sie der hinzugefügten Ergänzung gewahr. Sie gibt dem Ich-Erzähler sein eigenes Machwerk zu lesen, der sein Inkognito mit der Mutmaßung zementiert: „Der Professor hat es gelesen und dann die vier Zeilen hinzugedichtet.“ Da muß Mary als auf die Autor-Stimme geeichte Leserin sogleich widersprechen: Der Text ist eine Einheit; den ersten und den zweiten Teil durchatmet „derselbe Geist, dieselbe Seele, dieselbe Liebe!“ (296)

Seine Vervollständigung (durch den geplanten zweiten Achtzeiler) findet das Gedicht in einem dritten Umlauf. Beim ersten Umlauf brachte der Zufall das Gedicht auf den Weg, beim zweiten Umlauf macht sich der Ich-Erzähler den Zufall zunutze, beim dritten Umlauf zwingt er den Zufall gleichsam herbei und nimmt die von ihm für alle Zufälle reklamierte „weise, mächtige Führung“ in die eigenen Hände. Das erste Mal wandert ein einzelnes Blatt, das zweite Mal wandert ein Notizbuch, in dem sich das Blatt befindet, beim dritten Mal hat sich das Gedicht von diesem Blatt losgelöst und nachträglich einen anderen wiedergefundenen Gegenstand als Träger auserkoren. Die letzte Lieferung wird schon gedichtet, bevor die zweite Hälfte der ersten Strophe Mary Waller zugestellt werden konnte. Nachdem er von der Krankheit Wallers erfahren hat, scheint es dem Ich-Erzähler, „als ob dieses Gedicht ein notwendiger Teil meines Verhältnisses zu Wallers sei, als ob ich es unbedingt vollenden müsse, wenn dieses Verhältnis so, wie sein Anfang es versprochen hatte, sich ausgestalten sollte“ (218). Zur Schickung kommt das Gedicht erst viel später: Wundersamerweise ist ein der Familie gehöriges Neues Testament beim von Waller in den Bergen von Sumatra gelegten Tempelbrand unversehrt geblieben. Der Ich-Erzähler fängt den Boten ab, der das Paket überbringen will, und legt kurzerhand seine letzte Lieferung an die durch ein Lesezeichen markierte Stelle im ersten *Korinther*-Brief, die da lautet: „Wenn ich mit den Zungen der Menschen und der Engel redete und hätte aber die Liebe nicht, so wäre ich wie ein tönendes Erz oder wie eine klingende Schelle“ (380). Diese Warnung vor der ‚schnarrenden‘ Stimme Wallers stimmt genau mit den ‚Engelsworten‘ zusammen, die dem eingelegten Gedicht zufolge unter der Voraussetzung „Gebt Liebe nur, gebt Liebe nur allein“ (219) erklingen werden.

Auf diese Weise rückt das Gedicht, das selbst eines jener ‚Engelsworte‘ sein möchte, von denen es spricht, in eine bedenkliche Nähe zum geoffenbarten Wort. Gewiß ist es jedem unbenommen, im Geiste des Evangeliums zu dichten. Aber er muß sein dichterisches Wort als diesseitiges Erzeugnis ausweisen. Der Ich-Erzähler hingegen sieht sich schließlich in einer Position, von der aus er einen überirdischen Kanal zu bedienen scheint (und auch das ist eine Art *superbia*). In diesem Sinne bespricht auch die Reisegesellschaft – selbstredend im Beisein des Ich-Erzählers – die geheimnisvolle Herkunft des Gedichtes, die seiner nachdrücklichen Wirkung so sehr zugute kommt:

„Erst ein Windstoß in Kairo; dann ein Brief eines Professors aus Philadelphia und heut ein Paket, auf das Sorgfältigste verschnürt, aus den Bergen von Sumatra! Das sind die drei Boten, welche dieses Gedicht für Miß Mary oder, vielleicht noch richtiger, für ihren Vater zusammengetragen haben!" (391)

Die Überlegungen, die Tsi später in einem Gespräch mit dem Ich-Erzähler über die Herkunft des Gedichtes anstellt, gehen mehr in die Tiefe: „Ich frage mich vergeblich, ob es von einem Manne oder von einer Frau verfaßt worden ist. Der geistige Aufbau läßt auf eine männliche Logik schließen, aber die Seele, welche aus ihm spricht, kann keine andere als nur eine weibliche sein." (441) Der Ich-Erzähler, um dessen Geschlechtszugehörigkeit es geht, fragt im Gegenzug nach dem Geschlecht der *Seelen*, worauf ihm Tsi zur Antwort gibt: „Man gibt ihnen wohl halb männliche, halb weibliche Züge, malt Flügel dazu und sagt dann, daß sie Engel seien." Und er schlägt zur Lösung der Verfasserfrage vor: „Machen wir also aus meiner Ungewißheit eine Gewißheit, indem wir sagen, ein Engel hat diese Strophe gedichtet und irgend einem guten Menschenkinde in die Feder gelegt!" (441f.) Aber mit dieser allegorisierenden Deutung hat man nur auf andere Weise gesagt, daß das ‚Ich' dieses Erzählers nicht mehr innerhalb der Reiseerzählung situiert werden kann. Der Autor, der als Ich-Erzähler *Held* sein soll, ist nicht von dieser Welt.

Die Feststellung der unbestimmten Geschlechtszugehörigkeit des Verfassers macht die Überlagerung explizit, die alle drei Umläufe strukturiert. Auf der einen Seite resultiert das Gedicht aus der männlichen Position des Autors, der sich schriftlich an seine Leserin Mary adressiert, auf der anderen Seite resultiert es aus der weiblichen Position von Marys Mutter, die sich in einer mündlichen Bitte an ihren Mann wendet. Die mütterliche Be-Stimmung des Ich-Erzählers wird mit jedem Umlauf stärker herausgearbeitet (wie ja auch beim dritten Umlauf Waller als der eigentliche Adressat namhaft gemacht wird). Der Ich-Erzähler beantwortet Tsis Frage, warum das Gedicht einen „solchen Eindruck auf Waller" mache, „der doch keine andere Liebe kannte als nur die zu seiner Frau und Tochter“, selber damit, daß „die Verstorbene in ganz gleicher Weise zu ihm gesprochen“ habe. Und Tsi pflichtet ihm bei, daß Waller diese Worte hinnehme, „als seien sie von ihr zu ihm gesprochen. Bei ihrem Klange sieht er seinen Engel wieder vor sich stehen.“ (442)

Darauf kann man sarkastisch antworten, daß die Worte, die die Verstorbene zu Lebzeiten gesprochen hat, in Ansehung der insistierenden kommunikativen Defekte Wallers wohl nicht viel gefruchtet haben können. Nimmt man (Wollschläger folgend) Waller als Ich-Projektion des Autors und Marys Mutter als Mays Mutter, so hat diese versagt. Auf der textuellen Ebene des Romans mag man den Effekt dieses Versagens beobachten. Zum Engel wird Frau Waller erst als Verstorbene. Wenn der kranke Waller beim Klang der Reimworte seine Frau als Engel vor sich stehen sieht, so hört er sie *erstmals* als Engel sprechen. Zum Engel geworden, ist sie *Instanz*. Als Tote kann der Ich-Erzähler sie als Instanz *bestimmen*, kann er sie so sprechen lassen, wie eine empirische Frau zu Lebzeiten nicht hat sprechen können. Wenn die Frau tot (mundtot) ist, kann der Mann – ihre Position besetzend – als Bauchredner erfolgreich sein (die Männer *verwalten* – nicht nur in diesem Roman – den Platz der Frauen vor allem dadurch, daß sie *für sie sprechen*). Und damit ist auch die therapeutische Funktion dieser Operation umrissen – das gilt sowohl für den Autor Karl May, insofern er sich in *Und Friede auf Erden!* die Worte „erschaffen“ hat, die „er nie in seinem Leben wirklich hörte“[27], wie auch für Waller.

Der Ich-Erzähler soll ja vor allem deshalb zum „wahren Helden“ werden, weil es ihm „gelingt, Waller von seiner Krankheit zu heilen“.[28] Durch das dem Helden eigene zweckgerichtete Handeln bewerkstelligt er diese Heilung aber nicht. Insofern er *als Autor* Held zu sein hat, kann er nicht *als Figur* handeln. Folgerichtig wird an keiner Stelle gesagt, daß der Ich-Erzähler das Gedicht zu dem Zweck schreibt, den kranken Waller zu heilen. Drei Figuren dieser Reiseerzählung ist es bestimmt, auf ihrer Reise zur „Shen“ für deren Heilsbotschaft allererst wahrhaft zugänglich zu werden. Bei Sejjid Omar, dem leichtesten Fall, vermag der Ich-Erzähler dies durch sein eigenes Vorbild und durch belehrende Erklärungen zu erreichen. Auch dem starrsinnigen, aber in Wahrheit empfänglichen Governor leistet er entscheidende Hilfestellung bei seiner inneren Wandlung. Vor allem nimmt er ihm in einer singulären Wette die Möglichkeit zu wetten ab. Schon diese beiden Nebenerfolge verdanken sich einer eher indirekten Einflußnahme. Bei der

Heilung Wallers erweist sich diese notwendige Indirektheit als das entscheidende Moment der Handlungsstruktur.

Der nach seiner Brandstiftung zusammengebrochene Waller ist auf dem Wege gewöhnlicher Kommunikation nicht ansprechbar. Allein für das besagte Gedicht erweist er sich als zugänglich. Die erste halbe Strophe aus Kairo hat er auswendig gelernt. Weil er sie „im tiefsten, körperlichen Schlafe“ so häufig vor sich hin spricht, daß man annehmen muß, „sie beschäftige ihn fast immerwährend“ (413), verordnet ihm Tsi die nächsten vier Zeilen als Medizin. Schon nach einmaligem Vorsprechen reproduziert er sie fehlerlos. Später wird ihm auch die zweite Strophe eingeflößt.[29] Waller nimmt das Gedicht nicht einfach zur Kenntnis, er arbeitet sich mit ihm ab, arbeitet es durch, kommentiert es. All das geschieht ohne weitere Kommunikation mit der Außenwelt und ohne weiteren Eingriff, eigenen Gesetzen folgend, als Selbstheilungsprozeß.

Die Heilung Wallers wird nicht mit kommunikativen Mitteln ins Werk gesetzt, sondern ereignet sich auf einem anderen Schauplatz. Darin kehrt auf paradoxe Weise die Möglichkeitsbedingung des Abenteuerromans wieder, bei dem die Probleme ebensowenig durch bloßes Reden gelöst werden können. In diesem Sinne sind Krise und Wiedergeburt Wallers *abenteuerlich*. Der Ich-Erzähler allerdings kann sich von diesem Abenteuer nur als untätiger Zeuge überzeugen, wenn er bei dem Kranken Wache hält, mit dem er nicht kommunizieren kann. Die Selbstgesetzmäßigkeit des Heilungsprozesses manifestiert sich auch darin, daß Waller die Kommentare, mit denen er das Gedicht erklärt, seinerseits als gereimte und an „Mama“ (400) gerichtete ‚Himmelsgedanken‘ über die Lippen kommen. Die beiden Zeilen „Tragt Euer Evangelium hinaus, / Indem Ihrs lebt und lehrt an jedem Orte“ etwa erklärt er unter anderem mit den Worten:

> „Er kam und ging wie dieses milde Licht, willkommen, gern gesehn an jedem Ort; ein Evangelium sein Angesicht, sprach er als Vorbild sein Erlösungswort. O du, der selbst den Schächer nicht verwarf, den Mörder, der an deiner Seite hing, wo ist ein Mensch, von dem ich sagen darf, er sei für deinen Himmel zu gering?!“

Das versetzt nun umgekehrt den Ich-Erzähler in eine nicht mehr kommunizierbare Position: „Es war so unbeschreiblich, ihn zu hören. Nie waren mir Menschenworte so tief wie diese in das Herz gedrungen.“ (445) Und später, anläßlich der gereimten Auslegung der letzten Zeilen, heißt es gar:

> Wie wunderbar das zu hören war! Nicht wie eine Rede, noch weniger wie eine Deklamation. Es schien gar keiner Schallwellen und gar keines Ohres

zu bedürfen, um das Herz zu erreichen. Es wirkte unmittelbar; kein Sträuben half dagegen. (470)

So in etwa muß das Gedicht auf Waller gewirkt haben. Unter der Bedingung, daß keine Worte getauscht werden, daß man die Stimme nur im Innern hört, kann man sich schon mit sich verwechseln. Bei Waller sind die Worte wirksam, sie verhelfen ihm zu Reinigung und Wiedergeburt; beim Ich-Erzähler hingegen, auf den sie hier „unmittelbar" wirken, werden sie ohne erkennbare Wirkung bleiben. Wallers Wandlung wird diesen zu einem neuen Menschen machen. Der Ich-Erzähler hingegen wird immer derselbe bleiben. Nichts wird Spuren in ihm hinterlassen, allen unbeschreiblichen Eindrücken zum Trotz. Karl May aber ist weder der eine noch der andere – weder derjenige, der immer derselbe bleibt, noch derjenige, der wiedergeboren wird; er ist derjenige, der, um seine Wiedergeburt in einer Reiseerzählung phantasieren zu können, die Gestalt eines Ich-Ezählers annehmen muß, der immer derselbe bleibt.

Bleibt noch nachzutragen, daß auch die Geschichte (oder die Affäre) zwischen dem Autor und der Leserin abgewickelt wird. Der Held muß sich als Autor offenbaren. Eine eher peinliche Angelegenheit, da es die Engelsmystik als Mystifikation entlarvt, und eine unliebsame Erinnerung an die heroischen Zeiten der Abenteuererzählung, wo das Inkognito noch durch einsehbare strategische Zwecke gedeckt war. Hier aber hat es keinen Handlungszweck und verweist daher auf unsaubere einsame Genüsse. Der Ich-Erzähler ist sich nicht zu schade, das ödipale Modell eines verbietenden Vaters vorzuschieben, um seine fragwürdige Vorgehensweise zu motivieren. Nach der Einleitung: „Na, so sei es denn; einmal kommt es doch an den Tag!", spricht er zunächst schamhaft in Rätseln weiter: „Damals, als wir uns zum ersten Male sahen, dort oben auf dem Dschebel Mokattam, da sprachen Sie mit Ihrem Vater von mir, und er zeigte sich sehr zornig über Ihren Verkehr mit mir." (557) Die erstaunte Mary weiß von keinem Verkehr. Immerhin belehrt die Verwendung des Wortes *Verkehr* sowohl darüber, daß die Beziehung zwischen Autor und Leserin *zweideutig* ist, wie auch darüber, daß dieser Verkehr im vorliegenden Falle nicht etwa bloß einseitig (dann wäre es kein Verkehr), sondern *beidseitig einseitig*, also gewissermaßen *windschief* ist.

Der Ich-Erzähler erklärt: „Wir verkehrten nicht persönlich, sondern seelisch miteinander, als Verfasser und als Leserin." (557) Wenn man diese Erklärung auf das bezieht, was zwischen den beiden faktisch abgelaufen ist, kann man daraus ganz eigentümliche Eigenschaften des seelischen Verkehres gewinnen. Erstens: Für den Vollzug seelischen Verkehres ist es offensichtlich nicht notwendig, um diesen Verkehr zu wissen – Mary hat keine Ahnung von ihrem Verkehr. Zweitens: Man kann diesen Verkehr nur um den Preis vollziehen, inkognito zu bleiben. Die Frau kann nicht wissen, wie ihr geschieht, der Mann kann nicht sagen, wer er ist.[30] Sobald diese doppelte Asymmetrie in sich zusammenfällt, ist es vorbei mit dem seelischen Verkehr, der sowohl weniger als auch viel mehr ist als die prosaische Kommunikation, auf deren Boden der Ich-Erzähler das Verhältnis mit seinem Geständnis zurückholt. Mit seiner Beichte hat der Ich-Erzähler seinen Seinsmangel einbekannt. Damit hat die Ich-Funktion ausgedient. Gewissermaßen als letzte Amtshandlung lüftet er noch das Geheimnis, „wie Sie so stückweise zu meinem Gedicht ‚Tragt Euer Evangelium hinaus' gekommen sind"(557). Er erzählt es nicht nur Mary, sondern auch Tsi. Diese beiden werden ein Paar sein, dessen Verkehr von der Entfernung des Ich-Erzählers begünstigt wird. Dies führen die Umstände seiner Beichte in nahezu pantomimischer Manier vor:

> Ich hängte ihre Arme hüben und drüben bei mir ein und erzählte ihnen, indem wir miteinander fortspazierten, was sie wissen sollten. Ich machte es möglichst kurz, und als ich fertig war, hängte ich sie bei mir aus, dafür aber miteinander zusammen und fügte hinzu:
>
> „So; das war meine Beichte. Ich bitte um Ihre Absolution und mache mich hiermit aus dem Staube!"
>
> Bei den letzten Worten drehte ich mich um und lief davon (557f.).

Wir nähern uns dem Ziel der Reise.

IV

Ich habe schon festgestellt, daß der Ich-Erzähler nicht förmlich in die „Shen" aufgenommen wird. Ebensowenig freilich wird deutlich gemacht, daß das ‚Ich' *nicht* in die „Shen" aufgenommen wird. Darin schlägt sich eine Aporie nieder, die der Text mit Schweigen übergeht: Auch die Ich-Funktion und die Gemeinschaft der „Shen" stehen gleichsam windschief zueinander. Dies offenbart sich im letzten Kapitel von *Und Friede auf Erden!*, das – von einigem Geplänkel abgesehen – dem Ich-Erzähler nur die testimoniale Funktion bewahrt.

Das letzte Kapitel *Der Shen-Ta-Shi* markiert zu seinem Beginn selbst im Hinweis auf den Fortsetzungscharakter den Bruch, dem es sich verdankt. Der nach Hause zurückgekehrte Ich-Erzähler Karl May weist einleitend darauf hin, daß dieses letzte Kapitel die

Erzählung jener Reise zu Ende führt, deren bisheriger Verlauf bereits „vor einigen Jahren" (490) der Leserschaft zugänglich gemacht wurde. Schon dieses erneute Insistieren auf der Identität von Ich-Erzähler und Autor ist der Aufnahme des ersteren in die Gemeinschaft der „Shen" hinderlich. Gerade weil die Identität behauptet wird, muß sie leer sein. So darf der Ich-Erzähler nichts von seinen Reisen nach Hause bringen, was der Autor auf Nachfrage vorzuweisen und zu kommentieren hätte (wie in der seligen Zeit der Reiseabenteuer etwa den Bärentöter). Der Autor, der sich in Radebeul beim Klang der Kirchenglocken an die Fortsetzung macht[31], hat nichts als Erinnerungen von seiner Reise mitgebracht.

Aber nicht dieser in einem bestimmten Sinne äußere Grund interessiert hier, sondern die Art und Weise, wie sich diese Relation als Seinsmangel des Ich-Erzählers auf der textuellen Ebene niederschlägt. Und hier kann man sagen, daß die Nicht-Aufnahme des Ich-Erzählers in die Gemeinschaft der „Shen" diesem Seinsmangel gewissermaßen *entspricht*. Wie der Ich-Erzähler eine Über-Instanz ist, so ist die Gemeinschaft der „Shen" im Grunde eine Über-Institution – „[h]alb irdisch, halb überirdisch"[32] nicht nur wegen ihrer märchenhaften Situierung in einem China, das mit dem „geographische[n] China"[33] nichts zu tun hat, sondern vor allem wegen ihrer unklaren institutionellen Grundlage. Um als irdische Institution gegründet zu sein, muß eine Gemeinschaft – diesseits ihrer allegorischen Manifestationen und übertragenen Bedeutungen – allererst festlegen, wer sich zu ihren Mitgliedern zählen darf und wer nicht. Gerade in dieser Beziehung erweist sich jedoch der Seinsmangel der „Shen". Die widersprüchlichen Mitteilungen, die im Text zur Frage der Mitgliedschaft gemacht werden, ermöglichen es, den diesbezüglichen Status des Ich-Erzählers auszublenden.

Erste Hinweise werden gegen Ende des dritten Kapitels gegeben. Auf Nachfrage des Governors, was die ominöse „Shen" eigentlich sei, wird aus berufenem Munde erklärt: „Wißt Ihr das noch nicht? Hat es Euch der Sohn noch nicht gesagt? Es ist die Menschheitsverbrüderung, der große Bund aller Derer, die sich verpflichtet haben, nie anders als stets nur human zu handeln." Schon in dieser ersten Definition wird deutlich, daß die „Shen" einerseits allumfassend (schließlich wird ‚Shen' mit ‚Menschlichkeit' übersetzt) und andererseits exklusiv ist (wer kann schon von sich behaupten, nie anders als stets nur human zu handeln?). Von daher erscheint die unbedarfte Frage des Governor „Wer kann beitreten?" ebenso verfehlt wie sein Aufruf: „Werden wir Mitglieder!" (324) Der „Shen" kann man natürlich nicht beitreten wie einem Verein. Mit der Mitgliedschaft geht es „nicht so leicht“ und „nicht so schnell“, wie der Governor denkt, und in den weiteren Ausführungen bleibt von der Idee einer Beitrittsmöglichkeit als einem juridisch faßbaren *Akt* letztlich nichts mehr übrig. Es ist alles ganz *formlos*: Zunächst einmal würde der Aufnahme eine Prüfung vorhergehen, „und diese Prüfung würde strenger sein als jede Selbstprüfung. Seid Ihr überzeugt, sie bestehen zu können?“ Des weiteren kann man sich an niemanden *wenden*, wenn man aufgenommen werden will. Dem Governor wird erklärt: „Ihr habt den Wunsch geäußert, und das ist genug.“ Nach dieser (vom Ich-Erzähler nie vollzogenen) Wunschäußerung gilt: „Das Leben wird Euch prüfen. Vergeßt das nicht. Denkt allezeit daran! Jede einzelne Inhumanität gegen Freund oder Feind, Christ oder Heide, die vor das Auge oder vor das Ohr des Lebens kommt, würde Euch ausschließen.“ Unter der Voraussetzung, daß die lückenlose Überwachung als eine Art ‚Lebenstätigkeit‘ aufgefaßt werden kann, ist die kaum verhüllte Drohung: „Die ‚Shen‘ sieht mehr und hört mehr, als Ihr denkt“ (325), eher ein Euphemismus.

Die Ausführungen des malaiischen Priesters lassen im Grunde zwei Deutungen zu: Entweder die „Shen“ ist ein weltumspannender Geheimbund mit unbegrenzten Möglichkeiten, in den man aufgenommen werden kann, oder die „Shen“ bezeichnet eine psychische Instanz, die es aufzurichten gilt. In der vorangegangenen Begegnung zwischen Tsi und dem Heidenpriester war die „Shen“ schon mittelbar als eine tatsächliche, strukturierte Organisation zur Sprache gebracht worden. Hier werden dem Heidenpriester nun Erklärungen in den Mund gelegt, die sichtlich von dem Bemühen geleitet sind, den empirischen Charakter des Bundes abzustreifen, ohne daß freilich diese Transzendierung, die Gleichsetzung von „Shen“ und psychischer Instanz unmittelbar behauptet werden könnte. Vor allem in Entgegensetzung zu den verfehlten Vorstellungen des Governor wird statuiert: Wer Mitglied der „Shen“ werden will, muß sie als etwas *auffassen*, bei dem es nicht auf eine empirische Mitgliedschaft ankommt. Sie soll – unabhängig von ihrer empirischen Organisationsform – als eine Instanz gelten, die jeder in sich selbst zu errichten habe.[34]

In diesem Sinne transzendieren die Erklärungen des Heidenpriesters auch den irdischen Charakter der konkreten Aufnahmemodalitäten:

„Erweist Ihr Euch aber als würdig, so wird Euch die Aufnahme zugehen, wann und wo Ihr es am allerwenigsten denkt. Der Wind sogar kann sie Euch vor die Füße wehen. Oder Ihr findet sie in dem kleinen Täschchen Eures Notizbuches und könnt Euch nicht erklären, wie sie da hineingekommen ist. Unser herrlicher Bund hat tausend und abertausend Wege, zu tun, was er beschließt." (325)

Diese Hinweise sind vor allem deshalb überaus merkwürdig, weil es in diesem Roman allerdings etwas gibt, was ein Wind vor die Füße wehte und im Täschchen eines Notizbuches gefunden wurde: das vom Ich-Erzähler verfaßte Gedicht nämlich. Wer sich von einem solchen Gedicht *ansprechen* läßt, der hat – so könnte man etwa vermuten – nicht nur die Verpflichtung übernommen, im Sinne der „Shen" zu wandeln und zu handeln, sondern der hat sich durch seine Ansprechbarkeit auch schon der Aufnahme würdig erwiesen. Der Ich-Erzähler wäre folglich im Geiste der „Shen" und sozusagen als ihr verlängerter Arm unterwegs, ohne davon und von seiner eigenen Mitgliedschaft zu wissen. Eine derartige Verknüpfung des Gedichtes mit der „Shen" wird im Text tatsächlich hergestellt. Nach der ersten Lesung der zweiten Strophe durch Tsi kommentiert dieser, es komme ihm vor, als habe er „den Dichter jetzt entdeckt, oder vielmehr die Dichterin, nämlich unsere ‚Shen'" (392). Aber das ist eben auch wieder im übertragenen Sinne zu verstehen, denn zugleich gilt:

„Aber der Verfasser ist jedenfalls ein Deutscher, welcher von dem Vorhandensein der ‚Shen' nicht die geringste Ahnung hat. Oder doch? Gibt es auch für ihn eine ‚Shen'? Eine unsichtbare, überirdische, in deren Geist die unserige, die irdische hier waltet?" (393)

Wie der Ich-Erzähler scheint die „Shen" keine vollendete Gestalt gewinnen zu können, weil es sie in doppelter Ausführung geben muß.

Das wird ganz besonders deutlich, wenn man die erste Fassung des Romans, *Et in terra pax*, hinzuzieht.[35] Dort firmiert die „Shen" schon deshalb nicht als Überschrift des dritten Kapitels, weil ein Bund dieses Namens überhaupt nicht vorkommt. Statt dessen gibt es den Bund des „Pu", mit dem es aber eine ganz andere, nämlich völlig *diesseitige* Bewandtnis hat. Und zu jenem Zeitpunkt, an dem der (erst in der Zweitfassung zur bedeutsamen Figur ausgebaute) Heidenpriester mit seinen Erklärungen in die „Shen" einführt, hat der Bund des „Pu" seine Funktion für den Handlungszusammenhang von *Et in terra pax* eigentlich schon eingebüßt. Im Gegensatz zur „Shen" ist „Pu" eine jener veritablen Geheimgesellschaften, wie sie dem Erzähler zufolge in China weit verbreitet sind und großen Einfluß haben. Ihr Wirken manifestiert sich schon im ersten Kapitel. Anders als der Fu von *Und Friede auf Erden!*, der sich über die „Shen" vollkommen ausschweigt – obwohl er ja den Ich-Erzähler als einen Menschen kennengelernt hat, der der Mitgliedschaft in dieser Gemeinschaft höchst würdig wäre –, überreicht der Fu von *Et in terra pax* dem Ich-Erzähler zum Abschied ein in ein ledernes Couvert eingelegtes rätselhaftes Empfehlungsschreiben, das sich bei späterer Gelegenheit als ein Mitgliedsausweis höchsten Ranges entpuppt.[36] Und anders als im Falle der „Shen" ist die Mitgliedschaft im Bunde des „Pu" für den Ich-Erzähler durchaus möglich – ja in gewissem Sinne sogar unvermeidlich, da sie ihn hinterrücks überfällt, ohne daß er wüßte, worum es sich bei diesem Bund eigentlich handelt. Insofern ist die Mitgliedschaft hier bloß formal. Sie bindet den Ich-Erzähler nicht, der sich keineswegs mit dieser Körperschaft identifiziert, ihr vielmehr (nach guter Tradition der Abenteuererzählungen) zunächst mit einem gewissen Mißtrauen begegnet. Die Mitgliedschaft wird paradoxerweise erst dort unmöglich, wo sich der Ich-Erzähler mit dieser Körperschaft identifiziert.

Der Bund des „Pu" eignet sich weder für die Gleichsetzung mit einer psychischen Instanz noch für die allegorisierende Überhöhung, wie sie der „Shen" im letzten Kapitel von *Und Friede auf Erden!* zuteil wird. Dort erweist sich die „Shen" nun sehr wohl als eine wirkliche Gemeinschaft – aber eben in einem sagenhaften Reich. Die Frage nach der Aufnahme und der Mitgliedschaft wird unter dieser Voraussetzung von der entgegengesetzten Seite her problematisch, weil nunmehr etwas ins gleichnishafte *Bild* gesetzt werden muß, wo sie zuvor mit Mehrdeutigkeiten oder in Scherzreden abgehandelt werden konnte. Obwohl sich der Autor gleich nach der Überarbeitung der Erstfassung an die Ausarbeitung des letzten Kapitels gemacht hat, fallen die Antworten nun notgedrungen ganz anders aus.

Wie ein Tourist läßt sich der Ich-Erzähler vom Hafenmeister in Ocama herumführen und verschiedenes erläutern. Dabei fällt ihm die „Menge der Areka- oder Betelnüsse" ins Auge, die in Kisten aufgeschichtet und überall zu kaufen sind. Sie werden überallhin verschickt, wo es „Mitglieder der ‚Shen'" gibt. Diese Nüsse sind, so der Hafenmeister, „unsere Erkennungszeichen, unsere Legitimationen, ohne welche wir niemals erreichen könnten, was wir erreichen wollen. Vielleicht erfahren Sie selbst auch noch, daß es kein einfacheres, billigeres und praktischeres Bindemittel zwischen unsern Hunderttausenden, ja Millionen geben kann, als diese Nuß, die überall zu haben ist und deren Verlust man allezeit und sofort ersetzen kann." (518)

Diese Erklärungen sind zunächst einmal mit den Ausführungen des Heidenpriesters unvereinbar. Abgesehen davon, daß der Heidenpriester die Nüsse hätte erwähnen müssen, wenn sie die Funktion des Mitgliedsausweises übernehmen, werden einem Betelnüsse auch kaum vom Wind vor die Füße geweht oder finden in einem Notizbuch Platz. Das bestätigt aber nur, daß sich der logische Bruch zwischen dem letzten Kapitel und seinem Prätext trotz dessen Überarbeitung durchsetzt. Auf einer anderen Ebene hingegen entsprechen sich die Erklärungen des Hafenmeisters und die Ausführungen des Heidenpriesters darin, daß es sich auch hier um eine Scheinerklärung handelt. Von einer strengen Prüfung der Aufnahmewilligen ist nicht mehr die Rede; statt dessen sind die Legitimationen für jeden umstandslos zu haben und jederzeit zu ersetzen. In irdischen Gefilden heißt das: Sie sind nichts wert. Und das soll wiederum im vorliegenden Falle heißen: Die „Shen" ist eine Über-Institution, bei der es nicht auf die Legitimationen ankommen darf.

Die naheliegende Vorstellung allerdings, der Ich-Erzähler könne nun durch den Erwerb einer Betel- oder Arekanuß die Mitgliedsfrage für seinen Teil aus der Welt schaffen, wäre – in zweifacher Hinsicht – ein grobes Mißverständnis. Das wird unmittelbar im Anschluß durch den Auftritt des Governor klar, der dem Ich-Erzähler zeigt, was er von Yin überreicht bekommen hat – „eine Arekanuß allerkleinster, niedlichster Art, als Knopf-, Schal- oder Gürtelschließer in Gold gefaßt"; und mehr noch: „Auf der einen Seite stand das Wort ‚Shen' und darunter der Name Yin; auf der andern las ich die drei schon einmal erwähnten Zeichen Schin, Ti und Ho." (519) Für gewöhnliche Mitglieder mag eine gewöhnliche Nuß ausreichend sein, zum ausgezeichneten Mitglied[37] hingegen wird man nur, indem man eine Auszeichnung empfängt – und zwar natürlich, ohne darum gebeten zu haben. Der Governor hat keine Ahnung, daß er „durch Ueberreichung dieses Zeichens ein Diener unserer großen ‚Shen' geworden" ist, „und zwar nicht etwa ein gewöhnlicher, sondern ein der höchsten Stellen würdiger" (521). Dem Governor verschlägt es die Sprache: „Ich, ich – – – Mitglied der – – der – – – der Shen?" stottert er. „Und zwar kein – – – kein gewöhnliches, sondern ein – – – ein – – – ein hohes?" (522)[38] Dem Ich-Erzähler hingegen bleibt die Auszeichnung versagt. Wie könnte ihm auch ein seiner Position entsprechender Rang zugewiesen werden? Wen wird es wundern, wenn der Governor ganz am Ende, wo sich die Herrschaften zum Bankett formieren, dem Ich-Erzähler erklärt: „Ich tausche mit keinem Menschen, nicht einmal mit Euch!" (652) Und genau dieselben Worte sind wenig später vom wieder genesenen Waller zu hören, der bei Tisch zwischen Tsi und Mary gesetzt wird (an jenen Platz also, den der Ich-Erzähler freigemacht hat). Wenn die „Shen" das allegorische Reich allumfassender Menschlichkeit ist, dann besteht die Eigentümlichkeit der Ich-Funktion darin, aus dieser Allegorie ausgeschlossen zu sein.[39]

In einer zweiten Hinsicht kann man die dem Anscheine nach befremdliche Frage stellen, ob der Ich-Erzähler denn auch wahrhaft der Mitgliedschaft in der „Shen“ *würdig* wäre. Diese Frage weist zurück auf den Beginn des letzten Kapitels – auf jene Schreibszene in Radebeul, in der es ein *ganz anderes* Ich unternimmt, seine Identität mit dem Ich-Erzähler behauptend, das Reiseziel zu beschwören. Diese sonnige Szene mit ihrem Kirchengeläut mag auf den ersten Blick idyllisch wirken, auf den zweiten aber ist sie bestürzend. Der Schreibende fragt sich nämlich, ob er sich auch zur Kirche begeben soll und schlägt den Predigttext nach. Es ist *Matthäus*, Kapitel 5, Vers 20-26, das er folgendermaßen kommentiert:

> Also, schon wer mit seinem Nächsten zürnet und ihn mit Worten beleidigt, der ist dem Mörder gleich, ist des Gerichtes, des Rates und des höllischen Feuers schuldig! Der Christ soll sich nie zum Gottesdienste wagen, wenn er sich nicht zuvor mit seinen Widersachern ausgesöhnt hat! (493)

Und er stellt den direkten Bezug zu seiner Frage her: „Soll ich heut in die Kirche gehen? Oder vielmehr, darf ich? So frage ich meine Widersacher! Wo ist der Christ, der nach diesem Worte seines Heilandes noch würdig ist, die Kirche zu betreten?“ (494) Auf diese Frage kann es keine befriedigende Antwort geben – ebensowenig, wie man jene „einzelne Inhumanität gegen Freund oder Feind, Christ oder Heide“ (325) ausschließen kann, die dem Heidenpriester zufolge den Ausschluß von der „Shen“ bedeuten würde: „Mir wird angst!“ (494)

„Es läutet zwar jetzt zum zweiten Male, aber ich gehe nicht; ich bleibe daheim!“ So entscheidet der Schreibende, um dann das allegorische Gegenbild als Ausweg aus diesen dunklen Überlegungen und unfruchtbaren Selbstprüfungen zu entwerfen: „Ich denke mich also wieder hin nach Kota Radscha“ (494). Der Schreibende schickt den Ich-Erzähler wieder auf die Reise, dorthin, wo eine Über-Institution den Subjekten die Bürde dieser psychischen Instanz abnimmt. Daraus resultiert das „Befreiungsgefühl, das er mit jedem Buch erlangte“, und das einhergehen mußte mit der Überzeugung, „die Befreiung auch anderen, Allen, vermitteln zu können“, wobei *Und Friede auf Erden!* nach Wollschläger exemplarisch ist für das „Wahnhafte solcher Vorstellungen, die stets grell crescendierten, wenn ein neues Werk sich dem Ende näherte“.[40] Aber dieses Befreiungsgefühl, diese Euphorie der Gesundung, die an Waller ablesbar ist, ist eben gebunden an den Akt des Schreibens selbst. Es *zehrt* von den Fiktionen, denn die „Shen" gibt es nur im Reich der Fiktion. Und die Unumgänglichkeit des Ich-Erzählers ist die Erinnerung daran, daß der Autor nicht in dieses Reich wird eingehen können, sondern daß er, um sich erneut zu befreien, ein weiteres Mal diesen Stellvertreter wird schicken müssen, in dem er nicht er selbst gewesen sein wird. „Was ich in Gestalt der Fiktion habe, das habe ich, jedoch unter der Bedingung, daß es mir als Sein gegeben ist, und das Sein, wodurch ich zu ihm hingelange, entledigt mich meiner selbst"; dann „bin ich nicht mehr ich und kann nicht mehr Ich zu mir sagen".[41]

Anmerkungen

1 Hartmut Vollmer: *Am Jenseits.* In: *Karl-May-Handbuch*, hg. v. Gert Ueding. Stuttgart 1987, S. 280.

2 Hans Wollschläger: *„Die sogenannte Spaltung des menschlichen Innern, ein Bild der Menschheitsspaltung überhaupt". Materialien zu einer Charakteranalyse Karl Mays.* In: JbKMG 1972/73, S. 52.

3 Ebd., S. 52.

4 Vgl. Michael Niehaus: *Verfahrensmängel. Die Gerichtsverhandlung in Karl Mays Reiseerzählungen.* In: JbKMG 1999, S. 178.

5 Käte Hamburger: *Die Logik der Dichtung.* München [4]1987, S. 272-278.

6 Vgl. ausführlich Claus Roxin: *„Dr. Karl May, genannt Old Shatterhand". Zum Bild Karl Mays in der Epoche seiner späten Reiseerzählungen.* In: JbKMG 1974, S. 15-73.

7 Vgl. etwa Hans Wollschläger: *Karl May. Grundriß eines gebrochenen Lebens.* Zürich 1976, S. 84f.: „Den Anfang mag ein bloßes Kopfnikken gemacht haben, wenn ein Herr Irgendwer ihn Mr. Shatterhand titulierte".

8 Karl May: *Meine Beichte.* In: *„Ich". Karl Mays Leben und Werk.* Bamberg [38]1992, S. 20.

9 Martin Schenkel: *Ecce homo!. Zum heilsgeschichtlichen Friedensmythos in Karl Mays Reiseerzählung „Und Friede auf Erden!".* In: *Karl May*, hg. v. Heinz Ludwig Arnold. Sonderband text + kritik. München 1987, S. 194.

10 Ebd., S. 199 u. 201.

11 Ebd., S. 203.

12 Ebd.

13 Ebd., S. 216f.

14 Ebd., S. 219.

15 Wollschläger: *„Die sogenannte Spaltung des menschlichen Innern"* [Anm. 2], S. 56.
16 Ebd., S. 61.
17 Ebd., S. 64.
18 Ebd., S. 57f.
19 Ebd., S. 74.
20 Ebd., S. 12.
21 Ebd., S. 74f.
22 Ebd., S. 83.
23 Ebd., S. 77. Es ist bezeichnend, daß Wollschläger hier erneut den Terminus „Über-Instanz" verwendet: Gerade der Rückzug hebt die transzendentale Seite dieses ‚Ich' hervor.
24 Vgl. zur Großschreibung der Anrede auch ebd., S. 64.
25 Die Assoziation zum Poesiealbum wird an späterer Stelle vom Text selbst hergestellt. Tsi hat sich die erste Strophe von Mary abschreiben lassen wie jene Kinder, die „einander Albumblätter" schreiben, „welche sie dann im Alter mit kopfschüttelnder Rührung betrachten" (441).
26 Es ist allerdings zuzugestehen, daß das Inkognito schon in den Abenteuererzählungen die Tendenz hat, über das Ziel hinauszuschießen und sich als der Selbstzweck zu manifestieren, der es als Wunscherfüllung ist.
27 Wollschläger: *„Die sogenannte Spaltung des menschlichen Innern"* [Anm. 2], S. 74.
28 Schenkel [Anm. 9], S. 203.
29 In der Erstfassung *Et in terra pax* wird die Bedeutung dieses stückweisen Durcharbeitens des Gedichtes für die Heilung noch stärker betont. Mary, die die Fortsetzung noch nicht besitzt, *betet* dort förmlich (und das macht das ‚Indezente' dieser ersten Version aus) um eine Wiederholung der Ereignisse in Kairo oder der Post aus Colombo, da ihr Vater mit den bisherigen acht Zeilen nur bis zur Hälfte seines Aufstieges zur Heilung gekommen sei. Vgl. Hansotto Hatzig: *Et in terra pax – Und Friede auf Erden. Karl Mays Textvarianten.* In: JbKMG 1972/73, S. 158f.
30 Das so gefaßte Verhältnis zwischen Autor und Leserin ähnelt strukturell gesehen dem Verkehr zwischen Alkmene und dem ihr in der Gestalt ihres Gatten Amphitryon sich nahenden Zeus in den verschiedenen Bearbeitungen dieses Stoffes.
31 Vgl. zu diesem „Idyll" und seiner Datierung Ekkehard Bartsch: *„Und Friede auf Erden!". Entstehung und Geschichte.* In: JbKMG 1972/73, S. 106.
32 Schenkel [Anm. 9], S. 216.
33 Bernhard Kosciuszko: *Illusion oder Information?. China im Werk Karl Mays.* In: JbKMG 1988, S. 323.
34 Diese Entgegensetzung prägt auch den weiteren Verlauf der Rede über die „Shen" innerhalb der Reisegesellschaft. Vor allem der Go-

vernor nimmt das Wort meist in einer halb spaßhaften Weise in den Mund (etwa in Form eines Trinkspruches).

35 Vgl. zum folgenden die Belegstellen bei Hatzig [Anm. 29].

36 In *Und Friede auf Erden!* müssen alle illustren Mitglieder der „Shen“ (Fu, Tsi, Fang, Rafferty) ebenso inkognito reisen wie der Ich-Erzähler; nur unter dieser Bedingung wird die „Shen“ davor bewahrt, von der Romanhandlung *verunreinigt* zu werden.

37 Und nur die *ausgezeichneten* Mitglieder *formieren* die „Shen“ (sie sind – wenn man böswilligerweise die hier obwaltende Logik der Totalitären hervorheben möchte – gewissermaßen die *innere Partei*).

38 Wenig später wird dem Ich-Erzähler auch sein Diener Sejjid Omar entgegenkommen, um ihm stolzgeschwellt die beiden Betelnüsse zu zeigen, die ihm Fu, der Ordensgründer, höchstpersönlich angeheftet hat. Und Omar wird sich seiner Mitgliedschaft als würdig erweisen, indem er am Ende an der Spitze einer „Deputation von Aufwieglern, Rebellen und Empörern“ (654) vor den ausgezeichneten Mitgliedern auftaucht, die alle um die (gewöhnliche) Mitgliedschaft bitten.

39 *Innerhalb* der Allegorie ist es der *Widersacher* Dilke, der ausgeschlossen werden muß, der *spurlos* vom Erdboden verschwinden muß. Hingegen ist der Ausschluß des Ich-Erzählers gerade kein *Bestandteil* der Allegorie, er hat *unauffällig* zu geschehen.

40 Wollschläger: *„Die sogenannte Spaltung des menschlichen Innern“* [Anm. 2], S. 83.

41 Maurice Blanchot: *Der Gesang der Sirenen. Essays zur modernen Literatur.* Frankfurt/M., Berlin, Wien 1982, S. 282.

Martin Lowsky

Im Wüstenwind

Entfaltung und Überwindung des Abenteuer-Erzählens in Karl Mays ‚Und Friede auf Erden!'

I

Karl Mays Roman *Und Friede auf Erden!* erzählt, wie eine Gruppe von Reisenden unterschiedlicher Charaktere und Weltbilder sich in Richtung Ostasien begibt. Das Unternehmen beginnt in Kairo und endet nach einer Reihe von realen Reisestationen in dem erfundenen ‚Reich der Shen', einem aufgeklärten und friedlichen Gemeinwesen innerhalb Chinas, das jedoch durch Aggressionen von außen erschüttert wird. Der Roman ist von Karl Mays Orient- und Südasientour 1899/1900 inspiriert und ist reich an politischen Zügen und Anspielungen auf die Ereignisse und den Zeitgeist der Epoche des Imperialismus. Daher verwundert es, daß der Titel *Und Friede auf Erden!* lautet, also ein Bibel-Zitat ist, genauer: das Fragment eines Bibelspruches (aus dem *Lukas*-Evangelium). Für ein Traktat oder für ein Flugblatt, auch für einen Essay würde dieser appellative und dabei allgemein gehaltene Titel eher passen als für einen Reiseroman.

Es liegt nahe, diesem Titel die großen Monologe der Figuren im Roman an die Seite zu stellen, wie es Martin Schenkel in seiner Analyse des Werkes getan hat.[1] Rein inhaltlich geht das eine mit dem anderen zusammen, aber ästhetisch bleibt ein Bruch. Denn der Titel selbst kann nicht als Figurenrede gemeint sein. Es findet sich aber zu diesem Titel, diesem seltsam isolierten Roman-Einstieg also, ein Pendant an einer exponierten Stelle des Romans, auf den letzten anderthalb Seiten. Da fällt der Satz (May legt ihn der Autoritätsperson Fu in den Mund): „Meine Brüder, es gibt – – – Krieg!" (XXX 658) Der Roman bekommt in diesen Schlußmomenten eine ungeahnte Wendung. Es folgt der Ausruf: „Fragt nicht, weshalb, und fragt auch nicht, mit wem?" (659), und es ist dann von plötzlicher Helligkeit, einer elektrischen Beleuchtung, und von Jubelrufen die Rede. Die Schlußworte des Romans, ausgesprochen von einem Reverend, sind: „‚Gleich ist es Mitternacht; sie soll uns betend – dankend – hoffend finden!' – – –" (660) Das Romanfinale führt die Welt vor, die den Krieg in sich hat und auf sein Verschwinden hofft. Insgesamt ist der Schluß des Romans ebenso abstrakt wie sein Titel. Es wird nicht gesagt, welcher Herrscher oder welches Land den Krieg erklärt und gegen wen er geführt werden wird – und das, obwohl im Romangeschehen so viel von Europas Eroberungsbestrebungen die Rede ist. Auch das Ich des Erzählers kommt in diesem Schluß nicht mehr vor, wie auch der Titel *Und Friede auf Erden!* nicht vermuten läßt, daß es sich um eine Ich-Erzählung handelt. Der Leser wird allein gelassen. Die beiden Begriffe ‚Frieden' und ‚Krieg', das eine Wort fällt am Anfang, das andere am Ende, erscheinen allein in ihrer Abstraktheit.

Der Romantitel und das Romanfinale bilden zusammen eine eigene Erzählschicht. Wenn uns vorhin der Titel sonderbar erschien, so müssen wir uns nun fragen, wie sich diese besondere Schicht mit ihren abstrakten Zügen in diesen Roman einfügen kann. Von dieser Frage aus wollen wir die Konstruktionsprinzipien des Romans zu erschließen versuchen und zugleich die „ästhetische Vielfalt" – so Ulrich Schmids Andeutung[2] – des Schlusses beobachten.

Eine kleine Nebenbetrachtung: Zu den abstrakten Zügen paßt eine bekenntnishafte Äußerung Mays. Während seines Aufenthaltes 1899 in Ägypten notierte er sich:

Egypten ist eine *„Persönlichkeit"*, deren erhabene Heiligkeit nur Dem vor die Augen tritt, der *direct* vor sie tritt und sich nicht mit tausend kleinen und kleinlichen Bildern belastet, die er unterwegs aufgelesen hat. Dieses Kleine mag er auf der Rückreise betrachten, wenn das Große in ihm unvergänglich geworden ist. In dieser Beziehung wird sehr viel gesündigt. Der Künstler malt erst das Große und fügt die kleine Staffage zuletzt hinzu. So auch der kluge Reisende.[3]

Man mag aus diesen Sätzen Mays orientalische Reiseerfahrung, seine Abwehr vor dem fremden Alltag, seine Flucht vor dem Schmutz und vor der Hitze[4] herauslesen, doch vor allem ist auffällig, daß May hier mit dem Stichwort „Künstler" arbeitet und so etwas wie ein poetisches Programm formulieren will. Denn diese „kleinen und kleinlichen Bilder", die natürlich ihm, dem Reiseschriftsteller mit den Lexika auf dem Schreibtisch, immer wichtig waren, jetzt zurückzustellen zugunsten der ‚großen Sicht' – das ist durchaus ein neuer Schaffensansatz. Der „kluge Reisende", von dem May am Ende dieses Zitates spricht und den er mit dem Künstler vergleicht, wäre dann der klug gewordene Reiseschriftsteller. Gewiß sind die Anleitungen, die der Schriftsteller May sich in dieser Passage gibt, recht allgemein, doch die ‚große Sicht', die er betont, läßt schon an die Titel-Formulierung *Und Friede auf Erden!* und an das Wort vom Krieg am Ende denken.

Zurück zu unserem Hauptgedanken. Nehmen wir uns nun im Roman eine Episode vor, mit der wir beim Thema Ägypten und bei Mays Abwehr vor den „kleinlichen“ Bildern bleiben. In einem der ersten Abschnitte von *Und Friede auf Erden!* schreibt May:

Wir befanden uns im Vorsommer, also in der Zeit, in welcher der Khamsin jährlich gegen fünfzig Tage lang der höchst ungern gesehene Gast Aegyptens ist. Dieser heiße, trockene Südwestwind, welcher den feinen Staub der Wüste mit sich führt, kann, wenn er stark auftritt, so erschlaffend wirken, daß sowohl der Einheimische als auch der Fremde Alles meidet, was mit einer körperlichen Anstrengung verbunden ist. [...] Ich war den Khamsin längst gewohnt; er konnte mich nicht belästigen und hielt im Gegenteile andere Leute ab, mich da oben in dem mir lieb gewordenen Genuß zu stören. Der Blick vom Mokattam und dem Dschebel Giyuschi ist unbeschreiblich schön, mir aber doppelt wert, wenn beim Sonnenuntergange die Beleuchtung der Stadt und ihrer Umgegend durch den in der Luft schwebenden Khamsinstaub zu einer, fast möchte ich sagen, märchenhaften wird. Es sind dann alle Härten und Schärfen des Bildes abgemildert, und es liegt ein so undefinierbarer Farbenton rings ausgegossen, daß man meinen möchte, von einer jenseitigen Höhe auf eine ganz andere, un- oder überirdische Welt herabzuschauen. (7)

Zwei weitere Touristen kommen auf den Berg Mokattam:

[...] ich rauchte die Zigarre, welche ich mir angebrannt hatte, ruhig weiter, obgleich ich sah, daß der Wind der Dame den Rauch zuweilen in das Gesicht trieb. Sie saß mir so nahe, daß ich sie mit der ausgestreckten Hand erreichen konnte. (12)

In diesem Mädchen schien ein seltsames, ungewöhnlich reiches Seelenleben zu pulsieren! Einmal hätte ich beinahe verraten, daß ich ihr aufmerksam zuhörte. Sie nannte nämlich meinen Namen.

„Weißt du, Vater, an wen ich jetzt denke?“ sagte sie. „An Karl May. Ich habe seine drei Bände ‚Im Lande des Mahdi‘ gelesen [...]. Er nennt Kairo ‚Bauwaabe el bilad esch schark, das Tor des Orientes‘, und sagt, dieses Tor sei altersschwach geworden und könne dem Einflusse des Abendlandes kaum mehr widerstehen. Es wird mir schwer, das zu glauben“ (14f.).

Diese ‚Khamsin-Passage‘ ist von suggestiver Kraft. Der Erzähler, vom Wüstenstaub umweht, wird zuerst zum Augenmenschen, der sich den visuellen Genuß verschafft (es ist der „Farbenton rings ausgegossen“). Doch er ist im Gesichtskreis eingeschränkt und verliert den Kontakt zu der Metropole Kairo, der er sich aber durch das belauschte Gespräch geistig wieder nähert und deren Wesen er so zu durchdenken beginnt. Man kann sich hier an Paul Valéry erinnern, der einmal die Geräusche der Stadt Paris und ihr hartnäckiges Eindringen in seine Traumwelt beschrieben und dabei bekannt hat: „Und es erwächst mir und es entmutigt mich dieser aberwitzige Wunsch: PARIS denken.“[5] Denken! Mays Erzähler ist in der

Khamsin-Passage der Schriftsteller, der über die Stadt und ihr Verhältnis zum Abendland nachdenkt und der einstmals seine Leser darüber belehrt hat. Im Sinne des zitierten ‚Programms' stellt May das Kleine gegenüber dem Großen zurück. Hinter all dem, diesem „imaginären Beobachten auf realer Grundlage" (um nochmals Paul Valéry zu zitieren[6]), wirkt das Motiv des verhüllenden Windstaubes. Wir werden dieser Beobachtung weiter nachgehen, aber uns zuerst dem Näherliegenden zuwenden. Denn die Khamsin-Passage zeigt uns auch Grundstrukturen des Romans.

II

Stellen wir also einige auffällige Charakteristika des Romans heraus, die sich interessanterweise schon in der Khamsin-Passage abzeichnen. Mit den Charakteristika des Romans meine ich die realistische Ausrichtung, den selbstreferentiellen Anspruch und die Allegorik.

Beginnen wir mit der Allegorik; wir können uns kurz fassen, denn die allegorische Tendenz hat in erster Linie die Aufmerksamkeit der Interpreten gefunden. Erhellend in der Khamsin-Passage ist das Gespräch zwischen Vater und Tochter. Die Tochter, die als Touristin hier weilt, möchte auf die Schönheit und die verborgene Energie des Orients aufmerksam machen; sie verkörpert die auf Toleranz, Sanftmut und Brüderlichkeit gegründete Lebenshaltung, die sie gegen ihren Vater, den (wie man bald erfährt) starr auf christliche Dogmen fixierten Prediger, durch den Roman hindurch bewahrt. Ähnlich pointiert und damit allegorische Züge bergend tragen andere Gestalten im Roman, der Engländer Raffley, der amerikanische Professor Garden, die Chinesen Tsi und Fang ihre Einsichten und ihre Anklagen vor. Diesen positiv gezeichneten Gestalten stehen, neben dem genannten Prediger und Missionar, der aggressiv redende und handelnde Soldat Dilke und der Kapitän eines Schmuggel- und Opiumschiffes, das „Seine Exzellenz der Europäer" heißt, gegenüber. Roland Schmid und Hans Wollschläger schreiben in ihrem Nachwort zur Ausgabe von 1958 über den Roman: „Die Symbolik ergibt sich sehr deutlich unmittelbar aus dem Text und den scharf profilierten Hauptgestalten, deren jede als Personifikation eines Volkes oder einer Geistesrichtung zu werten ist."[7] In diesem Sinne läßt sich die weltpolitische Aussage des Romans, sein antiimperialistischer Gehalt, aus dem Entwurf des Figuren-Ensembles herauslesen. So hat Martin Schenkel dargelegt, wie diese einzelnen Personen und die Entwicklung ihres Denkens in die „heilsgeschichtliche Fortschrittstheorie“[8] des Romans eingebunden sind. Darüber hinaus werden der Bund der „Shen“ und seine utopische Heimatregion „zu heilsgeschichtlichen Allegorien des wahren Christentums“[9], so daß sich die Romanallegorien mit christlichen Bildern und mit der Botschaft des Autors verbünden.

Interessanterweise wird im Roman selbst diese Allegorik erörtert, wenn der Erzähler eine Gesprächsrunde in einem Hotel in Kairo so zu resümieren beginnt: „Dann saßen wir wohl bis über Mitternacht beisammen, China, die Vereinigten Staaten und Deutschland, oder Asien, Amerika und Europa, in Eintracht und Frieden auf afrikanischem Boden“ (99). In solcher Metaphorik, die Ländernamen für Personennamen setzt, wird der Erzähler noch deutlicher, als später der ehemals vorurteilsvolle Governor und die Chinesin Yin ihr versöhnliches Gespräch haben: „Mehr hörte ich nicht [...]. Wenn England China in so aufrichtiger und reuevoller Weise segnet, ist Deutschlands Unterstützung überflüssig.“ (489)

Mit dieser Äußerung läßt sich der Romanautor in die Karten seiner Schaffensweise sehen, und damit bemerken wir die zweite Charakteristik, die auch von der Khamsin-Passage vorbereitet wird: die Selbstreferentialität. Denn in der Passage gibt sich ja der Ich-Erzähler explizit als der Schriftsteller zu erkennen, den die Titelseite nennt: „Sie nannte nämlich meinen Namen“ – „Karl May“. Dieser Selbstbezug durchsetzt den ganzen Roman. Der Leser erfährt, daß der Erzähler der Autor von *Am Jenseits*, von *Im Reiche des silbernen Löwen* und des Gedichtbandes *Himmelsgedanken* ist (293, 627, 8) – allesamt May-Titel. Einmal, in der Bibliothek der Jacht „Yin“, schlägt der Erzähler sogar das Buch *Am Jenseits* auf (die Bibliothek enthält die Mayschen Werke!, 293): „Ich las mich nach und nach vollständig in die Stimmung hinein, aus welcher heraus ich dieses Buch geschrieben hatte.“ (406) Mit dem Hinweis auf die Stimmung beim Bücherschreiben unterstreicht May die Autonomie der Fiktion. Er deutet dabei an, es gebe zwei verschiedene ‚Ichs‘: das reale Ich, das den *Jenseits*-Roman geschrieben hat (und jetzt eine Person in *Und Friede auf Erden!* ist), und das fiktionale Ich des früheren Romanhelden, in das sich das erste Ich durch seine Erinnerung wieder einlebt: „Ich las und sah und hörte zu gleicher Zeit, daß der blinde Münedschi [eine Gestalt aus *Am Jenseits*] mich aufforderte, mit ihm zu gehen“ (406). Das Ich, das liest, und das Ich, das der Münedschi auffordert, sind verschiedene Personen. Der Erzähler zitiert ganze Passagen aus *Am Jenseits*, so wie er schon vorher, um seinen alten Freund John Raffley den Lesern vorzustellen, einen langen Abschnitt aus *Am Stillen Ocean* zitiert hat (228-231).

Es gibt sogar Momente, in denen der Erzähler das Niederschreiben des vorliegenden Werkes bekennt. Das lange Schlußkapitel eröffnet er mit seinen Erfahrungen anläßlich der Publikation der unvollendeten Erstfassung des Romans. Es ist jene berühmte Stelle, in der er sich als Schriftsteller explizit von dem westlichen Imperialismus distanziert: „während ganz Europa unter dem Donner der begeisterten Hipp, Hipp, Hurra und Vivat erzitterte, hatte ich mein armes, kleines, dünnes Stimmchen erhoben" (491). Davor steht die Erklärung: „Die bisherigen Abschnitte des vorliegenden Buches sind, wenn auch in etwas anderer Fassung [!], bereits einmal im Druck erschienen" (490) – wodurch sich dieses schreibende Ich hier als ein anderes erweist als das sonst im Roman gegenwärtige. Diese zusätzliche Trennung des Ichs, das wir vorhin das reale Ich genannt haben, in zwei ‚Ich' betont wiederum die Autonomie der Fiktion. Doch diese Trennung besteht nicht durchweg. Gelegentlich verkündet der Erzähler seine Autorschaft an dem vorliegenden Roman; so schreibt er das Gedicht *Tragt Euer Evangelium hinaus*, das den Roman strukturiert und ihm seine Spannung gibt, vor den Augen des Lesers aufs Papier: „[Worte] gestalteten sich zum Verse [...]; sie fügten sich zur gereimten, vierzeiligen Strophe zusammen, und ich stand auf, um sie niederzuschreiben." (49f.)

Der Leser hat gelegentlich Mühe, bei diesem Changieren des Ich-Begriffes den Ich-Erzähler überhaupt als eine menschliche Figur anzuerkennen. Ist dieses schreibende, geschrieben habende und Derivate von sich selbst erfindende Ich nicht schon ein intertextuelles Lavieren, das Spielcharakter hat? Doch völlig entgleitet der Boden nicht. Wir finden mehrere Stellen, an denen der Ich-Erzähler sich grundsätzlich ‚Schriftsteller' nennt. Daß „du Bücher schreibst", sagt der Diener zum Erzähler, sei ihm bekannt (226f.), und einmal ist der Einsatz des Erzählers bei einer Wette der, daß er seinen Schriftsteller-Beruf gegebenenfalls aufgeben werde: „ich setze meine Gewohnheit, Bücher zu schreiben. Sie ist mehr als nur eine Gewohnheit, sie ist mein Beruf, der mich ernährt." (288) May kündigt hier also den möglichen Untergang des ‚schreibenden Ichs' an und verankert so den genannten intertextuellen ‚Ich'-Komplex im Abenteuerlichen. Auch in einer Abenteuererzählung muß man ja den – jetzt buchstäblichen – Tod des Helden befürchten. Der Nachsatz über den Schriftstellerberuf, der „ernährt", über das Dichten als bürgerliche Arbeit, diese Darlegung also des persönlichen schriftstellerischen Selbstverständnisses durchbricht wiederum in eigener Weise die Romanillusion. Vielleicht hat May die seltsam unglaubwürdige Episode von dem Verwetten seines Lebensberufes auch deshalb eingefügt, um dieses bürgerlich-realistische Bekenntnis zu seinem Schriftstellerstand abgeben zu können.

Damit ist das Stichwort ‚realistisch' gefallen. Beachten wir in der Khamsin-Passage die Bemerkungen über die Zigarre und ihren „Rauch", der zu den beiden Fremden störend hinüberstreicht. Sie greifen das Sujet Wind wieder auf – „gegen fünfzig Tage lang" weht der Khamsin, hat May davor ausführlich mitgeteilt. Dieser Satz vom Rauch und seiner Belästigung ist eine Vorausdeutung auf den Realismus, der den Roman kennzeichnet. Große Teile des Reiseromans spielen in Hotels, in Schiffskajüten und an anderen Orten der sozialen Kommunikation, es werden Diskussionen referiert und bürgerliche Konventionen beschrieben, wie es die große realistische Literatur des 19. Jahrhunderts vorgeprägt hat. Auch die moderne Kommunikation ist präsent: der „Draht des Telephon und Telegraph" führt durch das Land der „Shen" (500). Schon im ersten Kapitel spielt eine Passage von siebzehn Seiten Länge (26ff.) im Speisesaal eines Hotels. Oder wir lesen anläßlich der Ankunft in Ceylon: „Unter dem Regendach der Landestelle sitzen Geldwechsler, bei denen man alle möglichen Münzen des Ostens haben kann. Ich verweilte mich bei einem von ihnen, um mich mit landläufigem Silber zu versehen, und schlenderte dann dem Hotel zu." (113) Im Hotel liegt das Zimmer „zwei Treppen hoch" und dort „nach dem Hofe zu" (116). Vom Realismus ist speziell das somatische Leiden des Missionars Waller geprägt, bei dem ausgerechnet Dysenterie, also Durchfall und Ruhr, eine große Rolle spielt: die Schwelle zum Naturalismus ist bereits sichtbar. Realistisch ist auch diese Stelle, die den ‚guten Ton' behandelt: „Die Tochter des Missionars bat ich, mich nach meinem Zimmer zu begleiten, obgleich diese Aufforderung unter anderen Umständen fast so viel wie eine Beleidigung für eine Dame sei" (89f.).

Der Erzähler konzentriert sich gern auf Beiläufiges und Alltägliches, beschreibt etwa ein Fahrzeug: „Man denke sich eine sehr leicht und für die Zugkraft nicht eines Pferdes, sondern eines Menschen gebaute, zweiräderige Kalesche mit vorzuschlagendem Regendach und einer Doppeldeichsel, so weiß man ungefähr, wie eine Rickschah aussieht." (118f.) Lustvoll gibt der Erzähler in aller Passivität wieder, welche Eindrücke er vor Augen hat, und benutzt dabei den Wortschatz des bürgerlichen Lebensstiles. Über die Jacht „Yin" lesen wir: „Elektrisches Licht verstand sich ganz von selbst; die Maschine lieferte es. Dann zeigte [Raffley] mir seine eigene Wohnung, welche mittschiffs unter der Kommandobrücke lag. [...] Es gab keine teuern Möbel hier, aber eine kostbare Bibliothek füllte die Wände aus", und dann: „auf einer Tafel lagen und standen alle erforderlichen nautischen Instrumente wohl geordnet." (258f.) Auf dieser Jacht finden zugleich die großen Monologe des genesenden Psychopathen Waller statt, so daß jene Stilmischung entsteht, die „die klassische Regel von der Unterscheidung der Höhenlagen" ignoriert, also Bedeutendes mit Alltäglichem vermischt, und damit, nach Erich Auerbach, Teil des „modernen Realismus" ist.[10]

Zum Realismus gehören auch die politischen Anspielungen, die das Werk mit der aktuellen Weltlage um die damalige Jahrhundertwende verknüpfen: etwa das entschiedene Abwinken des Erzählers angesichts des Abendlandes und seines „begeisterten Hipp, Hipp, Hurra" (491) oder die weltpolitische Anklage des chinesischen Gelehrten Fang. Die Christen, sagt er, „muten uns zu", „zu glauben, daß sie es mit der Erfindung ihrer ‚Interessensphären' und ‚offenen Tür' nur auf unser Heil abgesehen haben" (172).[11] Bemerkenswert an diesem „Gewissensstachel" (Hermann Wohlgschaft[12]) sind zusätzliche punktuelle Hinweise, aus denen sich die Handlungszeit genau erschließen läßt. In der Erstfassung des Werkes läßt May eine Gruppe krakeelender Engländer, Gäste in einem Hotel, über eine zu erwartende „große Prügelei" reden, die Namen Ohm Krüger, Leyds, Jameson, Chamberlain aussprechen und die „Depesche" eines „gewissen Emperor" beschimpfen.[13] Offenbar haben der Jameson-Raid, jene Invasion des Briten Leander Jameson in Transvaal, und das Eingreifen Wilhelms II., des „Emperor", durch seine Krüger-Depesche, also Ereignisse von 1895/96, in der Chronologie des Romans vorher stattgefunden, und der Krieg von 1899/1900 zwischen Transvaal und Großbritannien (die „große Prügelei") steht bevor. Für die endgültige Fassung des Romans hat May die Passage modifiziert (150) und damit die strikte Festlegung vermieden. Statt Krüger und anderer werden jetzt der „chinesische Kaiser", der „Vater des chinesischen Thronfolgers" und der „Oberfeldherr der Chinesen" genannt; die „große Prügelei" spielt damit auf die 1898 glücklos versuchten Modernisierungsmaßnahmen des jungen chinesischen Kaisers Guangxu und seine gleichzeitigen Konflikte mit den westlichen Mächten an. Natürlich paßt dies alles dazu, daß May selbst 1899 in Richtung Asien aufgebrochen war; von diesem Unternehmen des Autors, seiner „letzten großen" Reise (490), ist in der endgültigen Fassung ebenfalls die Rede.

Abgesehen davon, daß im Roman allgemein das politische Klima der 1890er Jahre sichtbar wird, das schließlich in der ‚Hunnenrede‘ Wilhelms II. vom 27. Juli 1900 seine verwerflichsten Bekundungen fand[14], sind zwei Motive hervorzuheben, eigentlich nur Vokabeln und Signalwörter, die den Realismus des Werkes entscheidend mittragen. Zum einen benutzt May überraschenderweise das Vergleichswort „Torpedobootjäger“, um das Tempo eines „Rickschahmannes“ zu loben: „Es hat den Anschein, als ob er wie ein Torpedobootjäger sechsundzwanzig Knoten in der Stunde machen müsse.“ (119) Torpedo und Torpedoboot waren damals eine junge Erfindung. Kurz zuvor, 1895, waren die ersten militärischen Erfolge mit Torpedobooten erzielt worden, und zwar von den Japanern im Krieg mit China. May nennt sogar den „Torpedobootjäger“; diese übertreibende Verwendung des Wortes angesichts des Rickschah-Läufers ist eine ‚ironische Reibung‘[15], die nicht gerade Respekt vor Kriegsgeschütz bezeugt.

Zum anderen ist die Vokabel ‚Evangelium‘ auffällig, die damals viel aktueller war, als wir heute glauben mögen. May verwendet sie in dem pazifistischen Gedicht (57; vgl. 133, 219):

> Tragt Euer Evangelium hinaus,
> Doch ohne Kampf sei es der Welt beschieden,
> Und seht Ihr irgendwo ein Gotteshaus,
> So stehe es für Euch im Völkerfrieden!

Dies der Anfang der ersten Strophe; die zweite Strophe hat dieselbe Anfangszeile, beginnt also auch mit dem ‚Hinaustragen des Evangeliums‘. Was hat es damit auf sich? Ein politischer Vorfall im Deutschen Reich spielt herein. Wenige Jahre vor dem Erscheinen des Romans, am 16. Dezember 1897, war Prinz Heinrich mit dem Kreuzer „Deutschland“ von seinem Bruder Wilhelm II. nach Ostasien geschickt worden, um nach der eben abgeschlossenen Besetzung der Bucht von Kiautschou durch Deutschland Druck auf China auszuüben. Am Vorabend waren im Kieler Schloß Abschiedsreden gehalten worden:

> Wilhelm sagte: „[...] Reichsgewalt bedeutet Seegewalt... Nun fahre drein mit gepanzerter Faust!“
>
> Heinrichs Antwort fiel womöglich noch peinlicher aus: „Mich lockt nicht Ruhm, mich lockt nicht Lorbeer, mich zieht nur eines, das Evangelium [!] Eurer Majestät geheiligter Person im Ausland zu künden, zu predigen jedem, der es hören will, auch denen, die es nicht hören wollen.“ Umstritten ist, ob diese Worte Heinrich vom Kaiser eingegeben waren. Vergeblich bemühte sich der Staatssekretär des Auswärtigen, Bernhard v. Bülow, die brüderlichen Entgleisungen vor der Veröffentlichung zu bewahren.[16]

‚Evangelium' als etwas Aufzuzwingendes! Dieser zynisch-chauvinistischen Umdeutung des Wortes ‚Evangelium' setzen Mays Verse eine ursprünglichere Bedeutung dieses Wortes entgegen und schließen einen pazifistischen Auftrag an. Sein Gedicht ist eine Replik auf die Kieler Reden von 1897. Auch in scheinbar unverfänglichen Worten zeigt sich May politisch höchst aktuell.[17]

Die Kieler Reden sind seinerzeit durch die Presse gegangen und haben nicht nur Karl May verstört. Theodor Fontane hat in einem Brief (an James Morris, 5. Februar 1898) bekannt, bei solchen Reden, „wie sie Kaiser Wilhelm und nun gar erst (als Antwort) sein Bruder Heinrich in Kiel gehalten hat", werde ihm „himmelangst"[18], und in einem anderen Brief (an Friedrich Paulsen, 13. Juli 1898) hat er klargestellt: „Das entsetzlichste aller Dogmen, die Stuartleistung von der Gottesgnadenschaft der Könige, steht mal wieder in üppigster Blüthe (siehe die beiden Reden beim Abschiedsmahle des Prinzen Heinrich) und denke ich mir 500.000 Repetirgewehre dazu, so weiß ich nicht, was mit der Menschheitsentwicklung werden soll".[19] Hier sind wir wieder nahe bei May. Auch er hat sich zu den Kieler Reden von 1897 die Gewehre ‚hinzugedacht', und zwar sie zu einem Handlungselement in seinem Roman gemacht. Er läßt in dem erwähnten Schmuggelschiff „eine ganz erstaunliche Masse von Militärgewehren europäischen Ursprunges" (539) transportieren. Die Vernichtung dieses Schiffes ist einer der Haupterfolge der aktiven Pazifisten im Roman.

Versuchen wir, die drei Tendenzen, die realistische, die selbstreferentielle und die allegorische, zu überblicken, so zeigt sich, daß sie sich sinnvoll zusammenfügen. Wir haben schon bemerkt, daß May gerade da, wo er selbstreferentiell arbeitet, auch den realistischen Impetus zeigt: Er bekennt sich nicht nur allgemein zum Schriftsteller, sondern auch zu einem solchen, der aus seinem Schreiben seinen Lebensunterhalt zieht. Auch verbindet sich diese Selbstreferentialität, die das Schreiben und das poetische Konstruieren zum Thema macht, mit der Allegorik; zu denken ist an den Einfluß des vom Ich-Helden geschriebenen Gedichtes auf Waller, diese Symbolfigur des starren Denkens. Martin Schenkel macht auf einen Angsttraum der Erzählerfigur im ersten Kapitel aufmerksam, der das kommende Geschehen teils vorwegnimmt, teils überzeichnet, und kommt zu der Feststellung: „Der heilsgeschichtliche Traum wird zur Metapher der poetischen Reflexion."[20] Wie sehr wiederum die Allegorik, also die Tendenz, geistige Haltungen zu personifizieren, mit dem Realismus, insbesondere mit dem politischen Impetus des Werkes in eins geht, haben wir schon besprochen. Karl May, dem ausgewiesenen Abenteuerschriftsteller, ist damit ein neuartiges Werk geglückt.

III

Daß May Neues bieten will und dieses Anliegen sogar thematisiert, zeigt sich in einigen Details. So läßt er zwar aus seinen alten Abenteuergeschichten den Helden John Raffley wieder auftreten, doch als einen Gewandelten, als einen in Theorie und Praxis eifrigen Humanisten. May will sich auch von seinem früheren Erzähl-Ich distanzieren, wie die erwähnte Ich-Spaltung bei der Lektüre von *Am Jenseits* belegt.[21]

Gleichwohl ist die Vorstellung ‚neuartig' für den Roman, soweit wir ihn bis jetzt interpretiert haben, einzuschränken, denn die drei beschriebenen Tendenzen sind mit der Poetik der Abenteuererzählung verwandt. Ja sie sind eine Fortentwicklung dessen, was in Abenteuererzählungen von vornherein angelegt ist. Für die realistische Ausrichtung liegt dies auf der Hand: Natürlich haben Abenteuererzählungen ihren realistischen Part, wenn sie Handgemenge und Verfolgungstaktiken wiedergeben, Spuren lesen und darüber diskutieren lassen und sich um Lokalkolorite bemühen. Im Falle May, der auf die Genauigkeit des ethnographischen und geographischen Rahmens seiner Abenteuerimaginationen achtete, gilt dies in besonderem Maße. Zwar ist es von diesem schlichten Realismus zu dem Realismus als Programm – erinnert sei an die angestrebte Stilmischung im modernen Realismus – noch eine Wegstrecke, aber der prinzipielle Zusammenhang steht außer Frage. Auch die Allegorik läßt sich in den Abenteuerberichten wiederfinden. So besteht das Erzählen von Abenteuern oft darin, daß innere Erlebnisse in äußere Handlungen aufgelöst und so verbildlicht werden. Die Sensationsmotive des Abenteuergenres faszinieren deshalb so sehr, weil sie letztlich etwas Allgemeines oder Allgemeingültiges darstellen. Gustav René Hocke, der große Kulturkritiker, hat in ähnlicher Weise die altfranzösische ‚Farce' als Vorbereitung der französischen Kunst des Essays gesehen: Hier wie dort gehe es um das Abenteuer, im Falle des Essays um „das Abenteuerliche im ‚Reiche der Ideen'".[22] Hinsichtlich Mays Abenteuern, speziell über seinen Roman *Das Waldröschen*, hat Claus Roxin geurteilt: May versuche, „die Klischees der Helden und Bösewichter durch die Steigerung der Figuren ins Überlebensgroße zu ‚mythologisieren'" – als ein „bewußt eingesetztes Kunstmittel".[23] Schließlich ist auch die Selbstreferentialität des *Friede*-Romans als ein Erbe des Abenteuerfabulierens anzusehen. Denn interessanterweise ist der Ich-Erzähler einer Abenteuergeschichte immer doppelt gegenwärtig: als der, der gewisse Erlebnisse gehabt hat oder sie ersinnt, und als der, der sie niederschreibt, sie poetisiert und sie erst so zu ‚Abenteuern' macht. Der französische Romancier Pierre Mac Orlan hat in diesem Sinne den Grundsatz ausgesprochen: Der aktive Abenteurer setzt den passiven voraus. Erst durch die Reflexionen des passiven Abenteurers und dessen Schreibakt nimmt jenes Abenteuer Gestalt an, das ursprünglich, als Erlebnis des Reisenden und Abenteuersuchenden, vielleicht noch kein echtes gewesen ist.[24] May ist in diesem Bereich sogar noch weitergegangen: Sein Abenteuerheld teilt seinen Gefährten gelegentlich mit, daß er über das mit ihnen Erlebte Bücher schreiben werde (VII 152), oder er erzählt seinen Lesern, welche Erfahrungen er in seiner Doppelrolle als Reisender und Schriftsteller gemacht habe (XXIV 123). Insgesamt erkennen wir, daß Karl Mays *Friede*-Roman in den auffallendsten Zügen seiner Komposition und seines Erzählgestus eine Fortsetzung des Abenteuererzählens darstellt. Karl Mays Werdegang als Romanautor, sein ‚expansives Phantasieren' (um ein Stichwort von Reinhold Wolff zu gebrauchen[25]), verläuft insofern folgerichtig.

Nicht zu übersehen ist bei alledem, daß May gelegentlich sogar noch naiv mit dem Fundus der Abenteuerliteratur arbeitet. Zu denken ist an die Könnerschaft der Hauptgestalten. So weiß der Arzt Tsi genau, wie der körperlich und geistig Kranke Waller geheilt werden kann, und die Ich-Gestalt, die wieder, in Mays Tradition des „Sprachheldentums"[26], ein Meister aller möglichen Fremdsprachen ist, ist sich völlig sicher, daß sie die existentielle Wette um ihren Schriftstellerberuf gewinnen wird. Daß der verwettete Schriftstellerberuf die Variante eines Abenteurer-Todes ist, haben wir schon erörtert. Auch der Geheimbund der „Shen" ist im Kern ein typisches Abenteuermotiv. Dadurch, daß May nicht nur eine weltweit gestreute Mitgliederschaft ersinnt (der Bund „hat seine Brüder und Schwestern, seine Söhne und Töchter überall", 325), sondern die geeigneten Leute sich finden und gemeinsam handeln läßt, entfaltet er das Motiv hin zu einer kindlichen Wunschwelt, in der die benötigten Personen zur richtigen Stunde präsent sind. An Abenteuergeschichten gemahnt auch der Themenkreis um Erkrankung und Genesung, der, so geschickt auch May in der Figur Waller elementares körperliches Leiden (Dysenterie) mit psychopathischen Anfällen (Intoleranz und Zerstörungswut) verknüpft, zum Trivialen neigt: Die Gleichheit von gesund und gut und analog die von krank und böse prägen vielfältig diesen Roman. Und da für unsere Überlegungen die Episode im ägyptischen Wind der Ausgang war, wollen wir noch festhalten, daß sich auch umgekehrt die Khamsin-Passage als Abenteuersequenz lesen läßt: Der Erzähler als der Held begibt sich tapfer in die Gefahr des Wüstenwindes, er ist der große Horcher, der von seinem eigenen Ruhm erfährt, und gegenüber dem belauschten Mädchen nimmt er sich schon die Beschützerrolle vor.

IV

Kommen wir nun, die Khamsin-Passage vor Augen, speziell auf das Motiv des verhüllenden Windstaubes zurück. Die Vision, in der der herbeigewehte Sand die Konturen der Großstadt verwischt und in der nicht mehr zählt, was man sieht, sondern das, was man weiß, steht in Verbindung mit einer Szene gegen Ende des Romans. Da fällt plötzlich die Beleuchtung aus und es entsteht ein seltsames „Brausen" (658), das wie ein Wind anmutet, in Wahrheit aber das Gemurmel der erschrockenen Menschen ist. Das Fehlen der normalen Lichtverhältnisse regt, wie vordem auf dem Berg vor Kairo, die Anwesenden zum Nachdenken an. Hier wie dort spielen das Wind-Motiv, die verlorene Sicht und der Zwang zur Reflexion ineinander. Das Wesentliche dabei ist das Zusammentreffen von ‚Wind' und ‚verlorener Klarheit', eine Konstellation, die man, einmal dafür sensibel gemacht, öfters im Roman findet. So etwa anläßlich des Durchzugs im Hotelzimmer, der die aufgezeichneten Gedichtzeilen aus dem Fenster trägt und fortweht (51). Nicht mehr kann der Erzähler neu formulieren, was ihm „ungezwungen und rein in die Reime" geflossen war, doch gelingt es ihm, die „Hauptgedanken" zu rekapitulieren (54). Andere, die das Papier auffinden – der Wind weht es ihnen vor die Füße –, rätseln über die Urheberschaft und zitieren die Worte des 104. Psalms: „Er macht seine Engel zu Winden und seine Diener zu Feuerflammen." (59) Auch damit wird das Wind-Motiv mit ‚Undeutlichkeit' und ‚mangelnder Wahrnehmung' verbunden. Wind und Elemente der Unklarheit bestimmen auch den Moment von der „Wolke über unsern Himmel" (517), die die Illumination des kreuzförmig angelegten Herrenhauses im „Shen"-Reich beeinflußt und durch ihr unplanbares Herbeiziehen die Menschen veranlaßt, über das Unkriegerische der christlichen Lehre nachzudenken. Die „friedliche, versöhnende, ausgleichende Tat des Erlösers" (560) wird mit der Wolke, die geht und kommt, ohne Zwang auszuüben, parallelisiert. Hier und in den anderen Fällen ergibt sich schließlich: Auf einer höheren

Ebene liefert die vom Wind provozierte Unklarheit gerade die Klarheit. Vor der verschwimmenden Kulisse Kairos wird das Wesen dieser Stadt erkannt, bei Brausen und schlechter Beleuchtung wird über die prekäre Lage nachgedacht, und ähnlich bewirken der Wind, der das Manuskriptblatt verweht und der, dem Finder des Blattes zufolge, göttlichen Ursprungs ist, und die vorüberziehende Wolke bedeutsame Reflexionen.

Im Wind verschwinden die sichtbaren Dinge, um dem Gedanklichen Bahn zu schaffen. Wir können es auch so sagen: Das Konkrete weicht zurück und gibt dem Abstrakten Raum. Sogar der Wind selbst erscheint im Laufe des Geschehens mehr unter abstrakten Aspekten: Der Khamsin vor Kairo ist noch der berühmt-konkrete Wüstenwind, aber als Überbringer des beschriebenen Blattes wird der Wind zum reinen ‚Boten', der im Sinne des zitierten Psalmes universell tätig ist. Die verschiedentlich gegenwärtige Telegraphie ist nicht nur ein Element des Realismus, sondern sie vertritt auch die Idee von einem unhandgreiflichen Botentum. Die Telegraphie ist eine ins Unsichtbare verlaufende Weiterentwicklung des Motivs der Post, die mit ihren „Karten und Briefen" (44) in den frühen Abschnitten des Romans auftaucht. (Sie bereitet auch das Motiv der „entgrenzten Kommunikationsfähigkeit"[27] vor, das Wallers Traum-„Vision", 404, beherrscht.)

Die Tendenz zum Abstrakten zeigt sich auch dadurch, daß das Motiv der Reise blaß bleibt. Der Eindruck, hier werde eine Reise beschrieben, will nicht recht aufkommen. Es werden vor allem einzelne Stationen geschildert, wie Kairo, Ceylon, Sumatra und die Siedlung an der chinesischen Küste, doch von dem Vorankommen von hier nach dort ist wenig die Rede. Gewiß gibt es Stellen, die von der Bewegung berichten. Mitgeteilt wird etwa: „Wir kamen jetzt per Dampfer von Bombay" (107), es folgt die Angabe: „wir flogen auf einer wunderbaren See dem herrlichen Ceylon zu", doch dann heißt es: „Ich bin gern bereit, bei einer Personifikation der Meere zu einer Schönheitskonkurrenz den ersten Preis dem Roten Meere zuzuerkennen" – ein starres Deklarieren, das das Sichbewegen vergessen macht. Selbst auf der Jacht, die von Ceylon nach China steuert, auf dieser „allegorischen Fahrt mit dem Traumschiff ‚Yin'"[28], geht das Gefühl der Bewegung unter. Gespräche, Buchlektüre und Reflexionen lassen die Jacht unverrückt, ja unverrückbar erscheinen. Im Gelände der „Shen" steht, wie erwähnt, die Telegraphie zur Verfügung, schon von unterwegs aus wird dorthin telegraphiert (438, 477), und diese Vernetzung mit der Welt suggeriert, daß konkrete Bewegungsrichtungen belanglos sind.[29] Wie wichtig May diese Relativierung des Reisemotivs war, zeigt sich darin, daß er vor der endgültigen Buchpublikation die Kapitelüberschriften geändert hat: In der ersten Fassung (*Et in terra pax*) lauten sie noch *Am Thore des Orients*, *Im Herzen des Islams*, *Am Thore Chinas* und *Im Herzen von China* und deuten in dieser Kapitelreihenfolge den Aufbruch und das Vordringen hin zur Exotik an. Die endgültigen Kapitelüberschriften geben diese Anspielungen auf Reisen und Reiseetappen auf: Sie lauten *Ein Eiferer*, *Civilisatoren*, *Die „Shen"*, *Wahnsinn*, und, als Titel eines neuen Schlußteiles, *Der Shen-Ta-Shi*. Berücksichtigt man, daß ‚Shen' (der Name des Bruderbundes) ‚Humanität' heißt und daß ‚Shen-Ta-Shi' ‚Großer Tag der Shen' bedeutet (518), so bestehen die neuen Titel aus Wörtern, die menschliches Wünschen und Verhalten benennen. Die Geographie ist verschwunden oder nur indirekt dadurch vorhanden, daß gerade die beiden exotischen Titel einen „mit chinesischen Begriffen bezeichneten utopischen Friedensentwurf"[30] andeuten. In ähnlicher Weise, auf Abstraktion abzielend, hatte May schon in seinem Roman *Am Jenseits* (1898) das Reisemotiv abgeschwächt: Hier „besteht die Szenerie überhaupt nur noch aus Wüstensand".[31]

Die Hinneigung zum Abstrakten können wir noch in dem Entwicklungsgang einer Figur beobachten, in dem Diener Sejjid Omar. Die Worte dieses jungen Mannes „Ich bin Sejjid Omar!" eröffnen den Roman, und diese Äußerung – „Wie stolz das klang [...]!" fügt der Erzähler an (1) – ist zugleich der Beginn einer Kette von Sejjidschen Spracherprobungen. Dabei findet eine Progression statt. Von dem stolz-naiven Anfangsworten geht es, im zweiten Kapitel, über zu einem Rollenspiel, wo Sejjid mit aufgeschnappten englischen Sprachbrocken ein Verkaufsgespräch übt: „Ich bin der englische Sejjid Omar aus Livverbuhl und kaufe für meinen deutschen Sihdi Cigarren ein" (104); zuvor sagt er: „Sihdi, ich habe vorgestern, gestern und heute mit englischen Matrosen zusammengesteckt und mir ihre ganze Sprache aufgeschrieben." (103) Später, als China näherrückt, erfahren wir, daß er sich ein chinesisches Wörterverzeichnis angelegt hat, um diese Sprache zu erlernen. Er sagt: „Es sind über vierhundert Worte, die etwas sind, und beinahe fünfhundert Worte, die etwas tun. Auf den hintersten Seiten stehen dann die Worte, die nichts sind und auch nichts tun." (502) Offensichtlich lernt Sejjid nicht nur fremde Sprachen, sondern er erwirbt auch ein feines Sensorium für den Umgang mit Sprache überhaupt. Zuerst benutzt er die Sprache nur, um sich selbst zu benennen („Ich bin"), später geht sein Sprechen so weit, daß er in die Rolle eines anderen schlüpfen kann, und dann verschafft er sich mittels Wortlisten eine generelle Übersicht über das

Funktionieren von Sprache. Er erkennt sogar, daß es Wörter gibt, die „nichts sind und auch nichts tun“, daß also die Rede von den konkreten Dingen losgelöst sein kann. Er bemerkt die nominalistische Seite unseres Sprechens.

Den Höhepunkt erreicht Sejjid im letzten Kapitel, wo er eine Rede hält, in der er sprachlich zwei Rollen zugleich einnimmt: die Rolle einer Deputation von ehemaligen Aufwieglern und die Rolle ihres momentanen Anführers. Im ersten Fall sagt er ‚wir‘, im zweiten Fall ‚ich‘ und fügt das alles ineinander. Er formuliert etwa: „wir bekamen Angst und fürchteten uns, vor Euch zu erscheinen. In dieser Not waren wir so glücklich, mich zu finden, weil ich grad von der Kapelle herunterkam und dabei an uns vorüberging. Wir faßten Mut und fragten mich nach Euch.“ (655) Sejjids Vortrag ist eine in sich logische Handhabung von Sprache.[32] Das hier verwendete ‚wir‘ schließt das ‚ich‘ aus, ein Phänomen, das seinen realen Hintergrund hat. In manchen kreolischen Sprachen gibt es zwei Wörter für ‚wir‘: eines, das den Gesprächspartner ein-, und eines, das ihn ausschließt. Eine Anrede wie: ‚Schön, daß wir uns wiedersehen. Wir haben oft an dich gedacht‘ – das erste ‚wir‘ meint ‚ich und du‘, das zweite meint ‚ich und ein dritter‘ – verlangt dort unterschiedliche Vokabeln für das eine deutsche ‚wir‘. Wir wissen nicht, wie weit sich May in linguistische Probleme eingearbeitet hat, jedenfalls läßt er hier seinen Sejjid mit Sprache und Wortmaterial experimentieren. Sejjid, der sogar einstmals fremde Sprachen verachtet hat (51) und der sich bis zum Ende viel Narzißmus bewahrt, hat die menschliche Sprache als eine eigene Seinswelt neben der sichtbaren Realität erkannt.

Zu solch feinfühligem Umgang mit Sprache war May in seinen früheren China-Erzählungen noch nicht in der Lage.[33] Entsprechend entdecken wir, daß sich in Sejjid Omar, in seiner Lernfähigkeit, auch Karl May selbst spiegelt. Zum einen darin, daß er wie Sejjid lebenslang sich um das Eindringen in Fremdsprachen bemüht hat; anfangs nur durch das Festhalten von in Sprachführern aufgelesenen Wendungen, später durch intensivere Studien. Die chinesische Vokabelliste, die sich May eigenhändig angelegt hat, ist, so scheint es, dieselbe „Fleißarbeit“[34], welche die Romanfigur Sejjid unternommen hat. Zum anderen ähneln sich May und sein Sejjid darin, daß May selbst Einblick in die Abstraktheit der Sprache erworben hat. Der Satz „Ich bin Sejjid Omar!“ ist, wenn wir auf die beiden Anfangsbuchstaben O(mar) und S(ejjid) achten, eine Variante der bekannten Mayschen Erklärung ‚Ich bin Old Shatterhand‘, und eben von diesem durchaus naiven Ausgangspunkt des Reiseerzählers ist May im Laufe seines Schriftstellerlebens weitergeschritten und hat dabei selbst erfahren, daß sich mit dem ‚ich' und dem ‚wir', mit der wechselnden Betonung des Individuellen und Überpersönlichen, artistisch arbeiten läßt. „Dieser Old Shatterhand", sagt der alte May in seiner Autobiographie, „ist als jene große Menschheitsfrage gedacht, welche von Gott selbst geschaffen wurde".[35]

Man könnte das Thema weiterverfolgen. Ist nicht schon grundsätzlich Sejjid Omar, der der einzige Proletarier in diesem Roman ist und der sich durch seinen Umgang mit Sprache profiliert, eine Selbstdarstellung Karl Mays, der durch sein Schreiben, sein sprachliches Kreieren also, den gesellschaftlichen Aufstieg vollzogen hat? Doch auch wenn wir die Parallelität zu May ausblenden, ist es erstaunlich, wie May den Aufstieg der Figur Sejjid durch ihre wachsende Sprachsensibilität verbildlicht.

V

Mit all diesen Tendenzen der Abstraktheit agiert May gegen die Elemente des Abenteuerlichen, die seinen Roman in erster Linie prägen. Der abstrakte Titel *Und Friede auf Erden!* und die abstrakte Erklärung gegen Ende („Meine Brüder, es gibt – – – Krieg!") sind die markantesten Punkte dieses antiabenteuerlichen Bestrebens. Die Kriegsmeldung am Ende hat nicht nur, wie erwähnt, die Eigentümlichkeit, daß die Krieg-Macher ungenannt bleiben, sondern bezeichnenderweise schließt sie direkt an den Motivkreis an, der das Happy-End des Romans hätte sein können. Die Vernichtung des geistig kranken und bösen Dilke und das Abbrennen seines Schmuggel- und Waffenschiffes („Es brannte ein Schiff auf der Reede von Ocama", 598) haben gerade stattgefunden, und der ‚tote Dilke' wird mehrfach betont („Er ist tot, unbedingt tot", 651; seine „Leiche" wird eigens erwähnt, 658). Aber hier den Roman mit solchem Happy-End à la Abenteuerstory zu beschließen, einen im Handlungsgeschehen herbeierzählten Frieden als letztes Wort des Romans hinzustellen, erschien Karl May unmöglich. May hatte sich bemüht, das traditionelle Abenteuererzählen im Detail noch zu verfeinern; die realistischen, allegorischen und selbstreferentiellen Komplexe bezeugen es. Aber er sah auch, daß dieses Abenteuerliche an der Stelle, die er erreicht hatte, nicht mehr erweiterungsfähig war, und daß er, wollte er weiter kreativ sein, das Abenteuerliche, auch dieses Abenteuerliche im weiteren Sinne, aufgeben mußte. May suchte sich neue Ausdrucksformen. Er hatte sie in den Motivkreisen um ‚Wind' und ‚Reflexion' des Handlungsverlaufs und in der Titelwahl vorbereitet und sie in den abstrakten Szenen um Krieg und Hoffnung am Schluß vollendet.

Was May hier probierte, hat er bis in seinen späten Roman *Ardistan und Dschinnistan* weitergeführt, das Werk, das vor allem aus der allegorischen Sinnhaftigkeit lebt, aber doch auch Abstraktes vorträgt. Die Episode, wo das ferne Dschinnistan durch Feuersäulen gekennzeichnet wird – in der Szene auf dem Turm, wo man über Ardistan hinweg bis zu den Höhen von Dschinnistan blickt – und sich daran mathematische Assoziationen knüpfen, ist eine Verwirklichung solcher neuer Ausdrucksform.[36] Dschinnistan, das Utopia, erscheint nicht mehr als landschaftliche Formation, als ein mit Erzählstoffen befrachtbares Terrain, sondern als abstrakter geometrischer Raum.

May hat sich, wie bemerkt, in *Und Friede auf Erden!* von dem zunächst herbeierzählten Happy-End losgesagt. Die plötzliche Kriegsdeklaration ist ein Ausbruch aus dem sinnlichen Abenteuerambiente in die abstrakte Gedankenwelt, aus der Euphorie des Planens in die Kontingenz, aus der Einschließung in den, wenn man so will, wehenden Wüstenwind. Sie ist kein „Sprung" in die „unmittelbare Wirklichkeit", wie Amand von Ozoróczy im Jahre 1928 geurteilt hat,[37] denn May hat keinen Krieg vorhersagen wollen, auch nicht den Weltkrieg von 1914, auf den sich post festum die Ankündigung im Roman beziehen ließe. Die Kriegsmeldung und das ganze Finale ist vielmehr ein Sprung aus dem Berechneten in das Unberechenbare, aus der Zielstrebigkeit in das Wartenmüssen, ja auch aus der Erzähllust in die Wahrhaftigkeit. Es ist der Aufstieg aus einer Sphäre, die den Leser hofiert, in eine, die den Leser frei macht, und schließlich sogar, um wieder den Poeten im Auge zu haben, der Rückzug aus dem schriftstellerischen Stolz in die schriftstellerische Demut.

Hierzu ein Vergleich. Am 13. April 1906 schrieb Karl May einen Brief an Herbert Friedländer, einen jugendlichen Leser, der nach der Lektüre zweier Mayscher Reiseerzählungen vom Judentum zum Christentum übertreten wollte. May nun hält ihm die Erhabenheit des jüdischen Glaubens vor und ermahnt ihn: „Einen solchen Glauben wechselt man nicht einiger Bücher wegen und noch viel weniger des Geldes oder des Geschäftes wegen."[38] Hieraus spricht Mays Toleranz, vor allem aber die Zurückhaltung eines Literaten, der die Weltentwürfe seiner Werke nicht für endgültig hält.

Der Autor von *Und Friede auf Erden!* steht dem Briefschreiber des Jahres 1906 nicht fern. Daß die Handlungskette im Roman mit ihrem Kampf gegen Imperialismus und Kulturchauvinismus zu einem glücklichen Ende kommt, ist die eine Seite; daß sich dann doch, abstrakt und außerhalb des eigentlichen Handlungsgeflechtes des Romans, lakonisch der Krieg meldet, ist die andere. Dieser zweischrittige Prozeß bezeugt die Bescheidenheit des Literaten Karl May.

Und er bezeugt die Souveränität von Karl Mays Erzählkunst. Denn May versteigt sich am Ende eben nicht in ein Theoretisieren über die Zukunft des Menschengeschlechtes und den erhofften „ewigen Frieden" (XXIII 69), wie er es einer Figur einer frühen Erzählung in den Mund legt.[39] Auch den zeitweiligen Plan, die Romanhandlung im Heiligen Land, „auf der Flur von Bethlehem", enden zu lassen[40], hat er aufgegeben. Bethlehem?! Ein Stichwort ist gefallen. Denken wir noch einmal an den Romantitel, von dem unsere Betrachtungen ausgegangen sind. Nicht nur der Gestus der Abstraktion verbindet den Schluß des Romans mit seinem Titel. Am Ende erscheint plötzlich das helle „Licht", es weckt „jubelnde Stimmen", und zwar kurz vor „Mitternacht", die angesichts der Kriegsmeldung aufgeregt erwartet wird (659f.). Hier wiederholt sich, in einer klugen und knappen Verfremdung, die Szene, in der nach *Lukas* 2,8ff. das Wunder von Bethlehem verkündet wird. Hirten „hüteten des Nachts ihre Herde", „die Klarheit des Herrn leuchtete um sie", „die Menge der himmlischen Heerscharen, die lobten Gott und sprachen: Ehre sei Gott in der Höhe und Friede auf Erden und den Menschen ein Wohlgefallen". Romananfang, das ‚Friede auf Erden!', und Romanschluß sind damit eins.

Das ist eine mitreißende poetische Konstruktion und zugleich eine Aussage höchster Bitterkeit. Seit dem biblischen Appell vor zwei Jahrtausenden hinein in die kriegerische Welt hat sich unter uns Menschen nichts geändert.

Anmerkungen

1 Martin Schenkel: *Ecce homo!. Zum heilsgeschichtlichen Friedensmythos in Karl Mays Reiseerzählung ‚Und Friede auf Erden!'*. In: *Karl May*, hg. v. Heinz Ludwig Arnold. Sonderband text + kritik. München 1987, S. 191-221 (193-198).

2 Ulrich Schmid: *Das Werk Karl Mays 1895–1905. Erzählstrukturen und editorischer Befund*. Ubstadt 1989, S. 187.

3 Karl May: *Reise nach Egypten* [Manuskriptfragment]. In: ders.: *Abdahn Effendi. Reiseerzählungen und Texte aus dem Spätwerk* (Ge-

sammelte Werke 81). Bamberg, Radebeul 2000, S. 224. Hans Wollschläger hat schon in seiner May-Biographie (*Karl May in Selbstzeugnissen und Bilddokumenten.* Reinbek bei Hamburg 1965, S. 75) aus dieser Passage zitiert.

4 Vgl. Wollschläger, ebd.

5 Paul Valéry: *Gegenwärtigkeit von Paris.* In: ders.: *Werke*, hg. v. Jürgen Schmidt-Radefeldt, Bd. 7: *Zur Zeitgeschichte und Politik.* Frankfurt/M. 1995, S. 261-266 (262).

6 Ebd., S. 264.

7 [Roland Schmid/Hans Wollschläger:] *Zur Werkgeschichte.* In: Karl May: *Und Friede auf Erden. Reiseerzählung* (Gesammelte Werke 30). Bamberg 1958, S. 592.

8 Schenkel [Anm. 1], S. 201.

9 Ebd., S. 217.

10 Erich Auerbach: *Mimesis. Dargestellte Wirklichkeit in der abendländischen Literatur.* Bern, München ^{7}1982, S. 515; vgl. Walter Müller-Seidel: *Theodor Fontane. Soziale Romankunst in Deutschland.* Stuttgart ^{2}1980, S. 15.

11 Zu Fang vgl. Heinz Stolte: *Das Phänomen Karl May.* Bamberg 1969, S. 26-28.

12 Hermann Wohlgschaft: *Große Karl May Biographie. Leben und Werk.* Paderborn 1994, S. 628.

13 Karl May: *Et in terra pax.* In: Joseph Kürschner (Hg.): *China. Schilderungen aus Leben und Geschichte, Krieg und Sieg. Ein Denkmal den Streitern und der Weltpolitik.* Leipzig [1901], Sp. 109f.

14 Vgl. Ekkehard Bartsch: *‚Und Friede auf Erden!' Entstehung und Geschichte.* In: JbKMG 1972/73, S. 93-123; Christian Heermann: *Der Mann, der Old Shatterhand war. Eine Karl-May-Biographie.* Berlin 1988, S. 292-300; Schenkel [Anm. 1], S. 193f.

15 Dieser Begriff bei Wilhelm Köller: *Perspektivität in Bildern und Sprachsystemen.* In: Peter Eisenberg/Peter Klotz (Hg.): *Sprache gebrauchen – Sprachwissen erwerben.* Stuttgart u. a. 1993, S. 31.

16 Harald Eschenburg: *Prinz Heinrich von Preußen. Der Großadmiral im Schatten des Kaisers.* Heide 1989, S. 60f. Vollständige Wiedergabe der beiden Reden in: Ernst Johann (Hg.): *Reden des Kaisers. Ansprachen, Predigten und Trinksprüche Wilhelms II.* München 1966, S. 74-77.

17 Den Schriftsteller Karl May hat von jeher das Wort ‚Evangelium' sensibilisiert. In *Durchs wilde Kurdistan* nennt Kara Ben Nemsi die Helden des Glaubens und der Barmherzigkeit, die hinausgehen „in alle Welt, um das Evangelium der Liebe zu verkündigen allen, die noch in Finsternis wandeln" (II 633). Formulierungen dieser Art beziehen sich auf den ‚Sendungsbefehl' Jesu im *Markus*-Evangelium 16,15f.: „Gehet hin in alle Welt und prediget das Evangelium aller Kreatur."

18 Theodor Fontane: *Werke, Schriften und Briefe*, Abt. IV: *Briefe*, Bd. 4. München 1982, S. 697.

19 Ebd., S. 733; vgl. Hans-Heinrich Reuter: *Fontane*, Bd. 2. Berlin u. a. [2]1995, S. 816, 975, und Dietmar Storch: *„...unterm chinesischen Drachen... Da schlägt man sich jetzt herum". Fontane, der Ferne Osten und die Anfänge der deutschen Weltpolitik.* In: *Theodor Fontane. Am Ende des Jahrhunderts*, hg. v. Hanna Delf von Wolzogen in Zusammenarbeit mit Helmuth Nürnberger. Würzburg 2000, S. 113-128.

20 Schenkel [Anm. 1], S. 206f.

21 Auch hat er – eine unauffällige Selbstkritik – das Draufgängertum Wallers in die Nähe Old Shatterhands gestellt, wie es der Spitzname ‚Old Saint' für Waller belegt (601, 605); vgl. Hans Wollschläger: *„Die sogenannte Spaltung des menschlichen Innern, ein Bild der Menschheitsspaltung überhaupt". Materialien zu einer Charakteranalyse Karl Mays.* In: JbKMG 1972/73, S. 78.

22 Gustav René Hocke: *Die französische Essayistik.* In: *Der französische Geist. Die Meister des Essays von Montaigne bis Giraudoux.* Zürich 1988, S. 5 (zuerst 1938).

23 Claus Roxin: *„Waldröschen" in der Dissertation.* In: MKMG 5 (1970), S. 22.

24 Vgl. Lucien Guirlinger: *Voyages de philosophes et philosophies du voyage.* Saint Sébastien-sur-Loire 1998, S. 16f.

25 Vgl. Reinhold Wolff: *Dallas und Denver aus Dresden: Ein Versuch über expansive Phantasiewelten bei Karl May und andern.* In: JbKMG 2000, S. 147-178.

26 Hans-Walter Schmidt-Hannisa: *„Kang-keng-king-kung-kong". Sprachexotismus und Multilingualismus in Karl Mays ‚Der blau-rote Methusalem'.* In: Walter Gebhard (Hg.): *Ostasienrezeption zwischen Klischee und Innovation. Zur Begegnung zwischen Ost und West um 1900.* München 2000, S. 305-328 (320).

27 Wohlgschaft [Anm. 12], S. 621.

28 Ebd., S. 407.

29 Es ist übrigens erstaunlich, wie häufig die ‚Telegraphie' in Mays Werk erscheint, etwa schon in den frühen Erzählungen *Wanda* und *Im „wilden Westen" Nordamerika's.*

30 Schmid [Anm. 2], S. 188.

31 Claus Roxin: *„Dr. Karl May, genannt Old Shatterhand". Zum Bild Karl Mays in der Epoche seiner späten Reiseerzählungen.* In: JbKMG 1974, S. 56.

32 Diese Passage Mays zitiert Harald Fricke (*Norm und Abweichung. Eine Philosophie der Literatur.* München 1981, S. 35) unter Hinweis auf das „experimentierfreudige Spätwerk Karl Mays".

33 Zu diesen früheren Erzählungen vgl. Schmidt-Hannisa [Anm. 26].

34 Walter Schinzel-Lang: *Karl Mays chinesische Vokabelliste – ein Kommentar.* In: JbKMG 1997, S. 72-101 (100); Mays Vokabelliste ist in der Handschrift und in Transkription wiedergegeben ebd., S. 52-71.

35 Karl May: *Mein Leben und Streben.* Freiburg/Br. [1910], S. 134.

36 Vgl. XXX 331-338; vgl Martin Lowsky: *Geometrie und Utopie. Über Abstrakta in Karl Mays Altersroman ‚Ardistan und Dschinnistan'.* In:

Karl Mays „Ardistan und Dschinnistan", hg. v. Dieter Sudhoff u. Hartmut Vollmer. Paderborn 1997, S. 181-204.

37 Amand von Ozoróczy: *Karl May und der Friede*. In: KMJb 1978, S. 191-246 (207) (zuerst 1928).

38 Zit. nach Heinz Stolte: *Auf den Spuren Nathans des Weisen. Zur Rezeption der Toleranzidee Lessings bei Karl May*. In: JbKMG 1977, S. 17-57 (18). Zu Mays Toleranz in Glaubensfragen vgl. Stoltes Essay im ganzen.

39 Christian Heermann [Anm. 14] macht darauf aufmerksam (S. 301, 304), daß diese frühe Theorie-Diskussion Mays zu Geschichte und Geschichtsschreibung (vgl. XXIII 67-70) im Sachlichen gut mit dem *Friede*-Roman korrespondiert.

40 Brief Mays an den Verleger Fehsenfeld vom 17. 10. 1903; zit. nach Roland Schmid: *Nachwort zur Reprint-Ausgabe* v. Karl May: *Im Reiche des silbernen Löwen III*. Bamberg 1984, S. N18.

Werner Kittstein

„Ach was Chinese! Er ist ja gar keiner! Sondern ein Gentleman...“

Imperialistische Tendenzen in Karl Mays ‚Und Friede auf Erden!‘

1. Karl May und der historische Imperialismus

Karl May hat seinen Roman *Und Friede auf Erden!* und die Vorstufe *Et in terra pax* bewußt als Gegenentwurf zur imperialistischen[1] Politik der europäischen Großmächte konzipiert, der er ein rigoroses Friedensprogramm entgegensetzen wollte. Das fünfte Kapitel sollte darüber hinaus eine kritische Antwort auf die chauvinistisch-militante Tendenz des von Joseph Kürschner herausgegebenen *China*-Sammelwerks sein. May verankerte das fiktive Geschehen in der außerliterarischen Wirklichkeit, nicht nur dadurch, daß er die Stationen seiner tatsächlichen Orientreise nachzeichnete, sondern auch indem er die Auseinandersetzung mit dem historischen Phänomen Imperialismus zum Gegenstand der Handlung machte. Dieser Intention entsprechend gestaltete er die Redesituationen und -inhalte, in denen sich die politischen Ideen des Romans verdichten. Der Standpunkt des Autors und der Gehalt des Romans müssen sich folglich an der historischen Realität messen lassen. Es ist daher zu fragen, wie May die europäische Machtpolitik verstand, inwieweit er deren Ursachen und Ziele erkannte und ob er sie in politisch und literarisch angemessener Weise in seinen Roman integrierte. Allgemein bedeutet das die Frage nach Mays politischem Bewußtsein um 1900 und nach dem politischen Gehalt des Romans.

1.1 Zur Forschungslage

Ulrich Schmid[2] und Martin Schenkel[3] haben den politischen Standort des Autors und die Bedeutung des Romans bisher am eingehendsten untersucht. Ihre Kernthesen verdienen daher eine ausführliche Diskussion. Glaubt man den Interpreten, so war May zur Zeit der Arbeit am *Pax*- bzw. *Friede*-Roman ein interessierter und kritischer Beobachter der politischen und gesellschaftlichen Entwicklung; der Roman wird als Ausdruck dieser Haltung gedeutet.

So meint Ulrich Schmid[4], in *Et in terra pax* spielten „auch die sozialen und politischen Probleme der bereisten Länder eine handlungsbestimmende Rolle“: „Die Kritik des Imperialismus geschieht nun [...] tatsächlich in einer ‚Reise‘-Erzählung mit zahlreichen Wirklichkeitselementen.“ Der Roman enthalte eine „explizite Imperialismuskritik“[5], die durch die Bearbeitung des zentralen Gedichts noch präzisiert werde.[6] Die Überarbeitung der *Pax*-Fassung zeigt nach Schmid, daß Mays „politisch-weltanschauliche Ideen sich geklärt hatten“.[7] Neu eingefügte reflektierende Passagen hätten zur Folge, „daß die materiellen Triebkräfte und die rechtfertigenden Ideologien der europäischen Expansion noch deutlicher hervorgehoben werden“.[8] Stutzig macht allerdings schon, daß gerade das als Beleg für diese Behauptung angeführte Zitat aus der Rede Gardens, in dem in raunender Sprache von „Hufen des Occidentes“ und „zwei dunklen, unheilvollen Mächten“, nämlich „religiöser Ueberhebung“ und „nationalem Hochmut“, der Christen die Rede ist (vgl. XXX 134), keinen Bezug zu den materiellen Triebkräften des Imperialismus aufweist. Fraglich ist daher, ob man mit Schmid der Buchfassung wirklich eine „politische Präzisierung“[9] zugestehen und über das gesamte Spätwerk ab *Et in terra pax* urteilen kann: „Mays Diskursebene, d. h. seine ästhetischen und politischen Positionen“, habe „sich einschneidend verändert“.[10]

Es läßt sich zeigen, daß die Urteile, die Ulrich Schmid über die politischen Positionen Mays und ihre Umsetzung im Roman fällt, einer genauen Betrachtung der entsprechenden Texte kaum standhalten. Daß May ein präziseres politisches Verständnis entwickelt hätte, lassen seine – diesbezüglich ohnehin seltenen – Äußerungen während der Orientreise, die genug Gelegenheiten für sozialkritische Bemerkungen bot, eher bezweifeln: Im Brief an seine Frau Emma vom 17. Mai 1899 nennt er das Leben des Orients „so inhaltslos, so oberflächlich, schmutzig und lärmvoll“ und „wendet sich unbefriedigt und bedauernd ab und geht nach innen“.[11] Es gibt hier keinerlei Reflexion über mögliche Gründe für die so charakterisierten Verhältnisse.

Mays Stolz auf das zweimalige Essen mit hohen italienischen Offizieren[12] verdrängt jeden Gedanken an den italienischen Imperialismus.

Eine Ansichtskarte aus Colombo an Klara Plöhn[13] enthält eine entlarvende Notiz: „Dieses Hôtel ist das schönste, was ich auf Erden gesehen habe, leider aber nur zur gründlichen Ausbeutung der

Menschen errichtet. Die Segnungen des Christenthums!" Schmid entdeckt darin einen der „Hinweise auf die imperialistische Realität um 1900".[14] Eher zeigt diese Äußerung, wie blind May tatsächlich für die Wirklichkeit war. Wer mit den „Menschen" gemeint ist: die für die Hotelbesitzer arbeitenden Einheimischen oder die Hotelgäste, bleibt unklar. Und daß nicht religiöse, sondern ökonomische Gesichtspunkte, der zu erwartende Profit, für die Einrichtung solcher Unterkünfte maßgebend waren und sind, sieht May nicht.

Die wenigen Äußerungen im Roman, die die soziale Lage der Menschen in Afrika oder Asien betreffen, zeigen ein totales Unverständnis für die tatsächlichen Probleme. Und sie spielen an keiner Stelle eine wirklich „handlungsbestimmende Rolle".

Die Bemerkung: „das arabische Dorf el Kafr, dessen Bewohner, von den Touristen vollständig verdorben, in rücksichts- und charakterloser Aufdringlichkeit das Menschenmöglichste leisten" (64), entschärft in ihrer ironischen Formulierung die konkrete Kritik an den Auswüchsen des Tourismus bereits im Ansatz und läßt eher eine gewisse Arroganz des Mitteleuropäers erkennen.

Für die „Präzisierung der Imperialismuskritik" durch die Umarbeitung des zentralen Gedichtes führt Schmid nur eine einzige für den Inhalt wirklich relevante Änderung an, die Einfügung der adverbiellen Bestimmung „ohne Kampf" in den zweiten Vers. Weniger blaß als in der *Pax*-Fassung wird das Gedicht dadurch wohl[15], aber nicht präzise: Auch auf friedlichem Wege kann eine fremde Kultur unterminiert werden; ein Beispiel dafür sind die Missionsschulen, die die traditionellen Gesellschaftsstrukturen Chinas durch die Verbreitung der europäischen Zivilisation gründlicher zerstörten, als es ein Krieg vermocht hätte.

Martin Schenkel bezeichnet den Roman im *Karl-May-Handbuch* als ein „Völkerevangelium des Friedens und der Liebe, das nicht nur den deutschen, sondern auch den internationalen Kolonialismus entlarvte".[16] Ausführlicher befaßt sich Schenkels Aufsatz *Ecce homo!* mit dem politischen Gehalt: May liefere in den Reden Gardens und Fangs „eine Analyse der Ursachen des europäischen Imperialismus in poetischer Form".[17] In der folgenden Interpretation des Romans bezieht sich Schenkel ausschließlich auf den ideologischen Überbau, die religiösen und ethnischen Vorurteile, „die der eigenen superbia entspringen" und die „die eigentlichen Ursachen" der europäischen China-Politik seien.[18] Der Missionar Waller sei „Opfer der historischen Verhältnisse", daher liefere May mit dessen Heilung „eine scharfe Zeit- und Gesellschaftskritik".[19] Ansätze zu einer solchen mögen erkennbar sein, sie wird aber dadurch entwertet, daß die Motivierung von Wallers Überzeugungen und Verhalten widersprüchlich ist: An einer Hauptstelle des Romans (141f.) wird sie von Garden in den privaten Bereich verschoben; er macht familiäre Tradition bzw. den väterlichen Auftrag dafür verantwortlich. Außerdem müßten in eine Imperialismuskritik des Romans, wie weiter unten gezeigt wird, die sozialen, ökonomischen und machtpolitischen Motive der europäischen Politik einbezogen werden, was aber fast gänzlich unterbleibt.

Eine kritische Auseinandersetzung mit den Thesen der neueren Forschung hat eine doppelte Aufgabe: Zum einen müssen sie an den Ergebnissen, die die historische Forschung zu Wesen und Ursachen des Imperialismus erbracht hat, gemessen werden. Das ist kein Anachronismus; diese Ergebnisse haben die moderne Interpretation zu lenken, wenn das Imperialismusbild in Mays Roman zutreffend beschrieben und beurteilt werden soll. Dieser Aspekt steuert die folgende Analyse und Bewertung der ideologischen Tendenz des Romans aus heutiger Sicht. Zum anderen ist zu fragen, ob May, als er den Roman schrieb, die wahren Ziele der europäischen imperialistischen Politik erkennen konnte; dann hätte er zwischen handfesten politischen, ökonomischen und sozialen Motiven und den Rechtfertigungsideologien unterscheiden können. Welche Ziele imperialistischer Politik wurden vor 1900 in der Öffentlichkeit diskutiert und mußten May bekannt sein? Diese Frage lenkt das Urteil über den Roman aus der Perspektive seiner Entstehungszeit.

1.2 Das moderne Imperialismusverständnis

Kurz zusammengefaßt kann man zwei zentrale Entwicklungslinien des Imperialismus, d. h. der Hochphase der europäischen Expansion gegen Ende des 19. Jahrhunderts, unterscheiden: a) die wirtschaftlichen und gesellschaftlichen Umwälzungen in den europäischen Staaten und die Versuche, ihren krisenhaften Folgen zu steuern; b) das Machtstreben und die Expansionskräfte infolge der Entwicklung des europäischen Mächtesystems nach 1870/71. Beide Komplexe bedingten und verstärkten einander.

Zu a) Die rasanten Veränderungen, die die industrielle Revolution in der zweiten Hälfte des 19. Jahrhunderts in Europa mit sich brachte, starkes Wirtschaftswachstum und enorme wissenschaftlich-technische Fortschritte, führten zu einer dichten internationalen Verflechtung der Volkswirtschaften, brachten aber auch große ökonomische und soziale Probleme mit sich. Die Strategie der Annexion überseeischer Gebiete, deren Ressourcen man sich aneignen und direkt nutzbar machen wollte, verschärfte die internationalen Konflikte. Gleichzeitig wollte man die ökonomischen und sozialen Widersprüche im eigenen Land mildern, indem man neue Absatzmärkte und Investitionsfelder gewann. Außerdem sollten die benachteiligten Bevölkerungsschichten von ihren sozialen Problemen abgelenkt werden, indem ihre nationale Gesinnung durch eine erfolgreiche Expansion nach außen gelenkt und befriedigt wurde; dadurch sollte der revolutionäre Druck, den die neu entstandene soziale Frage in den Mutterländern ausübte, in überseeische Kolonien abgeleitet werden.

Zu b) Die neue Mächtekonstellation in Europa nach dem Krimkrieg und der deutschen Reichsgründung führte bald zu einer starken machtpolitischen Konkurrenz und zur militärstrategischen Durchdringung der außereuropäischen Welt. Damit wollten Rußland und Frankreich ihre verlorene Machtstellung wiedererringen, Deutschland wollte seine neu gewonnene Position sichern und ausbauen, England sah – nicht zuletzt durch die neue Großmacht im Zentrum Europas – seine traditionelle Politik der ‚balance of power‘ auf dem Kontinent gefährdet. Jede Nation fürchtete, zu einer Macht zweiten Ranges herabzusinken, wenn sie sich nicht an der Aufteilung der überseeischen Welt beteiligte. In Deutschland verdichtete sich das Motiv zur Beteiligung an der imperialistischen Politik seit 1884 schlagkräftig in dem Slogan vom verdienten ‚Platz an der Sonne‘. So erstand Großbritannien im neuen Deutschen Reich ein ernsthafter Rivale auf den Weltmeeren.

Einerseits lenkte die Expansion nach Übersee von den Reibungen in Europa ab; Bismarck unterstützte z. B. die französische Politik in Afrika, um Frankreichs Revanchegelüste wegen des verlorenen Krieges und des Verlustes von Elsaß-Lothringen abzubiegen. Andererseits drohten koloniale Konflikte zwischen den Mächten auf Europa zurückzuwirken.

Zeitlich gehen der direkten Annexion überseeischer Gebiete, die der Regierung und Verwaltung der europäischen Mutterländer unmittelbar unterstellt wurden, Formen indirekter Herrschaft voraus. Diese wurde überall, wo es möglich war, ausgeübt, um die Kosten der militärischen Absicherung direkter Herrschaft zu vermeiden. Ein bezeichnendes Beispiel ist China, das in Einflußzonen aufgeteilt und durch ‚ungleiche Verträge‘, die den Europäern vielerlei, vor allem wirtschaftliche Sonderrechte gewährten, zur Unterwerfung gezwungen wurde. Dazu gehörte auch die Abtretung von Küstenstreifen und Häfen (z. B. Hongkong an Großbritannien, Kiautschou und Tsingtau an Deutschland).

Neben diesen macht-, wirtschafts- und sozialpolitischen Zielen gab es ideologische Motive, die man in drei Gruppen zusammenfassen kann:

– Der Nationalismus verabsolutierte den Gedanken der Großmachtstellung, die nur durch außereuropäische Expansion zu sichern sei. Speziell im Falle Deutschlands, wo er seit der Reichsgründung und der Erklärung Bismarcks, Deutschland sei saturiert, sein Betätigungsfeld eingebüßt hatte, fanden die nationalistischen Neigungen in Übersee neue Objekte.

– Die europäischen Nationen leiteten aus der Überzeugung, aufgrund ihres zivilisatorischen und moralischen Entwicklungsstandes allen anderen Völkern überlegen zu sein, die Berechtigung ab, den ‚unterentwickelten' Menschen in aller Welt die Segnungen der abendländischen Zivilisation zu bringen. Dieses Sendungsbewußtsein fungierte als Absicherung der Herrschaftsansprüche gegenüber den beherrschten Völkern, entwickelte aber auch eine Eigendynamik. Es verband sich eng mit religiösen Begründungen und gerann zur menschheitsbeglückenden Aufgabe, überall christlich-humane Werte, etwa im Kampf gegen die Sklaverei, zu verbreiten.

– Der Sozialdarwinismus und (als dessen Grundlage) der Rassismus schließlich sollten das Recht der kulturell überlegenen weißen Rasse zur Herrschaft über die als minderwertig angesehenen Rassen Afrikas und Asiens wissenschaftlich belegen. Aus der Übertragung biologischer Erkenntnisse auf die Beziehungen menschlicher Individuen und ganzer Nationen entwickelte man die Vorstellung vom Kampf ums Dasein, in dem nur die Besten, Einzelne, Völker und Rassen, überleben könnten, woraus wiederum ein ‚Recht des Stärkeren' abgeleitet wurde. Der Selbsterhaltungstrieb der europäischen Nationen sollte die Unterwerfung der überseeischen Gebiete nicht nur legitimieren, sondern geradezu gebieten.

In den Theorien zum Imperialismus werden unterschiedliche Modelle entworfen, die die entscheidenden Entstehungsbedingungen und Ursachen dieses historischen Phänomens erklären sollen.[20] Die meisten Theoretiker gehen davon aus, daß ideologische Motive den Imperialismus nicht verursacht, sondern allenfalls begleitet oder intensiviert haben und hauptsächlich der Legitimation der Expansionspolitik dienten. So schreibt Wolfgang J. Mommsen:

> Verglichen mit den wirtschaftlichen Motiven, welche zur Freisetzung der großen imperialistischen Energien beigetragen haben [...], sind dies [ideologische Motive] freilich alles zweitrangige Faktoren. Immer wieder findet

sich in der politischen Agitation der Zeit das Argument, daß der eigenen nationalen Wirtschaft und dem eigenen nationalen Kapital in überseeischen Gebieten neue Märkte und neue profitable Investitionsfelder erschlossen werden müßten, solle erstere nicht zunehmender Stagnation anheimfallen. [Redner, die diese Gedanken verbreiteten,] fanden dafür unzweifelhaft in der breiten Öffentlichkeit bereitwillige Zustimmung.[21]

Hans-Peter Ullmann[22] sieht speziell für den deutschen Imperialismus Triebkräfte auf drei Ebenen am Werk, die sich allerdings vielfältig durchdringen:

– Auf der Ebene des „gouvernementalen Imperialismus“ bilden eine globale Machtpolitik, „aufgeladen durch einen zunehmend aggressiven, sich nach außen wendenden Nationalismus“, innenpolitische Ziele wie die Stabilisierung des politischen Systems und ökonomische Aspekte wie die Gewinnung von Rohstoffgebieten und Absatzmärkten ein Konglomerat von Motiven.

– Auf der Ebene des „gesellschaftlichen Imperialismus“ laufen widersprüchliche Motive verschiedener sozialer Gruppen nebeneinander: Wirtschaftlichen und sozialreformerischen Zielen standen Bemühungen, den gesellschaftlichen Status quo zu erhalten, gegenüber, wogegen wieder andere Gruppen den „Protest gegen die politischen Eliten“ mit Expansionsforderungen verbanden.

– Auf der dritten Ebene stellten Vertreter der Wirtschaft unterschiedliche Forderungen, die jedoch im wesentlichen den Wunsch nach staatlicher Hilfe gemeinsam hatten.

1.3 Mays Imperialismuskritik aus heutiger Sicht

Was ist angesichts dieses komplexen Befundes von der „Analyse der Ursachen des europäischen Imperialismus in poetischer Form“, die die Reden Gardens und Fangs laut Schenkel[23] leisten sollen, zu halten?

Schon der Ich-Erzähler, der zweimal (136, 147) die nahe Verwandtschaft der Ansichten Gardens mit seinen eigenen betont, zeigt, daß er wie der Professor den ideologischen Überbau in den Vordergrund stellt: „das, was ich hörte, überzeugte mich, daß seine Studien sich nicht nur auf die materiellen, sondern auf die geistigen Verhältnisse der betreffenden Völker erstreckt hatte“. (135f.)[24] Die Reihenfolge der Studienobjekte und die Formulierung („nicht nur – sondern“ statt ‚nicht nur – sondern auch‘) zeigen das geringe Interesse an den „materiellen“, das heißt ökonomischen und sozialen Problemen der Menschen in Asien. Garden beschäftigt sich in seiner Rede beinahe ausschließlich mit weltanschaulichen Aspekten.

Dem entspricht die Einleitung der Rede (136), die sogleich von den realen historischen Verhältnissen weg zur christlichen Heilsgeschichte führt. Eine rationale Analyse der ideologischen Grundlagen des Imperialismus ist weder hier noch in den weiteren Ausführungen Gardens zu erkennen; indem der Sprecher in einer langen Passage (136f.) die gesamte Problematik des Imperialismus auf den alttestamentlichen Sündenfall und den Streit zwischen Kain und Abel reduziert, zeigt er, daß er die Zusammenhänge zwischen Ideologie und politisch-sozialer Wirklichkeit nicht sieht. Ein einziger Gedanke enthält einen Ansatz wenigstens zur sozialpsychologischen Ursachenforschung:

„weil Kulturformen von der Erde verschwunden sind, welche nicht nur trotz, sondern gerade wegen ihrer Eigenart für die Allgemeinheit gewiß unermeßlich viel geleistet hätten, wenn es ihnen erlaubt worden wäre, sich bis zur Vollendung ihrer Aufgabe zu entwickeln!" (137f.)

Damit scheint die Forderung erhoben zu werden, es müßte gerade die Andersartigkeit von Individuen und Völkern respektiert werden. Jedoch wird dieser Gedanke nicht weitergeführt; das Gespräch wendet sich vielmehr wieder der Frage zu, ob die Völker des Ostens noch leistungsfähig seien. Auch sie wird mit Metaphern umschrieben: „Völker schlafen – schlafende Riesen – erwachen" (vgl. 139). Daß auf diese Weise der „Weg, auf dem die weltpolitischen Probleme gelöst werden können", erläutert werde, wie Schenkel meint[25], ist nicht erkennbar.

Auch der letzte Teil der Rede, der von der rassisch begründeten Überheblichkeit der Europäer handelt, bleibt weitgehend gleichnishaft. Dabei kann man noch verstehen, daß der US-Amerikaner für die Ausrottung der Indianer nur die Spanier, nicht aber seine eigenen Landsleute verantwortlich macht. Befremdlich ist aber, daß der Erzähler, der doch immer vorgibt, die amerikanischen Verhältnisse aus eigener Anschauung zu kennen, keinen Kommentar dazu gibt; das unterstreicht die innere Widersprüchlichkeit dieser Textpassage.

Fang läßt sich seinerseits fast ausschließlich über „Religions- und Rasseangelegenheiten" (179) aus, ohne aber deren konkrete Bedingtheit in Betracht zu ziehen. Eine Aussage, die als Verweis auf die politisch-gesellschaftliche Realität angesehen werden könnte – „deren staatliche Konstitutionen so vom Anarchismus, Nihilismus, Sozialdemokratismus und anderen Krankheiten [...] zerfressen sind" (172) –, ist gedanklich unklar und gerät gar zur fatalen Diffamierung politisch-philosophischer Anschauungen. Sie läßt nicht nur – wie Schenkel bemerkt[26] – „den vertretenen Toleranzgedanken in sich brüchig werden". Vielmehr ist diese Stelle für die gesamte ideologische Tendenz des Romans geradezu bezeichnend, und sie verrät Mays wenig ausgebildetes politisches Bewußtsein, aufgrund dessen er die widersprüchliche gedankliche Struktur der Reden wie des ganzen Romans nicht erkennt. Auch der Hinweis auf das aktuelle politische Problem, das den thematischen Fluchtpunkt des Romans darstellen soll, bleibt isoliert und begrifflich unklar:

„Die Strömung, welche jetzt gegen die Küste Chinas brandet, ist eine doppelte, nämlich eine religiöse und eine politische, und beide werden uns von einem und demselben Winde zugeführt, dem Egoismus. [...] Wer von seiner Religion und von seiner Kulturform behauptet, daß sie die allein seligmachende und er also ein Auserwählter Gottes sei, der ist eben ein Egoist in der höchsten Potenz, und Religion und Politik sind für ihn nur die Mittel, seine Selbstzwecke zu erreichen. [...] Die chinesische Frage ist eine religiöse und eine Rassenfrage." (174)

Genau das war sie eben nicht, jedenfalls nicht in erster Linie. Fangs Ausführungen (176ff.) zur sogenannten Rassenfrage (der Kontext läßt vermuten, daß sie mit der vorher genannten „politischen Strömung" gleichgesetzt wird) zeigen – soweit man sie überhaupt rational deuten kann –, daß er darunter schlicht Kulturpolitik („zivilisatorische Anstrengungen", 177; „beiderseitige Kulturformen", 178) versteht. Von Machtfragen, ökonomischen Bedürfnissen, sozialen Bedingungen, also von der materiellen Basis individuellen menschlichen wie staatlichen Lebens und der internationalen Politik, die gerade zur massiven Expansion und auch zur krisenhaften Zuspitzung in den Beziehungen der rivalisierenden Großmächte führte, ist keine Rede; alles dreht sich um den ideologischen Überbau.

Schenkel bemerkt richtig, daß die Rede Fangs als Auseinandersetzung mit der sogenannten ‚Hunnenrede', die Kaiser Wilhelm II. am 27. Juli 1900 in Bremerhaven hielt[27], gelesen werden kann. In diesem Falle befaßt sich der Autor May allerdings mit einem Objekt, das zwar einen politischen Eklat verursachte, für die imperialistische Politik des Deutschen Reiches aber gar nicht verantwortlich gemacht werden kann, ja nicht einmal für sie typisch ist. Die Rede sagt zwar viel über den Charakter Wilhelms II. und auch über die Denkweise vieler Menschen im damaligen Reich, aber wenig über die eigentlichen Beweggründe und Ziele deutscher Weltmachtpolitik aus. Sie war nicht nur eine private Veranstaltung des Kaisers, von der die Politiker völlig überrascht wurden; sie wurde auch von liberalen und sozialdemokratischen ebenso wie von konservativen Mitgliedern des Reichstags scharf verurteilt.

Vor dem Hintergrund der Forschungsergebnisse und der Theorien über die Entstehungsbedingungen des Imperialismus wird deutlich, daß in Mays Roman keine der genannten Ursachen eine nennenswerte Rolle spielt. Statt dessen setzen sich die Personen, welche – unter stillschweigendem oder ausdrücklichem Einverständnis des Erzählers – in langen Reden den ideellen Gehalt des Romans transportieren, immer wieder mit ideologischen Aspekten auseinander. Unter diesen sticht der kulturell-zivilisatorische hervor, der seinerseits von religiösen Vorstellungen dominiert wird. Die Reden Gardens und Fangs, in denen die vermeintlichen Gründe für die imperialistische Expansion diskutiert und kritisiert werden, sind in Inhalt und Begrifflichkeit, in ihrer gesamten Argumentationsstruktur, ungeeignet, eine rationale Analyse der Ursachen und Ziele des Imperialismus zu liefern. May stellt in ihnen nicht die geschichtsmächtigen Triebkräfte europäischer Weltmachtpolitik dar, seine Ausdrucksmittel verraten weitgehendes Desinteresse an konkreten macht- und wirtschaftspolitischen Problemen. May läßt seine Sprecher bloße „Deklamationen“[28] vortragen, die die Problematik eher verschleiern.

1.4 Zeitgenössische Äußerungen zum Imperialismus

Konnte May die Motive bzw. Ziele imperialistischer Politik überhaupt erkennen? Gab es verläßliche Informationsquellen für den nicht unmittelbar mit Politik befaßten Bürger? Zur Klärung dieser naheliegenden Fragen sollen einige einschlägige Texte herangezogen werden.

Einer von vielen Belegen für den öffentlichen Diskurs über die Ziele und Mittel der Außenpolitik in Deutschland ist die Berichterstattung über die „Erste Berathung über den Gesetzentwurf, betreffend die deutsche Flotte“. Auch der *Dresdner Anzeiger* widmete dieser Reichstagsdebatte, die am 6. Dezember 1897 begann und sich über längere Zeit hinzog, mehrere Ausgaben. Ich ziehe die vom 7. und 8. Dezember 1897 über die beiden ersten Beratungstage heran.

Der Hauptartikel am 7. Dezember macht deutlich, welche vorrangigen Ziele die politische Führung und ihre Anhänger in erster Linie hatten: Ausbau der Weltmachtstellung Deutschlands und wirtschaftliche Expansion. Man wollte dem Reich mit einer Flotte

„die Stellung im Konzert der Mächte sichern“, „an die Idee von dem ‚größeren Deutschland‘“ anknüpfen und dazu „an der ostasiatischen Küste festen Fuß“ fassen. Ein konservativer Abgeordneter stellte fest: „wir erkennen an, daß das Gesammtwohl des Reiches am Seehandel stark interessirt ist“.

Nicht minder deutlich werden die deutschen „Interessen“ am zweiten Sitzungstag artikuliert, auch von Gegnern der Flottenvorlage, worüber der *Dresdner Anzeiger* am 8. Dezember noch ausführlicher als am Tage zuvor berichtete. Da ist von „unserer Machtentfaltung in Ostasien“ die Rede, von der Notwendigkeit der „Flotte zum Schutze des Handels im Auslande“; diejenigen, „die für unseren überraschend schnell emporgestiegenen Exporthandel nicht für den nöthigen Schutz sorgen“, werden als „die wahren Reaktionäre“ bezeichnet. Unter den immer wieder betonten „wachsenden überseeischen Interessen“ wird mit keinem Wort die Verbreitung der Zivilisation oder des Christentums genannt, vielmehr stehen die Weltgeltung des Deutschen Reiches als Seemacht und damit verbunden „das Wachsthum des deutschen auswärtigen Handels“ sowie „die für unsere Industrie eine Lebensfrage bildende Einfuhr von Rohprodukten“ im Vordergrund.

In einem weiteren Bericht der gleichen Ausgabe werden die großen Redebeiträge ausführlich wiedergegeben. Man fordert gebetsmühlenartig eine „achtunggebietende Kriegsflotte“ und betont „Deutschlands Lebensinteresse“ und die „glänzende Machtstellung in der Welt“, die „aufrecht zu erhalten“ sei; es gehe um „unsere weitere gedeihliche Entwicklung auf wirthschaftlichem Gebiete und unsere Stellung im Konzert der Mächte“; es bestehe ein Interesse „alle[r] Erwerbszweige in gleicher Weise“ an der Flottenvorlage.

Aus der Rede des Staatssekretärs im Auswärtigen Amt, Bernhard von Bülow, am 6. Dezember 1897 gebe ich einige längere Passagen wörtlich wieder:

> allerdings sind wir der Ansicht, daß es sich nicht empfiehlt, Deutschland in zukunftsreichen Ländern von vornherein auszuschließen vom Mitbewerb anderer Völker. Die Zeiten, wo der Deutsche dem einen seiner Nachbarn die Erde überließ, dem anderen das Meer und sich selbst den Himmel reservierte, wo die reine Doktrin thront – diese Zeiten sind vorüber. Wir betrachten es als eine unserer vornehmsten Aufgaben, gerade in Ostasien die Interessen unserer Schiffahrt, unseres Handels und unserer Industrie zu fördern und zu pflegen.
>
> [Nun rechtfertigt Bülow die Besetzung der Kiautschou-Bucht mit der Ermordung der deutschen Missionare Nies und Henle. Dann aber läßt er die Katze aus dem Sack:] Aber auch abgesehen von diesem traurigen

Vorfall hatten wir gegenüber China eine Reihe anderer Beschwerdepunkte. [Welche das sind, sagt er deutlich:] Wir müssen verlangen, daß der deutsche Missionar und der deutsche Unternehmer, die deutschen Waren, die deutsche Flagge und das deutsche Schiff in China geradeso geachtet werden wie diejenigen anderer Mächte. [...]

Mit einem Worte: Wir wollen niemand in den Schatten stellen, aber wir verlangen auch unseren Platz an der Sonne.[29]

Die Sühne für den Mord an den Missionaren entpuppt sich als Vorwand, um handfestere Interessen des Deutschen Reiches durchzusetzen. Zweimal wird das ökonomische Motiv für das Vorgehen in Ostasien betont. In der berühmt gewordenen Formulierung am Schluß der Rede klingt unüberhörbar das machtpolitische Ziel an, die Behauptung Deutschlands in der Konkurrenz mit den anderen Staaten, die sich an der Aufteilung Chinas beteiligen wollen.

Ja, der ironische Seitenhieb Bülows auf die bisherige Wirklichkeitsfremdheit deutscher Politik wirkt wie ein satirischer Kommentar zu den Anschauungen, die Garden und Fang in Mays Roman über die Wege zu einer weltweiten Friedenssicherung vertreten. Die „reine Doktrin“ im Himmel scheint die beiden Gelehrten wie den Romanautor für die profane Realität, in der es um Machtzuwachs und Profit ging, blind gemacht zu haben.

Es soll nun noch eine Stimme aus der Wirtschaft folgen. Eine im *Dresdner Anzeiger* vom 16. Dezember 1897 abgedruckte „Resolution“ der Aachener Handelskammer zeigt, was Wirtschaftskreise von der deutschen Kolonialpolitik erwarteten:

„Überseeische Bezugsquellen von Rohmaterialien für die Bevölkerung Deutschlands“ seien „eine gebieterische Nothwendigkeit“ geworden; aufgrund des verschärften Wettbewerbs europäischer Nationen könne man „für unsere Fabrikate überseeischer Absatzgebiete“ auf keinen Fall „entrathen“; „zur Förderung von Arbeitsgelegenheit im Lande“ müsse der Überseehandel ausgeweitet werden. Folgerichtig wird eine „Vermehrung der Flotte unter Berücksichtigung unserer gesteigerten Auslandsinteressen“ gefordert.

Dementsprechend hielt sich nach einer Meldung vom gleichen Tage eine „Kommission gewerblicher Sachverständiger zur Erforschung der Produktions- und Absatzverhältnisse Ostasiens“ in China und Japan auf; zu ihr war in Colombo ein „Vertreter des Centralvereins der deutschen Lederindustrie“ gestoßen. Import von Rohstoffen, neue Absatzgebiete für deutsche Fertigwaren, Schaffung bzw. Sicherung von Arbeitsplätzen sind die offen ausgesprochenen Ziele, die Vertreter der Wirtschaft in Übersee zu eruieren suchten und die man mit Hilfe einer starken Kriegsflotte durchsetzen wollte. Auch darüber konnte sich jedermann in den Zeitungen informieren.

Daß der zentrale politische Begriff „Interesse(n)“ im politischen Diskurs nichts mit Ideologie zu tun hatte, macht ein Zitat aus einer anderen Zeitung deutlich, das der *Dresdner Anzeiger* am 7. Dezember 1897 abdruckte. Bezüglich der Stellung Deutschlands zu Haiti (die neben der zu China damals gerade aktuell war) heißt es:

> Zunächst ist es durchaus nicht ersichtlich, welches Interesse wir an einer Besetzung der Insel haben sollten. Ihr Werth in politischer und wirthschaftlicher Hinsicht steht in keinem Verhältnisse zu den Ungelegenheiten, die wir uns dabei im Konflikt mit anderen Mächten machen würden.

Eine eventuelle Beglückung der Insel und ihrer Bewohner mit den kulturellen und konfessionellen Errungenschaften Europas kommt niemandem in den Sinn.

Noch auffälliger wird der geringe Wert ideologischer Motive im Vergleich zu handfesten machtpolitischen und kapitalistischen Zielen darin, wie der Bruder Kaiser Wilhelms II., Prinz Heinrich, und der Korrespondent des Blattes die Abschiedsworte des Rektors der Kieler Universität vor der Abreise des Prinzen nach Ostasien uminterpretieren:

Am 16. Dezember 1897 fuhr Prinz Heinrich mit der „Deutschland“ von Kiel ab, um die große deutsche Expedition nach Ostasien zu leiten. Der *Dresdner Anzeiger* berichtete an diesem Tag ausführlich über das Ereignis und die mit ihm verbundenen Gründe und Ziele. Bei der Abschiedsfeier am Vortag hob der Rektor, wie es der Korrespondent formulierte, „die hohe nationale und politische Bedeutung der nun zur That werdenden Ereignisse“ hervor. Der Rektor sagte: „möge auch der Niedergang einer einst glänzenden, nun aber veralteten Kultur gleichbedeutend sein mit dem Herannahen der höchsten Kulmination deutschen Ruhmesglanzes, deutscher Herrlichkeit, deutscher Gesittung“. Der Korrespondent interpretiert anschließend diese hehren Worte als Aufgabe Deutschlands auf handelspolitischem Gebiet und fährt fort: „Prinz Heinrich bestätigte die Uebereinstimmung seiner Auffassung der Bedeutung der Expedition mit der des Rektors, indem er ausdrücklich von der Erweiterung deutscher Macht und Größe sprach“. Mit „deutscher Gesittung“ hat das herzlich wenig zu tun.

Für jeden, der die Voraussetzungen, Bedingungen, Ursachen und Motive imperialistischer Politik bzw. die Erwartungen, die Vertreter von Staat und Wirtschaft mit ihr verknüpften, kennenlernen wollte, stand mit den Tageszeitungen genügend Informationsmaterial zur Verfügung. Dazu kam, als May die Buchausgabe seines Romans vorbereitete, der *China*-Band Kürschners, in dem ebenso unverhohlen dargelegt wurde, warum das Deutsche Reich überseeische Gebiete zu besetzen versuchte und was man sich davon versprach.

Auch der *China*-Band enthält einen Bericht über die Südostasien-Mission des Prinzen Heinrich[30], in dessen letztem Abschnitt die materiellen Ziele der deutschen Politik in weihevollem Stil, doch unverblümt genannt werden: Heinrich kehrte dahin zurück,

> von wo er 26 Monate früher hinausgezogen war, um in den Reichen des fernen Ostasiens in persönlicher Fühlung mit den Höfen von Peking, Söul, Tokio und Bangkok Beziehungen anzubahnen, die dem Deutschen Reiche und Volke Ansehen und Nutzen bringen sollen und werden. Sollte es dereinst sich darum handeln, daß die Würfel fallen über die Geschicke der Länder am Hwangho und Yangtszekiang, so wird Deutschland nicht wieder leer ausgehen wie zur Zeit der spanischen und portugiesischen Conquistadoren.[31]

Das „Ansehen“ soll vermutlich dem Nationalismus als Futter dienen, es betrifft aber auch machtpolitisch die Stellung Deutschlands im Konzert der Großmächte; der „Nutzen“ zielt eindeutig auf die Förderung von Industrie und Handel.

Der programmatische Einführungsbeitrag *Weltmachtpolitik und Flotte* erläutert ausführlich die zeitgenössische Politik und ihre Ziele und macht zur Genüge deutlich, worum es ging:

> Aber mit der Entwickelung der modernen Verkehrsmittel [...] und mit der Zunahme von Produktion und Güteraustausch ist die moderne Weltwirtschaft [...] für uns emporgewachsen, in welche das Deutsche Reich an der Jahrhundertwende mit tausend und abertausend Fäden eng verflochten erscheint. Das Bedürfnis kraftvoll aufstrebender Handelsmächte, dem über die engen Grenzen und den spärlich bemessenen Boden der Heimat aufquellenden Nachwuchse und dem Erzeugnisse emsiger Arbeit ihrer Söhne [nicht Töchter!] gebührenden Raum zu schaffen, ihre besten Volkskräfte nicht ungenutzt an fremde aufnahmebedürftige Staaten zu verlieren, sondern wenigstens mittelbar dem Mutterlande zu erhalten, führt folgerichtig zu einem weitsichtigen Streben nach der Bildung großer moderner Weltreiche.[32]

Die Bedeutung der Weltwirtschaft, des weltweiten Handels, der Ableitung des Bevölkerungsüberschusses in eigene Kolonien, der Absatzmärkte für die industrielle Warenproduktion wird klar herausgestellt; im folgenden wird der Zuschnitt der Weltreiche nach ökonomischen Kriterien gefordert. Dann heißt es:

> Im ersten Vierteljahrhundert seines [des Deutschen Reiches] Bestehens durch die beispiellose Entwickelung seiner Industrie und die unaufhaltsa-

me Steigerung seines Bevölkerungszuwachses und seiner Bedürfnisse zur zweiten Handelsmacht der Erde emporgewachsen [...], drängte die politische Machtfrage gebieterisch zur Entscheidung.[33]

Der erste Teil des *China*-Bandes endet mit einem weiteren programmatischen Beitrag von einem „mit den chinesischen Verhältnissen der Gegenwart besonders vertrauten Reisenden“: Deutschland könne erwarten, sich gegenüber den anderen Mächten zu behaupten; „bezüglich *Ausbreitung und Förderung seines Handels und seiner Industrie*“ habe es von China nur Vorteile. Erst an dritter Stelle kommt das „Kulturelle“: Da werde man auf Widerstand stoßen, die „Missionen“ sollten daher aus politischer Klugheit vorerst eingeschränkt werden. Umgekehrt habe China von Deutschland „*nur Gutes* zu erwarten“, z. B. den Import industriell-technischen Know-hows. Am Schluß werden „Geradheit und Ehrlichkeit, [...] Festigkeit“, aber auch „*Ahndung mit fester Hand* da, wo uns die Chinesen etwas in den Weg legen“, gefordert, und zwar auf den nochmals genannten deutschen Betätigungsfeldern „Politik, Handel, Industrie und Verwaltung deutscher Interessensphären, Eisenbahnen oder sonstiger [...] Einrichtungen“.[34]

1.5 Auktoriale Rezeptionslenkung

Wie kommt es, daß moderne Interpreten Mays *Friede*-Roman als treffende Imperialismuskritik werten? Möglicherweise sind sie einer verwirrenden Strategie der Rezeptionslenkung durch den Autor May bzw. den Erzähler erlegen.

Der Autor selbst hat im Zusammenhang mit der Entstehungsgeschichte des Romans rezeptionssteuernde Aussagen gemacht.

Ein Beispiel für den vermeintlichen Wandel seiner Persönlichkeit liefert May in dem oft zitierten Brief an Richard Plöhn vom 16. September 1899:

> Es haben mich viele auf dem Schiff lieb gewonnen, obgleich ich jetzt das gerade Gegentheil vom früheren Karl bin. Der ist mit großer Ceremonie von mir in das rothe Meer versenkt worden, mit Schiffssteinkohlen, die ihn auf den Grund gezogen haben.[35]

Danach wäre May von seinem bisherigen Renommiergehabe, wie es sich vor allem in der Zeit der sogenannten ‚Old-Shatterhand-Legende‘ zeigte, abgerückt, und hätte sich von seinen omnipotenten Ich-Verkörperungen in den bisherigen Abenteuerromanen distanziert. Aber nicht lange danach entlarvt sich diese Einschätzung als Selbsttäuschung; wenige Wochen später ist der „frühere Karl“ offenbar wieder auferstanden, denn am 12. Oktober 1899 schreibt May an den Redakteur Johannes Dederle von der angeblichen Entdeckung „eines reichen, ausgedehnten Goldfeldes, vielleicht eines orientalischen Klondyke“. Und in demselben Brief verkündet er über seine geplante Weiterreise: „Dann geht es durch Indien und Persien nach dem Tigris hinab zu den Haddedihn“.[36] Dasselbe kündigt er am 15. Oktober im Lindsayschen Telegrammstil seinem Verleger Fehsenfeld an: „Gehe von hier nach Sumatra, Indien, Persien, Arabien – Haddedihn.“[37]

Eben dieses persönliche wie stilistische Schwanken zwischen Realitätssinn und überbordender Phantasie fällt auch in *Und Friede auf Erden!* auf: Einerseits wird im Roman das erlebende Ich zum fast gänzlich passiven Beobachter. Dazu wollen andererseits die immer wieder auftauchenden Relikte aus den alten Abenteuerromanen nicht recht passen, z. B.: „Ich sah ihm so scharf und fest ins Auge, daß mir sein Blick nicht ausweichen konnte. Die Erwähnung von Oertlichkeiten, welche nur dem Kenner von Mekka geläufig sind, tat das Ihrige.“ (81) Der Ausdruck „Kenner von Mekka“ meint jemanden, der sein Wissen nicht nur aus Büchern hat; der Ich-Erzähler flunkert also dem Leser ebenso etwas vor wie es das erlebende Ich dem Anführer der Pilger gegenüber tut. Der bannende Blick wird in *Schamah* wieder begegnen. Das alte Rollenspiel, in der Realität wie in der Fiktion, wird weiterhin gespielt: Man vergleiche Mays Auftreten bei der ersten Begegnung mit Zieger, bei der er sich als Gärtner und sein eigener Verwandter ausgab.[38] Dieser Wechsel zwischen bramarbasierender Hochstapelei und bescheidener Zurückhaltung ist offenbar dazu geeignet, den Blick auf den wahren May nach der Orientreise zu verstellen. Und dieser May ist, wie weiter unten gezeigt werden soll, von dem vor der Reise gar nicht wesentlich verschieden.

Am Anfang des letzten Kapitels, das er eigens für die Buchausgabe hinzufügte, setzt May zu einem impliziten Versuch der Rezeptionslenkung an, indem er den Ich-Erzähler die Intention der *Pax*-Fassung als Gegenentwurf zum europäischen Imperialismus charakterisieren läßt:

> Das Werk war nämlich der „patriotischen“ Verherrlichung des „Sieges“ über China gewidmet, und während ganz Europa unter dem Donner der begeisterten Hipp, Hipp, Hurra und Vivat erzitterte, hatte ich mein armes, kleines, dünnes Stimmchen erhoben und voller Angst gebettelt: „Gebt Liebe nur, gebt Liebe nur allein!“ (491)

Und mit der oft zitierten Feststellung „Mit dieser Art von Gong habe ich nichts zu tun!“ (491) setzt sich May eigens von Kürschners *China*-Band ab. Dies alles gilt auch für die bearbeitete Buchfassung.

Vergleicht man Inhalt und Stil dieser programmatischen Aussage mit einer wichtigen Romanepisode und diese wiederum mit einer Rede Kaiser Wilhelms II., so werden sich weitere kritische Bedenken anmelden, ob der Roman selbst das hält, was der programmatische Beginn des letzten Kapitels verspricht.

Der Governor ist vom Programm der ‚Shen‘ so begeistert, daß er einen Toast ausbringt:

> Er füllte die Gläser, hob das seine empor und fuhr fort:
> „Also auf ‚Shen‘! Sie lasse sich von uns heim nach dem Abendlande führen! Sie werde dort nicht Gast, nein, sondern Bürgerin! Sie kehre ein in jeder Stadt [...]. Sie werde auch bei uns zum großen Bunde [...]! Hip, hip, hurra!“
> Er leerte sein Glas auf einem Zuge [...].
> „Hip, hip, hurra!“ riefen auch John und ich, tranken aus [...].
> „Hip, hip, hurrah!“ sagte ebenso der [Malaien-]Priester. (326)

Das ist ganz europäisch, wie es sich bei May gehört. Man mag von bloß unfreiwilliger Komik oder schlichter Geschmacklosigkeit sprechen. Aber daß Mays Erzähler genau den Ausruf verwendet, von dem der Autor in anderem Zusammenhang behauptet, er liege ihm fern, ist schon befremdend. Noch interessanter aber ist ein Vergleich mit den Trinksprüchen, die Kaiser Wilhelm II. so gerne ausbrachte. Hier ein Beispiel von vielen: Wilhelm schloß die Abschiedsrede an seinen nach Ostasien reisenden Bruder, den Prinzen Heinrich, die am 17. Dezember 1897 im *Dresdner Anzeiger* ausführlich zitiert wird, folgendermaßen:

> Möge einem jeden Europäer draußen, dem deutschen Kaufmanne draußen und vor allen Dingen dem Fremden draußen [...] klar sein, daß der deutsche Michel seinen mit dem Reichsadler geschmückten Schild fest auf den Boden gestellt hat, um dem, der ihn um Schutz angeht, ein für allemal diesen Schutz zu gewähren. Und mögen unsere Landsleute draußen die feste Überzeugung haben, seien sie Priester oder seien sie Kaufleute [...], daß der Schutz des Deutschen Reiches, bedingt durch die kaiserlichen Schiffe, ihnen nachhaltig gewährt werden wird. Sollte es aber je irgend einer unternehmen, uns an Unserem guten Rechte zu kränken, oder schädigen zu wollen, dann fahre drein mit gepanzerter Faust [...].
> In der festen Überzeugung, daß Du [...] Meinen Gedanken und Wünschen entsprechen wirst, erhebe Ich Mein Glas und trinke es auf Dein Wohl mit dem Wunsche für eine gute Fahrt, für eine gute Ausrichtung Deiner Aufgabe [dareinfahren mit gepanzerter Faust!] und für eine fröhli-

che [!] Heimkehr. Se. königliche Hoheit Prinz Heinrich Hurrah! – Hurrah! – Hurrah!

Der Unterschied in der beabsichtigten ideologischen Tendenz ist offenbar. Aber haben diese beiden Reden nicht vieles gemeinsam? Im typischen Stil des Trinkspruches sind sie ähnlich: Die zum Ausdruck gebrachten Ziele werden in parallel gebauten Sätzen mit weihevoll wirkenden Konjunktivformen formuliert. Das allein denunziert aber Mays Text noch nicht; solche Stilformen können auch jede positive Absicht eindrücklich machen. Befremdend wirkt aber der gleichartige situative Kontext, in den die Reden gehören: Während die Rede Kaiser Wilhelms als Bestandteil einer Abschiedstafel den damaligen Gepflogenheiten entsprach, will die Preisrede des Governors auf die schon fast mystische Bedeutung tragende „Shen" zum Ende eines Frühstücks nicht recht passen, auch wenn sich das Tischgespräch um die große Menschheitsverbrüderung drehte. Vollends der Hochruf läßt die Romanszene regelrecht peinlich werden. Mag das dreimalige „Hurrah!" des Kaisers auf seinen Bruder auch lächerlich erscheinen, so paßt es doch wenigstens zum Anlaß, der Aussendung des Prinzen auf eine Seereise mit militärischem Auftrag. Der dem Bereich des Rudersports entstammende Ruf des Governors aber, vielleicht diesem als Briten noch zuzutrauen, pervertiert das Anliegen, welches die ganze Szene erfüllen soll, zu einer Parodie auf sich selbst, da weder das erlebende Ich noch der Erzähler sich in irgendeiner Form davon distanziert und damit ein irritierend widersprüchlicher Hurra-Pazifismus zelebriert wird.

In der kritischen Bemerkung zur Reaktion Europas auf die Niederschlagung des sogenannten ‚Boxer-Aufstandes', mit der May das letzte Kapitel seines Romans einleitet, und in der Kaiser-Rede stehen die Rufe „Hipp, Hipp, Hurra" und „Hurrah! – Hurrah! – Hurrah!" metonymisch für Militanz und Aggressivität – dort ironisch-kritisch, hier ernsthaft-affirmativ gemeint. Die gleichen Ausrufe passen aber nicht in die Eloge auf eine Gesellschaft der Bruderliebe und des Friedens und verleihen der Szene, da sie jeder Ironie entbehren, eine stilistische Schieflage, die alle bisherigen Episoden, die auf die Bekehrung des Governors vom bornierten, fast chauvinistischen Briten zum Anhänger übernationaler Friedensgedanken zielen, entwertet. Dies läßt die entsprechenden späteren Situationen im dubiosen Licht zumindest der Gedankenlosigkeit erscheinen.

Auch hier haben Mays rezeptionslenkenden Aussagen offenbar den Blick mancher Interpreten getrübt. Man hat nicht bemerkt, daß sich noch in der demonstrativ zeitkritischen Programmatik am Anfang des letzten Kapitels eine bestimmte Form von Hurra-Geschrei verbirgt, und zwar in Gestalt eines leicht überheblich wirkenden Bescheidenheitstopos, und diese merkwürdigen Einsprengsel findet man selbst in Episoden der Handlung, wie dem Toast Raffleys auf die „Shen", in denen sie gänzlich fehl am Platze sind. Damit kompromittieren sie die pazifistische Rhetorik des Autors, des Erzählmediums und der Romanfiguren, was der Leser aber nicht leicht bemerkt, wenn ihm nicht die subtilen Verbindungen zwischen ganz disparaten Elementen auffallen.

Diese vorläufigen Bemerkungen deuten schon an, daß der Roman nicht so unbestreitbar antiimperialistischen und pazifistischen Geist atmet, wie sein Titel glauben machen will. Im folgenden soll diese Hypothese systematischer untersucht werden.

2. Latenter und manifester Imperialismus in Inhalt und Erzählstruktur des Romans

Die Großstruktur des Romans ist durch die Darstellung des Themas aus zwei Perspektiven gekennzeichnet. Aus einer ‚horizontalen' Perspektive kommen in Gesprächen und längeren Reden die Anschauungen der Personen über den gegenwärtigen und den wünschenswerten zukünftigen Zustand der Welt zu Wort; aus einer ‚vertikalen' Perspektive wird die historische Entwicklung der individuellen und internationalen Beziehungen in Vergangenheit, Gegenwart und Zukunft dargestellt. Beide Sichtweisen werden in der Schiffsreise miteinander verwoben. Sie soll von einem aus Intoleranz und Überheblichkeit herrührenden Zustand der Friedlosigkeit zu einem utopischen Endpunkt führen, in dem vollkommener, von gegenseitiger Achtung und Akzeptanz geprägter Friede herrscht. In Ocama erreicht man eine Welt, die utopisch anmutet und in einem kleinen Kreis gleichgesinnter Menschen das erstrebte Ziel zu antizipieren scheint; doch wird sie durch den Einbruch der kriegerischen Gegenwart gestört.

Im Hinblick auf die oben angerissenen Probleme ist zu fragen: Gelingt es dem Autor, die in der Großstruktur sichtbar werdende Absicht in der Romanhandlung zu verwirklichen?

Die „ganz selbstverständlich" zunehmenden europäisch-christlich geprägten Anschauungen Sejjid Omars werden als „die unausbleiblichen Wirkungen" seines Zusammenlebens mit der Hauptfigur ausgegeben (107); eine umgekehrte Wirkung aber tritt selbstverständlich nicht ein. Dieser unauffällige Trick läßt die europäische Eigenart implizit als die bessere und stärkere erscheinen. Der überwältigende Einfluß abendländischer Kultur prägt sogar die Physiognomie der Personen: Die Gesichtszüge des Gelehrten Fu weisen kaum noch mongolische Merkmale auf; nach Meinung des Erzählers ist dies „ganz entschieden der Wirkung geistiger Tätigkeit zuzuschreiben" (4)! Den gleichen Zusammenhang zwischen Rassenzugehörigkeit und Gesichtsausdruck eines Menschen sieht der Governor, der über Tsi urteilt, er müsse „unbedingt einige Tropfen kaukasisches Blut in den Adern haben", da er nicht „falsch, hinterlistig, treulos, alles Edlen bar und dabei rückständig im höchsten Grade" sei, sondern über ein „reiches Wissen" verfüge und wie ein Europäer aussehe (269). Der Erzähler kommentiert übrigens weder das negative Vorurteil über die Mongolen noch die Zuordnung des jungen Chinesen zur kaukasischen Rasse; sein Schweigen signalisiert Zustimmung. Genauso akzeptiert er das Urteil Raffleys über Yin, nach dem es fast unmöglich sei, „aus den Gesichtszügen dieses Mädchens die mongolische Abstammung zu folgern" (460). Die drei Chinesen haben europäische Bildung genossen, europäische und chinesische Anschauungen miteinander verbunden, vor allem aber die christliche Lehre voll verinnerlicht und sehen darum auch fast europäisch aus. Der naheliegende Umkehrschluß, daß mongolische Gesichtszüge auf Geistlosigkeit schließen lassen, bereitet keiner erzählerischen Instanz Probleme. Dementsprechend schließen sich chinesische Nationalität und kulturelle Hochrangigkeit grundsätzlich aus: „‚Ach was Chinese!' antwortete [der Governor]. ‚Er ist ja gar keiner! Sondern ein Gentleman, der mir gefällt!'" (305)

Darin spiegeln sich nicht nur problematische Aufwertungstendenzen[39], der Topos nimmt vielmehr in diesem Roman eine neue Qualität an: Er verweigert auch geistig hochstehenden exotischen Personen ihre eigene kulturelle Identität und vereinnahmt sie total für den abendländischen Kulturkreis.

Talente werden den Chinesen zwar durchaus zugestanden: „wie herrliche Gaben waren ihm [Tsi] verliehen", meint der Erzähler, aber zu deren Ausbildung reicht es in China nicht. Erst die „Studienzeit in Europa“ bringt sie zur Reife, während der Vater und andere Erzieher „daheim“ nur „vorgearbeitet“ haben (419). Alle im Roman auftretenden bedeutenden Chinesen haben ihre Bildung aus Europa bezogen, auch der „Oekonom von Raffley-Castle, ein hochgebildeter Chinese“, der sich sogar schämt, daß er Deutschland dabei ausgelassen hat (596).

So ist Tsi zum Lob des Christentums, aber auch zur immerhin ansatzweise gewonnenen Einsicht, man müsse die Individualität jedes Menschen, gleich welcher Herkunft und Rasse, anerkennen, erst während seines Studiums in Europa gelangt. Passenderweise charakterisiert er unter dem stillen Beifall des Erzählers („in hohem Grade zutreffend“, urteilt dieser) den Islam als unreife und geistlose Religion und stellt ihm das Christentum als „den einzig wahren Glauben“ gegenüber (418). May bemerkt nicht, daß diese Auffassung der von dem Amerikaner Garden angedeuteten schlafenden Kraft des Islam, die beim Erwachen machtvoll aufleben werde (139), widerspricht. Dies ist ein weiteres Beispiel dafür, daß es dem Autor nicht gelingt, differierende Ansichten einander klar gegenüberzustellen und zu diskutieren. Insgesamt bleibt seine Einstellung dem Islam gegenüber so uneinheitlich wie in früheren Romanen; nichts hat sich bei May wirklich geklärt.

Das zeigt sich an vielen weiteren Stellen: Das Christentum allein wird für fähig gehalten, der Menschheit Heil und Frieden zu bringen. In feierlicher Weise, mit gefalteten Händen, als verkünde er Gottes Wort, deutet Tsi die Botschaft des Malaienpriesters als Verkündigung himmlischen Friedens, und der Erzähler, der sie in Verse geschmiedet hat, macht sich selbst damit zum Sprachrohr der göttlichen Liebe (389). Das ganze fünfte Kapitel gerät zum Ausdruck religiös unterfütterten Sendungsbewußtseins des Europäers, der – mit den Worten des malaiischen Priesters – „den Durst des Morgenlandes“ (495) stillt, zwar nicht mit Waffengewalt, aber in nicht weniger Gehorsam forderndem salbungsvollem Predigtpathos. Den tendenziellen Untergrund solcher Einstellungen bildet nichts anderes, als was Cecil Rhodes 1877 behauptete: „Darüber hinaus bedeutet es einfach das Ende aller Kriege, wenn der größere Teil der Welt in unserer [britischer] Herrschaft aufgeht“[40] – man braucht nur „unserer“ durch „christlicher“ zu ersetzen, und schon spricht Karl May.

Dem chinesischen Hafenmeister ist es ganz selbstverständlich, daß Raffley und Yin in „geordneter [...] kirchlich vorgeschriebener Weise“ getraut worden sind (524). Alle Ansätze zur Toleranz gegenüber anderen Anschauungen und Gebräuchen entpuppen sich als schöne, aber leere Worte. Mehr noch: Dem Autor (und den Interpreten!) fällt der bis in die bildhaften Wendungen reichende innere Widerspruch seines eigenen Friedensentwurfs nicht auf. Er übernimmt aus einem antiken militant-christlichen Kontext[41] die lateinische Form des bekannten Eusebius-Zitats „In hoc signo vinces – in diesem Zeichen wirst du siegen“ (560) und schafft damit einen schiefen Zusammenhang: Das Zitat paßt nicht zu der danach beschworenen Liebe und Versöhnung des „Erlösers“. Vor allem entlarvt es die Forderung des Erzählers: „Gleichen Raum und gleiches Recht für Jeden, der zur Menschheit gehört auf Erden!“ (560), als reines Lippenbekenntnis, wenn als Voraussetzung alle Menschen zum christlichen Glauben bekehrt werden müssen.

Bekehrt muß nun einmal werden! „[Omar] ahnte gar nicht, daß er nur noch mit einem Fuße in der Moschee, mit dem andern aber schon auf dem Wege zur Kirche stand.“ (124) In doppelter Hinsicht merkwürdig ist die Begründung für Omars Bekehrung, über die Pfarrer Heartman später in Jubel ausbricht: Es sei „die Menschlichkeit“ (592) – das soll ja wohl dasselbe besagen wie Humanität. Deren den ganzen Roman beherrschende Eingrenzung auf eine einzige Religion widerspricht fundamental dem Anliegen und der Zielsetzung der Aufklärung und der mit ihr verbundenen Toleranzidee; das läßt die dem Roman unterstellte Rezeption aufklärerischen Gedankenguts[42] fragwürdig erscheinen. Gerade der immer wieder für die Behauptung, Mays Erzähler sei „der Tradition der Aufklärung verpflichtet“[43], ins Feld geführten Ringparabel aus Lessings *Nathan* widerspricht die alle anderen Bekenntnisse letztlich ausschließende Dominanz des Christentums im Roman völlig.

Raffley scheint die Gleichberechtigung und Gleichwertigkeit der chinesischen Kultur zwar einmal anzuerkennen: „Ich gab ihr das volle Recht, welches ihr gebührt“, aber diese Haltung wird sogleich relativiert, da sich diese Kultur „unter [s]einer Hand still fortentwickeln“ muß (500). Daß vor allem der christliche Glaube in Wahrheit doch höherwertig ist, wird in der von Raffley in Ocama aufgebauten Welt deutlich: Außer „Kleidung“ und „Speisezettel“ (553) bleibt den Bewohnern nichts Eigenes, alles ist wie in England oder Deutschland geworden, und Raffley-Castle bildet die Form eines Kreuzes (514, 516). Der oberste Hafenbeamte erklärt: „Dieses Kreuz ist ganz von selbst entstanden, ohne alle Berechnung derer, die es errichtet haben. Und so kam auch das wahre Christentum ins Land.“ (515) Solche Worte entwerten Raffleys Beteuerung, die chinesische Religion besitze einen dem Christentum gleichrangigen Eigenwert. Genau besehen ruht der wahre christliche Glaube sogar im Innern der „Heiden“, wie die Angehörigen nichtchristlicher Religionen immer wieder mit falschem Zungenschlag genannt werden, denn der Hafenbeamte fährt fort:

> „Wo aber der Glaube innerlich im Menschen lebt und darum tief im Volke mächtig wird, da bricht er sich bald auch nach außen seine Bahn und zwingt sogar, wie hier, die scheinbar toten Berge, ihn durch sein Flammenbild dem Lande kundzugeben!“ (515)

Ein Autor, der eine seiner Figuren solches äußern läßt, spricht dem Fremden jegliche Autonomie ab und sieht in ihm nur das Eigene.

Hatte Fu noch am Anfang des Romans in dem Streitgespräch mit Waller das Verhältnis des Konfuzianismus zum Christentum nach dem Vorbild von Lessings Ringparabel als ein völlig gleichwertiges und gleichberechtigtes charakterisiert (34-36), so wird die Gültigkeit der religiösen Toleranzidee spätestens im letzten Kapitel gänzlich aufgehoben. Die direkten Verweise auf die notwendige bzw. automatische Übernahme nicht nur christlicher Glaubensinhalte, sondern auch christlicher Symbole (des Kreuzes) und ritueller Formen (der kirchlichen Trauung) sind hier in einer außerhalb der empirischen Welt angesiedelten surrealen Sphäre plaziert. Damit beansprucht die Handlung außerhistorische, überzeitliche Geltung. Sie kann zwar tatsächlich als im christlichen Sinne „heilsgeschichtliche Utopie“[44] verstanden werden, aber sie konterkariert die dem Roman zugrunde liegende Ausgangsidee einer völkerumspannenden, die Selbstbestimmung aller Menschen anerkennenden Gemeinschaft des Friedens und der Toleranz. Statt dessen werden alle von den eng umschriebenen utopischen Zielen unterschiedenen Überzeugungen und Wertesysteme diskreditiert. In keinem der Gespräche des letzten Kapitels greift ein Nicht-Christ noch zugunsten der eigenen Religion ein, von den anderen Weltreligionen ganz zu schweigen. Niemand versucht, die totale Vereinnahmung durch das Christentum, das den einzigen Weg zum Frieden zeigen soll, als das zu entlarven, was sie ist: als Mißachtung fremder Lebensentwürfe, Glaubensformen und Weltbilder, als Unterdrückung jeder anderen kulturellen Identität. Wenn man einem literarischen Werk erzählerischen Imperialismus attestieren kann, dann verdient dieser Roman von seiner ganzen Anlage her ein solches Etikett.

Es überrascht angesichts dieses Befundes nicht, daß die erzählerischen Instanzen des Romans auch die politischen Zusammenhänge nicht durchschauen. Erstaunlich ist nur, daß sie stellenweise sogar Positionen einnehmen, die Kaiser Wilhelm II. durchaus geteilt hätte. Niemand erkennt die wahren Ursachen für die Neigung ostasiatischer Volksgruppen, hier z. B. der Malaien, zum Aufstand gegen die europäischen Imperialisten. Wahrgenommen werden nur „einige Züge von Grausamkeiten", die als Vorwand dienen, „die Malaien endlich einmal gründlich [d. h. mit Waffengewalt] zur Raison zu bringen" (372). Wilhelm II. hätte an dieser Äußerung Raffleys seine helle Freude gehabt![45] Auch der Erzähler hat an ihr nichts auszusetzen. Bezeichnenderweise hält er die anschließende Verteidigung der Malaien durch den Governor keiner wörtlichen Wiedergabe für wert, sondern resümiert sie nur in dürren Worten. Lediglich das ausführlich zitierte Raisonnement Raffleys läßt erkennen, daß der Governor den Malaien immerhin so etwas wie Menschenrechte zugestehen möchte. Doch diese Forderung diffamiert Raffley als Gefühlsduselei: „Ihr kennt meine Ansicht über die Menschenrechte zur Genüge; aber nicht das Gefühl allein, sondern auch der Verstand hat zu Worte zu kommen." (372) Seiner Meinung nach befindet sich die malaiische Rasse noch im Kindheitsstadium der Menschheit und kann daher keinen Anspruch auf Selbständigkeit und den Genuß der Menschenrechte erheben. Menschenrechte sind also teilbar: Ihr Besitz wird von der Teilhabe an der europäischen Zivilisation abhängig gemacht. Auch Mary hält die religiösen Übungen von Nichtchristen „für das ganz natürliche und noch unbewußte Lallen der Menschheit in ihrem frühesten Kindesalter" (57). Aus dem von Mary und Raffley herablassend bekundeten Verständnis für die kindlichen Exoten spricht die wahre ‚superbia', deren sich die Protagonisten des Romans ebenso wie der Erzähler schuldig machen.

Der Charakter und die Ansichten der Personen stehen auch im Widerspruch zu den Grundsätzen der „Shen", die Tsi erläutert: „Am allerwenigsten fragen wir nach der Verschiedenheit der Religion. Nicht wer genau so denkt wie wir, sondern ein jeder Mensch, der uns nötig hat, soll unser Bruder sein" (304). Das ist zwar an dieser Stelle nur auf Menschen, die in Not sind und Hilfe brauchen, gemünzt; es müßte aber logischerweise darüber hinaus gelten und allgemeine Religionsfreiheit garantieren. Man kann nicht erkennen, daß an irgendeiner Stelle des Romans dieser Widerspruch als ein Zeichen für menschliche Unvollkommenheit gedeutet würde – was immerhin denkbar wäre, da am Schluß die Ankündigung des Krieges zeigt, daß die Menschheit auf die Friedensutopie noch nicht vorbereitet ist. Der Widerspruch zeigt vielmehr, daß die dem Roman zugrunde liegende Idee nicht ausgereift ist.

In diesem Zusammenhang verdient die Einstellung des Erzählers größere Beachtung. Von den vielen Stellen, an denen sich die unterschwellig vorhandene Mißachtung anderer Religionen und ihrer Bekenner durch die Romanfiguren verrät, soll daher abschließend nur noch eine aus dem ersten Kapitel betrachtet werden, weil sie ein besonderes Schlaglicht auf den Standpunkt des Ich-Erzählers wirft und zum nächsten Abschnitt überleiten kann. Omar begründet, warum er das Sakrileg begangen habe, mit einem Christen die Kleider zu tauschen: Er erklärt, in Waller einfach den Menschen gesehen zu haben. Der Missionar reagiert verwundert: „Der spricht ja genau wie ein Christ!" (96) Erst jetzt ist Omar in seinen Augen ein vollwertiger Mensch. Der Erzähler deutet dies als Folge der Berührung durch „die Hand eines lieben, von allem Erdenstaube reinen Engels" und bemerkt nicht, daß er damit wie Waller noch weit hinter der Erkenntnisstufe, welche Omar schon erstiegen hat, zurückbleibt. Auch für ihn ist nicht das Menschsein, sondern das Christsein Maß aller Dinge.

May verkennt also nicht nur die wahren Ursachen imperialistischer Politik und hebt die falschen oder bestenfalls zweitrangigen hervor; vielmehr wird er in der Figur des Erzählmediums selbst zu einem Teil der kritisierten Tendenzen. Dieser Aspekt soll nun näher beleuchtet werden.

2.2 Der Erzähler als ideelles Zentrum der Handlung

Martin Lowsky urteilt: „Der Roman [...] widerspricht [u. a.] in der kontemplativen, nur als Verfasser eines Lehrgedichts in die Handlung eingreifenden Hauptfigur der Vorstellung, die Auftraggeber und Leserschaft von dem Abenteuer-Schriftsteller May hatten."[46] Aber nur inkompetente Leser konnten das Fehlen der Art von Omnipotenz, die Old Shatterhand und Kara Ben Nemsi in den früheren Romanen bewiesen hatten, bedauern. Schon in Abschnitt 1.5 wurde gezeigt, daß die angeblich neue Haltung Mays und des erzählenden bzw. erlebenden Ichs alles andere als eindeutig ist. Scharf gegeißelt wird z. B. das rücksichtslose Gebaren der europäischen „Gentlemen" und „Ladies" in Colombo, die ungerührt andere Menschen niederreiten (125f.). Doch an einer Stelle verhält sich der Erzähler nur graduell, nicht aber grundsätzlich anders: In Kairo sprengt er mit Omar zu Pferde zwischen Menschen und Tieren hindurch: „Die Frauen kreischten; die Kameltreiber schimpften; Omar aber lachte fröhlich auf" (63).

Zwar bringt der Erzähler in *Und Friede auf Erden!* die vordergründige Handlung tatsächlich kaum noch voran – mit der Beförderung der englischen „Civilisatoren“ die Treppe hinunter hat er die einzige echte Action-Szene –, vor allem schmettert er niemanden mehr mit der Faust nieder. Dafür besitzt sein Gedicht eine vergleichbar schlagende Wirkung auf alle Beteiligten, auch wenn es nur auf einem Papierblättchen sanft durch die Lüfte herabsegelt. Aber noch stärker als in allen früheren Romanen stellt der Erzähler die zentrale geistige Instanz, den gedanklichen Brennpunkt der Handlung dar. Denn im Unterschied zu den eher zweit- oder drittrangigen Gefährten in den Abenteuerromanen sind es hier geistig hochstehende Personen (und überwiegend adlige, jedenfalls edle: Tsi ißt sogar mit Geschmack!, 268), die ihm ihre Bewunderung zollen. Zu ihnen darf man auch Omar zählen, der in komprimierter Form die Entwicklung des Hadschi Halef Omar durchmacht, eine ihm vergleichbare Funktion erfüllt und damit in der Hierarchie der Funktionsträger ganz obenan steht.

Durch das Auftreten des Erzählers in Point de Galle sah sich der Gelehrte Fang davor bewahrt, vorschnell „ein doch vielleicht falsches Urteil über die Völker des Abendlandes und ihre internationalen Umgangsformen zu fällen“ (169). Der Erzähler ist auch mehr als nur allwissend, er ist weise: Sein Tiefblick wird von dem Govemor bewundert (478). In Bereichen der Psychologie und Psychotherapie, in denen zunächst Tsi als Koryphäe vorgeführt wird, ist er wie zu Hause, was den jungen Chinesen in helles Erstaunen versetzt (411). Seine geistige Überlegenheit beweist er in der rechten Anwendung des Taucher-Gleichnisses auf die Heilungschancen Wallers: „‚O, oh!‘ rief da Tsi aus, indem er mich abermals ganz erstaunt fixierte. ‚Woher wollen Sie das wissen, Sie, der Nichtarzt, und der Europäer!‘“ (556) Die Hauptfigur als gottähnliches Wesen? Der Gedanke liegt wirklich nicht fern. „Herr, wer sind Sie denn eigentlich?“ hat Tsi unmittelbar davor gefragt (555), und die geheime Verbindung, in der der Gefragte mit Gott zu stehen scheint, klingt in Omars Bekenntnis an, als er aus dem Opiumschiff befreit worden ist:

> „Ich kenne dich ja, Sihdi. Wen du lieb hast, den verlassen deine Gedanken keinen Augenblick, und was du nicht sehen und nicht hören kannst, das läßt Allah dich ahnen. Ich wußte also, daß du kommen werdest.“ (541)

Die zentrale Bedeutung des Erzählers für die Romanhandlung konkretisiert sich in dem heilende Kräfte entfaltenden Gedicht *Tragt Euer Evangelium hinaus*. Die handlungsimmanente Rezeption wird zudem vom Autor gelenkt, indem er dem wie in Trance sprechenden Missionar seine gereimten Jamben in den Mund legt (445ff.,

469ff.). Die dominante Erzählerrolle konstituiert also das Gedicht mit, hintertreibt aber gerade dadurch dessen von vielen Interpreten so hervorgehobenen versöhnenden Inhalt.

Die Tatsache, daß – anders, als viele Forscher annehmen – Mays Einstellung zu seinen Romanen ebenso wenig grundsätzlich verändert ist wie die Rolle des Erzählers, wurzelt eben in der ideologischen Haltung, die unterschwellig die ganze Handlung bestimmt: dem deutsch-europäischen Überlegenheitsgefühl. Dies zeigt auch der merkwürdige Widerspruch, der zwischen Fangs Abschiedsworten auf dem Schiff und dem Verhalten des Erzählers besteht: Dieser hatte sich aus einer augenblicklichen Laune heraus ein scherzhaft-spielerisches Experiment erlaubt, mit dem er das Verhalten seines Gegenübers stark ironisiert und sich über den ernsthaften Gelehrten schlicht lustig machte:

> Es gab nun einen schweigsamen Wortstreit zwischen der morgen- und der abendländischen Höflichkeit, und ich war fest entschlossen, Sieger zu sein. Es vergingen drei, vier, fünf Minuten, welche unter anderen Verhältnissen höchst peinlich gewesen wären; hier aber machten sie mir Spaß. [...] Da kam mir ein köstlicher Gedanke. [...] und da Keiner das Zeichen des Aufbruches allein gegeben hatte, so war jeder von uns Beiden ein wahrer Ausbund der allergrößten chinesischen Höflichkeit! (159f.)

Man fühlt sich unwillkürlich in den *Blau-roten Methusalem* zurückversetzt. Verräterisch ist vor allem die Feststellung: „hier aber machten sie mir Spaß". Es gibt in früheren Romanen kaum eine Situation mit einer sich überlegen dünkenden, in Wahrheit dem Helden unterlegenen Figur, in der diese Wendung (oft mit dem Zusatz „heimlich") fehlt. Sie signalisiert eine Haltung herablassenden Mitleids mit einem Menschen kindlichen Gemüts, der glaubt, dem Helden imponieren zu können, und nicht merkt, wie lächerlich er sich damit macht. Hier aber treibt das ‚Ich' sein Spiel mit einem hochintelligenten Gelehrten, der es als identitätsbestätigenden Ernst auffaßt, wie seine Abschiedsworte auf dem Schiff zeigen:

> „Sie wollen mich in europäisch-herzlicher Weise entlassen. Wissen Sie, daß Sie das schon einmal noch viel herzlicher, und zwar chinesisch getan haben? Das war bei meinem Morgenbesuche in Point de Galle. Sie ahnten wahrscheinlich gar nicht, wie hoch Sie mich durch Ihr Schweigen stellten. [...] Wie kam es, daß Sie es taten? Etwa weil Sie es wußten, oder weil Sie es wollten? O nein. Die Menschenliebe ists, die immer vornehm handeln läßt, selbst in den unbekanntesten Verhältnissen!" [...]
>
> Als er gegangen war, nahm ich meine Arbeit wieder auf [...]. (180)

Den Erzähler hat das Anliegen Fangs überhaupt nicht berührt; es kommt ihm nicht in den Sinn, sein damaliges Benehmen könne falsch oder wenigstens unangemessen gewesen sein; und der Autor bemerkt den Widerspruch schon gar nicht.

Es ist auffällig, wie der Europa-Zentrismus des Romans mit dem Ego-Zentrismus der Hauptfigur wie des Autors verschmilzt. Das zeigt sich zum einen in der Erzählperspektive, z. B. dem merkwürdigen Perspektivenwechsel (360, 382f.), wo das ‚Ich' plötzlich aus der Sicht des Priesters bzw. der Freunde ‚spricht'; zum andern, und besonders, in der Einbeziehung von Mays eigenen Werken in die Handlung, wobei der Roman *Am Jenseits* eine handlungsbestimmende Funktion erhält: Neben dem Gedicht fördert er entscheidend den Heilungsprozeß Wallers. Überhaupt werden gegen Ende des Romans Produktinformationen des Autors/Erzählers über seine früheren Werke immer häufiger. Dazu paßt die Wendung gegen jede Kritik an dem von ihm Erfundenen und Geschilderten. Der Erzähler erscheint so letztlich als der metaphysische Bezugspunkt für das ethische Handeln der Menschen; folgerichtig kommentiert er das Geständnis des Governors über dessen bisheriges Dasein als Scheinchrist so: „Wie froh war ich über ihn! [...] er hätte mir gar keine größere Freude machen können!" (450)

Das ist nichts anderes als erzählerischer Imperialismus! Und dazu gibt es neben der Rolle des Erzählers noch einen weiteren aufschlußreichen Komplex: das Frauenbild im Roman. Dieses soll abschließend untersucht werden.

2.3 Frauenbild und Imperialismus

In das bisher gezeichnete Bild ordnet sich die dem Roman zugrunde liegende, klischeehafte Rollenverteilung zwischen Mann und Frau bruchlos ein. Die Männer sind handlungsstark, entscheidungsfreudig und können (innerhalb der Grenzen, die den Fähigkeiten des Autors gezogen sind) argumentieren. Die Frauen sind ängstlich, aber fürsorglich, fürs Ästhetische empfänglich und verzaubern die Männerwelt (man denke an die Reaktion des Governors auf Yin). Wie „das Weib" (267 u. ö.) charakterisiert wird, zeigt besonders eine Äußerung, die Raffley gegenüber dem Erzähler macht, als im fünften Kapitel die Kernhandlung wieder aufgenommen wird. Sie versammelt auf engstem Raum fast alle Stereotypen, die das Wesen und die Rolle der Frau aus einer reaktionären Männerperspektive, welche auch die des Erzählers ist, festlegen.

Raffley erfährt, daß Yin den Governor, den sie noch nicht kennt, aufgesucht hat. Er reagiert zunächst leicht konsterniert:

„Welche Kühnheit von ihr!“ sagte er. „Sie hat mich gar nicht erst gefragt. Aber wenn eine solche Frau dem eigenen Herzen folgt, so darf man ihr sehr gern vertrauen. Es ist also gut, da es nun einmal nicht so geschehen soll, wie ich die erste Zusammenkunft zwischen diesen beiden beabsichtigt hatte! Gott lasse es gelingen! Und ich wiederhole: Der Frauen Gefühl ist so unerforschlich richtig, und meine Yin muß immer, immer siegen! Kommt, Charley! Will Euch den Garten zeigen. Mir ahnt, daß sie den ‚uncle‘ dann herunterbringt. Sie hat da einen Lieblingsplatz. Da ist sie Blume unter lauter Blumen, und wenn sie fühlt, daß es in ihr zu blühen hat, zur Freude irgend eines anderen Menschen, so führt sie ihn dorthin. Im übrigen aber ist dieses Haus mit seinem Gebiet ihr zwar recht wohl bekannt, doch innerlich fremd. Ihre Heimat ist ja unser Raffley-Castle.“ (497)

Grundsätzlich hat die Frau den Mann für ihre Unternehmungen um Erlaubnis zu bitten. Sie wird nicht von ihrem Verstand, sondern von Gefühlen geleitet. Dadurch handelt sie mit angeblich traumhafter Sicherheit – der der Mann aber trotzdem mißtraut („Gott lasse es gelingen!“). Das für rational nicht erklärbar gehaltene, wie ein Geheimnis erscheinende Gefühlsleben der Frau wird vom Mann als Bedrohung der von ihm beanspruchten dominanten Position empfunden, und folgerichtig faßt er das Wesen der Frau in eine verniedlichende Blumen-Metapher: „das Weib“ ist ein seiner selbst unbewußtes pflanzliches Geschöpf, das eine ihm vorgegebene Aufgabe zu erfüllen hat. Diese besteht darin, andere Menschen zu beglücken, und ist schon im Namen vorgezeichnet: „Yin“, d. h. die „Güte“ (243). Schließlich gehört die Pflanze „Weib“ in einen eng umgrenzten Bezirk, „unser Raffley-Castle“; ein ‚Umtopfen‘ würde ihr nicht bekommen.

Andere Stellen des Romans bestätigen dieses Frauenbild. Der Erzähler räsoniert:

Wie leicht und doch wie schwer ist ein Frauenherz zu verstehen! Was uns Männern als Widerspruch erscheint, kann schönste Harmonie bedeuten, und was wir für oberflächlich halten, stammt vielleicht aus der tiefsten, verborgensten Seelenfalte. Das Weib weiß es selbst wohl nicht, wie also kann der Mann es wissen! (267)

Die vielen Unsicherheitsformeln („leicht und schwer“, „kann bedeuten“, „vielleicht“, „wohl“) erweisen diesen Passus als gedankliche Leerstelle, die nur die reaktionäre Auffassung von der Frau als einem seiner Identität unbewußten, naturhaften Geschöpf unterstreicht. Die häufige Engel- und Seelenmetaphorik zur Umschreibung des weiblichen Geschlechts zeigt die gleiche Einstellung. Und selbst Mary (auch dieser Name ist Programm) verschiebt einmal die Gestalt der Chinesin Yin, die doch ein Mensch aus Fleisch und Blut sein müßte, ins rein Ästhetische, als sie sie und ihr Werk, die Kabinenausstattung, als „Gedicht" (265f.) bezeichnet. Selbstverständlich besprechen die Männer dagegen „ernste Dinge" unter sich, „ohne die Frauen zu beunruhigen" (553).

Pflanzenhaftigkeit ist das Charakteristikum der Frau, das sie traditionell vom Wesen des intellektuell bestimmten Mannes unterscheidet und das dessen Wunschvorstellung am genauesten wiedergibt. „So stehst du da in deinem Wesen, holdes Weib, eine unbewußte Blume, eine himmlische Pflanze, ein spielender Singvogel, der von seinem Gesange nichts weiß."[47]

Diese uralte Auffassung entwickelte in der Zeit um 1900 eine besondere Virulenz und ist in der fast ausschließlich von Autorinnen verfaßten Mädchenliteratur der Zeit häufig zu beobachten. Gisela Wilkending schreibt dazu:

> Alle Problemlösungen in der Mädchenliteratur sind am Leitgedanken der ‚Natürlichkeit' orientiert. [...] In der Lyrik, aber auch in der erzählenden und selbst in der ratgebenden Literatur wird das Mädchen daher auch unmittelbar sprachlich mit Natur, vor allem mit pflanzlicher Natur gleichgesetzt.[48]

Eine solche Metaphorik verweist auf die von der Gesellschaft vor allem von Mädchen und Frauen geforderte Affektkontrolle und Triebunterdrückung, die im Laufe der Zivilisationsgeschichte immer mehr verinnerlicht wurden, d. h. zu Selbstzwängen geworden sind; der geschlechtsspezifische Aspekt dieser Zwänge ist ein wesentliches Element des „Prozesses der Zivilisation", den Norbert Elias herausgearbeitet hat.[49] In der Literatur können sich Frauen und Mädchen, aber auch Männer mit diesen „zivilisierten Standards"[50] identifizieren, oder sie zerbrechen an ihnen. In *Und Friede auf Erden!* – auch das ist bezeichnend für die Abwesenheit eines echten kritischen Potentials in diesem Roman – verläuft die Triebunterdrückung bei beiden Geschlechtern gänzlich problemlos. Mary und Yin haben die von den Männern ohne weiteres erwartete Rolle voll internalisiert. Omar spricht nur aus, was die Europäer ähnlich empfinden dürften: Yin ist „wie gar nicht von der Erde" (504); das gilt auch für Mary. Ratlos fragt sich der Leser, wie wohl die Paare Raffley/Yin und Tsi/Mary ihren Nachwuchs organisieren werden.

Es kommt nicht von ungefähr, daß dieses Frauenbild vor allem das letzte Kapitel beherrscht. Ist in den ersten vier Kapiteln nur ein eher latenter Imperialismus zu spüren, dem mehrfach Gedanken der Toleranz entgegengesetzt werden, so wird im fünften die der äußeren und inneren Handlung zugrunde liegende imperialistische

Gesinnung manifest – und das geschilderte Frauenbild erweist sich als wichtiger Bestandteil dieser Gesinnung. Auf verschiedenen Feldern, dem nationalen, religiösen und geschlechtsspezifischen, dominieren Denk- und Verhaltensweisen, die imperialistischen Standards entsprechen. Fremde politische Formen werden durch europäische, vorzugsweise englische oder deutsche, ersetzt; nichtchristliche Vorstellungen werden durch christliche Glaubensinhalte und Riten verdrängt; die Frau wird auf ein naturhaftes Gewächs reduziert. Der Roman belegt durchgängig die Unfähigkeit des Europäers, seine eigene Position ernsthaft zu hinterfragen und in der Begegnung mit anderen Kulturen zu relativieren. Was dem als Norm gesetzten Eigenen nicht entspricht, wird entweder direkt abgewertet oder als bloße Vorstufe auf dem Weg zum ‚Normalen' gedeutet, in jedem Falle als minderwertig betrachtet.

3. Wertung und Ausblick

Der Versuch Mays, zwei nicht zu vereinbarende Programme miteinander in Einklang zu bringen, konnte nicht gelingen. Die Tolerierung anderer Kulturen gemäß den Gedanken der europäischen Aufklärung und die Verabsolutierung des Christentums als einzig wahrer Religion schließen einander eben aus. Die irreale Phantastik des Landes Ocama verfehlt ihr – ursprünglich wohl beabsichtigtes und einzig sinnvolles – Ziel einer grundlegenden Zeitkritik; sie gerät statt dessen – sicher vom Autor ungewollt, ja unbemerkt – trotz aller emphatisch vorgetragenen Kritik zur Affirmation des ideologischen Substrats der imperialistischen Politik. Der Roman, der darauf angelegt war, dem europäischen Imperialismus den Spiegel vorzuhalten und ihm eine Welt des friedlichen Miteinander unterschiedlicher Kulturen und Lebensformen entgegenzusetzen, propagiert in Wahrheit selbst eine Form des Imperialismus, die man in die lapidare Formel fassen kann: Erst wenn alle Welt christlich geworden ist, gibt es keinen Krieg mehr. Die Parallele zu Cecil Rhodes' schon zitiertem Ausspruch ist auffallend und erschreckend zugleich.

Im Brief vom 18. November 1904 an den *Dresdner Anzeiger* gesteht May, er habe den Roman „lieb gewonnen".[51] Diese sehr persönliche Äußerung ist zweifellos ernst zu nehmen. Sie kann aber meiner Ansicht nach nicht darüber hinwegtäuschen, daß sich der Versuch des Autors, eine gewiß löbliche Absicht zu verwirklichen, ins Gegenteil verkehrt hat.

Mays Roman gehört in die lange Reihe von literarischen Werken, die idealistisches Gedankengut verbreiten wollten, aber die realen Schrecken des 20. Jahrhunderts, z. B. der Naziherrschaft und des Holocaust, nicht nur nicht verhindern konnten, sondern ihnen in ideologischer Hinsicht faktisch zugearbeitet haben. Auf den Zusammenhang zwischen dem Humanitätsideal der Klassik und dem Konzentrationslager Buchenwald am Hang des Ettersberges bei Weimar erinnert daher ganz richtig eine Schneise, die ehemals der Jagdleidenschaft der Weimarer Herzöge diente und heute als ‚Zeitschneise' vom Schloß zum KZ führt. Sie soll Anstoß erregen, indem sie die höchst beunruhigende Frage stellt, warum große Kultur[52] Barbarei nicht verhindern kann.

Der Roman gibt vielleicht eine Antwort. Alle positiven Figuren sind höchst edel denkende Menschen, selbst unter der Besatzung der „Yin" gibt es „keinen einzigen rohen Menschen" (423). Sie stellen aber damit eine kleine Elite dar, die sich geistig und sozial von anderen Gruppen abgrenzt und für die Masse der Menschen mit ihren konkreten Sorgen kein Verständnis aufbringt. Die gesellschaftliche Realität wird fast gänzlich ausgeblendet. Wo sie eine Rolle spielt, da wird sie in üblicher Abenteuermanier abgehandelt, z. B. in der Episode mit dem Opiumschiff, wo sie zudem von der Familiengeschichte Wallers-Dilkes überlagert wird, oder sie wird ironisch abqualifiziert, wenn sich der Erzähler z. B. über den Zopf der indochinesischen „Rickschahmänner" lustig macht, der „hier in Penang in Gestalt eines von den Motten verheerten Meerkatzenschwanzes hin- und herpendelte" (190). Dem Roman liegt ein metaphysisches Geschichtsbild zugrunde, wonach das Ziel der Geschichte im weltweiten Sieg des Christentums besteht und sich letztlich ohne menschliches Zutun, vor allem ohne echtes politisches Engagement herstellen wird.

Die seit langem aktuelle politische Streitfrage, ob die westliche Auffassung von Menschenrechten, parlamentarischer Demokratie usw. universelle Geltung beanspruchen darf oder ob die Vorstellungen, die außereuropäische Nationen im Laufe ihrer Geschichte entwickelt haben, gleichberechtigt sind, wird in *Und Friede auf Erden!* nicht einmal ernsthaft gestellt: In den theoretisierenden Passagen der Reden scheint zwar einer gewissen Multikulturalität das Wort geredet zu werden, in der Handlung, vor allem des fünften Kapitels, wird jedoch das Gegenteil praktiziert. Damit erweist sich May ganz als das Kind seiner Zeit. Trotz der erklärten Absicht, einen eigenen Weg zum Frieden vorzuführen, gerät sein Roman in den Sog der vorherrschenden imperialistischen Zeitströmung, die er zu bekämpfen vorgibt. Der Roman enthält keine wirklich innovativen Ansätze. Ein uraltes Rezept, die Christianisierung der Welt, wird angereichert durch den im Deutschland der Hochphase des Imperialismus verbreiteten Glauben, an der deutschen Variante der europäischen Zivilisation und des Christentums werde die Welt genesen. Die realistisch-pessimistische Schlußwendung: „Meine Brüder, es gibt – – – Krieg!“ (658) kann diese gefährliche irreale Tendenz nicht verschleiern.

Anmerkungen

1 Erst seit Ende des 19. Jahrhunderts wird der im Roman nicht vorkommende Begriff ‚Imperialismus‘ im modernen Sinne allgemein gebraucht. Der gemeinte Sachverhalt war dagegen schon lange bekannt. Vgl. dazu das Stichwort „Imperialismus“ in: *Geschichtliche Grundbegriffe. Historisches Lexikon zur politisch-sozialen Sprache in Deutschland*, hg. v. O. Brunner, W. Conze u. R. Koselleck, Bd. 3. Stuttgart 1982; ND 1995, S. 171ff., hier S. 179.

2 Ulrich Schmid: *Das Werk Karl Mays 1895–1905. Erzählstrukturen und editorischer Befund.* Ubstadt 1989, S. 161-188.

3 Martin Schenkel: *Ecce homo!. Zum heilsgeschichtlichen Friedensmythos in Karl Mays Reiseerzählung ‚Und Friede auf Erden!‘.* In: *Karl May*, hg. v. Heinz Ludwig Arnold. Sonderband text + kritik. München 1987, S. 191-221.

4 Schmid [Anm. 2], S. 174.

5 Ebd., S. 177.

6 Ebd., S. 184.

7 Ebd., S. 180.

8 Ebd., S. 184.

9 Ebd., S. 186.

10 Ebd., S. 207.

11 JbKMG 1971, S. 171.

12 Brief an Plöhns, in: JbKMG 1971, S. 182.

13 Ebd., S. 185.

14 Schmid [Anm. 2], S. 165.

15 Vgl. ebd., S. 183.

16 *Karl-May-Handbuch*, hg. v. Gert Ueding. Stuttgart 1987, S. 305.

17 Schenkel [Anm. 3], S. 193.

18 Ebd., S. 196.

19 Ebd., S. 201.

20 Hauptwerke: John Atkinson Hobson: *Imperialism*, 1902 (ökonomisch); Rudolf Hilferding: *Das Finanzkapital*, 1910 (marxistisch); Hans-Ulrich Wehler: *Bismarck und der Imperialismus*, 1969 (sozialökonomisch); daneben gibt es sozialpsychologische Imperialismus-

theorien, die die ideologischen Motive als entscheidende Ursachen des Imperialismus erkennen wollen.

21 Wolfgang J. Mommsen: *Das Zeitalter des Imperialismus*. Frankfurt/M. 1969, S. 17.

22 Hans-Peter Ullmann: *Das Deutsche Kaiserreich 1871–1918*. Frankfurt/M. 1995, S. 158f.

23 Schenkel [Anm. 3], S. 193.

24 Der falsche Numerus des Verbs steht in der *Pax*- und *Friede*-Fassung.

25 Schenkel [Anm. 3], S. 194.

26 Ebd., S. 220, Anm. 9.

27 Eine Fassung ist abgedruckt in: *Quellen zur deutschen Außenpolitik im Zeitalter des Imperialismus 1890–1911*, hg. v. Michael Behnen. Darmstadt 1977, S. 246f.

28 Mit diesem Ausdruck charakterisierte Ulrich von Thüna im JbKMG 1970, S. 161, treffend Mays Antwort vom 17. 2. 1907 an die pazifistische Zeitschrift *La paix par le droit*.

29 *Quellen zur deutschen Außenpolitik* [Anm. 27], S. 165f.

30 Karl Wilke: *Prinz Heinrich in Ostasien*. In: Joseph Kürschner (Hg.): *China. Schilderungen aus Leben und Geschichte, Krieg und Sieg. Ein Denkmal den Streitern und der Weltpolitik*. Leipzig [1901], Erster Teil, Sp. 539-544.

31 Ebd., Sp. 544.

32 Carl Freiherr v. Beaulieu-Marconnay: *Weltmachtpolitik und Flotte*. In: Kürschner [Anm. 30], Sp. XXXIIIf.

33 Ebd., Sp. XXXVI.

34 Eugen Wolf: *Was hat Deutschland von China zu erwarten? Was hat China von Deutschland zu erwarten? Welchen Weg muß Deutschland einschlagen, um sein Ziel zu erreichen?* In: Kürschner [Anm. 30], Sp. 545-548.

35 JbKMG 1971, S. 181.

36 Ebd., S. 186.

37 Ebd., S. 187.

38 Bericht Ziegers an Kürschner, in: JbKMG 1983, S. 149.

39 Martin Lowsky: *Karl May*. Stuttgart 1987, S. 87f.

40 Zitiert nach: Wolfgang J. Mommsen: *Imperialismus, seine geistigen, politischen und wirtschaftlichen Grundlagen. Ein Quellen- und Arbeitsbuch*. Hamburg 1977, S. 48.

41 Eusebius: *Vita Constantini* 1.28.2.

42 Vgl. z. B. Schenkel [Anm.3], S. 197 u. 202.

43 Ebd., S. 197.

44 Schenkel im *Karl-May-Handbuch* [Anm. 16], S. 304.

45 Eine bemerkenswerte Parallele bietet der Kommentar des *Dresdner Anzeigers* vom 19. Juni 1897 zu einer Meldung des Dampfers „Roma“ über die Bestrafung von „Kannibalen“, die eine Karawane mit Waren für eine schwedische Firma angegriffen hatten, durch eine deutsche Strafexpedition: „Da nur in Kamerun schwedische Handelsfirmen ansässig sind, war es selbstverständlich, daß deutsche Schutztruppen die Züchtigung der Kannibalen übernahmen.“

46 Lowsky [Anm. 39], S. 111.

47 Ernst Moritz Arndt: *Briefe an Psychidion oder Über weibliche Erziehung* (1819); zit. nach Hildegard Westhoff-Krummacher: *Als die Frauen noch sanft und engelsgleich waren. Die Sicht der Frau in der Zeit der Aufklärung und des Biedermeier*. Münster 1995, S. 307.

48 *Kinder und Jugendliteratur: Mädchenliteratur. Vom 18. Jahrhundert bis zum Zweiten Weltkrieg*, hg. v. Gisela Wilkending. Stuttgart 1994, S. 48f.

49 Norbert Elias: *Über den Prozeß der Zivilisation: soziogenetische und psychogenetische Untersuchungen*, 2 Bde. Frankfurt/M. [21]1997.

50 Zu Begriff und Sachverhalt vgl. ebd., Bd. 2, S. 323ff.

51 JbKMG 1972/73, S. 136.

52 Der Begriff „Kultur“ meint hier im engeren Sinne die Gesamtheit des geistigen und künstlerischen Schaffens.

Roy Dieckmann

„...und braucht auch nicht vor den Rätseln der Sphinx zu bangen“

Geschichte und Revolution in Karl Mays ‚Und Friede auf Erden!‘

„Eine wohlvorbereitete, großartige Bewegung“?

„Sihdi, weißt du, was heut ist?“ fragte er.
„Dienstag,“ antwortete ich.
„Nein, sondern Revolution!“ (XXX 598)

Geschichte und Revolution gehören nicht nur im marxistischen Weltbild eng zueinander. Revolutionen sind zentrale, dynamische Prozesse. Nur in der Interpretation ihrer Bedeutung, ihres Schadens und ihres Nutzens unterscheiden sich die Geschichtstheorien, die sich letztlich an der Frage brechen: Läuft Geschichte auf ein Ziel zu oder folgt sie zyklischen Gesetzen? „Die Gegenwart ist unsere Vergangenheit gewesen und wird auch unsere Zukunft sein“ (23), schreibt Karl May am Beginn seines Romans *Und Friede auf Erden!*. „Wer das begreift“, heißt es weiter, „der hat nicht nötig, das Innere der Pyramiden zu durchforschen, und braucht auch nicht vor den Rätseln der Sphinx zu bangen, deren Lösung er klar und deutlich in seinem Herzen trägt.“ (23f.)

Im selben Werk, an späterer Stelle, spielt auch der Begriff der Revolution eine weitaus zentralere Rolle, als ihm bisher zugewiesen wurde. Dies darzustellen ist Ziel der folgenden Überlegungen. Im Mittelpunkt stehen die Ereignisse im letzten Kapitel des Bandes, anläßlich der Feierlichkeiten der „Shen“-Bruderschaft, die von fremden Aufwieglern gestört werden sollen. Wenn hier davon die Rede sein wird, daß diese Gruppe der „Shen“ für ein pazifistisches Gegenkonzept zu der von außen her drohenden Revolution steht, ergeben sich Fragen an den historischen Revolutionsbegriff, sowie an den Karl Mays. Letzterer ist schon häufiger innerhalb ideologiekritischer Beiträge zu verschiedenen Texten des Autors analysiert worden.[1] Hier soll es daher auch weniger um eine, ohnehin nahezu unmögliche ideologische Einordnung Mays gehen. Letztlich war er in jedem Falle kein aktiver Ideologe und Politiker oder gar aktiver Revolutionär. Vielmehr sollen die Querverweise in *Und Friede auf Erden!* aufgenommen werden, die die geschichtstheoretischen Passagen mit offenen Überlegungen oder verdeckten Allusionen zum Wesen der Revolution verbinden.

Läßt sich all dieses zu einem einheitlichen Bild zusammenfügen, das der Verfasser vor Augen hatte, als er 1904 den Text als Teil seiner ‚Gesammelten Reiseerzählungen' abschloß, den er in der hurrapatriotischen Großedition Kürschners zwar beginnen, aber nicht beenden sollte? Ist die „Shen"-Bruderschaft gar Ausdruck der „wohlvorbereitete[n], großartige[n] Bewegung auf religiös-ethisch-sozialem Gebiete", die May gegenüber Fehsenfeld für seine „*Predigten an die Völker*"[2] ankündigte?

1. Eine Revolution des Lachens

Der Begriff Revolution weist im letzten Kapitel von *Und Friede auf Erden!* keineswegs eine eindeutige Referenz auf eine der Gruppen dieses Handlungsabschnittes auf. Sejjid Omar erklärt nach dem einleitend zitierten Wortwechsel zunächst: „Diese Revolution ist aber eine, bei welcher nicht geschossen wird, auch nicht gehauen oder gestochen, sondern es wird nur gelacht, weiter nichts, weiter gar nichts." (598) Nach dieser Aussage scheint die erwähnte Revolution von den Mitgliedern der „Shen"-Bruderschaft auszugehen, die sich auf der surrealen Insel Ocama zum Tag der „Shen" in deren heiligem Land, dem Shen-Kuo, zusammengefunden haben. Von einigen ihrer Vertreter („Die ganzen Diener, die es hier gibt") hat der arabische Begleiter des Ich-Erzählers die Informationen über die bevorstehenden Ereignisse. Er fährt kurz darauf damit fort, dem Sihdi seine Vorstellung von Revolution zu referieren:

> „Bei einer Rebellion muß man doch alles totschlagen! Den Vizekönig, die Pascha's, die Generäle und ganz besonders Jedermann, der im Ministerium ist. Das weiß ich von Aegypten aus, wo sie so gemacht würde, wenn eine wäre. Aber es gibt keine. In Stambul machen sie bloß den Sultan tot; das ist dann eine!" (598f.)

Diese kurze Passage ist weniger eine Auseinandersetzung mit den politischen Verhältnissen der islamischen Welt, als eine Spitze gegen abendländische Revolutionsfanatiker: Die Feindbilder sind auf die gesamte Führungsebene des Staates verteilt, „alles" muß man „totschlagen", aber unter dem Strich wird dies als eine hohle Phrase entlarvt, denn alles dies wird im Konjunktiv festgestellt. Letztlich gibt es einfach keine Revolution in Ägypten, keine Veränderungen, durch die die radikalen Reden in die Tat umgesetzt werden könnten. Im Osmanischen Reich scheint dagegen die Tat im Vordergrund zu stehen; dort macht man „bloß" den Sultan tot.

Die Formulierungen des Eseltreibers Sejjid Omar erscheinen hier besonders naiv (z. B. „machen sie [...] tot"). Der Autor legt dem Diener ganz bewußt keine Worte über inhaltliche Ziele einer Revolution in den Mund.

In den folgenden Sätzen beginnen die Referenzprobleme. Das Personalpronomen in dem Satz „Aber hier kommen *sie* über die Grenze" (Hervorhebungen R. D.) bezieht sich eindeutig auf das in „In Stambul machen *sie* bloß den Sultan tot". Es sind also mit denen, die über die Grenze kommen, offensichtlich die gemeint, die eine Revolution durchführen. Jene, die über die Grenze kommen (also „sie"), erlangen in der weiteren Schilderung eine passive Rolle: „*Sie* werden zum Essen eingeladen und bekommen viel [...] Samschu zu trinken. Das ist ein starker Schnaps, von dem *sie* einschlafen." (599) Den aktiven Posten übernehmen hier wieder die Mitglieder der „Shen"-Bruderschaft. Sie überlisten die Gäste von außerhalb Shen-Kuos, indem sie sie einschläfern. Diese listige Taktik erinnert an Motive der klassischen Reiseerzählungen in Mays Werk. Dem Versuch, mit Gewalt sein Ziel zu erreichen, werden die Aspekte Berechnung und Überraschung entgegengestellt, um den Angreifer auf friedlichem Weg an seinen Absichten zu hindern.[3] Der Listige trägt damit nicht nur den konkreten Erfolg, sondern auch den geistigen Sieg davon. Daß an der List in diesem Falle der Ich-Erzähler überhaupt nicht beteiligt ist, läßt dessen außergewöhnlich zurückgezogene, „kontemplative"[4] Rolle in diesem Werk deutlich werden. Am Ende braucht es dieser List im übrigen nicht. Allein das Wort, nämlich die Rede des Hoschang, überzeugt die fremden Gäste, die von dem Amerikaner Dilke aufgehetzten Fan-Fan, von ihren Plänen abzulassen.

Zunächst jedoch zurück zum Revolutions-Gespräch: Ein Teilsatz wird in dem kurzen Monolog Sejjid Omars wörtlich wiederholt. Nachdem der Eseltreiber seine bisherigen Vorstellungen einer Revolution wiedergibt, wie er sie aus dem islamischen Kulturraum zu kennen meint, schließt er das erste Mal mit „das ist dann eine [Revolution]". Nachdem er aber geschildert hat, was die Bruderschaft „Shen" am gleichen Tag noch plant und was für ihn ein völlig neuer Inhalt des Begriffes Revolution ist, folgt erneut „Das ist dann eine" (599). May läßt uns durch diesen Abschnitt Zeuge eines Prozesses bei Sejjid Omar werden: Dieser lernt einen neuen Revolutionsbegriff kennen, einer Revolution, in der nicht alles totgeschlagen wird, sondern in der man lacht: „Und wir sitzen dabei und lachen!" (599), heißt es bei ihm nämlich weiter. Dieses Lernen ist wiederum der Teil eines längeren Prozesses, der den

Charakter durch das gesamte Buch begleitet. Zu Beginn des Romans ist Sejjid Omar religiös und national mit starken Vorurteilen belastet und verhält sich entsprechend intolerant gegenüber den Christen. Als er sich dem Ich-Erzähler in Kairo als Begleiter anbietet, stellt er die Bedingung, daß dieser seinen Glauben unangetastet läßt:

„Du kannst von mir verlangen, was du willst, ich werde es tun. Aber verlange nichts, was gegen meinen Glauben ist; laß mich keines meiner Gebete je versäumen, und sprich nie von deiner Religion! Ich liebe dich, aber ich liebe nicht das Christentum.“ (45)

Die Begründung für diese Bedingung liefert der Autor in darauffolgenden Ausführungen über das schlechte Bild, das die Touristen, besonders der sogenannte „Herdentourist“ (47), im Nahen Osten vom Christen bieten. Damit ist Sejjid Omar, „der einige Jahre lang in der Azharmoschee Theologie studiert“ (48) hat, allerdings schon etwas toleranter als es Hadschi Halef Omar in der berühmten Anfangsszene von Band 1 der ‚Gesammelten Reiseerzählungen‘ *Durch Wüste und Harem* ist. Halef will nicht nur kein Ungläubiger werden, er will zudem auch seinen Sihdi zum Islam bekehren: „Du bist so gut, so ganz anders als andere Sihdis, denen ich gedient habe, und darum werde ich dich bekehren, du magst wollen oder nicht.“ (I 1) Der Ich-Erzähler bleibt in beiden Fällen ganz Aufklärer: Er stellt der religiös-kulturellen Intoleranz keinen direkten Widerstand, sondern die eigene Toleranz entgegen und indem er sie vorlebt, läßt er sie Halef und Sejjid Omar erleben. Statt der puren Ablehnung von Sejjid Omars Bedingung, erlebt auch der Leser, wie der Erzähler die Loyalität des Eseljungen herauszufiltern: „Die Bedingungen [...] bildeten [...] eine Empfehlung für ihn. Wer das, was ihm heilig sein soll, nicht achtet, wird höchst wahrscheinlich kein treuer, zuverlässiger Diener sein.“ (48) Dies ist bei beiden Begleitern der Beginn eines Prozesses hin zum toleranten und humanistischen Denken. Immer wieder teilt der Autor uns Stationen dieser Entwicklung mit, die parallel auf mehreren ‚Sinnschichten‘ zu der „innere[n] Wandlung noch weiterer Romanfiguren“[5], des Missionars Wallers, des Governors und des gesamten Romans überhaupt läuft. So differenziert sich Sejjid Omars Bild vom Christentum etwa in einer Aussage, die auf Ceylon fällt, als überlegt wird, ob er weiter nach Sumatra dem Sihdi folgen soll und wie man mit der weiteren Entlohnung fortfährt: „Nichts bist du mir schuldig, gar nichts. Ich merke mir auch nichts, denn du bist kein falscher, sondern ein richtiger Christ und wirst mich nicht betrügen.“ (162) Auch kulturell fallen die Schranken: „Mein Sihdi hat mich gelehrt, Old England lieb zu haben" (199). Je komplexer das neue, tolerante Weltbild des Eseljungen wird, desto mehr legt der Autor auch die Gedankengänge der Figur offen. In Ocama nehmen die Bruderschaft der „Shen" und ihre Vertreter immer mehr Einfluß auf diese Überlegungen. So berichtet Sejjid etwa nach einem Gespräch mit dem Chinesen Fu:

„Jeder Mensch will glücklich werden; das ist falsch. Jeder Mensch soll glücklich machen; das ist richtig. Weil Jedermann bisher das Glück für sich verlangte, konnte es kein Glück auf Erden[6] geben. Hieraus folgt, daß wir zum Richtigen greifen müssen." (551)

Antithetisch geht Sejjid Omar vor, wenn er altes und neues Verständnis des Begriffes Glück („will glücklich werden" vs. „soll glücklich machen") gegenüberstellt. So haben wir es schon für den darauf folgenden Revolutions-Dialog festgestellt und so lassen sich – dies hat bereits Martin Schenkel in seinem Aufsatz zum ‚heilsgeschichtlichen Friedensmythos' bemerkt – weitere „thematische Oppositionen" innerhalb des Romans nachweisen, die sich vom „Grundgegensatz"[7] Haß vs. Liebe ableiten lassen.

In beiden Szenen sucht Sejjid aber auch die Bestätigung durch seinen Sihdi. Die zuletzt zitierte Aussage schließt mit: „Ist das wahr oder falsch, Sihdi?" Die Antwort lautet: „Es ist wahr." (551) Den resümierenden Satz „Das ist dann eine" variiert Sejjid im Gespräch über Revolution zu der Abschlußfrage: „Glaubst du wirklich, daß das eine ist?" Auch hier ist die Reaktion bestätigend, ja sogar ermutigend: „Ja. Es ist sogar eine sehr vernünftige." (599) Insbesondere das Revolutionsgespräch ist also eine beispielhafte Station auf dem Weg Sejjid Omars, der zusammen mit anderen Charakterentwicklungen für den menschlichen Weg hin zu dem Ziel steht, das im Titel ausrufend postuliert wird: *Und Friede auf Erden!*

Daraus, daß May bei dieser Entwicklung Sejjid Omars gerade den Revolutionsbegriff als ein Beispiel wählt, kann geschlossen werden, daß er dem Thema durchaus eine Bedeutung in diesem Zusammenhang zumißt. Doch das Revolutionsmotiv als Charakterisierung für die Vorgänge, die auf Ocama und in Shen-Kuo von der Bruderschaft der „Shen" ausgehen, wird nicht konsequent genug ausgeführt. So kommt es zu der schon mehrmals angesprochenen Undeutlichkeit: Wenn es sich bei den treibenden Kräften der Revolution um die Mitglieder der „Shen" handelt, dann stimmen die Bezüge im bisher genau behandelten Abschnitt nicht mehr. Hier sei er deshalb noch einmal unter diesem Gesichtspunkt zitiert:

„In Stambul machen *sie* [die Revolutionäre] bloß den Sultan tot; das ist dann eine [Revolution]! Aber hier kommen *sie* [die Revolutionäre?] über die Grenze herüber, um große Reden zu halten. *Sie* [die Revolutionäre?] werden zum Essen eingeladen und bekommen viel, sehr viel Samschu zu trinken. Das ist ein starker Schnaps, von dem *sie* [die Revolutionäre?] einschlafen. Das ist dann eine! Und wir [die Mitglieder der Bruderschaft „Shen"] sitzen dabei und lachen! Glaubst du wirklich, daß das eine ist?"

„Ja. Es [diese Revolution] ist sogar eine sehr vernünftige." (599)

Wenn wir davon ausgehen – und dafür brauchen wir noch keine theoretische Definition von Revolution –, daß der Begriff jeweils eine aktive und eine passive thematische Rolle zuweist, dann hat der Text spätestens bei „Sie werden zum Essen eingeladen" einen merkwürdigen Bruch in der Referenz des Personalpronomens: Zuvor referierte das „sie" auf die aktive Rolle der Revolution, danach auf eine passive Rolle, denn „sie" *werden* eingeladen und *bekommen* viel Samschu. Das wird sogar noch zweimal bestätigt, einmal von Sejjid Omar und dann noch einmal von der höheren Instanz, dem Ich-Erzähler. Wie kommt dieser Bruch zustande? Hat May hier etwa eine Passage gekürzt und die Personalpronomen danach nicht korrekt aufgelöst? Dachte der Autor an dieser Stelle daran, daß Revolution doch für ihn das „schlimmste Wort der Welt" (XXVI 539) wäre und daß er den revolutionären Charakter der Ereignisse nicht mehr so deutlich werden lassen wollte? Oder hat May hier einfach einen flüchtigen Formulierungsfehler begangen? Entstand dieser Fehler aus der Aufgabe, eine antithetische Argumentation der Figur in den Mund zu legen? Hier scheint sich teilweise zu beweisen, was Hans Wollschläger in seiner Charakteranalyse 1972 über Mays Schreibweise feststellte:

Es scheint, daß May ein Werk stets ohne jede präzise Vorstellung von Fortgang und Lösung der Handlung begann; seine – oftmals durchaus kunstvollen – Durchführungen entstehen dann viel mehr aus sich selbst als aus dem exponierten Material, von dem sie oft erstaunlich viele Motive einfach liegen lassen.[8]

Offensichtlich sind wir hier auf ein solches Motiv gestoßen, denn schon bald wird im weiteren Text die aktive Rolle der Revolution wieder eindeutig nicht mehr der Seite der Liebe, der „Shen"-Bruderschaft, sondern der Seite des Hasses, den Fan-Fan zugeordnet. Wieder ist es Sejjid Omar, dem wir in diesem Zusammenhang zuhören. Er fungiert mit seinem bemühten Kauderwelsch, „teils arabisch, teils englisch, malajisch und chinesisch, wie es ihm grad auf die Zunge kam" (XXX 654), als Sprachrohr und Dolmetscher der Eindringlinge, ergänzt deren Erklärung aber auch durch eigene Erkenntnisse:

„Wir sind eine Deputation von Aufwieglern, Rebellen und Empörern. Wir wollten eine große Revolution machen, aus der aber nichts geworden ist, weil wir nichts davon wußten. Und als wir es erfuhren, da machten wir nicht mit. Denn als der Ho-Schang seine Rede auf dem großen Platze in Shen-Fu gehalten hatte, da wurden plötzlich alle gescheit, die dumm gewesen waren. Das darf aber bei einer richtigen Revolution nicht sein, und darum wurde es eben keine!" (654)

Nach der zuerst betrachteten Passage wird die Idee einer Revolution, bei der man nur dabeisitzt und lacht, bei der mit friedlichen Mitteln, höchstens durch die List, das Ziel erreicht werden soll und bei der es sich ausdrücklich um die vernünftige Variante des Verständnisses von Revolution handelt, die Idee einer Revolution des Lachens, völlig fallengelassen. Plötzlich definiert sich der Begriff wieder von der negativen Seite her, indem es heißt, eine richtige Revolution wäre nur die, bei der niemand „gescheit" wird, der zuvor dumm war. Die Rebellen wurden nicht durch die List, sondern durch die Wirkung des Wortes, durch die Rede des Ho-Schang, von ihren Zielen abgebracht. Der Weg ist zwar ebenso friedlich, er läßt aber die angekündigte Vorgehensweise völlig kommentarlos vergessen.

Das führte auch in der Forschung dazu, daß der Revolutionsaspekt bisher nur auf die Empörung gegen die „Shen"-Bruderschaft bezogen wurde. So beschreibt Hartmut Wörner die analysierten Episoden als wichtiges Beispiel für Revolutionsschilderungen am Beginn des Alterswerks, bezieht sich allein auf die Fan-Fan und stellt den „ätzende[n] Spott" heraus, der im „kläglichen Ende dieser Revolution" anhand der späteren „geschichtliche[n] Wirklichkeit" liege. Er sieht darin einen Übergang zwischen den Revolutionsschilderungen des früheren Werks, in dem sie vor allem als Handlungsträger fungierten, und den Episoden im Spätwerk, in dem sie „Träger des – für May so wichtigen – Gleichnisses" werden.[9] Auch Martin Schenkel schreibt: „Fu und Ho-Schang gelingt es, die Revolution, die Störung des äußeren Friedens am großen Tag der Shen zu vereiteln."[10] So scheint die Forschung bisher einig darüber, den Revolutionsbegriff nur auf die ‚Störung' der „Shen", nicht auf die Bruderschaft selbst anzuwenden. Wie bereits dargestellt, bietet der Blick auf die Äußerungen der handelnden Personen und des Erzählers im Text keine eindeutige Aussage. Sie sind eher verwirrend.

2. Revolutionsbegriffe

Nähern wir uns diesen Undeutlichkeiten dadurch, daß wir den Begriff der ‚Revolution' einmal näher unter die Lupe nehmen. Der neuzeitliche Revolutionsbegriff ist in erster Linie ein Produkt der französischen Revolution von 1789: „Hier zuerst ist Revolution nicht nur nachträglich festgestellt worden, sondern bewußt erlebt und in langen Kämpfen durchgesetzt, schließlich auch wieder bestritten worden."[11] Zuvor war ‚Revolution', ein Wort, das sich von der alten lateinischen astronomischen Bezeichnung für die Umwälzungen der Himmelskörper ableitet, vom Ergebnis her betrachtet worden. Nach dem Sturm auf die Bastille wurde ‚Revolution' zu einem dynamischen Begriff. Diejenigen Theoretiker, die ‚Revolution' bereits zuvor als soziale, politische oder kulturelle Umwälzung beschrieben hatten, setzten sich auch alle bereits mit dem Problem der Gewaltanwendung innerhalb dieser Prozesse auseinander. Sie kamen dabei – von den Humanisten bis zu den Aufklärern – in der Regel zu einem gewaltverneinenden Urteil. Das rührte zunächst aus der Tatsache, daß bestehende Herrschaftsstrukturen an sich nicht in dem Sinne aufgebrochen werden sollten, wie es ab 1789 in Frankreich gegenüber dem Absolutismus geschah.

Zwei Beispiele seien für dieses Verständnis, notwendig erweitert auf die Begriffe Aufruhr und Aufstand, an dieser Stelle genannt. Zum einen äußerte sich Martin Luther 1521/22 im Sinne seiner Zwei-Reiche-Lehre, daß er den „geistlichen auffruhr" gutheiße. Dieser geistliche Aufruhr dulde keine Parteinahme: „Drum last uns tilgenn die parteysche namen unnd Christen heysse [...]. Die Papisten haben billich einen parteyschen namen." [12] Doch diese Forderung ist scharf getrennt vom „leyplichen auffruhr", den Luther unter jeder Bedingung ablehnt: „Denn auffruhr had keyn vernunfft und gehet gemeynicklicher mehr ubir die unschuldigen denn ubir die schuldigen."[13] Etwa zweieinhalb Jahrhunderte später trennt der Aufklärer Voltaire den „esprit républicain", den Geist des Aufruhrs der Massen gegen die Staatsgewalt[14], von der „révolution des esprits", der „Revolution der Geister [...], die sich in seiner Zeit und mit Hilfe seiner Gedanken vollzieht".[15] Zwischen diesen beiden verknappten Beispielen und dem Revolutionsverständnis des Bildungsbürgers um 1900 erfährt das Wort Revolution selbst eine Umwälzung, die sich an drei zentralen Veränderungen festmachen läßt:

1. In den großen Erhebungen zwischen 1789 und 1848 geht die Gewaltanwendung der Aufständischen wie der Reaktion mit dem

Begriff Revolution eine untrennbare Verbindung ein. Friedrich Daniel Bassermann sprach 1848 in der Frankfurter Paulskirche für die Mehrheit der dort versammelten Abgeordneten: „Wir haben keine tabula rasa in Deutschland, wir haben gegebene Verhältnisse und es gilt zu reformieren, und nicht zu revolutionieren."[16] Selbst im wichtigsten deutschen staatspolitischen Lexikon des 19. Jahrhunderts wird über die Leidenschaften der Masse, die sich auf den politischen Hochverrat einläßt, geurteilt, daß sie „das mögliche Gute in der Zukunft verhüllt" lassen und daß nur das Unglück durch Gewalt und Verbrechen gewiß sei.[17] Begriffe wie Reform und Evolution treten an die Stelle des aufklärerischen und humanistischen Begriffs einer Aufruhr des Geistes.

2. Gleichzeitig beginnt sich der Revolutionsbegriff immer mehr zu differenzieren, auch um spezielle Prozesse vom Gewaltproblem loszulösen („sociale Revoluzion"[18], industrielle Revolution etc.)

3. Die Deutung der bürgerlichen Revolution als unmittelbares Vorspiel einer proletarischen Revolution in der marxistischen Lehre und die weitere Nutzung dieser Begriffe in kommunistischen und sozialistischen Lagern belegt ‚Revolution' im Kaiserreich mit einem Tabu für denjenigen Bürger, der sich vom Verdacht, diesen politischen Richtungen nachzugehen, freihalten wollte.

Verdichtete Informationen über den Mayschen Revolutionsbegriff können dort vermutet werden, wo er sich mit derjenigen Revolution auseinandersetzt, die als einzige zu seinen Lebzeiten auf mitteleuropäischen Boden stattfand, der gescheiterten Erhebung von 1848. In diesem Zusammenhang können wir May teilweise als Zeitzeugen begreifen. In *Mein Leben und Streben*[19] berichtet er, wie sein Heimatort sich an der Niederschlagung der Erhebung beteiligte:

> Der König sollte abgesetzt und die Regierung aus dem Lande gejagt werden. Das wollte man fast in ganz Sachsen; aber in Hohenstein und Ernstthal kam man sehr bald hiervon zurück, und zwar aus den vortrefflichsten Gründen; es war nämlich zu gefährlich!.[20]

Interessanter für uns ist, wie sehr die Schilderung Mays an das Bild Sejjid Omars von einer Revolution in seiner Heimat Ägypten erinnert, das wir im Vorfeld bereits analysiert haben: Es wird viel geredet und viel aufgehetzt, aber letztlich wird aus der Empörung gegen die bestehenden Verhältnisse nichts. Auch in Mays Heimat geht die Revolution nicht über große Reden hinaus, bald schon ist man wieder auf Seiten der Konservierung alter Machtstrukturen: „Die lautsten Schreier hatten sich zusammengetan und einen Bäkkerladen gestürmt", heißt es über die zunächst revolutionären Bestrebungen. Die Vertreter der Kirche halten dagegen Friedensreden, und auch die Staatsdiener leisten durch ihre Berichte über die „schrecklichen Folgen der Empörung“[21] ihren beschwichtigenden Beitrag. Die jungen Menschen erzählen sich Berichte von der Hinrichtung von Revolutionären. So erscheint vor allem das Wort als das friedliche Mittel gegen die Gewalt einer Revolution. Überhaupt scheint in den Auseinandersetzungen der Bewohner der erzgebirgischen Kleinstadt die Gewaltproblematik im Mittelpunkt zu stehen. Inhalte und Ziele der Umwälzungen spielen dabei keine Rolle. Doch May bettet seine Schilderung geschickt ein und verpackt so seine Aussage zu diesem Thema: Sie folgt nämlich direkt nach der Stelle im Kapitel *Keine Jugend*, in der die mühevolle Heimarbeit der Kinder im Hause May, das Herstellen von Handschuhen für Leichen geschildert wird.[22] Und dieser Aspekt in Mays Kindheit kehrt danach in unveränderter, alter Weise ins Leben Mays zurück: „Nach diesen Aufregungen kehrte das Leben in seine ruhigen, früheren Bahnen zurück. Ich nähte wieder Handschuhe“.[23] Die ganz persönlichen Auswirkungen des Scheiterns der Revolution werden in ihrem resignierenden Charakter in dieser thematischen Einbettung bewußt gemacht: Die Revolution veränderte nichts, sie stiftete nur Aufregung und stieß das Leben aus seinen ruhigen Bahnen.

In den Biographien zweier zentraler Figuren der *Winnetou*-Trilogie (1893) spielt die 48er Revolution eine weitaus bedeutendere Rolle als beim jungen May. Der weiße Lehrer der Apatschen Klekih-petra und der deutsche Jäger Old Firehand alias Winter gehören zu den Nordamerika-Einwanderern, die als Revolutionäre vor der deutschen Reaktion flüchten mußten. Beider Aufenthalt im Westen der USA ist geprägt davon, daß sie ihre revolutionäre Agitation angesichts der ihnen bewußt gewordenen Folgen bereuen.[24] So berichtet Klekih-petra in seinem Monolog kurz vor seinem Tod dem Ich-Erzähler:

> „Ich trat öffentlich als Führer der Unzufriedenen auf; sie tranken mir die Worte förmlich von den Lippen, das berauschende Gift, welches ich freilich für heilsame Arznei hielt; sie stürmten in Scharen zusammen und griffen zu den Waffen. Wie viele, viele fielen im Kampfe!“ (VII 128)

Auf seiner erfolgreichen Flucht traf Klekih-petra auf eine Mutter mit ihren Kindern, deren Familienvater im Kampf an seiner Seite gestorben war. Er brach zusammen: „Gottes Mühle begann zu mahlen. Die Freiheit war mir geblieben, aber im Innern litt ich Qualen [...]. Um mich innerlich zu festigen, floh ich die Welt und die Menschen; ich ging in die Wildnis.“ (129f.) Claus Roxin hat die Klekih-petra-Episode einer genauen ideologiekritischen Analyse unterzogen und herausgestellt, daß sich der weiße Lehrer „nicht des Eintretens für Vernunft und Aufklärung, sondern der Verleugnung der Liebe“[25] bezichtigt. Im Bericht Harrys über die Biographie seines Vaters Old Firehand wird die politische Bewegung 1848 als „die Zeit der politischen Gärung“ bezeichnet, „welche so manchen braven Mann um seine Ziele betrogen hat“ (VIII 502). Der deutsche Förster mußte ebenfalls aus seiner Heimat flüchten und büßt durch den Verlust seiner Ehefrau auf der Überfahrt nach Nordamerika.

Aus diesen Textzusammenhängen ergibt sich eine Sicht auf Revolution im allgemeinen: Nicht die Ziele werden der Kritik ausgesetzt, sondern der Weg ist der Fluch, der alle drei Episoden begleitet. Es ist ein Weg, der für alle Beteiligten mit gewalttätigen Auseinandersetzungen verbunden ist, der das ruhige Leben aus der Bahn wirft, die Liebe verleugnet und nur dazu führt, daß der Revolutionär um seine Ziele betrogen wird.

Genau auf dieser Grundlage gelingt es May dann aber auch im *Friede*-Roman 1904, den Begriff ‚Revolution‘ in einen neuen Kontext zu stellen. Er steht nicht auf der Basis zeitgeschichtlicher bzw. autobiographischer Erfahrung. Er wird durch den Zusatz „bei der gelacht wird“ zur Antithese. Die Revolution steht hier nicht auf dem Fundament der Gewaltanwendung, sondern auf dem der friedlichen Überlistung und schließlich der Macht des Wortes. Der Begriff der Revolution wird von seiner gewalttätigen und ideologischen Markierung isoliert und in zwei gegenüberstehende Pole gespalten: Die Gewalt-Revolution als eine Idee des Hasses und die Vernunft-Revolution als eine Idee der Liebe.

3. Die „Shen“ als Vernunft-Revolution

Bisher ist der *Friede*-Roman in erster Linie im historischen Zusammenhang des ‚Boxer-Aufstandes‘ betrachtet worden. Dies hat selbstverständlich seine vollste Berechtigung. Schon allein der Entstehungszusammenhang und die Aktualität der Ereignisse machen diese historische Auseinandersetzung zwischen China und dem europäischen Kolonialismus zum wichtigsten tagespolitischen Hintergrund des Romans. Ein zweites historisches Ereignis der chinesischen Geschichte kann aber in unserem Zusammenhang ebenfalls herangezogen werden, um Mays Gegenkonzept zur Gewalt-Revolution zu erkennen. Gemeint sind die Ereignisse, die zu den größten Bürgerkriegsgeschehen der Weltgeschichte gehören, die aber im Chinesischen mit ‚allgemeiner Frieden', nämlich T'ai-p'ing bezeichnet werden.[26] 1850 bis 1864 kam es im vom Opiumkrieg (1840–42) noch aufgerüttelten China zu dieser auf religiöse, soziale und nationale Elemente zielenden revolutionären Bewegung. Sie stand im wesentlichen unter Führung von Hung Hsiu-ch'üan (1813–64). 1843 gründete dieser in Südchina die ‚pai Shang-li hui' (Gesellschaft der Gottesverehrer). Der Einfluß christlicher Missionsschriften, die Unzufriedenheit der verarmten Bauernschaft und die Ablehnung der Ch'ing-Dynastie führten zu einem immer rascheren Anwachsen der Anhängerschaft, so daß die Revolutionäre bald von ihrer Basis in der Provinz Kuangsi in Richtung Norden aufbrachen. Sie machten 1853 die eroberte Stadt Nanking zur Hauptstadt eines eigenen Staatsgebildes auf chinesischem Territorium, des t'ai-p'ing t'ien-kuo (Himmlisches Reich des allgemeinen Frieden), an dessen Spitze Hung als t'ien-wang (Himmlischer König) regierte. Auf dem Höhepunkt der Revolution war die Bewegung auf etwa eine Million Anhänger zu schätzen, und der Gottesstaat, geprägt von christlichen, taoistischen und buddhistischen Gleichheitsidealen, umfaßte weite Teile Südostchinas. Die Revolution, von deren Einfluß Marx sich „den Funken in das übervolle Pulverfaß des gegenwärtigen industriellen Systems"[27] in Europa erhofft hatte, wurde nach internen Machtkonflikten 1863 von chinesischen Regierungstruppen niedergeschlagen.

Die T'ai-p'ing-Revolution trug wesentlich dazu bei, daß in der deutschen Geisteswelt der Blick immer weiter weg vom ‚Kulturstaat' hin zum militärstrategisch und sozialrevolutionär interessierenden China rückte.[28] Karl May erwähnte dieses für die deutsche Wahrnehmung Chinas so wichtige Ereignis erstmals 1888/89.[29] In der Jugenderzählung *Kong-Kheou, das Ehrenwort* spielt Revolution, hier eben die T'ai-p'ing-Bewegung, ebenfalls die Rolle eines Bruchs in einer Biographie. Der mit den dort reisenden Europäern befreundete Chinese Liang-ssi berichtet über die Festnahme seines Vaters in diesen historischen Zusammenhängen. Er war ohne Schuld – nämlich weil er ohne Wissen einen Revolutionär beherbergte – festgenommen worden. Für die jugendlichen Leser baut May in den Bericht des Sohnes eine kurze, erläuternde Passage ein:

„Sie werden vielleicht wissen, daß die Taipings eine neue Religion gründen und die herrschende Dynastie stürzen wollten. Fast wäre ihnen das gelungen. Es dauerte lange Zeit und kostete blutige Kämpfe, bis sie überwunden wurden."[30]

Wir stoßen hier wieder auf die starke Betonung des Gewaltaspekts der Revolution.

Im *Friede*-Roman bleiben die T'ai-p'ings allerdings unerwähnt. Doch Motive der historischen Abläufe treffen wir durchaus im Reich der „Shen“ wieder. Daß die „Shen“ hier einen eigenen Staat, sezessiert vom chinesischen Kaiserreich, etabliert haben und dort nach Prämissen leben, die ebenfalls auf einem breiten Religionsverständnis basieren, ist dabei ein Punkt. Ein weiterer ist die Rolle amerikanischer Missionare. Sie ist in Mays Roman deutlich vorhanden in den Personen Waller und Dilke, und sie ist von negativem Einfluß. Entscheidend für den zunächst friedlichen Ausgang des Festes der „Shen“ ist der Sieg der Liebe im Kampf Wallers gegen den diabolischen Geist seines Neffens Dilke, der sich in den letzten Abschnitten wieder einen Weg zu bahnen scheint. Dilke ist wesentlich an der Aufhetzung der Fan-Fan beteiligt. Einen bedeutenden Einfluß auf die Ideen von Hung Hsiu-ch'üan hatte ebenfalls ein amerikanischer Missionar. Vor der Gründung seiner ‚Gesellschaft der Gottesverehrer‘ verbrachte Hung eine Zeit in Kanton und hörte dort die Predigten von Roberts. Erst der hinzukommende Nationalismus der Bewegung, der sich im wesentlichen aus der Ablehnung der Ching-Dynastie speiste, ließ den ausländischen, vor allem den amerikanisch-missionarischen Einfluß auf die Gesellschaft schwinden. Der Revolutionsführer und spätere König ließ sich allerdings nie taufen. Man denke dabei auch an die beiden chinesischen Ärzte, die quasi an der Spitze der „Shen“-Bruderschaft stehen. Auch sie interessieren sich für Elemente des Christentums, wehren sich aber gegen eine Vereinnahmung durch die Taufe. Nur ist es nicht ihr Ziel, ‚eine neue Religion zu gründen‘, und ihr Weg sind nicht die ‚blutigen Kämpfe‘, um die Charakterisierung aus dem früheren Text Mays hier noch einmal aufzunehmen.

Ob May diese Ereignisse, die im übrigen auch in den landeskundlichen Teil von Kürschners *China*-Band eingegangen sind[31], bei der Darstellung der „Shen“ und der Charakterisierung Wallers direkt vor Augen hatte, ist am Text nicht eindeutig belegbar. Die Parallelen bzw. Gegensätzlichkeiten sind aber offensichtlich und gehen zumindest darauf zurück, daß sich die Geschehnisse um den T'ai-p'ing-Aufstand im europäischen Bewußtsein dieser Zeit gefestigt fanden. Unter der Verbindung ‚China‘ und ‚Revolution‘ verstand man damals die Ereignisse Mitte des 19. Jahrhunderts, so wie wir heute von ‚Chinesischer Revolution‘ als den Ereignissen in den 1930er Jahren sprechen. Eine antithetische Verbindung der „Shen“

(Friede, Vernunft) mit den T'ai-p'ings wäre unter diesen Voraussetzungen durchaus gerechtfertigt.

Welche Elemente finden wir aber im Gesamttext des *Friede*-Romans, die den Vergleich der Bruderschaft der „Shen“ mit einer revolutionären Gruppierung rechtfertigen? Da ist zunächst das ‚Verschwörerische‘ der Mitglieder der „Shen“. Der Ich-Erzähler und mit ihm der Leser überschaut erst spät im Werk die gesamten Zusammenhänge. Analytisch, fast detektivisch nähert sich der Leser zusammen mit der Gruppe um den Erzähler dem Geheimnis in Shen-Kuo. Das gilt auf der Ebene des Reisewegs und parallel dazu auch auf der Ebene der Informationen, die Stück für Stück an die Reisenden herangetragen werden, je mehr sie sich dem Südosten Chinas nähern. Das Verschwörerisch-verdeckte beginnt gleich bei der ersten Beschreibung von Fu und Tsi: „Ihre Zöpfe wurden von den Tropenhelmen verborgen“ (XXX 3). Nur kurze Zeit später wird der erste Stein des Gesamtpuzzles gelegt: „Ich hatte also erfahren, daß ‚Monsieur Fu‘ [...] ein Zivilmandarin allerhöchsten Ranges war, und nahm mir selbstverständlich vor, dies keinem Menschen mitzuteilen“ (6), nicht zuletzt deshalb, um auch weiterhin eigene Beobachtungen zu machen. Dabei kommen nur langsam weitere Puzzleelemente zum Vorschein. Die nächste Spur des Geheimnisses macht sich immer an einer Person oder an einem Gegenstand fest. Das gilt zum Beispiel für die Jacht „Yin“: „Diese Jacht ist ein Rätsel, und ich wollte, daß ich es lösen dürfte!“ (221) Dasselbe gilt für die Karten Tsis mit den Worten „‚Schin‘, ‚Ti‘ und ‚Ho‘“ (304). Erst auf Ocama offenbart sich die ganze Gestalt der Unternehmung, die im Stillen und Verborgenen sich aufbauen und wirken möchte. Dies ist nicht untypisch für die Struktur von Mays Alterswerk. So ist der Ich-Erzähler auch in *Winnetou IV* (1910) nur bruchstückhaft über die Gruppe der Winnetous und Winnetahs und die Pläne um den Mount Winnetou informiert. Und erst mit der Reise in diese Richtung ergibt sich ein Gesamtbild.

Der mitreisende Governor im *Friede*-Roman, der ebenfalls erst teilweise in die Bruderschaft eingeweiht wurde, zieht immer wieder militärisch-kriegerisches Vokabular heran, um seine Eindrücke zu beschreiben. So erklärt er: „Wir kommen zu Euch, um China mit aller uns möglichen Liebe und Güte zu *erobern*“ (Hervorhebung R. D.). Aus seinem Munde stammt in diesem Zusammenhang auch die schöne Formulierung vom „unbewaffnete[n] Friede[n]“ (486), die gerade durch ihren tautologischen Charakter auf den Widerspruch eines Friedens, der mit Waffengewalt erkämpft und erhalten werden muß, hinweist. Der Governor macht später Vorschläge, wie es gelingen könnte, diese Idee des ‚unbewaffneten Friedens' „in der alten, lieben, ahnungslosen Heimat" (548) zu etablieren. Er will dafür die jungen, akademischen Kreise nutzen und daraus eine „ehrenvolle und unendlich segensreiche Schüler- und Studentenverbindung" (549) gewinnen. Damit richtet er seine Pläne auf Strukturen aus, die für die Dynamik der bürgerlichen Revolution zumindest in der ersten Hälfte des 19. Jahrhunderts von enormer Bedeutung gewesen waren (man denke z. B. an das Wartburgfest). Genauso wie die erwähnten Karten gilt auch eine „Arekanuß allerkleinster, niedlichster Gestalt, als Kopf-, Schal- oder Gürtelschließer in Gold gefaßt" (519), als geheimes Identifizierungszeichen für die Mitglieder der „Shen". Sie dient als Möglichkeit, sich auch in der Fremde zu erkennen, und als gemeinsames, identitätsstiftendes Symbol. Die drei bereits zitierten chinesischen Worte ‚Schin', ‚Ti' und ‚Ho', die mit „Humanität, Bruderliebe und Friede" (304) übersetzt werden, bilden die immer wieder auftauchende Parole der Bruderschaft. Die Trias erhält somit eine Funktion, wie sie bedeutende revolutionäre Parolen in der Geschichte besaßen, wie ‚Freiheit, Gleichheit, Brüderlichkeit', oder etwa die Forderung nach Leben, Freiheit und Streben nach Glück in der Menschenrechtsklausel der amerikanischen Unabhängigkeitserklärung, oder auch die Trias ‚Einigkeit, Recht und Freiheit', in der die Ideen des Vormärz und der deutschen 48er Revolution zusammengefaßt wurden. Die Worte sind nicht nur Forderungen, sondern unter diese Ziele ordnet sich jedes Mitglied der Bewegung unter. Uneingeschränkt formuliert Tsi: „Jeder, aber auch Jeder, der zu uns gehört, *hat* im Sinne dieser drei Begriffe *zu handeln*" (304, Hervorhebung R. D.). Die Umsetzung dieser Maxime scheint aber auch eine strenge Führungsstruktur zu rechtfertigen. So stellen die Besitzer der Nüsse „für die Bruderschaft [...] außerordentlich wichtige und angesehene" (520), also ausgezeichnete Vertreter dar. Auch in den surrealen Orten der „Shen" gibt es einen hierarchisierten Verwaltungsapparat. So existiert der Posten des oberen Hafenbeamten (Pu-Schang) von Ocama. Über ihn heißt es an einer Stelle: „Er war bei dem ‚hohen Herrn' gewesen, womit er natürlich Fu meinte, um ihm Meldungen zu machen und sich Verhaltensmaßregeln zu erbitten." (513) Also auch was Verwaltung und Führungsstrukturen anbelangt, erlebt der Leser in Shen-Kuo einen selbständigen Staat, an dessen Spitze ein ‚hoher Herr' steht.

Die eigentliche leitende Kraft dort ist aber nicht dieser „hohe Herr", der sonst noch mehr Ähnlichkeiten mit dem ‚himmlischen König' Hung in der T'ai-p'ing-Revolution hätte. Das eigentliche

Kommando liegt höher. So wird es deutlich, als die Gruppe um den Ich-Erzähler zum erstenmal die Illumination von Raffley-Castle, der kreuzförmig angelegten Residenz, miterlebt:

> Ein Strahlenkegel, wie aus einem in Himmelsnähe stehenden Leuchtturme kommend, brach durch [die Wolken] und fiel hinüber auf die Berge, grad dahin, wo das Ziel unsers Rittes lag. Da flammte es augenblicklich auf, das Kreuz der Christenheit. „In hoc signo vinces – in diesem Zeichen wirst du siegen." (560)

Diese heilsgeschichtliche Allegorie[32] wird sofort wieder mit militärischer Rhetorik verknüpft: „Es war wie auf ein lautes *Kommandowort*, so einmütig hielten wir unsere Pferde an." (560, Hervorhebung R. D.)

All diese Elemente revolutionärer oder militärischer Sprache und Struktur erhalten ihre Bedeutung immer gerade dadurch, daß sie mit dem Gedanken der Gewaltlosigkeit verknüpft werden. May schafft dadurch sozusagen einen gemeinsamen Nenner zwischen der Fan-Fan, der Gewaltrevolution, und der „Shen", der Revolution der Vernunft und des ‚unbewaffneten Friedens', um sie beide vergleichen zu können und die Berechtigung des friedlichen Weges herauszustellen. Gerade in der Wirkung des Kreuzes wird dies noch einmal deutlich, wenn man sie vor dem Hintergrund der Revolutionsproblematik liest:

> „In hoc signo vinces – in diesem Zeichen wirst du siegen." Jawohl, das ist richtig. Aber nicht mit kriegerischen Waffen, durch gewappneten Verrat und Ueberfall, sondern durch das Wort der Liebe und durch die friedliche, versöhnende, ausgleichende Tat des Erlösers, welche er wagte, als er öffentlich sprach: „Die Letzten werden die Ersten und die Ersten die Letzten sein!" Gleichen Raum und gleiches Recht für Jeden, der zur Menschheit gehört auf Erden! (560)

Die Gleichheitsforderung am Ende des Abschnitts ist in ihrem Satzbau der Titelforderung des Romans ‚Und Friede auf Erden!' angepaßt. Eine so formulierte Forderung hatten wir bereits in bezug auf das ‚Glück der Menschen' festgestellt. An einer weiteren Stelle, an der der friedliche Weg dem bewaffneten entgegengehalten wird, indem die Meinung der westlichen Aufwiegler der Fan-Fan über die „Shen" wiedergegeben wird, werden die Forderungen noch einmal zusammengefaßt deutlich: „Denn die ‚Shen' sei ihre größte Feindin; sie mache die Menschen liebreich gegen einander [Frieden!], folglich zufrieden mit ihrem irdischen Los [Glück!] und greife dadurch ganz unerlaubt in die Rechte der besseren Stände ein [Gleichheit!]." (610) In einem Artikel an den *Dresdner Anzeiger* legt May einem Pastor die angeblich an ihn gerichteten Worte zur Verteidigung seines Werkes in den Mund: „überall sollte diese ‚Shen‘ das Szepter schwingen; dann wäre das Rätsel der Völkerbeglückung mit einem Schlage gelöst, dann wäre – – – Friede auf Erden!“[33]

4. Die Revolution und ein geschichtstheoretischer Entwurf Karl Mays

Diese Beobachtungen über den Revolutionsbegriff in Karl Mays Roman *Und Friede auf Erden!* können nicht abgeschlossen werden, ohne eine geschichtstheoretische Passage am Beginn des Werks hinzuzuziehen, die vor allem auch sprachlich zu den Höhepunkten des *Friede*-Textes gezählt werden sollte. Sie gibt die Überlegungen wieder, die den Ich-Erzähler beim Blick auf die Pyramiden von Gizeh beschäftigen.

In diesen Bauwerken sieht er „zwei Zeiten, welche durch Jahrtausende getrennt zu sein scheinen, im jetzigen Augenblicke zu einer wunderbaren, ergreifenden Vereinigung zusammenfließen“. Dieses ‚Zusammenfließen‘ – sicherlich auch ein Eindruck des Orientreisenden Karl May, der hier Gelegenheit hat, die anstehenden Probleme der Gegenwart in Konfrontation mit den alten Monumenten zu verdrängen – leitet ein Geschichtsbild, das sich als zyklisch charakterisieren läßt: „Die Gegenwart ist unsere Vergangenheit gewesen und wird auch unsere Zukunft sein.“ (23) Das Zusammenfließen der drei Zeiten in eins widerspricht dem linearen Geschichtsbild, das nur auf ein Ziel orientiert ist. Das marxistische Geschichtsverständnis zum Beispiel kann deshalb linear genannt werden, denn es besteht aus einer Abfolge von Revolutionsprozessen, die letztlich auf eine konkrete Form der klassenlosen Gesellschaft zusteuern. Karl May sieht gerade im zyklischen Wesen historischer Prozesse einen Beweis dafür, daß Unterschiede zwischen den Menschen keine Berechtigung haben:

> Die Menschheit gleicht der Zeit. Beide schreiten unaufhaltsam vorwärts, und wie keiner einzelnen Stunde ein besonderer Vorzug gegeben worden ist, so kann auch kein Mensch, kein Stand, kein Volk sich rühmen, von Gott mit irgend einer speziellen Auszeichnung begnadet worden zu sein. Eine hervorragende Periode ist nur das Produkt vorangegangener Zeiten, und es gibt in der Entwicklung des Menschengeschlechtes keine Geistesrichtung oder Geistestat, welche aus sich selbst heraus entstanden wäre und der Vergangenheit nicht Dank zu zollen hätte. (24)

Die hier beschriebene „Entwicklung des Menschengeschlechtes“ beruht auf einem Verständnis, wie es auch im aufklärerischen

Revolutionsbegriff angelegt ist. Im Verständnis der Zeit nach 1789 wäre es evolutionär zu nennen. Es gibt „hervorragende Perioden". Sie gründen aber auf „vorangegangenen Zeiten" und nicht etwa auf deren gewaltsamer Entfernung. Diese Beziehung bildet sich im Verhältnis der Menschen untereinander ab, über deren Gleichheit eine Macht außerhalb dieser Prozesse – gleich dem „Kommandowort" an Raffley-Castle – wacht.

Dieser Entwurf eines zyklischen Geschichtsbild, das – subtrahiert man das Theologische – an Überlegungen des Schweizer Kulturhistorikers Jacob Burckhardt (1818–1897) erinnert[34], widerspricht zwar der linearen, marxistischen Auffassung, aber nicht unbedingt dem zweiten bedeutenden Beispiel für eine zielgerichtete Geschichtsauffassung. Dies ist bereits seit dem Propheten Jesaja das Verständnis eines von der Schöpfung gesetzten Anfangs und Endes. Wenn auch das konkrete Geschichtsbild jahrhundertelang von der Weltalter-Idee des Mittelalters geprägt war, das sich an der Erwartung des Jüngsten Gerichts ausrichtete, hat der dort erstrebte Zustand eher einen unhistorischen Charakter. Auch die Idee, daß sich die über den Menschen stehende Gerechtigkeit erfüllt, findet sich in Mays Ideen zur Geschichte der ältesten Baumonumente, die er je gesehen und in seinen Werken beschrieben hat:

> Die Weltgeschichte, welche wir ja das Weltgericht nennen, hat bisher noch jedes Kapitel der Selbstüberhebung mit einem bestrafenden Schluß versehen und diesen Akt der Gerechtigkeit zur Warnung für spätere Generationen in der ernsten, eindringlichen Sprache der Ruinen aufbewahrt. (24)

Auf viele sogenannte ‚Bewegungen' und ‚Revolutionen' in der Gegenwart, in der Zukunft und in der Vergangenheit Karl Mays träfe diese Interpretation der steinernen Zeugnisse, was deren eindringliche Sprache und den bestrafenden Schluß angeht, zu. Deshalb auch braucht die „Shen" dieses Schicksal nicht zu fürchten. Trotz der drohenden Gewalt und Zerstörung, die die Ankündigung Fus auf den letzten Seiten des Romans „Meine Brüder, es gibt – – – Krieg!" (658) impliziert, heißt es darauf vom Ho-Schang, auch im Sinne einer permanenten Entwicklung, einer permanenten Revolution: „Wir feiern heut den Shen-Ta-Shi, den großen Tag der ‚Shen', doch reicht er über Tag und über Nacht, geht über Monden, über Sonnen hin und wird auf Erden nie und nimmer enden!" (659f.) So schließt sich auch in diesem Roman trotz all seiner Brüche der Kreis von der autobiographisch realen Betrachtung der Pyramiden und der Sphinx am Anfang zum offenen Ende in der utopisch, heilsgeschichtlich, allegorisch angelegten Welt von Ocama und Shen-Kuo.

Diese Prozesse sind für May nicht von nebensächlicher Bedeutung. In seinem Sinne liegen sie den Rätseln zugrunde, welche die Geschichte in ihren Zeugnissen den Menschen hinterlassen hat: „Wer das begreift, der hat nicht nötig, das Innere der Pyramiden zu durchforschen, und braucht auch nicht vor den Rätseln der Sphinx zu bangen, deren Lösung er klar und deutlich in seinem Herzen trägt." (23f.)

Anmerkungen

1 Vgl. etwa Werner Tippel: *Karl May und die Revolution.* In: MKMG 43 (1980), S. 24; ausführlicher bei Hartmut Wörner: *Von Norland nach Ardistan. Revolutionsschilderungen in Mays Werk.* In: MKMG 43 (1980), S. 17-24; thematisiert auch bei Stefan Schmatz: *Karl Mays politisches Weltbild.* SoKMG 86 (1990) und – trotz Schwächen in der Wahl der Textvorlage – Klaus Lindemann: *Verdrängte Revolutionen? Eichendorffs „Schloß Dürande" und Karl Mays Klekih-petra-Episode im Winnetou-Roman.* In: *Aurora* 39 (1974), S. 24-36.

2 Brief Mays vom 13. März 1899 an seinen Verleger Friedrich Ernst Fehsenfeld; zit. nach Roland Schmids *Nachwort zur Reprint-Ausgabe* v. Karl May: *Am Jenseits.* Bamberg 1984, S. N18.

3 Vgl. etwa Viktor Böhm: *Berechnung und Überraschung. Erzähl- und Handlungsalgorithmen im Werk Karl Mays.* In: JbKMG 1988, S. 99-111. Eine ausschöpfende Untersuchung zum Thema, auch auf kulturgeschichtlich-ästhetischem Hintergrund, steht bisher noch aus.

4 Martin Lowsky: *Karl May.* Stuttgart 1987, S. 111.

5 Hermann Wohlgschaft: *Große Karl May Biographie. Leben und Werk.* Paderborn 1994, S. 406. Vgl. dazu ders.: *‚Und Friede auf Erden!'. Eine theologische Interpretation.* In: JbKMG 1989, S. 101-145.

6 Hervorhebung R. D. Man beachte die Parallelität zum Titel des Werks: ‚Friede auf Erden!'.

7 Martin Schenkel: *Ecce homo!. Zum heilsgeschichtlichen Friedensmythos in Karl Mays Reiseerzählung „Und Friede auf Erden!".* In: *Karl May*, hg. v. Heinz Ludwig Arnold. Sonderband text + kritik. München 1987, S. 198.

8 Hans Wollschläger: *„Die sogenannte Spaltung des menschlichen Innern, ein Bild der Menschheitsspaltung überhaupt". Materialien zu einer Charakteranalyse Karl Mays.* In: JbKMG 1972/73, S. 12. Darüber hinweg täuscht auch nicht der kompositorische und sprachlich-stilistische Vorsprung der Buchfassung von 1904 gegenüber dem *Et in terra pax*-Text (zur Analyse des Textvergleichs vgl. Ulrich Schmid: *Das Werk Karl Mays 1895–1905. Erzählstrukturen und editorischer Befund.* Ubstadt 1989, S. 180–188).

9 Wörner [Anm. 1], S. 22.

10 Schenkel [Anm. 7], S. 217.

11 Karl Griewank: *Der neuzeitliche Revolutionsbegriff. Entstehung und Entwicklung*. Frankfurt/M. ^{2}1969, S. 187. Den folgenden Überlegungen liegt vor allem dieses Standardwerk aus der Feder des Jenaer Historikers Griewank zugrunde.

12 Martin Luther: *Eyn trew vermanung, ... sich zu vorhuten fur aufruhr und emporun*. In: *D. Martin Luthers Werke. Kritische Gesamtausgabe* (Weimarer Ausgabe), Bd. 8. Weimar 1889, S. 685.

13 Ebd., S. 680.

14 Vgl. dazu A. v. Martin: *Motive und Tendenzen in Voltaires Geschichtsschreibung*. In: *Historische Zeitschrift*, Nr. 118 (1917), S. 41.

15 Griewank [Anm. 11], S. 161.

16 Friedrich Daniel Bassermann: *Rede v. 19. 6. 1848, Stenographische Berichte der Deutschen Nationalversammlung*; zit. nach *Revolution. Rebellion, Aufruhr, Bürgerkrieg*. In: *Geschichtliche Grundbegriffe. Historisches Lexikon zur politisch-sozialen Sprache in Deutschland*, Bd. 5, hg. v. Otto Brunner u. a. Stuttgart 1984, S. 752.

17 Karl Joseph Anton Mittermaier: Art. *Hochverrat*. In: *Staats-Lexikon. Enzyklopädie sämmtlicher Staatswissenschaften für alle Stände*, Bd. 8, hg. v. Carl von Rotteck u. a. Altona ^{9}1848, S. 213.

18 Heinrich Heine: *Französische Zustände*. In: *Historisch-kritische Gesamtausgabe der Werke* (Düsseldorfer Ausgabe), Bd. 12/I, hg. v. Manfred Windfuhr, S. 118.

19 Karl May: *Mein Leben und Streben*. Nachdruck der Ausgabe Freiburg/Br., hg. v. Hainer Plaul. Hildesheim, New York ^{3}1997, S. 40-48.

20 Ebd., S. 40f. Hainer Plaul verweist in seinem umfangreichen Anmerkungsteil zur Autobiographie Mays auf dessen „völliges Unverständnis gegenüber politischen und sozialen Bewegungen“ (S. 347, Anm. 44) und korrigiert Mays Bericht wesentlich, wenn er anführt, daß es nicht das Ziel der Ernstthaler gewesen wäre, „den ‚König zu retten‘, sondern – im Gegenteil – gegen König und Adel die erfochtenen demokratischen Errungenschaften der Revolution von 1848 zu verteidigen“ (S. 349, Anm. 54). Unlängst (vgl. Harald Mischnick: *Rein literarisch zu sehen – oder: Vom Umgang mit Archivalien und autobiographischen Texten*, in: KMG-Nachrichten 125/2000, S. 35-42) wurde aber wieder auf eine heimatgeschichtliche Untersuchung von Otto Sebastian hingewiesen, der die Ereignisse ähnlich wie bei May wiedergibt (vgl. Otto Sebastian [Hg.]: *Entstehung und Entwicklung der Bergstadt Hohenstein*. Hohenstein-Ernstthal ^{2}1927).

21 May: *Mein Leben und Streben* [Anm. 19], S. 41.

22 Vgl. ebd., S. 40.

23 Ebd., S. 48.

24 Damit unterscheiden sie sich grundlegend von den historischen Exilanten der 48er Revolution, die an Stelle von Reue ihren revolutionären Geist bewahrten und sich in den demokratischen Institutionen der USA bzw. im militärischen Kampf auf seiten der Union gegen die Sklaverei im Bürgerkrieg bewährten.

25 Claus Roxin: „*Winnetou“ im Widerstreit von Ideologie und Ideologiekritik.* In: *Karl Mays ‚Winnetou'. Studien zu einem Mythos*, hg. v. Dieter Sudhoff u. Hartmut Vollmer. Frankfurt/M. 1989, S. 287.

26 Die T'ai-p'ing-Revolution ist Thema zahlreicher Abhandlungen. Einen Einblick in die Thematik vermittelt G. Franz-Willing: *Das Vorspiel der chinesischen Revolution. Der Taiping-Aufstand.* In: *Saeculum*, Nr. 22 (1971). Im Angelsächsischen gilt weithin als Standardwerk F. Michael: *The Taiping Rebellion. History and Documents*, 3 Bde. London-Seattle 1966-77. Die chinesischen Begriffe richten sich hier orthographisch nach den Schreibweisen in Herbert Franke/Rolf Trauzettel: *Das chinesische Kaiserreich.* Frankfurt/M. 1968.

27 Karl Marx: *Revolution in China and in* Europe (*New York Daily Times*, 14. 6. 1853). In: ders./Friedrich Engels: *Werke. Artikel, Entwürfe.* Januar bis Dezember 1853, Text (= MEGA I, 12). Berlin (Ost) 1984, S. 147.

28 Vgl. Adrian Hsia (Hg.): *Deutsche Denker über China.* Frankfurt/M. 1985, S. 386.

29 Zu dieser Textstelle und zur chinesischen Geschichte bei May siehe auch Bernhard Kosciuszko: *Illusion oder Information? – China im Werk Karl Mays.* In: JbKMG 1988, S. 322-340, hier S. 331.

30 Karl May: *Kong-Kheou, das Ehrenwort.* KMG-Reprint des Erstdrucks in *Der Gute Kamerad.* Hamburg, Regensburg 1984, S. 128.

31 Vgl. Oskar Münsterberg: *Die Geschichte Chinas.* In: Joseph Kürschner (Hg.): *China. Schilderungen aus Leben und Geschichte, Krieg und Sieg. Ein Denkmal den Streitern und der Weltpolitik.* Leipzig [1901], S. 450-455.

32 Vgl. Schenkel [Anm. 7], S. 187.

33 Karl May: *Noch einmal: an den Anzeiger.* In: JbKMG 1972/73, S. 132.

34 Dieser stellt an den Anfang seiner *Weltgeschichtlichen Betrachtungen* die Überlegungen: „Unser Ausgangspunkt ist vom einzigen bleibenden und für uns möglichen Zentrum, vom duldenden, strebenden und handelnden Menschen, wie er ist und immer war und sein wird“ (Jacob Burckhardt: *Weltgeschichtliche Betrachtungen.* Darmstadt 1970, S. 2f.).

Gudrun Keindorf

„Die ‚Yin' sei unser Märchenschiff"

Zur Topographie und Topologie einer Märchen- und Seelenlandschaft

> Wenn man von der Erde aus drei Monate lang geraden Weges nach der Sonne geht, und dann in derselben Richtung noch drei Monate lang über die Sonne hinaus, so kommt man an einen Stern, welcher Sitara heißt.

Dieses Zitat, erster Satz des *Märchens von Sitara* und Einleitung zu *Mein Leben und Streben*, kann als Motto für Karl Mays Schaffung virtueller Realitäten im Spätwerk verstanden werden – denn wenn man sechs Monate geradeaus fliegt, so gelangt man am Ausgangspunkt an, auf der Erde. „Sitara ist ein persarabisches Wort und bedeutet eben ‚Stern'"[1] – doch kommt man nicht genau am Ausgangspunkt an, sondern in einer zwar durchaus verwandten, aber in gewissem Sinne auch gegensätzlichen Welt. May verwendet im *Märchen von Sitara* eine geographische terra incognita als Symbolwelt – nicht für die Zukunft, sondern als Spiegelbild seiner Realität und seiner Hoffnung auf eine bessere Welt – Dschinnistan, das ‚Land der Edelmenschen'. Dschinnistan weist Verwandtschaften zu der Vision des Novalis vom in der Zukunft wiederentstehenden ‚goldenen Zeitalter' auf[2], doch was dort rein temporär als Entwicklungslinie der gesamten Menschheit gedacht ist, verschmilzt in Sitara zu einer gleichzeitigen Existenz von Vergangenheit, Gegenwart und Zukunft und wird in eine topographisch faßbare, eine bereisbare Route vom Tief- zum Hochland transponiert.

In gewisser Weise findet auch, oder besser: bereits in *Und Friede auf Erden!* eine solche doppelsinnige Reise statt. Von Kairo nach Ceylon und Sumatra und von dort nach China, aber nicht einfach nach Hongkong, der ‚sehr frostigen Lady', sondern an Hongkong vorbei: „Was wir sahen, war so spezifisch europäisch, so nüchtern und so kalt, daß Niemand Sehnsucht fühlte, an das Land zu gehen" (XXX 438), über Ocama – „ein zweites Macao, nur daß die Silben anders geordnet sind" (477) – nach Shen-Kuo, dem ‚Land der Shen', das noch nicht Zukunft ist, aber doch Zeugnis von Mays innerster Überzeugung ablegt, daß die Menschen in der Lage sind, sich ‚gegenseitig zu veredeln'.[3]

Wir könnten vermuten, daß die reale Welt dort aufhört, wo die ProtagonistInnen das Schiff „Yin" verlassen, um Ocama zu betreten, doch das wäre zu kurz gegriffen. Von Anfang an lockt May seine Leser auf die neue Fährte. Er setzt altbekannte Szenerien und Handlungsgrundmuster für den Wiedererkennungseffekt ein und entwickelt daraus etwas Neues, um damit die Leser mit auf den ‚Weg empor ins Reich der Edelmenschen' zu locken.[4] Ziel dieses Aufsatzes ist es aufzuzeigen, wie und daß er das mit Bedacht tat.[5]

*

„Ich bin Sejjid Omar!" – wiederholt ist darauf hingewiesen worden, wie wichtig die Erzählanfänge bei May sind.[6] „Wie stolz das klang, und wie beweiseskräftig die Gebärde war, mit welcher er diese Worte zu begleiten pflegte!" (XXX 1) Nicht nur formal ähnelt dieser Beginn dem Anfang von *Durch Wüste und Harem*:

> „Und es ist wirklich wahr, Sihdi, daß du ein Giaur bleiben willst, ein Ungläubiger, welcher verächtlicher ist als ein Hund, widerlicher als eine Ratte, die nur Verfaultes frißt?" (I 1)

In beiden Fällen ist der erste Satz wörtliche Rede, haben wir einen arabischen Diener, dem sein Islam über alles geht, und der am Ende ein ‚wahrer', wenn auch ungetaufter Christ ist. Nehmen wir einen zeitgenössischen Leser an, der seinem Autor im Idealfall bereits 29 Bände der ‚Gesammelten Reiseerzählungen' lang gefolgt ist, so dürfen wir auch annehmen, daß dieser Leser glaubt, sich in einem zwar neuen Abenteuer, aber doch in einem alten Schema zu befinden. Doch noch auf der gleichen Seite wird dieses Schema zerbrochen. Der Ich-Erzähler befindet sich weder in der Wüste noch in Gefahr:

> Was aber war dieser Sejjid Omar? Ein Eselsjunge! Er hatte seinen „Stand" an der Esbekije in Kairo, dem Hotel Kontinental, in welchem ich wohnte, gegenüber. (XXX 1)

Der Ich-Erzähler begibt sich auf den Dschebel Mokattam, um die Aussicht zu genießen und begegnet dort unerwartet und unerkannt einer Leserin, der die Lektüre des Mayschen Œuvres das Herz für den Orient geöffnet hat, und die nun Lektüre und Reiseerfahrungen miteinander vergleicht:

> „Weißt du, Vater, an wen ich jetzt denke?" sagte sie. „An Karl May. Ich habe seine drei Bände ‚Im Lande des Mahdi' gelesen, und – – –" [...] „Er nennt Kairo ‚Bauwaabe el bilad esch schark, das Tor des Orientes', und sagt, dieses Tor sei altersschwach geworden und könne dem Einflusse des Abendlandes kaum mehr widerstehen." (14f.)

Der Bezug zu *Im Lande des Mahdi* ist mit Bedacht gewählt, denn auch die Reise dieser in den 1890er Jahren entstandenen Trilogie[7] beginnt in Kairo:

Sie [die Stadt Kairo] wird von Jahr zu Jahr fränkischer [...]. Shepheards Hotel, das „Neue Hotel", das Hotel d'Orient, das Hotel du Nil, das Hotel des Ambassadeurs und zahlreiche öffentliche Kosthäuser, Cafés und Restaurants bieten dem Fremden vollständige Befriedigung aller Bedürfnissse, welche die Heimat ihm anerzogen hat; aber viel, sehr viel muß er dafür bezahlen, und wer, wie ich, nicht gerade über die Einkünfte eines englischen Lords verfügt, dem ist anzuraten, sich von diesen Versammlungsorten europäischer Krösusse möglichst fern zu halten. (XVI 1f.)

Trotz dieses negativen Urteils startet der Ich-Erzähler von solch einem Hotel aus:

Ich war bei meiner Ankunft im Hotel d'Orient abgestiegen und hatte mir das billigste Zimmer geben lassen; es sollte mir nur für heute als Wohnung dienen. Dann ging ich hinaus, um mich nach einem Privatlogis umzusehen. Das Hotel liegt an der Esbekijeh, dem schönsten freien Platze der Stadt. (4)

Hier wie dort ein Hotel an der Esbekijeh, doch die sich von dort aus entwickelnden Handlungsstränge könnten kaum gegensätzlicher sein. ‚Im Lande des Mahdi' erlebt der Ich-Erzähler eine ganze Reihe von Abenteuern, meist Kämpfe gegen Sklavenhändler, deren Ausführung durch ermüdende moralische Belehrungen an die Gefangenen und Diskussionen über die Überlegenheit ‚fränkischen Wissens' und christlichen Glaubens gegenüber dem Islam begleitet wird. Der Ich-Erzähler lebt dabei meist am Existenzminimum und ist verschiedentlich auf fremde Gönner (Murad Nassyr, Reïs Effendina) angewiesen, um seine Reise fortsetzen zu können. In *Und Friede auf Erden!* steigt er in teuren Hotels ab, reist auf dem Schiff erster Klasse und finanziert diesen Lebensstandard mit einem „Zirkular-Kreditbrief" (XXX 291). Zwar führt seine Reise auch dieses Mal „nilaufwärts, dem Sudan zu" (100), doch spart er sich für die Leser die Beschreibung dieser Tour. Nur Mary Waller erfährt alle Details:

Ich legte ihr die ganze, weite Route vor, welche ich mit Omar verfolgt hatte und von der ich für die vorliegenden Blätter bisher nur Aegypten und Ceylon herausgegriffen habe, weil die anderen von uns berührten Punkte zu den Personen und Ereignissen dieser Erzählung in keiner Beziehung stehen. (267)

Der Hinweis auf die „ausgedehnten monatelangen Wanderungen jenseits von Bagdad" (102) ist darum nicht mehr als eine Reminiszenz an alte Abenteuererzählungen, eine weitere falsche Fährte, die auf den richtigen Weg locken soll.

In den Romanen der 80er und 90er Jahre dient Landschaft weitestgehend als Kulisse, z. B. finden sich Bäume und Sträucher in schöner Regelmäßigkeit dort, wo die Helden sich anschleichen müssen:

Es gab hier nur Gafulbäume, und zwar ohne Unterholz. [...] Wir standen hinter einem breiten Busch, wohl sechzig Schritte von dem ersten Feuer, an welchem ich Ibn Asl sitzen sah, entfernt. „[...] Zwischen hier und dem Feuer stehen in gerader Linie zwei starke Bäume, deren Stämme einen ganz geraden, breiten Schatten hinter sich werfen. Krieche ich in diesem Schatten auf der Erde hin, so bin ich von dem Boden gar nicht zu unterscheiden. Dazu habe ich erst den ersten und dann den zweiten Baum als Deckung. Dieser letztere hat in Manneshöhe, auf der nach uns gerichteten Seite, einen starken Ast. Schwinge ich mich da hinauf, so sitze ich, hinter Zweigen und Blättern verborgen, höchstens fünfzehn Schritte vom Feuer entfernt und kann alles hören, was gesprochen wird.“ (XVII 273f.)

Der durchreisten Landschaft, in der keine Abenteuerhandlung stattfindet, wird meist wenig Beachtung geschenkt. Ihre möglicherweise vorhandenen individuellen Ausprägungen treten häufig zugunsten von allgemeinen Beschreibungen zurück.[8] „Die Fahrt von Siut nach Korosko kam mir nicht langweilig vor. Es gab so viel zu sehen, zu hören, zu beobachten.“ (XVI 377)

In *Und Friede auf Erden!* verändert sich mit dem Wechsel der Erzählinhalte auch die Art, wie Landschaft wahrgenommen wird. Da der Khamsin die meisten Leute in den Häusern hält, reitet der Ich-Erzähler zum Dschebel Mokattam, um von dort aus die Aussicht auf Kairo zu genießen:

Der Blick vom Mokattam und dem Dschebel Giyuschi ist unbeschreiblich schön, mir aber doppelt wert, wenn beim Sonnenuntergange die Beleuchtung der Stadt und ihrer Umgegend durch den in der Luft schwebenden Khamsinstaub zu einer, fast möchte ich sagen, märchenhaften wird. Es sind dann alle Härten und Schärfen des Bildes abgemildert, und es liegt ein so undefinierbarer Farbenton rings ausgegossen, daß man meinen möchte, von einer jenseitigen Höhe auf eine ganz andere, un- oder überirdische Welt herabzuschauen. (XXX 7)

Was auf den ersten Blick wie die Beschreibung eines Touristen wirkt, der froh ist, daß offensichtlich Häßliches vor seinem Auge verschwunden ist, entpuppt sich wenige Zeilen später als ‚geographische Predigt‘[9] und damit auch als Signal, daß diese Reiseerzählung nicht dazu dient, äußere Abenteuer zu erzählen:

Mein Lieblingsplatz war ein Felsensitz in der Nähe der alten, verfallenen Giyuschi-Moschee. Die Sonne hielt sich hinter einem flimmernden, orangefarbenen Dufte halb verborgen. Wie ein im Einschlummern unvollendet gebliebenes Gebet lagen die Mamelukengräber tief zu meinen Füßen. Von der Alabastermoschee bis nach Kasr el Ain hinüber und von der ahnenhaften Amr Ibn el As bis zur früheren ez Zahir hinunter klangen die in

Stein gedichteten tausend Strophen des Minarehs zu Allahs Thron empor. Durch Masr el Atika, das einstige Fostat, dampfte, einer Entheiligung gleich, ein Zug hinauf nach Heluan, und hinter den Lebbachbäumen der Dakrurstraße und dem Grün der Kanalfelder lagen am Wüstenrande die Pyramiden – – aus Angst vor der Ewigkeit erstarrte Todesgedanken der Pharaonen. Tod und Leben, Vergangenheit und Gegenwart um und in sich vereinigend, vom Wüstenwinde überweht und doch so jugendschön und jugendwarm, so breitete sie sich vor meinen Augen aus, el Kahira, die Siegreiche, die mir nebst Bagdad und Damaskus so lieb geworden ist wie keine andere Stadt des Orientes. (8)

Orient und Okzident müssen sich miteinander aussöhnen, das ist eine der Botschaften des *Friede*-Bandes:

Da, wo die nackt gewordenen Steine Palästinas wieder zu Brot zu werden haben, wo Memnons Kolosse nicht nur leise erklingen, sondern deutlich sprechen sollen, wo zwischen Pison, Gihon, Phrat und Hidekel noch heut die beseligende Idee des Paradieses wieder auszugraben ist, da muß man sein, da muß man sehen und lauschen, äußerlich und innerlich, und dann, wenn in stiller Mondesnacht aus den Wogen des Niles ganz dieselbe Offenbarung wie aus den Fluten des Tigris steigt und um die Minarehs dasselbe linde Säuseln klingt, welches Elias einst auf dem Karmel hörte, dann wird es der Menschenseele klar, daß auch ganz dieselben Strophen wieder zu ertönen haben, welche der Orient einst zu dichten begonnen, der Occident aber als Hoheslied der Gottes- und der Nächstenliebe zu vollenden hat. (9)

Mary Waller, die mit ihrem Vater ebenfalls den Dschebel Mokattam besteigt, hat vergleichbare Empfindungen:

„Er [der Orient] ist für mich ein schlafender Prinz im stehengeblieben[en] Saale einer eingefallenen morgenländischen Königsburg. Seine Bestimmung ist, von einer abendländischen Jungfrau aufgeweckt zu werden. Wenn dann durch Beide der Osten mit dem Westen in selbstloser Liebe vereinigt ist, werden alle Völker der Erde glücklich sein.“

Ihr Vater, der Missionar, sieht das völlig anders, er bemerkt nur die Zeichen des Verfalles, nicht die Zeichen der Hoffnung:

„Schau doch hinab, und sieh, was zu deinen Füßen liegt! Alles, was da noch orientalischen Ursprungs ist, steht im Begriff, im Schmutze zu versinken. Alles Neue, Praktische und Gute aber hat diese Stadt vom Abendlande bekommen.“ (15)

Die durchaus gegensätzlichen Weltanschauungen der Protagonisten spiegeln sich nicht nur in ihrer Sichtweise der realen Welt, sondern auch in der Bewertung dessen, was sie sehen. Während der Ich-Erzähler und Mary Waller in der realen Landschaft eine Offenbarung ihrer Wunschbilder sehen, erkennt der Missionar nur eine Welt voller religiöser Irrtümer, von denen er alle Heiden bekehren will. Kompositorisch gesehen entsteht die Landschaft vice versa: die Wunschbilder des Autors schaffen die Landschaft neu, aus den Wunschbildern wird zunächst eine ‚Landschaft im Kopf' und dann eine ‚Landschaft aus Sprache', welche die Wunschbilder codiert und visualisiert.[10]

In Hinblick auf das zu erreichende Land der „Shen" mit seinem zwar nicht biblischen, aber doch realen ‚Paradies', geschaffen von der chinesischen Künstlerin Yin, bekommen viele der geschilderten Landschaften eine visionäre Bedeutung bzw. lösen sie Visionen aus:

„Was habe ich gewünscht! Wie habe ich geträumt, gehofft, geschwärmt! Mein Herz ist mir nach hier vorausgeflogen. Es ist mir, als sei mein bisheriges Leben eine Weissagung gewesen, welche von heute an beginne, in Erfüllung zu gehen. Der Orient ist die Heimat des Menschengeschlechtes. Fühlst du nicht auch, was es heißt, am Tore unserer Heimat zu stehen?" (16f.)

Der Blick vom Dschebel Mokattam und die damit verbundenen Dialoge inklusive des Störauftritts Wallers beim Gebet Sejjid Omars tragen alle Elemente von Wallers psychischer Erkrankung in sich. Die später durchreiste Landschaft weist durch ihre Struktur hingegen stets auf die zu erwartende Heilung hin. Und da Wallers Entwicklung pars pro toto für die der gesamten Menschheit steht, so dürfen wir das ‚Märchenhafte' der Landschaft als ein Symbol der Hoffnung betrachten, ähnlich dem frischen Ölzweig, den die Taube zur Arche Noah bringt, während die Wasser der Sintflut sinken.[11] Was die Szene auf dem Dschebel Mokattam andeutet, wird während der Schiffsreise expressis verbis bestätigt:

Die Fahrt verlief äußerlich ereignislos, wenn ich die Begegnungen mit anderen Schiffen nicht als Ereignisse bezeichnen will. Dieser Mangel wurde aber mehr als vollständig durch das ausgeglichen, was sich zu inneren, seelischen Begebenheiten entwickelte. Ich bin überzeugt, es gab da unter uns nicht einen Einzigen, der sich den Wandlungen hätte entziehen können, welche mit Waller schon damals auf dem Dschebel Mokattam begonnen und Jeden, der mit ihm in nähere Beziehung gekommen war, mit in ihren Bereich gezogen hatte. Er fuhr von Amerika nach China; aber während diese große, räumliche Bewegung vor sich ging, machte er innerlich eine Reise, welche von viel größerer Weite und Bedeutung war, denn sie führte ihn in eine solche Ferne, daß es ihm geradezu unmöglich war, jemals im Leben wieder zurückzukehren. (451)

Wallers Genesung hängt wesentlich von der Überwindung seiner chauvinistischen Gedankenwelt ab. Das, was er auf dem Dschebel Mokattam an seiner Tochter so kritisierte, nämlich ihre Phantasie, ihre Begeisterungsfähigkeit und ihre umfassende Menschenliebe, muß er für sich selbst erst entdecken. Es ist die Harmonisierung des männlichen und des weiblichen Prinzips als Grundvoraussetzung für die Entwicklung zu einem ‚wirklichen' und vollwertigen Menschen.[12] Diese Harmonierungsansätze finden sich in der Landschaft ebenso widergespiegelt wie die Visionen vom zu erreichenden ‚Frieden auf Erden':

Ich bin gern bereit, bei einer Personifikation der Meere zu einer Schönheitskonkurrenz den ersten Preis dem Roten Meere zuzuerkennen, denn ich habe es, so oft ich es durchfuhr, so schön wie kein anderes gefunden, doch heut wurde von dem glänzendsten Tag des Orientes die Vermählung der arabisch-persischen See mit dem indischen Ozean gefeiert, und der Himmel hatte seine sanftesten Lüfte gesandt und sein reinstes, strahlendstes Licht über diese friedliche Vereinigung ausgegossen.

Blau und wonnig, wie das aus dem Herzen gestiegene Glück in einem selig lächelnden Menschenauge, so sah uns jede, die Wangen unsers Dampfers küssende Woge an, um nach diesem Kusse an die Brust der See zurückzusinken. Ein aus regelmäßigen Maschen bestehendes Brautgewand bildend, zogen diamantene Fäden sich, so weit der Blick nur reichen konnte, über die schwellenden Wasser, welche wie von den leisen Atemzügen eines friedlich Schlafenden sich hoben und sich wieder senkten. Der Morgen war schon angebrochen, und nun ging auch die Sonne auf, nicht langsam, wie hinter Bergen empor, nicht mit Nebeln und irdischen Dünsten kämpfend, sondern plötzlich, mit einem Male, wie einer der Engel des Lichtes, welche die Tür des Himmels öffnet und in voller, majestätischer Gestalt hervortritt, um der Schöpfung seines Herrn und Meisters den göttlichen Segen zu erteilen. [...] Hatten wir die Erde verlassen, und war Ceylon jene oft besungene und doch so vergeblich ersehnte „Insel der Seligen" für uns? Wie habe ich dich lieb, so unendlich lieb, du See, du Meer, du Ozean! Du ziehst in deine Tiefen, damit ich frei von ihm werde, was an mir schwer und irdisch ist, und trägst mich nach der anderen Welt, nach jenem aus dem Gottvertrauen emporragenden Ufer, wo zwischen den Bergen des Glaubens der Weg empor nach meiner Heimat steigt! (107-109)

Dieses Zitat ist kein Einzelfall, das Meer wird als mächtiger Prediger vorgestellt, der keine Worte braucht: „Die Natur spricht nicht in artikulierten Worten zu uns, weil ihre Sprache nicht für das Ohr, sondern für das Herz berechnet ist" (190f.). – „Die nahe Brandung predigte zu mir herüber" (213). – „Da ging es wie eine leuchtende Erkenntnis in mir auf, ganz plötzlich, wie die Sonne auf dem Meere aufzugehen pflegt" (410). Darüber hinaus verändert sich die Farbe des Meeres zu etwas bisher Unbekanntem, als es gilt, die reale Topographie zu verlassen, um das Land der „Shen" zu erreichen:

Die See lag glatt, fast ohne bemerkbares Bewegen. Sie war von einem ganz eigenartigen Farbenton, den ich noch nie gesehen hatte. Ein sehr helles Braun, wie klares Wasser mit einer Spur von Kaffee, und da, wo es sich kräuselte, liefen goldig funkelnde Ringe durcheinander. Unser Sog aber, die von der Schiffsschraube erzeugte Wellenlinie, flammte förmlich auf von diesem Golde, während vorn am Bug, nach steuer- und backbordwärts zwei konstante Wogen gingen, die ausgebreiteten Flügeln glichen, und geheimnisvoll, aber deutlich so brillierten, als ob sie über eine Unterlage von lauter geschliffenen Diamanten glitten. (432)

Die Landschaften werden so zu Handlungsträgern, sie sind „daher nicht einfach malerische Szenerie, sondern sie bilden oft eine entscheidende Station der Handlung oder des Lebensweges des Helden ab oder sie verleihen dessen Stimmung und Verfaßtheit Ausdruck, so daß landschaftliche Außensicht und seelische Innenschau in Wechselbezug stehen“.[13] Mays Erzähltechnik rekurriert in diesen Landschaftsbeschreibungen nicht einfach romantische Vorbilder; die Schaffung ‚nie gesehener‘ Landschaften weist deutlich voraus auf das Reiseziel Shen-Kuo, die durchreiste Landschaft spiegelt nicht nur ein Stück Lebensweg, sie antizipiert auch die seelische Emporentwicklung der Reisenden. Damit entfernt sich May von den Erzähltechniken der gängigen Reiseliteratur und verläßt die rein ‚touristische‘ Betrachtungsebene von Landschaft.

Die Orientierung an Vor-Bildern und Vor-Läufern und das innere Verlangen nach Übereinstimmung zwischen kulturell geprägtem Vor-Wissen und eigener Natur-Erfahrung lenkten Wahrnehmung, Empfindung und Beschreibung. Einmal gefundene Auffassungen von Landschaft und treffende Darstellungsformen erwiesen sich für anlehnungsbedürftige Nachfolger als willkommene Sehmodelle und Schreibanleitungen: Sie wurden zum Gemeinplatz. Indem der Reisende seine Erwartungen in die Natur hineintrug, wurde ihm durch diesen Filter jene zur gewünschten Landschaft.[14]

Gleichzeitig verabschiedet er sich dadurch auch von eigenen Erzählstrategien, für die beispielhaft der erste Kontakt Kara Ben Nemsis mit dem Roten Meer in *Durch Wüste und Harem* stehen kann, der ganz in der Tradition der oben skizzierten Weltsicht steht:

An diese Stelle im zweiten Buch Mosis (Kap. 14, V. 19-31) mußte ich denken, als ich im „Thale Hiroth, gegen Baal Zephon“, mein Kamel anhielt, um das Auge über die glitzernden Fluten des roten Meeres schweifen zu lassen. Es kam auch über mich etwas von jener Furcht, welche sein Anblick in den Herzen der Kinder Israels erweckt hatte. [...] Ich fühlte nicht ein Grauen vor jenem Elemente, [...] sondern es überlief mich jene heilige, andächtige Scheu, welche jeder Gläubige fühlt, sobald er einen Ort betritt, von dem ihm die biblische Geschichte erzählt, daß hier der Fuß des Ewigen gerastet und hier die Hand des Unendlichen gewaltet habe. (I 170f.)

Bemerkenswerterweise findet diese Abkehr vom touristischen Blickwinkel genau zu dem Zeitpunkt statt, an dem Mays reale Reiseerfahrungen der Orientreise 1899/1900 und die Romanwelt unversöhnlich aufeinanderprallen und jene Schaffenskrise hervorrufen, deren literarisches Ergebnis mit dem Begriff ‚Umbruch' umschrieben wird. Die Erfahrungen des Touristen Karl May finden sich in *Und Friede auf Erden!* ebenso wieder wie die oben beschriebenen ‚Landschafts-Visionen'. Hier sei auf die gehäuften Hotel-Szenen ebenso hingewiesen wie auf die (Augenzeugen?-) Berichte über das schlechte Benehmen europäischer Reisender im Ausland. Doch auch die Landschaft wird, zumindest solange sich der Ich-Erzähler und seine Begleiter auf nachprüfbaren Bahnen bewegen, mit dem typischen ‚Baedeker-Blick' betrachtet:

> Auf der Straße von Kairo nach den Pyramiden kommt man an zwei Fellachendörfern vorüber, welche links liegen. Rechts dehnen sich grüne Flächen aus, welche von Kanälen bewässert werden. Die Pyramiden hat man gerade vor sich liegen. Sie erscheinen von Weitem als dreieckige Flächen, treten aber, je mehr man sich ihnen nähert, um so plastischer hervor. (XXX 63)

> Der eigentliche Körper der Pyramiden wurde in Stufenform aufgebaut und dann mit einer platten Bekleidung belegt, unter welcher die Stufenform verschwand. Von dieser Bekleidung ist jetzt nur noch an der Spitze der zweiten, derjenigen des Chefren, ein Rest zu sehen, während von der Cheopspyramide die Spitze ganz verschwunden ist, wodurch sich oben eine vielleicht zehn Quadratmeter große Fläche gebildet hat, zu welcher man von der nordöstlichen Kante aufsteigen kann, weil dort die vielleicht einen Meter hohen Stufen am gangbarsten sind. Der Aufstieg geschieht gewöhnlich mit Hilfe dreier Beduinen, von denen zwei stets voran sind, um zu ziehen, während der Dritte schiebend hinterher zu folgen hat. (66)

> Hat man sich zur Besteigung der grossen Pyramide entschlossen, so nehme man zwei von den herumstehenden zudringlichen Gesellen [...] und begebe sich an die NO.-Ecke der Pyramide, wo der Anstieg beginnt. Die gewandten und kräftigen Leute schieben, ziehen und stützen den Steigenden und lassen ihn, bevor die Spitze erklommen ist, kaum zum Ausruhen kommen. [...] Man lasse hier jeden Ehrgeiz möglichst schnell hinaufzukommen bei Seite, auch nehme man die Hülfe der Beduinen wirklich in Anspruch, denn das fortwährende Steigen auf den meist 1 m hohen Blökken greift die Muskeln ungewöhnlich an. [...] Mit zwei Beduinen, denen man die Hände gibt, an der Seite und für denjenigen, welcher es wünscht, noch einen dritten (in dem Preise einbegriffen), der von hinten schiebt, geht es nun, indem man die grossen Granitblöck ersteigt, aufwärts. [...] Die Fläche auf der Spitze misst gegenwärtig 10 m im Quadrat, so dass selbst eine grössere Gesellschaft vollkommen Platz zur freien Bewegung hat.[15]

Die Ursachen für dieses Nebeneinander von Stilen sind sicher vielfältig: Der Wunsch, nun endlich einmal die eigenen Reiseerfahrungen unumstößlich zu beglaubigen, der sich auch in Mengen von Postkarten, die May während seiner Orientreise in die Heimat schickte[16], manifestiert, spielt hier wohl ebenso eine Rolle wie das Bemühen, einen Bogen von den bisherigen Reiseerzählungen zum ‚Neuanfang' zu schlagen, und die Notwendigkeit, diesen neuen Stil erst einmal zu entwickeln. Solange sich die Reiseroute der Protagonisten mit der des Touristen May deckt, d. h. solange Orte beschrieben werden, an denen der Autor tatsächlich gewesen war, verfährt er betont zurückhaltend, wenn es darum geht, Landschaft zu beschreiben. Dies gilt für Kairo ebenso wie für Colombo:

> Um summarisch zu verfahren, will ich hier gleich Einiges über Colombo im allgemeinen erwähnen. Ich beabsichtige dabei nicht etwa eine Beschreibung der Stadt, sondern es soll nur gesagt werden, was zum Verständnisse des später Folgenden notwendig ist.
>
> [...] Ihre Lage ist eine durchaus ebene, und so brauchte in den von den Europäern bewohnten Teilen kein Areal gespart zu werden. Die Bungalows der Weißen sind von herrlichen Gärten und Parks umgeben, in denen die indische Vegetation zur vollsten, herrlichsten Geltung kommt. [...]
>
> Die von den Eingeborenen bewohnten Stadtteile haben schmale Straßen; die Häuser und Häuschen stehen eng beisammen. Man sieht Laden an Laden, und wer sich vor gewissen Gerüchen scheut, der tut wohl, sich in eine der stets und überall vorhandenen Rickschahs zu setzen und dahin zu fahren, wo es nicht mehr riecht. (118)

In Colombo trifft der Ich-Erzähler auf Sir John Raffley und dessen Onkel, den Governor. Beide sind „Engländer im Superlativ" (229)[17]; Sir John Raffley wird dabei den Lesern mit einem Zitat aus der Erzählung *Der Girl-Robber*[18] vorgestellt, ein weiterer Kunstgriff, der Kontinuität suggerieren soll. Gleich während des ersten Gespräches bemerkt der Ich-Erzähler, daß mit Sir John Raffley eine wohltuende Verwandlung vorgegangen ist. Sein „Geist" hat „sich mit der Seele vermählt" (238), und damit hat er jenen entscheidenden Schritt vollzogen, den Waller zu seiner Genesung noch tun muß. Dieselbe Harmonie findet sich auch in Raffleys Schiff „Yin":

> Es war eine Dampfjacht, so scharf und kühn auf den Kiel gesetzt, wie nur die Amerikaner es fertig bringen oder – – brachten, denn wir Deutsche verstehen das jetzt auch! Die Konturen waren zum Erstaunen schön und rein. Die Decklinie stieg vorn und hinten in die Höhe, denn sonderbarerweise war sowohl der Vorder- wie auch der Quarterplatz nach Dschunkenart erhoben, was dem Schiffe etwas Fremdartiges, fast möchte ich sagen, Märchenhaftes gab. Der nach Klipperart schneidig gezogene Bug wurde von einem wunderbar schönen Frauenkopf aus weißem, reinstem

Marmor gekrönt, unter welchem auf dunklem Schleier in großen goldenen Buchstaben der Name „Yin“ zu lesen war. Hinten wehte die chinesische Flagge mit dem gelben Sonnenball auf rotem Grund. (220)

Dieses „Unikum“ ist die „Vermählung des Leichtesten und des Unbeholfensten, der Schoner- und Dschonkenform“. Das Ergebnis ist eine Steigerung ins Positive, denn das Schiff weist „nichts als Linien, welche eiligst vorwärts drängen“ (220), auf. In dem Schiff hat sich also eine höchst bedeutsame Verschmelzung des europäischen und asiatischen Geistes vollzogen, es weist damit – als Symbol verstanden – weit über Colombo heraus, den Ort, an dem Europa und Asien nur nebeneinander existieren. Mit diesem Schiff reisen die Protagonisten „dem geheimnisvollen Norden zu“ (421). Mit Ausnahme Raffleys wissen die Passagiere nicht, wohin die Reise führt. Auch Wallers innerliche Reise weist zu diesem Zeitpunkt ins Ungewisse:

„Er liegt am Strand, weiß nichts von Beiden mehr, vom Wasser und vom Land. Seiner Anima ist jede Erinnerung entflogen. Nur ein einziges Wort ist ihr, ist ihm erhalten geblieben, nämlich sein Name, der Name, durch welchen sich diese Taucherrüstung von den andern unterschied.“ (428)

Mit der „Taucherrüstung“ ist Wallers Körper gemeint, der, so erzählt es die Sage von der Taucherinsel Ti, den Taucher, das ist der Geist, nur beherbergt. Die Aufgabe des Tauchers ist es, Perlen, also geistige Erkenntnisse, zu Tage zu fördern. Überwacht wird diese Tätigkeit durch eine Regierung der Liebe, durch Gott. Gemeint ist mit der virtuellen Insel das Leben selbst; mit Hilfe des Schiffes „Yin“ nun reisen die Protagonisten zu einer weiteren virtuellen Insel: Ocama. Diese Reise gleicht in gewisser Weise der Suchreise eines Märchenhelden, der ja auch nicht reale, sondern virtuelle, gedachte Orte zum Ziel hat:

„Wie das so klingt, Mr. Tsi! Ganz wie in einem Märchen!“

„Das ist es auch! Nehmen wir an, die ‚Yin‘ sei unser Märchenschiff, auf welchem wir nach einem Zauberlande steuern!“

„Well! Ein ganzes Schiff voller Rätsel, als deren schwierigstes ich mir jetzt selbst vorkomme.“ (430)

Die märchenhafte Reise führt nicht geradewegs zum Ziel. Man könnte von zwei ‚Paralleluniversen‘ sprechen, die sich gelegentlich berühren, so als das Schiff in Shanghai anlegt, um Feuermaterial und Proviant an Bord zu nehmen:

In Shanghai blieben wir einen ganzen Tag, denn es gab für alle Gesunden das Bedürfnis, sich einmal eine anhaltendere Bewegung zu machen, als an Bord möglich war. [...]

Am Abende besuchten wir mit Mary Waller den berühmten, wunderbar illuminierten Garten von Chang Su Ho. Tsi hielt es für notwendig, der Lady diese Abwechslung zu bieten, zumal das Befinden ihres Vaters es ihr jetzt erlaubte, sich für einige Stunden von ihm zu beurlauben. (465)

Nicht umsonst wird ausgerechnet Shanghai angefahren, denn dieser Ort hat bereits im 16. Jahrhundert eine bedeutende Rolle gespielt bei der Christianisierung Chinas durch die Jesuiten, deren Vorgehensweise zu dieser Zeit vor allem durch ihre Anpassung an die äußeren Verhältnisse geprägt war.[19] Bei diesem Zwischenstopp nehmen die Reisenden einen berühmten chinesischen Arzt, Fang, an Bord, den der Ich-Erzähler bereits aus Point de Galle kennt und dort vor den Injurien einiger Europäer gerettet hat (465f.). Letztendlich ist der Halt in Shanghai also vor allem dadurch motiviert, einen wichtigen Protagonisten an Bord zu nehmen.

Das Schiff hat dank seiner Schnelligkeit die Möglichkeit, Abkürzungen zu nutzen, die andere Schiffe nicht nehmen können. Bezeichnenderweise bedeutet dies den Verzicht auf den Besuch von „Militärstationen, welche an der fieberhauchenden Küste angelegt sind, um bei den Kämpfen gegen den Herrscher von Atjeh den kriegerischen Vorstößen in das Innere als Stützpunkte zu dienen" (264), also eine deutliche Abwendung von jedweder Form von kriegerischer Aktivität.

Dann aber führt die Reise nach Ocama. Das Märchenschiff verläßt alle bisher befahrenen Wege, und, so können wir schlußfolgern, wohl auch alle bisher beschriebenen Wege, oder besser (zumindest im Wunschdenken des Autors): Wege zu schreiben.

Am folgenden Vormittage nahmen wir Anker auf und gingen bei prächtigstem Wetter mit vollem Dampfe weiter. Indem wir uns von der Tschifulinie weit nach Westen hielten, entfernten wir uns von dem Kurse europäischer Fahrzeuge und bekamen nur dann und wann ein chinesisches zu sehen. (467)

Während dieser Schiffsreise hat der meist bewußtlose Missionar Waller visionäre Zustände, erhält er Botschaften aus dem geistigen ‚Paralleluniversum', das dem rein topographischen in seiner Struktur entspricht:

„Haben Sie es ihm nicht angehört, daß er während des Sprechens überlegt? Er bekommt das, was wir von ihm hören, zunächst nicht etwa für uns, sondern für sich selbst. Er hört es, wie wir hören, wenn gesprochen wird; er könnte es schweigend entgegennehmen; aber er spricht es laut und deutlich aus, weil es ihm dadurch leichter wird, es sich zu eigen zu machen. Er prägt es seinem Gedächtnisse ein, und wenn er es auch nicht wörtlich behält, so nimmt er doch ganz gewiß wenigstens den Sinn aus dem visionären Zustande mit herüber in das körperliche Leben. Hier bewegt und entwickelt er es in sich weiter. Er kann sich dieser Einwirkung des Jenseits nicht entziehen; sie ist für ihn maßgebender und glaubwürdiger, als die Meinungen aller irdischen Autoritäten, und so kommt es, daß seine Ansichten ganz andere werden, als sie früher gewesen sind. Er wird das, was man nicht hier, in dieser Welt der Irrsale, sondern dort in jenem Reiche klar gewordener Geister einen Christen nennt." (474)

Waller ist also ein Grenzgänger zwischen Diesseits und Jenseits, so wie das Schiff, auf dem er sich befindet, nur gelegentlich „dem Hafen mit dem Boote einen Kuß" gibt und dann wieder fortgeht (222). Dieses Grenzgängertum ist für die chinesischen Ärzte eine völlig natürliche Angelegenheit, denn:

„Ewigkeit und Erde schließen einander doch nicht aus," erklärte Tsi. „Die Ewigkeit ist vor uns, hinter uns, neben und rund um uns. Wir befinden uns in ihr. Unsere Erde ist eines der winzigen, ununterbrochen im Kreise rinnenden Körnchen der sich nie erschöpfenden, nie sich leerenden Sanduhr der Ewigkeit. Es ist einer der größten und unverzeihlichsten Gewohnheitsirrtümer, anzunehmen, daß die Ewigkeit für uns erst nach unserm Tode beginne. Wir leben in ihr und gehören zu ihr, wie die von Ihnen erwähnten Geister und Seelen zu ihr gehören. Wenn Ihr Glaube diese Seelen in die Ewigkeit versetzt, in welcher Sie sich doch in Wirklichkeit schon selbst sich befinden, so sagt er doch weiter nichts, als daß sie hier bei Ihnen geblieben sind." (475)

May übersetzt diese Erkenntnis, wie eingangs beschrieben, topographisch in das *Märchen von Sitara*, diesem scheinbar identischen und doch von der irdischen Welt unterschiedenen Stern. Sitara ist nun nicht etwa bereits das Jenseits, es ist das Symbol für den Weg dorthin. In *Und Friede auf Erden!* steht hierfür das ‚Land der Shen', das von seinen Schöpfern John Raffley und Fu einen anderen Namen erhalten hat:

„Ki-tsching liegt nämlich nur noch diese Nacht und einige Stunden von uns entfernt, und – – –"

„Ki-tsching?" unterbrach ich ihn. „Wie sie diese Worte betonen, heißen sie ‚hoffen' und ‚vollenden'. Der Name dieser Ihrer Besitzung bedeutet also ein Land, in welchem die Hoffnung begonnen hat, was die Zukunft vollenden soll?"

„Ja, genau so ist es. Uebrigens legen wir nicht am Festlande, sondern zunächst an der den Hafen beschützenden Insel Ocama an."

„Ocama? Wahrscheinlich ein zweites Macao, nur daß die Silben anders geordnet sind. Darf ich vermuten, daß dies eine sinnbildliche Bedeutung hat?" (476f.)

Macao, zu Karl Mays Zeiten eine portugiesische Kolonie an der Südküste Chinas, südwestlich von Hongkong gelegen, wurde gern als das ‚Monte Carlo Chinas' bezeichnet und bezog seine wesentlichen „Einnahmen aus Opium, Glücksspiel, Lustbarkeit und Kuliexport".[20]

Betrachtet man den Grundriß der Halbinsel Macao (Zeichnung G. K.), so sind gewisse Ähnlichkeiten mit Ocama unverkennbar. „Ocama hat eine dem Festlande zugekehrte Bucht mit klarem, tiefem und fast stets ruhigem Hafenwasser.“ (482). Unschwer läßt sich in dieser Beschreibung der Grundriß des halbmondförmigen Hafens Port Interieur an der Westseite wiedererkennen. Auch in der Topographie sind durchaus Parallelen erkennbar:

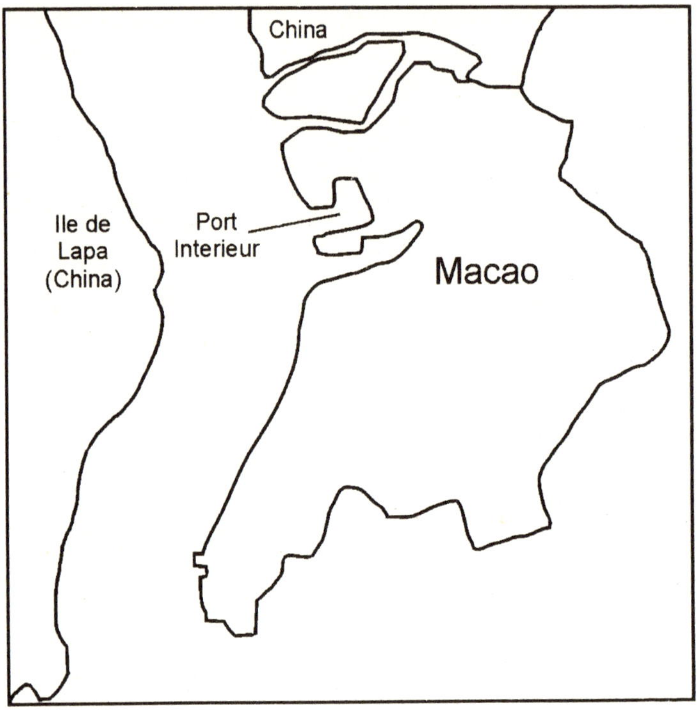

Auf der Halbinsel in nur wenig geschützter Bucht liegt die Stadt Makao selbst, deren Verkehrslage durch die 1557 sich festsetzenden Portugiesen recht gut gewählt war. Die Stadt ist gut gebaut, sauber, reich an Kirchen und Klöstern und durchwoben von blumenreichen Gärten.[21]

Man denke sich einen halbmondförmigen Busen, von dessen beiden äußeren Enden an das Land sich sanft, aber höher und immer höher erhebt, um, immer von Gärten oder parkähnlichem Gehölz begleitet, in der Mitte einen vom Wasser zurücktretenden Berg zu bilden, an dessen Lehne die mit Pflanzengrün und Blumen geschmückten Häuser des Ortes aufwärtssteigen. (482)

In der Bedeutung sind die beiden Orte jedoch grundverschieden. Während Macao Anfang des 20. Jahrhunderts gegenüber Hongkong beinahe in Bedeutungslosigkeit versunken war, bildet Ocama den schützenden Hafen, und damit einen wichtigen Mittelpunkt im ‚Lande der Shen'. Während Macao Mittelpunkt des Opiumhandels war, ist in Ocama der Verkauf dieser Droge strengstens untersagt.

Auf der Höhe der langsam emporsteigenden Hänge liegt Fus „hellglänzendes, weißes Landhaus, dessen nur halb chinesischer Stil vermuten läßt, daß sein Erbauer verstanden habe, auch europäischen Gedanken Form zu geben" (482), und das damit zugleich die Stein gewordene Variante der Yacht „Yin" darstellt. Diese Hügeltopographie deutet bereits das ‚Empor ins Reich der Edelmenschen' an; in *Ardistan und Dschinnistan* ist dieser topographische Ansatz dann konsequent durchkonstruiert.

Von Ocama aus sieht man das ‚wahre Christentum' in Form eines Kreuzes, das sich aus dem neuen Raffley-Castle und dessen Anbauten, die humanitären Zwecken dienen, entwickelt hat.[22]

In Ocama, um Raffley-Castle und in der Stadt Shen-Fu vereinen sich chinesische und europäische Elemente zu einem harmonischen Miteinander. Dieses Miteinander findet sich unter umgekehrten Vorzeichen auch in der heimatlichen Arbeitsstube des Autors:

> Der Altan trägt ungezählte, blühende Pelargonien; auf den Tischen stehen herrlich duftende Reseden und Nelken, denn meine Frau, die immer engelsähnliche, weiß ganz genau, wie lieb mir Blumen sind. Von unten herauf steigen die köstlichen Grüße der Marschall Niel-, La france- und Kaiserin Augusta Viktoria-Rosen. Die Blätter der Oelweide flüstern leise. Im leicht geaserten Baumschlag des Ahorn flötet ein Kehlchen. Das Rankengefieder der chinesischen Glycinen[23] steigt hoch am Hause und zu seiten meiner Fenster bis an das Dach empor, mit genau solchen Ferndurchblicken, wie von meiner Wohnung aus auf der großen Sundainsel. (492)

> Er [Fus Garten] war groß, außerordentlich wohlgepflegt und ging in einen Park über, der sich auf der andern Seite den ganzen Berg herunterzog. Da sah man die hinterasiatische Baum- und Blumenflora in den herrlichsten Exemplaren, aber er war nicht spezifisch chinesisch angelegt, sondern in einem Stile, in welchem auch der europäische Geschmack zur Geltung kam. (498)

Chinesische Elemente in der deutschen Gartenkunst, und dazu zählt auch der leider nicht mehr erhaltene chinesische Pavillon auf dem Grundstück der Villa „Shatterhand" in Radebeul, sind seit den 1770er Jahren reichlich belegt.[24] Die Gegend um Raffley-Castle verbindet die Symmetrie der barocken Gartenbaukunst, wie sie für zahlreiche sächsische Landschaftsgärten belegt ist[25], mit den ‚geschlungenen' Elementen der englischen Landschaftsgärten.[26] Durch letztere ist May maßgeblich in seiner Natursicht beeinflußt worden, wie Jürgen Hahn exemplarisch an der Trilogie *Old Surehand* nachgewiesen hat.[27] Klaus Ludwig konnte zudem den Grünfelder Park in Waldenburg als reale Vorlage von Liamas unterirdischer Wohnung im Park von Schloß Orty (*Die Liebe des Ulanen*) wahrscheinlich machen.[28]

Diese harmonische Landschaft bildet den Ausgangspunkt „für ein Zukunftsprojekt", das keine rückwärtsgewandte Idealisierung kennt:

> „Ihr werdet überhaupt sehen, daß wir nur für die Zukunft arbeiten. Vergangenes muß uns nützen, wenn es kann, aber es fast anzubeten, wie Ihr Euer Griechenland und Rom, das tun wir nicht. [...] Wer seine Ideale aus alten, vergangenen Zeiten holt, der hat sie mit häßlicher Gewaltsamkeit herüberzuzerren und setzt dem Menschengeiste Ruinen, anstatt ihm brauchbare Wohnungen zu bauen." (498f.)

Diese Aussage ist zugleich Absage an die historistischen Elemente der gängigen Landschaftsgärten, an die künstlichen Ruinen, neogotischen Schlößchen, falschen Urnen, Sphinxen, Säulen und Hütten, die als ortsfremde, rein optische, ‚exotische' Reize nicht nur den Grünfelder Park überfluten.[29] Fu und Raffley haben die Entwicklung der Region konsequent und gemeinsam vorangetrieben:

> „Nun reiht sich Wiese an Wiese und Feld an Feld. Ihr geht auf Wegen und Straßen immerfort zwischen Fruchtbäumen dahin. Der Draht des Telephon und Telegraph begleitet Euch. [...] Teilt sich der Weg, so geht es links nach der Stadt, rechts aber hoch hinauf nach Raffley-Castle. [...] Weit draußen, am fernsten Horizont, ragen Berge, gewaltige Phonolithmassen aus der Tertiärzeit. Auch der Berg, auf dem wir uns jetzt befinden, gehört zu dieser Gruppe, zu deren Füßen die ewig arbeitende See eine unendlich fruchtbare, allmählich ansteigende Ebene abgelagert hat. Auf halber Höhe liegt mein Raffley-Castle, mein Paradies, geschützt vor kalten Winden." (500)

Geologischer Aufbau der Region, Kultivierung durch die Landwirtschaft und modernste Technik kennzeichnen Vergangenheit und Gegenwart, die Zukunft wird symbolisiert durch die Zweckbestimmung des neuen Raffley-Castle:

> „Der alte, drüben in der Heimat aufragende Burg- und Schloßbau der Raffleys wurde aus Quadern von allerschwerstem Grampiangranit errichtet. Er ist der Leib, dessen Seele Sir John herüberholte, um sie hier in leuchtenden Pai-tang-schi-tou [Weißzuckerstein: Marmor] zu kleiden. Der Urbau dort hatte nur dem Interesse der Familie, des Klan zu dienen. Er war der aufwärts ragende Stamm, der sich von diesen Interessen nicht zu

lösen vermochte. Sir John und seine Yin aber machten die Seele hier von diesem Zwange frei, indem sie ihr die Flügel gaben, die sich im Dienste unserer ‚Shen' nach beiden Seiten regen. Das sind die Gebäude, die sich rechts und links vom Stamme zweigen und ganz ausschließlich nur humanen Zwecken dienen. Hierdurch entstand das Kreuz, denn wo der Einzelne oder die Familie beginnt, sich der hilfsbedürftigen Brüder anzunehmen, da steht das Tor zum Himmelreiche offen, von welchem alle unsere Weisen sprachen, bis Christus kam, um diese Worte in Taten zu verwandeln." (515f.)

„Die Basis oder der Sockel des Kreuzes wird von den Wirtschaftsgebäuden gebildet, über denen sich die Beamtenwohnungen grad in die Höhe ziehen. Dann kommt das eigentliche Castle, der Mittelpunkt, welcher nach rechts und links die beiden Arme breitet; ich meine die Baulichkeiten für humanitäre, also menschenfreundliche Zwecke. Hinter dem Castle liegt das Paradies, über diesem das herrliche Atelier und wieder über diesem die Kapelle mit der Orgel, die aus Deutschland verschrieben worden ist." (524f.)

Dieses Zeichen des gelebten Christentums entsteht durch Einfluß von oben: „Ein Strahlenkegel, wie aus einem in Himmelsnähe stehenden Leuchtturme kommend, brach durch und fiel hinüber auf die Berge, grad dahin, wo das Ziel unsers Rittes lag." (560) Und genauso plötzlich macht Wallers Genesung einen wesentlichen Fortschritt. Nachdem er das ‚Märchenschiff' verlassen und Ocama betreten hat, beginnt er die aktive Suche nach seinem neuen Ich: „Der Knabe Waller ist weg! Wer wird nun kommen? Es muß doch Jemand her!" (553) Im Angesicht des strahlenden Kreuzes findet er die Antwort auf diese Frage, wenn er sie auch noch nicht verbal artikulieren kann:

Der Kranke öffnete die Augen. Sein aus der vollständigen Bewußtlosigkeit auftauchender Blick fiel auf das im gegenwärtigen Momente fast überirdisch wirkende Kreuz. Wer war er? Und wo befand er sich? Er schien uns gar nicht zu sehen, keinen Einzigen von uns! Er richtete sich auf, so weit er konnte, streckte die beiden Arme aus und öffnete den Mund, als ob er sprechen wolle. Aber er brachte kein Wort, kein einziges hervor. Nur ein Schrei erklang, ein großer, überlauter Schrei der Freude, der Wonne. Dann fiel er nach hinten zurück, schloß die Augen und faltete die Hände. Ein glückliches Lächeln ging über sein Gesicht. (561)

Nach diesem Intermezzo macht die Reisegruppe Rast an der Gabelung, an der sich die Wege nach Shen-Fu und Raffley-Castle trennen. Dieser Platz ist durch nichts spezifisch, denn es „kann nicht meine Absicht sein, über die Gegend, in der wir uns befanden, hier topographische Bemerkungen zu machen. Es sind ganz andere Fragen zu beantworten". Hier an der Weggabelung, dem Ort, an dem man sich entscheiden muß, wohin die Reise gehen soll, kehrt Waller ins Bewußtsein zurück. Jetzt sitzt er „aufrecht", „nicht etwa zusammengehockt, sondern kräftig und gerade, wie ein Mann, der nichts von langer, abzehrender Krankheit weiß" (563), und erkennt seine Tochter und die früheren Bekannten. Hier artikuliert er seine Entscheidung für das ‚wahre' Kreuz:

„Das Kreuz," sagte er – – – „wo ist es? – – – Ich sah es leuchten – – –! Es ist das richtige – – – das falsche ist verschwunden!" (565)

Kompositorisch gesehen ist es nur konsequent, daß May an dieser Weggabelung die Topographie völlig zurücknimmt. Erstens ist der Grat zwischen dem ‚wahren' und dem ‚falschen' Christentum nur ein sehr schmaler, wie an der Person Wallers mehr als deutlich wird, und zum anderen führt an dieser speziellen Gabelung der reale Weg ja nicht in gegensätzliche Richtungen, sondern nur zu zwei verschiedenen Orten, die prinzipiell demselben Ziel dienen. Es ist also nur die Metapher ‚Weggabelung' an sich, die hier zum Tragen kommt. Gleichzeitig weist die Szene voraus auf die folgende Konfrontation mit Dilke im ‚Paradies', wo Waller seine Entscheidung verteidigen muß und seinem Neffen das Gedicht *Tragt euer Evangelium hinaus* entgegenschleudert, um die ‚Wallersche Hauspostille' ein für allemal zu zerschlagen.

Nachdem an der Weggabelung der ‚richtige' Weg, hin zum Kreuz, zu Raffley-Castle, eingeschlagen worden ist, bekommt die Topographie deutliche Konturen, die Beschreibung wird wesentlich dichter. „Bis hierher war die Bodenerhebung eine langsame gewesen; nun aber merkten wir deutlicher, daß es aufwärts ging." (565) Diese Topographie signalisiert: Bisher hat Waller nur sehr langsame Fortschritte gemacht, ab jetzt aber geht es ihm deutlich schneller besser.

Der Klingstein begann, von Zeit zu Zeit zu Tage zu treten, und zeigte da überall eine weiße, kaolinähnliche, scharf abgegrenzte Verwitterungsrinde. Zuweilen erschienen an seiner Stelle die neugierig aus der Erde schauenden Säulenspitzen von Basalten und Trachyten, und immer war es ein zierblätteriges oder blühendes Gesträuch, mit dem die blumenliebenden Chinesen diese steinernen Grüße aus der Unterwelt zu schmücken und zu verschönern suchten. (565)

Basalte und Trachyten sind Ergußgesteine, also Material, das eruptiv die Erdkruste durchdrungen hat. Diese „steinernen Grüße aus der Unterwelt" weisen, so idyllisch die Gegend auf den ersten Blick auch wirken mag, darauf hin, wie dünn die ‚kulturelle Kruste' doch eigentlich ist und wie schnell die menschliche Leidenschaft, ‚das Böse', hervorbrechen kann. Vernichten läßt es sich nicht, die Zeichen lassen sich nur schmücken und verschönern. Es ist eine Art von Autodomestikation, der die Menschen sich befleißigen müssen, damit die moralischen Eruptionen nicht erneut hervorbrechen. Darum ist die Gegend links und rechts des Weges auch nicht etwa Wildnis, sondern kultiviertes Land:

Es gab allüberall fleißige Arbeiter auf den Feldern. Meist war man an den Wassergräben beschäftigt, und ich bemerkte, daß die Bewässerung der ganzen, weiten Gegend in gradezu meisterhafter Art betrieben wurde. (565)

Bewässerung bedeutet Planung und kollektive Tätigkeit, es bedeutet, Überschwemmungen und Dürren zu vermeiden, also jenes gesunde Mittelmaß zu finden, das es den Menschen ermöglicht zu leben.

Beim Näherreiten verliert das Kreuz seine Helligkeit, doch wird es dadurch nicht etwa ‚gewöhnlich' oder ‚alltäglich', es symbolisiert jetzt das „stille, warme Licht der Humanität" und wird gleichzeitig zum Mahnmal an die Christen, sich und ihren Glauben stets zu hinterfragen:

„Wir Christen bemühen uns allzuviel, in die Ferne zu glänzen; wie aber steht es mit unserm helfenden, rettenden Licht daheim, in der Nähe? Hier, da an diesem Berge, hat sich das flammende Kreuz nun aufgelöst in die Zeichen der leiblichen, geistigen und ethischen Werktätigkeit des menschlichen Lebens. Wir sehen es ganz deutlich, wie diese Tätigkeit von den unten liegenden Wirtschaftsgebäuden emporsteigt, bis zur Höhe, wo die Kapelle den marmorernsten Fleiß mit Gottes Segen krönt. Und quer, mit diesem Fleiß sich kreuzend, sieht man die Menschenliebe Häuser bauen" (566f.).

Doch auch der Wald reicht an diesen Weg heran. „Gingkobäume, die allerdings uralt werden", sind in China Sinnbild des Lebens, in Europa kommen sie – sofern sie nicht in Gärten angepflanzt sind – nur als Überreste voreiszeitlicher Flora in der Braunkohle vor.[30] Ähnlich alt sind die chinesischen Spießtannen. Diese Bäume verbinden Vergangenheit und Gegenwart miteinander: „Steinerne Pfeiler, von der Urgewalt aus dem Innern der Erde emporgetrieben, und auf ihnen diese kraftstrotzenden, reckenhaften Bäume, uralt, wie die Ahnen Derer, die heut unter ihnen wandeln!" (568), und lenken den Blick des Menschen zugleich in sein Inneres und in die Zukunft:

„Was aus diesem, dem menschlichen Innern, emporgetrieben wird, hat in der Höhe ebenso auch gewaltige Organismen zu tragen, in deren Schatten die Gedanken der kleineren Geschöpfe Jahrtausende lang zu wandeln haben werden. Wer werden diese Titanen sein? Ob Menschen? Oder ob Geister?" (568)

Kontrastierend zu dieser blühenden, zukunftsweisenden Landschaftsarchitektur ist das Gemälde Yins im ‚Paradies' gestaltet. Die Topographie des Sündenfalls ist gekennzeichnet durch einen gähnenden Abgrund, in den die aus dem Paradies Vertriebenen stürzen, und durch das „öde, wüste Land" (584), in das die Überlebenden drängen:

Denn die Atmosphäre war diejenige eines Unwetters, eines Erdbebens, einer ganz unbeschreiblichen Katastrophe. Da, wo ganz vorn, hinter den Bäumen und Sträuchern der Pflanzengruppe, das Paradies zu vermuten gewesen war, schien Alles in hellen, verzehrenden Flammen zu stehen. Die glühende Hitze schleuderte die zersprengten, schieferigen Reste des Gesteines hoch in den Lüften herum. Schwefelgelb, von orangenen Blitzen durchschossen, schlug die Lohe heraus und warf über die Gruppe am Felsen und die verzerrten Gesichter der Fliehenden ein, ich möchte sagen, alle Hoffnung verzehrendes Licht. Dieses Gelb verwandelte sich in immer tiefer werdendes, diabolisches Rot, welches sich schließlich zu einem häßlich schmutzigen Violett verdichtete, in dem weder Mensch noch sonst etwas mehr zu unterscheiden war. (584f.)

Hier schließt sich der Kreis zu den oben zitierten „steinernen Grüßen aus der Unterwelt", deren mahnende Bedeutung nicht zu unterschätzen ist, denn am Ende des Buches steht der „Krieg" (658). Shen-Kuo bleibt das „Land, in welchem die Hoffnung begonnen hat, was die Zukunft vollenden soll" (476). – „Gleich ist Mitternacht; sie soll uns betend – dankend – hoffend finden!" (660)

*

Zusammenfassend läßt sich konstatieren, daß es Karl May in *Und Friede auf Erden!* gelungen ist, die durchreiste Landschaft konsequent zum Handlungsträger zu machen, sei es als Reiseziel des Touristen oder als Metapher für seelische Entwicklungen. Der letztere Begriff ist dabei entscheidend, denn er zielt expressis verbis auf einen dynamischen Prozeß, bei dem äußere und innere Reise kongruent verlaufen.

Zwar hat May bereits früher Landschaften als Träger für Gemütszustände verwendet, so z. B. das Bedrohliche der kurdischen Berge in *Von Bagdad nach Stambul*, das auf den baldigen Tod Mohammed Emins vorausweist, doch handelt es sich dabei um ein statisches Gefüge. Die Reisenden empfinden die Berge als bedrohlich, und die Landschaft drückt auf die Stimmung. Das trübe Wetter während des Kampfes, bei dem Mohammed Emin stirbt, paßt genau zu diesem Schreckensszenario.

In *Und Friede auf Erden!* dagegen erhält die Landschaft, und mit ihr auch die Architektur (inklusive der Schiffsarchitektur), eine eigenständige Stellung als Bedeutungsträger für die Handlung. Die Szenarien sind dabei so konsequent durchkonstruiert, daß von einer sorgfältigen Planung ausgegangen werden muß. Dabei wird sich im einzelnen nur schwer feststellen lassen, welche Erlebnisse während der Orientreise dafür maßgeblich waren. In *Im Reiche des silbernen Löwen III* und *IV* zieht May gelegentlich Parallelen zwischen real besuchten Orten und der virtuellen Landschaft, in der sich Kara Ben Nemsi aufhält, um letztere zu charakterisieren. In *Und Friede auf Erden!* hingegen existieren zwei Ebenen parallel nebeneinander, die touristische Route der Orientreise und die virtuelle Landschaft der fiktiven Reiseziele. Beide Welten durchdringen sich gelegentlich, analog zum Grenzgängertum Wallers zwischen Diesseits und Jenseits. Diesseits und Jenseits bezeichnen dabei unterschiedliche Daseinsformen innerhalb der allumfassenden Ewigkeit.

In diesem Sinne sind die virtuellen Landschaften in *Und Friede auf Erden!* ebenso real wie die Orte, die sich auf der Landkarte wiederfinden lassen.

Anmerkungen

1 Karl May: *Mein Leben und Streben*. Freiburg/Br. 1910, S. 1.

2 Vgl. Hans-Joachim Mähl: *Die Idee des goldenen Zeitalters im Werk des Novalis. Studien zur Wesensbestimmung der frühromantischen Utopie und zu ihren ideengeschichtlichen Voraussetzungen*. Heidelberg 1965, S. 305f.

3 Auf eine theologische Einschätzung der Handlung wird von uns ausdrücklich verzichtet. Vgl. hierzu Hermann Wohlgschaft: *‚Und Friede auf Erden!'. Eine theologische Interpretation*. In: JbKMG 1989, S. 101-145; ders.: *Große Karl May Biographie. Leben und Werk*. Paderborn 1994, S. 612-633.

4 Zur geistesgeschichtlichen Einordnung dieses ‚Weges' vgl. Günter Scholdt: *‚Empor ins Reich der Edelmenschen'. Eine Menschheitsidee im Kontext der Zeit*. In: JbKMG 2000, S. 94-111.

5 Einige Jahre später wird May diese Methode in *Ardistan und Dschinnistan* virtuos umsetzen, indem er die populäre Sage vom ‚schlafenden Kaiser im Berge' demontiert und mit den Versatzstücken eine völlig neue Welt aufbaut. Vgl. hierzu Gudrun Keindorf: *„Für mich sind Sagen heilig". Zu Idee und Programm der Sagen in ‚Ardistan und Dschinnistan'*. In: *Karl Mays „Ardistan und Dschinnistan"*, hg. v. Dieter Sudhoff u. Hartmut Vollmer. Paderborn 1997, S. 121-141.

6 Vgl. z. B. Helmut Schmiedt: *‚Ardistan und Dschinnistan', Seite 1–3*. In: *Karl Mays „Ardistan und Dschinnistan"* [Anm. 5], S. 96-108; Werner Kittstein: *Ein Buch ist so gut wie sein Anfang. ‚Kong-Kheou,*

das Ehrenwort' alias ,Der blau-rote Methusalem'. In: JbKMG 1994, S. 212-246; Gudrun Keindorf: *Ein Deutscher Traum?. Überlegungen zu Karl Mays Verhältnis zum ,Kaiserreich'*. In: JbKMG 1999, S. 204-247, hier bes. S. 211-214 in bezug auf *Die Liebe des Ulanen.*

7 Der Roman, ursprünglich zweibändig geplant, erschien zunächst 1891-93 im *Deutschen Hausschatz,* die dreibändige Buchausgabe folgte 1895/96 bei Fehsenfeld. Vgl. Bernhard Kosciuszko: *Im Lande des Mahdi I-III.* In: *Karl-May-Handbuch,* hg. v. Gerd Ueding. Stuttgart 1987, S. 252-259.

8 Vgl. hierzu Gudrun Keindorf: *Formen und Funktion des Reisens bei Karl May. Ein Problemaufriß.* In: JbKMG 1996, S. 291-314, bes. S. 304-306.

9 Mit der Verwendung dieses Begriffs soll keine Kontinuität seit der gleichnamigen Aufsatzsammlung, die May 1875/76 in der von ihm redaktionell betreuten Zeitschrift *Schacht und Hütte* veröffentlichte, unterstellt werden, auch wenn er „im Alter mehrfach behauptete", die *Predigten* „enthielten die ganze Disposition seiner weiteren Werke" (Dieter Sudhoff: *Geographische Predigten.* In: *Karl-May-Handbuch* [Anm. 7], S. 574f.). Gemeint ist hier ganz wörtlich: Die Geographie predigt.

10 Vgl. hierzu die instruktive Studie von Petra Raymond: *Von der Landschaft im Kopf zur Landschaft aus Sprache. Die Romantisierung der Alpen in den Reiseschilderungen und die Literarisierung des Gebirges in der Erzählprosa der Goethezeit.* Tübingen 1993.

11 *Genesis* 8,11.

12 Vgl. hierzu später ausführlich: Gudrun Keindorf: *Weibliche Seele – Männlicher Geist?. Zur Rollenverteilung im Spätwerk Karl Mays.* In: JbKMG 2002.

13 Raymond [Anm. 10], S. 330.

14 Ebd., S. 331.

15 *Aegypten. Handbuch für Reisende* von K. Baedeker. *Erster Theil: Unter-Aegypten bis zum Fayum und die Sinai-Halbinsel.* Leipzig 1877, S. 365-367.

16 Vgl. Ekkehard Bartsch/Hans Wollschläger: *Karl Mays Orientreise 1899/1900.* In: *In fernen Zonen. Karl Mays Weltreisen* (Gesammelte Werke 82). Bamberg, Radebeul 1999, S. 33-231. Bezeichnend für den Kulturschock und den gleichzeitigen Versuch, den Realitätsgehalt der früheren Erzählungen zu belegen, ist z. B. eine Nachricht Mays vom 22. April 1899 an seinen Verleger Fehsenfeld, in der er behauptet, in Kairo mit Ben Nil, dem Gefährten aus *Im Lande des Mahdi,* zusammengetroffen zu sein, und er sogar dessen Unterschrift fingiert. Einen Tag später meldet er an Emma: „Heut sind ohne die Briefe 78 Postkarten fertig geworden" (Bartsch/Wollschläger, S. 60).

17 Zum Typus des ,reisenden Engländers' vgl. Keindorf: *Formen und Funktion des Reisens bei Karl May* [Anm. 8], S. 300-304.

18 Die Erzählung erschien zuerst 1879/80 im 6. Jahrgang des *Deutschen Hausschatz,* 1893 fand sie Aufnahme in den Sammelband *Am Stillen*

Ocean. Vgl. Erwin Koppen: *Am Stillen Ocean.* In: *Karl-May-Handbuch* [Anm. 7], S. 223-228.

19 Vgl. Folker Reichert: *Shanghai 1609. Die frühesten europäischen Zeugnisse.* In: *Shanghai. Stadt über dem Meer*, hg. v. Folker Reichert u. Siegfried Englert. 2. erweiterte und überarbeitete Auflage. Heidelberg 1996, S. 11-16. Die in keiner Weise aggressive Missionstätigkeit der ersten Jesuiten, die sich bemühten, in den verschiedenen Religionen möglichst die Gemeinsamkeiten zu betonen, spiegelt sich in *Und Friede auf Erden!* an unterschiedlichen Stellen wider, so in Tsis Buchprojekt: „Das eine Buch würde betitelt sein: ‚Das Heidnische im Christentume' und das andere: ‚Das Christliche im Heidentume'" (385), und noch mehr in der Person des Reverend Heartman (‚Der Mann mit Herz'), der „an jedem Glauben so viel Verwandtschaft mit seiner eigenen Religion" findet (517), daß jeder sich gleich heimisch fühlt.

20 Hans Meyer: *Das portugiesische Kolonialreich der Gegenwart.* Berlin 1918, S. 61.

21 Ebd., S. 60f.

22 Zur Architektur von Raffley-Castle und möglichen Vorbildern vgl. Keindorf: *Ein Deutscher Traum?* [Anm. 6], S. 231-238.

23 Blauregen (Wisteria sinensis), eine Liane mit blau herabhängenden Blütentrauben, die in fast keinem chinesischen Garten fehlt. Vgl. Marianne Beuchert: *Die Gärten Chinas.* München [2]1988, S. 53.

24 Vgl. z. B. Rolf Kirsch: *Frühe Landschaftsgärten in Niedersachsen.* In: *„Zurück zur Natur". Idee und Geschichte des Georgengartens in Hannover-Herrenhausen*, hg. v. der Wilhelm-Busch-Gesellschaft und dem Grünflächenamt der Landeshauptstadt Hannover. Göttingen 1997, S. 95-108.

25 Eine Übersicht findet sich in: *Gärten und Parks in Sachsen. Ein Reiseführer.* Hamburg 1997. Speziell zu den Barockgärten vgl. *...von denen Schoenen Gärten. Barocke Gartenkunst in Polen und Sachsen 1697–1763.* Begleitheft zur Ausstellung im Barockgarten Großsedlitz vom 15. August bis 30. September 1997.

26 Die Einflüsse des englischen Landschaftsgartens mit seiner konsequenten Verwendung nichteinheimischer Pflanzen aus den Kolonien und stilisierten außereuropäischen Gebäuden gingen wesentlich von den Schriften Horace Walpoles (1717–1797) aus. Vgl. Horace Walpole: *Über die englische Gartenkunst.* Übersetzt von August Wilhelm Schlegel, hg. v. Frank Maier-Solgk. Heidelberg 1994.

27 Vgl. Jürgen Hahn: *„an den sorgfältig ausgesuchten Orten". ‚Andeutungen über Landschaftsgärtnerei' in Karl Mays Romantrilogie ‚Old Surehand'. Ein Versuch über das allegorische Wesen hortologischer „Raumbilder".* In: *Karl Mays „Old Surehand"*, hg. v. Dieter Sudhoff u. Hartmut Vollmer. Paderborn 1995, S. 140-185.

28 Vgl. Klaus Ludwig: *Der Grünfelder Park. Ein Erlebnisbereich aus Karl Mays Waldenburger Seminarzeit.* In: MKMG 98 (1993), S. 3-8.

29 Vgl. den Plan des Grünfelder Parks von J. B. Eichen bei E. O. Schmidt: *Fürst Otto Carl Friedrich von Schönburg und die Seinen.*

Leipzig 1931, S. 83. Zum Grünfelder Park, auch Greenfield genannt, vgl. ferner: Jürgen Weißhorn: *Der Grünfelder Park zu Waldenburg.* In: *Argos. Wirtschafts- und Regionalmagazin*, Leipzig 1993, S. 117-120; Dietrich Hunger: *Sachsen in Superlativen – Teil 12*, hier: *Waldenburg und sein englischer Landschaftspark.* In: *Sächsische Heimatblätter* 42 (1996), S. 41-43; Wolf-Dieter Röber: *Schönburgische Burgen und Schlösser im Tal der Zwickauer Mulde.* Beucha 1999, S. 72f.; sowie die Homepage der Stadt Waldenburg (www.waldenburg.de/gruenfeld/index.shtml).

30 Beuchert [Anm. 23], S. 49.

Bibliographie

Aufgenommen sind Publikationen, die monographisch oder themenübergreifend Karl Mays Reiseerzählung *Et in terra pax* resp. *Und Friede auf Erden!* behandeln. Die mit * gekennzeichneten Titel sind im vorliegenden Band abgedruckt.

Anonym: *Und Friede auf Erden.* In: *Neues Wiener Tageblatt* (9. 10. 1904).

Anonym: *Karl May als Religionsphilosoph.* In: *Augsburger Postzeitung* (18. 11. 1904), Nr. 260.

Anonym: *Im Reiche des silbernen Löwen* [...] *Und Friede auf Erden.* In: *Bayerischer Kurier*, Wochenbeilage *Die Literarische Rundschau*, Nr. 15 (27. 12. 1906).

Bach, Wolf-Dieter: *Sich einen Namen machen.* In: JbKMG 1975, S. 34-72.

Bartsch, Ekkehard: *‚Und Friede auf Erden!'. Entstehung und Geschichte.* In: JbKMG 1972/73, S. 93-122.

Ders.: *Gleichnis für Zieger.* In: *Karl-May-Handbuch*, hg. v. Gert Ueding. Stuttgart 1987, S. 580f.

Ders./Wollschläger, Hans: *Karl Mays Orientreise 1899/1900.* In: *In fernen Zonen. Karl Mays Weltreisen* (Gesammelte Werke 82). Bamberg, Radebeul 1999, S. 33-231.

Becker, Sibylle: *Karl Mays Philosophie im Spätwerk.* Ubstadt 1977.

* Buchenau, Artur: *Karl Mays Friedensgedanken.* In: KMJb 1923, S. 40-54.

[Cardauns, Hermann:] *Karl May in China.* In: *Kölnische Volkszeitung* (1. 12. 1904), Literarische Beilage 48; Faksimile in: Bernhard Kosciuszko: *Im Zentrum der May-Hetze – Die Kölnische Volkszeitung.* Ubstadt 1985, S. 30f.

* Dieckmann, Roy: *„...und braucht auch nicht vor den Rätseln der Sphinx zu bangen". Geschichte und Revolution in Karl Mays ‚Und Friede auf Erden!'.*

Dittrich, Max: *Karl May und seine Schriften. Eine literarisch-psychologische Studie für Mayfreunde und Mayfeinde.* Dresden ²1904; Reprint in: Siegfried Augustin: *Für und wider Karl May. Aus des Dichters schwersten Jahren.* Ubstadt 1995, S. 1-128.

Droop, A[dolf]: Karl May. Eine Analyse seiner Reise-Erzählungen, Cöln-Weiden 1909; Reprint, mit einem Nachwort v. Rudolf W. Kipp, Bamberg 1993.

e.: *„Und Friede auf Erden!".* In: *Radebeuler Tageblatt* 34 (16. 2. 1905), Nr. 34, Beilage S. 2.

* Finke, Max: *Aus Karl Mays literarischem Nachlaß* (*Schluß*). In: KMJB 1923, S. 17-35 (Auszug S. 17-25).

Freytag, L[udwig]: *May, Karl. Und Friede auf Erden!*. In: *Pädagogisches Archiv*, Braunschweig, 46 (1904), Nr. 11, S. 682.

Fricke, Harald: *Norm und Abweichung. Eine Philosophie der Literatur.* München 1981, S. 34-37.

Grumbach, Gernot: *Das Alterswerk Karl Mays. Ausdruck einer persönlichen Krise.* SoKMG 32 (1981).

Grundemann, R[einhold]: *Ein Antimissions-Roman.* In: *Allgemeine Missionszeitschrift*, Berlin, 29 (1904).

Guenther, Konrad: *Ceylon.* In: KMJB 1923, S. 135-153.

Ders.: *Schlangenerlebnisse.* In: KMJB 1931, S. 465-471.

Hammer, Wolfgang: *„Und Friede auf Erden," bearbeitet von Rentschka?*. In: MKMG 103 (1995), S. 51-60.

Ders./Seybold, Ernst: *„Und Friede auf Erden," bearbeitet von Rentschka?*. In: MKMG 104 (1995), S. 49-61.

Hannes, Marie: *Friede auf Erden!. Von Karl May. Ein Versuch* [1904]. In: *Leben im Schatten des Lichts. Marie Hannes und Karl May. Eine Dokumentation*, hg. v. Hans-Dieter Steinmetz u. Dieter Sudhoff. Bamberg, Radebeul 1997, S. 124-129.

Hatzig, Hansotto: *Bertha von Suttner und Karl May.* In: JbKMG 1971, S. 246-258.

* Ders.: *Et in terra pax – Und Friede auf Erden. Karl Mays Textvarianten.* In: JbKMG 1972/73, S. 144-170.

Ders.: *Register zu Karl Mays Reiseerzählungen. Mit Anmerkungen und Zitaten.* Ubstadt 1995, S. 285-316.

Heermann, Christian: *Der Mann, der Old Shatterhand war. Eine Karl-May-Biographie.* Berlin 1988, S. 292-309.

Heinemann, Erich: *Ijar und Yussuf el Kürkdschü. Joseph Kürschner, Karl May und der Deutsche Literaturkalender.* In: JbKMG 1976, S. 191-206.

Hinz, Hans-Martin/Lind, Christoph (Hg.): *Tsingtau. Ein Kapitel deutscher Kolonialgeschichte in China 1897–1914.* Berlin 1998.

Hoffmann, Klaus: *Karl Mays Werke. Textgeschichte, Textbearbeitung, Textkritik.* Berlin 2001, S. 63-69, 134-141, 222-226, 260f.

Kaminski, Gerd: *Der Boxeraufstand – entlarvter Mythos.* Wien 2000.

Keindorf, Gudrun: *Ein Deutscher Traum?. Überlegungen zu Karl Mays Verhältnis zum ‚Kaiserreich'.* In: JbKMG 1999, S. 204-247.

* Dies.: *„Die ‚Yin' sei unser Märchenschiff". Zur Topographie und Topologie einer Märchen- und Seelenlandschaft.*

Kittler, Udo: *Auf der Suche nach der Seele des Menschen – die „verlorengegangene Menschheitsseele" bei Karl May als hochaktueller Beitrag zu Gegenwartsphänomen.* In: *Beiträge pädagogischer Arbeit* 26 (1982), S. 67-95.

Ders.: *Karl May auf der Couch?. Die Suche nach der Seele des Menschen. Eine literaturpsychologische Studie zur Rezeption der „Lehre vom Unbewußten" im Spätwerk Karl Mays.* Ubstadt 1985, S. 67-137.

* Kittstein, Werner: *„Ach was Chinese! Er ist ja gar keiner! Sondern ein Gentleman...". Imperialistische Tendenzen in Karl Mays ‚Und Friede auf Erden!'.*

Koch, Ekkehard: *„Jedes irdische Geschöpf hat eine Berechtigung zu sein und zu leben". Zum Verhältnis von Karl May und Johann Gottfried Herder.* In: JbKMG 1981, S. 166-206.

* Ders.: *„Soll es etwa so weit kommen, daß schließlich der ganze Orient unter den Hufen des Occidentes liegt?". Zum zeitgeschichtlichen Hintergrund von ‚Und Friede auf Erden!'.*

Koppen, Erwin: *Karl May und China.* In: JbKMG 1986, S. 69-88.

Kosciuszko, Bernhard: *Illusion oder Information?. China im Werk Karl Mays.* In: JbKMG 1988, S. 322-340; JbKMG 1989, S. 146-177.

Ders. (Hg.): *Großes Karl-May-Figuren-Lexikon.* Paderborn 1991; zweite, verbesserte, überarbeitete u. erweiterte Auflage. Paderborn 1996; dritte, verbesserte u. ergänzte Auflage [*Das große Karl May Figurenlexikon*]. Berlin 2000.

Krauskopf, Peter: *Die Heldenrevision in Karl Mays Reiseerzählung ‚Und Friede auf Erden' als Kritik am wilhelminischen Imperialismus.* In: MKMG 71 (1987), S. 3-10; MKMG 72 (1987), S. 3-11.

Krenski, Werner von: *Friedrich Nietzsche – Karl May.* In: KMJb 1925, S. 198-237.

Kürschner, Joseph (Hg.): *China. Schilderungen aus Leben und Geschichte, Krieg und Sieg. Ein Denkmal den Streitern und der Weltpolitik.* Leipzig [1901]; KMG-Auswahlreprint [*Et in terra pax*], hg. v. Dieter Sudhoff, Hamburg, Regensburg 2001.

Liu Weijian: *Vom „jungen Deutsch-China" zum „heiligen Boden des Verständnisses": Tsingtau (Qingdao) im Spiegel der deutschen Literatur.* In: *Tsingtau. Ein Kapitel deutscher Kolonialgeschichte in China 1897–1914*, hg. v. Hans-Martin Hinz u. Christoph Lind. Berlin 1998, S. 191-195.

Ders.: *Geistige Entkolonialisierung in der literarischen Qingdao(Tsingtau)-Darstellung.* In: *Das Fremde. Reiseerfahrungen, Schreibformen und kulturelles Wissen* [*Zeitschrift für Germanistik* N.F., Beiheft 2/1999], hg. v. Alexander Honold u. Klaus R. Scherpe unter Mitarbeit v. Stephan Blesser, Markus Joch u. Oliver Simons. Bern, Berlin, Bruxelles, Frankfurt/M., New York, Oxford, Wien 2000, S. 249-265.

Lowsky, Martin: *Karl May.* Stuttgart 1987, S. 110-114.

Ders.: *Deutsche Kolonialgeschichte in China – und am Rande Karl May. Einige Blicke in die Berlin-Kieler Ausstellung ‚Tsingtau'.* In: KMG-Nachrichten 122 (1999), S. 50-52.

* Ders.: *Im Wüstenwind. Entfaltung und Überwindung des Abenteuer-Erzählens in Karl Mays ‚Und Friede auf Erden!'.*

* May, Karl: *Gleichnis für Zieger [Der Zauberteppich]*. In: KMJB 1923, S. 12-16; auch in: Karl May: *Abdahn Effendi. Reiseerzählungen und Texte aus dem Spätwerk* (Gesammelte Werke 81). Bamberg, Radebeul 2000, S. 196-199, Kommentar S. 200-205.

Ders.: *Sur le Rapprochement Franco-Allemand.* In: JbKMG 1970, S. 156-159; auch in: Karl May: *Abdahn Effendi. Reiseerzählungen und Texte aus dem Spätwerk* (Gesammelte Werke 81). Bamberg, Radebeul 2000, S. 455-458, Kommentar S. 454.

Ders.: *An den Dresdner Anzeiger.* In: JbKMG 1972/73, S. 123-143.

Ders.: *Briefe an Paul Rentschka.* Mit Einleitung u. Anmerkungen v. Ernst Seybold. In: JbKMG 1987, S. 160-187.

Ders.: *Chinesische Vokabelliste.* In: JbKMG 1997, S. 52-71.

May, Klara: *Omar-Hassan.* In: KMJB 1919, S. 205-209.

Mittelstaedt, Axel: *Karl May und der Spiritismus.* In: KMJb 1978, S. 135-171.

Munzel, Friedhelm: *Auf der Suche nach dem Frieden unter den Menschen. Karl Mays Sehnsucht nach dem Frieden als Stärkung für erzieherisches Bemühen um den Frieden heute.* In: *Beiträge pädagogischer Arbeit* 26 (1982), S. 48-66.

* Niehaus, Michael: *Was heißt hier Ich?. Die Ich-Funktion in Karl Mays ‚Und Friede auf Erden!'.*

Ostwald, Thomas: *Werksgeschichte, historischer Hintergrund und Inhalt.* In: Karl May: *Et in terra pax und Und Friede auf Erden. Reprint der ersten Textfassung aus dem Sammelwerk „China" und des von Karl May veränderten Teils der späteren Buchausgabe „Und Friede auf Erden"*, hg. u. mit einem Nachwort versehen v. Thomas Ostwald unter Mitarbeit v. Roland Schmid u. Siegfried Augustin. Bamberg, Braunschweig 1976, o. S.

Ozoróczy, Amand von: *Karl May und der Friede.* In: KMJb 1928, S. 29-114; von Roland Schmid bearbeitete Neufassung in: KMJb 1978, S. 193-245.

Plaul, Hainer (Hg.): *Karl May, Mein Leben und Streben.* Hildesheim, New York 1975.

Ders.: *Illustrierte Karl-May-Bibliographie.* Unter Mitwirkung v. Gerhard Klußmeier. Leipzig 1988.

Ders.: *Bertha von Suttner (1843–1914). 75. Todestag – 100 Jahre „Die Waffen nieder!".* In: Karl-May-Haus Information 2/3 (1990), S. 36f.

Rentschka, Dr. P[aul]: *Karl Mays Selbstenthüllung.* In: *Germania*, Berlin (5., 6. u. 8. 12. 1908); Faksimile in: Bernhard Kosciuszko: *Im Zentrum der May-Hetze – Die Kölnische Volkszeitung.* Ubstadt 1985, S. 205-216.

Ders.: *Karl Mays Selbstenthüllung.* Mit Einleitung u. Anmerkungen v. Ernst Seybold. In: JbKMG 1987, S. 138-159.

Schenkel, Martin: *Und Friede auf Erden!.* In: *Karl-May-Handbuch*, hg. v. Gert Ueding. Stuttgart 1987, S. 301-308.

* Ders.: *Ecce homo!. Zum heilsgeschichtlichen Friedensmythos in Karl Mays Reiseerzählung „Und Friede auf Erden!“.* In: *Karl May*, hg. v. Heinz Ludwig Arnold. Sonderband text + kritik. München 1987, S. 191-221.

Ders./Sudhoff, Dieter: *Und Friede auf Erden!.* In: *Karl-May-Handbuch*, hg. v. Gert Ueding. Zweite, überarbeitete Auflage. Würzburg 2001.

Schinzel-Lang, Walter: *Fundierte Kenntnisse oder phantasievolle Ahnungslosigkeit?. Die Verwendung der chinesischen Sprache durch Karl May.* In: JbKMG 1991, S. 287-323.

Ders.: *Karl Mays chinesische Vokabelliste – ein Kommentar.* In: JbKMG 1997, S. 72-101.

[Schmid, Roland/Wollschläger, Hans:] *Zur Werkgeschichte.* In: Karl May: *Und Friede auf Erden. Reiseerzählung* (Gesammelte Werke 30). Bamberg 1958, S. 591f.

Schmid, Roland: *Nachwort zur Reprint-Ausgabe* v. Karl May: *Im Reiche des silbernen Löwen III.* Bamberg 1984, S. N13-N28.

* [Scheinhammer-]Schmid, Ulrich: *Über die Grenze: [Karl] Mays Friedensroman.* In: ders.: *Das Werk Karl Mays 1895–1905. Erzählstrukturen und editorischer Befund.* Ubstadt 1989, S. 161-188.

Schmidt, Hartmut: *Vom „Methusalem“ zur „Shen“.* In: MKMG 12 (1972), S. 4-8; MKMG 13 (1972), S. 3-6.

Schmidt-Hannisa, Walter: *„Kang-keng-king-kung-kong“. Sprachexotismus und Multilingualismus in Karl Mays ‚Der blau-rote Methusalem‘.* In: Walter Gebhard (Hg.): *Ostasienrezeption zwischen Klischee und Innovation. Zur Begegnung zwischen Ost und West um 1900.* München 2000, S. 305-328.

Schönthal, Walter: *Christliche Religion und Weltreligionen in Karl Mays Leben und Werk.* SoKMG 5 (1976).

Serden, Karl: *Der listige Old Shatterhand. Karl May – ein Kämpfer für den Frieden.* In: *Bruchsaler Rundschau* (10. 3. 1972), Nr. 58; Faksimile in: ders.: *Der Dinge drei. Spuren einer Philosophie.* Ubstadt 1988, S. 108f.

Ders.: *China-Politik à la Karl May. Eine amüsante Episode der Literaturgeschichte um die Erzählung „Und Friede auf Erden“.* In: *Mannheimer Morgen* (Weihnachten 1972), Nr. 296; Faksimile in: ders.: *Der Dinge drei. Spuren einer Philosophie.* Ubstadt 1988, S. 112f.

Seybold, Ernst: *Rentschkas Aufsatz gegen May und Mays Briefe an Rentschka mit Anmerkungen und Zusatzinformationen.* In: ders.: *Karl-May-Gratulationen. Geistliche und andere Texte zu und von Karl May.* VI. Sammlung. Herzogenaurach, Bad Windsheim 1993, S. 57-119.

Silling, M[arie]: *Noch einmal Karl May.* In: *Dresdner Anzeiger* (30. 10. 1904), Nr. 302; Faksimile in: Bernhard Kosciuszko: *Im Zentrum der May-Hetze – Die Kölnische Volkszeitung.* Ubstadt 1985, S. 120-122.

Stolte, Heinz: *Das Phänomen Karl May.* Bamberg 1969.

Streit, Antje: *Der ‚französische' und der ‚deutsche' Chinese. Eine vergleichende Untersuchung zu den Chinaromanen Jules Vernes und Karl Mays.* In: JbKMG 1999, S. 248-269.

Sudhoff, Dieter: *Hunnen und Gentlemen. Joseph Kürschners Sammelwerk ‚China' und Karl Mays Reiseerzählung ‚Et in terra pax'.* Einleitung zu: Karl May: *Et in terra pax* [KMG-Auswahlreprint *China. Schilderungen aus Leben und Geschichte, Krieg und Sieg. Ein Denkmal den Streitern und der Weltpolitik*], hg. v. Dieter Sudhoff. Hamburg, Regensburg 2001, S. 11-31.

Thüna, Ulrich von: *Ein Brief Karl Mays an eine pazifistische Zeitschrift.* In: JbKMG 1970, S. 160-162.

Tippel, Werner: *Karl May und die Revolution.* In: MKMG 43 (1980), S. 24f.

Ders./Wörner, Hartmut: *Frauen in Karl Mays Werk.* SoKMG 29 (1981), S. 43-45.

Ueding, Gert (Hg.): *Karl-May-Handbuch.* Stuttgart 1987; zweite, überarbeitete Auflage. Würzburg 2001.

Wagner, Wolfgang: *Der Eklektizismus in Karl Mays Spätwerk.* SoKMG 16 (1979).

Wehnert, Jürgen: *Joseph Kürschner und Karl May. Fragmente einer Korrespondenz aus den Jahren 1880 bis 1892.* In: JbKMG 1988, S. 341-389.

Weigel, Erich: *Joseph Kürschner gesucht – August Sauer gefunden.* In: MKMG 111 (1997), S. 20f.

Ders.: *Noch immer wartet die SHEN vergebens auf Ruhe. „Und Friede auf Erden!".* In: MKMG 112 (1997), S. 4-8; MKMG 113 (1997), S. 4-9.

Ders.: *Joseph Kürschners Handschrift – Nachlese.* In: MKMG 118 (1998), S. 4-9.

Wörner, Hartmut: *Von Nordland nach Ardistan. Revolutionsschilderungen in Mays Werk.* In: MKMG 43 (1980), S. 17-24.

Wohlgschaft, Hermann: *‚Und Friede auf Erden!'. Eine theologische Interpretation.* In: JbKMG 1989, S. 101-145.

Ders.: *Mays Friede-Roman und die Lehre der Kirche.* In: MKMG 83 (1990), S. 18-24.

Ders.: *Große Karl May Biographie. Leben und Werk.* Paderborn 1994, S. 402-418, 612-633.

Wollschläger, Hans: *Karl May in Selbstzeugnissen und Bilddokumenten.* Reinbek bei Hamburg 1965; Neufassung: *Karl May. Grundriß eines gebrochenen Lebens.* Zürich 1976.

Ders.: *„Die sogenannte Spaltung des menschlichen Innern, ein Bild der Menschheitsspaltung überhaupt". Materialien zu einer Charakteranalyse Karl Mays*. In: JbKMG 1972/73, S. 11-92.

Zieger, Hermann/Joseph Kürschner: *Briefe über Karl Mays Roman ‚Et in terra pax'* [hg. u. kommentiert v. Hainer Plaul]. In: JbKMG 1983, S. 146-196.